检察办案思路与观点集成

（第一辑）

万 春 / 主 编
钱 舫 / 副主编

JIANCHA
BANAN SILU
YU
GUANDIAN
JICHENG

中国检察出版社

图书在版编目（CIP）数据

检察办案思路与观点集成. 第一辑 / 万春主编. —北京：中国检察出版社，2019.11
ISBN 978－7－5102－2333－4

Ⅰ.①检… Ⅱ.①万… Ⅲ.①检察机关－工作－中国－文集 Ⅳ.①D926.3－53

中国版本图书馆 CIP 数据核字（2019）第 202443 号

检察办案思路与观点集成（第一辑）

万　春　主编　钱　舫　副主编

出版发行：	中国检察出版社
社　　址：	北京市石景山区香山南路 109 号（100144）
网　　址：	中国检察出版社（www.zgjccbs.com）
编辑电话：	（010）86423704
发行电话：	（010）86423726　86423727　86423728
	（010）86423730　68650016
经　　销：	新华书店
印　　刷：	北京宝昌彩色印刷有限公司
开　　本：	710 mm×960 mm　16 开
印　　张：	18.75
字　　数：	343 千字
版　　次：	2019 年 11 月第一版　2019 年 11 月第一次印刷
书　　号：	ISBN 978－7－5102－2333－4
定　　价：	68.00 元

检察版图书，版权所有，侵权必究
如遇图书印装质量问题本社负责调换

目 录

上篇 法律适用思路与疑案精解

第一章 刑法总则适用 …………………………………………… 3

思路精解

一、相对负刑事责任仅限于实行行为 ………………………………… 3

二、完善醉酒精神障碍者刑事责任能力认定 ………………………… 5

三、准确界定特殊防卫适用对象 ……………………………………… 6

四、建立正当防卫审查机制增强侦查引导实效 ……………………… 9

五、未遂行为应视为"多次"中的一次 ……………………………… 10

六、事后自动恢复行为应纳入法定从宽情节 ………………………… 13

七、《关于认定累犯如何确定刑罚执行完毕以后"五年以内"起始日期的批复》理解与适用 ……………………………………… 14

八、自动投案后因客观原因不能如实供述应视为自首 ……………… 16

九、一般立功时间宜从犯罪后起算 …………………………………… 18

疑案精解

一、赵宇正当防卫案的法理评析 ……………………………………… 20

二、协助抓捕型立功构成要件怎样把握 ……………………………… 26

第二章　涉众型金融犯罪案件办理 ········ 28

思路精解

　　一、非法集资案件证据审查要点 ········ 28
　　二、非法集资案件共犯成立范围 ········ 31
　　三、非法集资案件中"亲友"的界定 ········ 33
　　四、非法集资案件相关难点认定 ········ 35
　　五、涉众型金融犯罪的"三个评价尺度" ········ 36
　　六、"抢帽子"交易属于操纵证券市场行为 ········ 38

疑案精解

　　一、如何认定网贷类集资犯罪"非法性" ········ 41
　　　（一）检察官说案：以金融管理法律法规为判断依据 ········ 41
　　　（二）专家评案：着眼吸收资金模式破解"非法性"认定难题 ········ 44
　　二、如何认定集资诈骗罪中的非法占有目的 ········ 46
　　　（一）检察官说案：融资成本远超盈利能反映主观故意 ········ 47
　　　（二）专家评案：把握"非法占有目的"须考量五方面事实 ········ 50

第三章　侵财犯罪案件办理 ········ 53

第一节　窃取型侵财犯罪案件办理 ········ 53

思路精解

　　一、获取他人密码通过第三方平台转账如何定性 ········ 53
　　二、利用计算机技术窃取虚拟财产如何定性 ········ 55
　　三、快递员"窃取型"侵财犯罪如何定性 ········ 58
　　四、盗窃犯罪数额认定难点 ········ 61
　　五、盗窃罪与侵占罪区分要点 ········ 63
　　六、合租房是否构成"户"的具体认定 ········ 65
　　七、以骗为目的入户后临时盗窃属于"入户盗窃" ········ 67

疑案精解

一、"户内偷钥匙户外窃车"的认定难点问题 …………………… 69
 （一）检察官说案：应整体评价为入户盗窃行为 …………… 69
 （二）检察官说案：应评价为两个盗窃行为 ………………… 70
 （三）检察官说案：对前后两阶段行为处罚方法要区别对待 …… 71
 （四）专家评案：入户盗窃与普通盗窃竞合遵循分别评价规则 …… 72
二、藏匿所盗物品索财是否构成敲诈勒索 …………………………… 75
三、里应外合"运走"公司废旧钢板属于盗窃 ……………………… 76
四、售出购物卡后用复制卡消费如何定性 …………………………… 77
五、分拣员窃取快递物品构成侵占还是盗窃 ………………………… 79
六、骗得钥匙窃取共同保管财物如何处理 …………………………… 81
七、用补卡方式取走已出卖卡中他人款项如何定性 ………………… 83

第二节 诈骗型侵财犯罪案件办理 …………………………………… 85

思路精解

一、盗骗抢交织案的定性参考标准 …………………………………… 85
二、恶意透支型信用卡诈骗罪的认定标准 …………………………… 88
三、骗取小额贷款行为的认定及处理 ………………………………… 90
四、车险欺诈犯罪的惩防对策 ………………………………………… 93

疑案精解

一、调换"二维码"侵财是诈骗还是盗窃 …………………………… 96
二、侵财案件如何适用"亲属条款" ………………………………… 98
三、冒用酒店名义签订虚假合同属于合同诈骗 ……………………… 100

第三节 其他侵财犯罪案件办理 ……………………………………… 102

思路精解

一、"非法占有"的规范化认定路径 ………………………………… 102
二、占有特定场所遗忘物如何定性 …………………………………… 104

■ 疑案精解

未成年人携带凶器抢夺如何定性……………………………… 106

第四章　侵犯知识产权类犯罪案件办理　108

思路精解

一、销售假冒注册商标商品案证据审查要点……………………… 108

二、假冒注册商标犯罪认定难点………………………………… 111

三、网络销售假冒商标商品犯罪数额认定……………………… 112

四、深度链接应属侵犯著作权罪中的发行……………………… 114

第五章　破坏环境资源类犯罪案件办理　118

思路精解

一、污染环境罪因果关系认定…………………………………… 118

二、污染环境罪有必要增设危险犯……………………………… 119

三、污染环境犯罪治理问题……………………………………… 121

四、野生动物保护：刑事、民事并举增强合力………………… 123

五、刑法所保护的野生动物范围认定…………………………… 125

六、越界越层开采矿产资源行为如何定性……………………… 128

七、以社会属性界定"农用地"更契合法益保护……………… 131

■ 疑案精解

盗伐他人案值不大的林木如何处理……………………………… 133

第六章　常见重点难点犯罪案件办理　136

思路精解

一、允许他人非法使用商业秘密造成"重大损失"如何认定 …… 136

二、房产信息应属于公民"财产信息"………………………… 138

三、宜将警务辅助人员纳入妨害公务罪法益保护对象………… 140

四、准确理解涉黑犯罪"危害性特征"四要素 ……………… 142

五、应将见证人纳入伪证罪主体范围 …………………………… 144

六、逃避执行拘役也应构成拒不执行判决裁定罪 …………… 145

七、"不正当利益"何以成为界定行贿罪的关键要素 ………… 147

八、结合行为方式把握"影响力"内涵 ………………………… 149

疑案精解

一、交通肇事逃逸致人死亡如何定罪量刑 …………………… 152

 （一）检察官说案：明确证据标准，完善证据体系 ……… 153

 （二）专家评案：认定因逃逸致人死亡的具体情形要素 … 155

 （三）案例链接 …………………………………………… 158

二、醉驾交通肇事自身也受重伤如何处理 …………………… 160

下篇　检察业务思路与观点集成

第七章　刑事证据 ……………………………………………… 165

思路精解

一、通信记录证据审查要点及运用方法 ……………………… 165

二、完善侦查阶段辩护律师申请调查取证制度 ……………… 168

三、刑诉法中证人近亲属应作扩大解释 ……………………… 170

第八章　认罪认罚从宽及刑事速裁程序 ………………… 172

思路精解

一、检察机关贯彻认罪认罚从宽具有"地缘优势" ………… 172

二、运用认罪认罚从宽制度依法办理涉企刑事案件 ………… 175

三、认罪认罚从宽：兼顾制度与方法 ………………………… 178

四、刑事速裁程序立法兼顾现实性与正当性 ………………… 180

第九章　刑事检察

第一节　捕诉一体

思路精解

一、更新理念机制强化存疑案件跟踪监督 ……………… 183

二、全程监督推进轻刑案件非羁押诉讼 ………………… 185

三、适用逮捕的刑罚条件 ………………………………… 186

四、出庭公诉质证策略与方法 …………………………… 187

　（一）庭审实质化场景下如何对口供进行质证 ……… 187

　（二）启动质证询问这个"法律引擎" ……………… 190

　（三）做好庭前准备，实现有效质证 ………………… 192

　（四）公诉人出庭质证需要艺术表达 ………………… 194

五、公诉精准化需要优化路径 …………………………… 195

六、优化过滤机制发挥诉前主导作用 …………………… 197

七、创建多元机制提升公诉社会效果 …………………… 199

八、诉讼环节变更不宜一律重新办理取保候审 ………… 200

九、存疑不诉后再起诉应否撤销原不诉决定 …………… 202

十、二审刑事裁判应送达原提起公诉检察机关 ………… 204

十一、区别情形准确适用追诉时效延长 ………………… 206

十二、四举措并合发力，打造追诉漏犯新模式 ………… 208

十三、刑事案件立案后又撤案追诉时效应继续计算 …… 210

第二节　刑事执行检察

思路精解

一、转变监督理念提升监狱检察质效 …………………… 212

二、社区矫正中需构建"矫正中止"制度 ……………… 214

三、财产刑执行现状与完善机制分析 …………………… 216

四、暂予监外执行征求意见宜采用书面形式 …………… 220

五、禁止从业资格刑宜由公安机关监督执行 …………… 221

六、建立健全审批机制落实拘役罪犯回家权利……223

第三节 未成年人检察……226

思路精解

一、分级干预：未成年人罪错行为处置的优化选择……226
（一）尊重未成年人司法规律建立分级干预体系……226
（二）以衡平及恢复性司法为导向构建未成年人司法分级应对体系……228
（三）结合区域特点深化未成年人分级干预体系建设……230
（四）分层次构建罪错未成年人分级处遇制度……232
（五）全方位构建罪错未成年人处遇体系……234

二、一体化工作模式下未成年人品格证据运用……237

三、被不起诉后相关记录应排除查询……239

四、适用从业禁止全方位规制对未成年人性侵者……240

第四节 控告申诉检察……242

思路精解

一、涉检信访事项案件化办理实践……242

二、刑事申诉检察调查机制完善……245

三、更新理念统一规范推进司法救助……247

第十章 民事、行政检察……250

思路精解

一、民事诉讼法要件事实同样需要分配证明责任……250

二、银行卡被盗刷，三种情形可索赔……254

三、如何把握票据法中的"恶意抗辩"……255

第十一章 公益诉讼检察……258

思路精解

一、细化行政公益诉讼调查核实机制……258

二、借鉴行政调查制度完善公益诉讼调查方式⋯⋯⋯⋯⋯ 260

三、推动环境公益诉讼深入发展的新进路⋯⋯⋯⋯⋯⋯ 261

四、环境公益诉讼有赖建立惩罚性赔偿机制⋯⋯⋯⋯⋯ 264

五、完善公益诉讼专家辅助人制度⋯⋯⋯⋯⋯⋯⋯⋯⋯ 265

第十二章 其他检察工作⋯⋯⋯⋯⋯⋯⋯⋯⋯⋯⋯⋯⋯ 267

思路精解

一、关于重大监督事项案件化办理⋯⋯⋯⋯⋯⋯⋯⋯⋯ 267

二、多维度完善检察监督公开宣告机制⋯⋯⋯⋯⋯⋯⋯ 268

三、检察建议的刚性提升与范围控制⋯⋯⋯⋯⋯⋯⋯⋯ 271

四、法律文书：遵循逻辑才有公信力⋯⋯⋯⋯⋯⋯⋯⋯ 273

五、办案流程监控完善⋯⋯⋯⋯⋯⋯⋯⋯⋯⋯⋯⋯⋯⋯ 276

六、基层案管工作优化⋯⋯⋯⋯⋯⋯⋯⋯⋯⋯⋯⋯⋯⋯ 277

七、保护非公经济，立法选择至关重要⋯⋯⋯⋯⋯⋯⋯ 280

八、探索"套餐"服务模式，维护企业合法权益⋯⋯⋯⋯ 282

九、助力互联网金融信息服务企业防范法律风险⋯⋯⋯ 285

上篇
法律适用思路与疑案精解

第一章 刑法总则适用

 思路精解

一、相对负刑事责任仅限于实行行为[*]

我国《刑法》第 17 条第 2 款规定，已满 14 周岁不满 16 周岁的人，犯故意杀人、故意伤害致人重伤或者死亡、强奸、抢劫、贩卖毒品、放火、爆炸、投毒罪的，应当负刑事责任。围绕该条款规定的"罪"是什么，存在着"罪名说""罪行说"以及"折中说"（认为有时候指的是罪名，有时候指的是罪行）的激烈争论。但是，无论采取何种学说，都需要相对负刑事责任能力的未成年人实施了《刑法》第 17 条第 2 款规定的"行为"。对于其中的"行为"的范围如何划定，存在两种不同的观点：一种观点认为，这里的行为包括实行行为和教唆行为；另一种观点认为，这里的行为只包括实行行为，不包括预备行为、教唆行为和帮助行为。

从有利于保障未成年人人权的角度来看，笔者认为，应当将《刑法》第 17 条第 2 款规定的 8 种犯罪的行为限定为实行行为。理由如下：

一是由未成年人自身的特殊情况决定。现有的科学研究已表明，未成年人在心理上处于叛逆期和人格形成期，可以说这一阶段的未成年人是处于"三期叠加"的特殊时期。他们在生理、心理、情感、价值观念等方面均不成熟，各个方面都处在成长期和发育期。这就决定了这一时段的未成年人对事物的认知存在缺陷，对是非的判断存在偏差，对行为的后果考虑不周等，容易受到外界事物的干扰。处于"践习期"的未成年人，辨认控制能力相对欠缺，容易

---

[*] 作者：徐艳霞，西南政法大学人权法学院。本文原载于《检察日报》2018 年 9 月 12 日。

不计后果地采取一些极端的手法，从事一些不当甚至是违法犯罪的行为。而一旦经过这一特殊时期，大部分未成年人就会改掉这些恶习，以正常的思维和行为融入社会。如果针对这一时段的未成年人进行严厉惩罚，很容易使其受到"交叉感染"，不但达不到教育矫治的目的，相反，可能会使他们的思想行为向恶的方向发展，为社会埋下"仇恨的种子"。所以，将《刑法》第17条第2款规定的8种犯罪行为限定为实行行为，与这一时段的未成年人的生理、心理等自身状况相匹配，有利于实现对他们的社会化。

二是由实行行为的危害程度决定。犯罪的实行行为是具有法益侵害的紧迫性或现实性的行为，在各种"行为"之中居于核心地位，而预备行为、教唆行为、帮助行为都是围绕实行行为展开的。预备行为是实行行为的前期准备和基础前提；教唆行为的目的是使他人实施侵害法益的实行行为，离开实行行为，教唆行为便没有处罚的根据和意义；帮助行为是对实行行为的帮助，没有实行行为就不存在帮助行为。犯罪的实行行为，是行为人在主观故意的支配下实施的有体、有意、有害行为，是主观恶意与客观恶行相结合后对刑法所保护的法益进行侵害的现实化，是对刑法分则规定的违反，其对法益危害的现实性与紧迫性程度远远大于其他行为。对于处于相对刑事责任能力年龄阶段的未成年人来说，他们已具备了对《刑法》第17条第2款规定的这些严重危害社会的行为的辨认和控制能力，实施这8种犯罪行为，不但体现了主观恶性大，也具有严重的社会危害性；如果他们只是实施相应的预备行为、教唆行为和帮助行为，相对于实行行为人来说，其在主观恶意和客观社会危害性方面都比较低，难以对刑法所保护的法益产生现实的紧迫危害，所以，没有必要动用严厉的刑罚来进行惩罚。

三是由未成年人刑事政策决定。我国对未成年人的刑事政策可以概括为六字方针和八字原则，即"教育、感化、挽救"的方针和"教育为主、惩罚为辅"的原则。对于这些刑事政策，已通过刑事诉讼法、预防未成年人犯罪法等法律以立法的形式进行了确认。这些指导性的刑事政策落实到司法实践中，在程序上体现为谨慎适用警械、逮捕强制措施等，在实体上体现为侧重轻缓化、非刑罚化、非监禁化的惩罚方法。这一未成年人刑事政策不仅体现在理念导向和立法规范当中，也应当体现在对法律条文的解释和适用上。因此，《刑法》第17条第2款规定的8种犯罪行为应限定为实行行为而不包括预备行为、教唆行为和帮助行为，侧重的是教育、感化和挽救，是对未成年人刑事政策在该条款理解适用中的具体落实，同时也是刑法谦抑性原则在该条款中的具体应用。

二、完善醉酒精神障碍者刑事责任能力认定*

我国《刑法》第18条第4款规定，醉酒的人犯罪，应当负刑事责任。由此，司法实践中普遍认为所有醉酒的人犯罪都与正常人犯罪负同等责任。笔者认为这种思维是片面的。因为，醉酒的种类较多，对行为人的辨认能力和控制能力的影响也不尽相同，因此其精神状态及刑事责任能力也会有所不同。所以，并不是所有醉酒的人都符合犯罪主体资格，醉酒后产生精神障碍者应当通过严格的司法精神鉴定，综合评价其犯罪时的精神状况，从而确定其是否具有刑事责任能力及是否具有犯罪主体资格。

目前，我国司法实践中对醉酒精神障碍者刑事责任能力认定依旧存在诸多问题。一方面，司法机关无法确定哪些醉酒犯罪嫌疑人需要鉴定，哪些不需要鉴定。对于多数醉酒犯罪嫌疑人而言，其刑事责任能力可以通过自身明显的辨识能力判断出来，但对于少数醉酒犯罪嫌疑人，其在实施犯罪行为时出现一些反常举动，例如抢到钱包又还给受害人等，实践中对于此类犯罪嫌疑人是否需要司法精神鉴定难以确定。另一方面，对于醉酒精神障碍者的司法精神鉴定，还缺少完备的司法程序以及专业的鉴定机构。笔者建议，可从以下三方面完善醉酒精神障碍者的刑事责任能力认定。

一是统一司法鉴定标准。醉酒在医学上分为急性酒精中毒和慢性酒精中毒两种。急性酒精中毒又分为生理性醉酒、病理性醉酒和复杂性醉酒；慢性酒精中毒从发展过程看可分为无节制饮酒、中毒期和中毒并发症等阶段。生理性醉酒，是指一次过量饮酒而出现的急性中毒，清醒后精神完全恢复正常，这种人对自己的行为有充分的辨认能力，对醉酒行为后果也有充分的预见性。病理性醉酒，是指原无醉酒史的人饮用了一般人不至于醉的少量酒后，而出现的深度中毒现象，该类醉酒者对于饮酒后的后果不能预见，醉酒时已经丧失了对自己行为的辨认和控制能力，从医学角度讲，其性质属于与严重的精神病相当的精神疾病。复杂性醉酒处于前两者之间，醉酒人有较弱的辨认能力和控制能力，此类人的刑事责任能力较难认定。目前，我国对于醉酒精神障碍者刑事责任能力的司法鉴定依旧处于理论探索阶段，缺乏统一的法律规范。建议国家相关司法部门应尽快制定相应的司法解释来弥补空白，统一标准。建议相关部门组织

---

* 作者：孙永上，江苏省泗洪县人民检察院。本文原载于《检察日报》2018年9月21日。

医学、精神病学等领域专家制定一套完备的酒后精神鉴定标准,可以通过饮酒实验、生物检测等方式对犯罪嫌疑人的精神状态进行检测并通过脑电波、心电图等获取相应指标,从而准确判断行为人醉酒后的刑事责任能力。

二是赋予当事人救济权利。尽管我国醉酒犯罪启动司法精神鉴定在司法实务中已有先例,但只存在于极少数案例中,绝大部分醉酒精神障碍者很难获得司法精神鉴定启动权。建议赋予当事人司法精神鉴定的救济权,有下列情形之一的可以申请启动司法精神鉴定:(1)行为人在实施犯罪期间出现反常举动无法解释的;(2)行为人存在精神病史或家族精神病遗传史的;(3)行为人存在酒精过敏史的;(4)其他可能影响刑事责任能力的情形。笔者根据查阅资料列出以上几点可以申请启动司法精神鉴定的情形,以供参考,建议相关司法机关组织专家学者对此项问题进行专门研究,详细列举各种情形,在司法实务中,办案人员无正当理由不得拒绝此类犯罪嫌疑人的申请。

三是建立专门鉴定机构。我国刑事诉讼法删除了"对精神病的医学鉴定,由省级人民政府指定的医院进行"的规定,同时并未明确指定司法精神鉴定机构。同时,根据《司法鉴定机构登记管理办法》规定,全国司法鉴定机构登记管理工作由司法部负责,未经司法部登记,其鉴定意见不具备证据效力。由此可见,目前司法实务中的司法精神鉴定并不规范,尤其是对醉酒精神障碍者的鉴定,由医护人员对醉酒精神障碍者的刑事责任能力进行简单评估并给出鉴定意见,不具有科学性。建议国家相关司法机关会同卫计委组织精神病鉴定专家建立专门的醉酒精神障碍者刑事责任能力鉴定机构,严格按照司法程序及鉴定标准进行科学鉴定,从而实现司法精神鉴定的公正性、科学性、合理性。

三、准确界定特殊防卫适用对象[*]

根据我国《刑法》第20条第3款规定,特殊防卫的适用对象系"正在进行的行凶、杀人、抢劫、强奸、绑架以及其他严重危及人身安全的暴力犯罪"。关于特殊防卫的认定,理论界和司法实务界均存在不同的理解和认识,争议的焦点是行为人的行为是否属于特殊防卫,是否防卫过当。笔者认为,如何准确判断行为人之行为是否属于特殊防卫范畴,关键在于廓清刑法中特殊防

---

[*] 作者:彭新林,北京师范大学刑科院中国刑法研究所副所长、博士生导师。本文原载于《检察日报》2018年10月29日。

卫适用对象的含义。

1. 关于"暴力犯罪"的理解和适用

对于一般防卫权来说,防卫行为既可以针对暴力手段的不法侵害实施,也可以针对非暴力手段的不法侵害实施。但是,特殊防卫的实施只能针对暴力手段的不法侵害,对于非暴力手段的不法侵害不能进行特殊防卫。从刑法规定来看,不仅法条所明确列举的"行凶、杀人、抢劫、强奸、绑架"等是典型的暴力犯罪,而且其所使用的概括性表述"其他暴力犯罪",也清楚地表明特殊防卫只能针对暴力犯罪实施。对于非暴力的犯罪行为,只能进行一般防卫而不能实施特殊防卫。此外,尽管以暴力手段实施的犯罪范围是十分广泛的,但并非所有的暴力犯罪都是特殊防卫适用的对象,暴力犯罪还要受犯罪程度的限制。《刑法》第 20 条第 3 款所指的暴力犯罪,可以从以下几个方面来确定:一是从具体罪名上确定暴力犯罪的程度。有些犯罪,只要看其罪名,即可判断是否达到了严重危及人身安全的程度。如暴力危及飞行安全罪,就应允许进行特殊防卫。二是根据具体案件中是否具有"严重危及人身安全的威胁"来确定暴力犯罪的程度。有些犯罪,其暴力的程度可能会因为行为方式的不同而有较大的差异,轻的可能致人轻微伤或者轻伤,重的则可能致人重伤或者死亡。对于这类犯罪,应根据具体案件中犯罪分子所实际使用的暴力是否具有严重危及人身安全的程度来认定,对于行为强度足以致人重伤或者死亡的,则应当认为属于严重的暴力犯罪,可以实施特殊防卫。而对于仅仅可能造成轻微伤或者轻伤结果的,则不能实施特殊防卫。三是从法定刑幅度看,在刑法分则中,虽然有些犯罪可以是以暴力手段实施,但是有些暴力犯罪属于较轻的暴力犯罪,不能对其实施特殊防卫。若必须进行防卫的,也只能适用一般防卫的规定。

2. 关于"危及人身安全"的理解和适用

特殊防卫必须在发生了危及人身安全的暴力犯罪侵害的时候才能实施,对于仅仅危及国家利益、公共利益或者财产权利的暴力犯罪侵害,只要这种侵害没有危及人身安全,则不允许进行特殊防卫。这是特殊防卫权不同于一般防卫权的一个重要特征。那么,什么是"危及人身安全"的暴力犯罪呢?从刑法列举的犯罪来看,主要是指侵犯人的生命权、健康权、自由权、性权利和身心健康等权利的犯罪。侵犯除此之外的其他权利的犯罪,不能纳入侵犯人身安全犯罪的范畴,也就不能成为特殊防卫所适用的前提条件。当然,"危及"的形式不仅限于暴力犯罪造成了实际的严重损害,对于尚未造成实际损害但是具有造成实际损害可能性的暴力犯罪,同样存在实施特殊防卫的可能性。因为法律并未规定特殊防卫的行为人必须身受重伤、已被抢劫既遂等才可以进行防卫。防卫的目的恰恰是使行凶、杀人、抢劫、强奸、绑架等暴力犯罪不能得逞,因此，即使防卫人根本没有受到实际伤害，也不应影响特殊防卫的成立。

3. 关于"行凶、杀人、抢劫、强奸、绑架"的理解和适用

第一，"杀人、抢劫、强奸、绑架"的含义相对比较明确，是一种罪名与手段相结合的立法形式，并非特指具体的某种罪名。"杀人、抢劫、强奸、绑架"应当包括具有同类性质或者相同手段的多种犯罪罪名。例如，对于《刑法》第269条规定的准抢劫犯罪，应允许实施特殊防卫。此外，"杀人、抢劫、强奸、绑架"也可以是指以这四种手段实施的其他罪名的犯罪。如绑架犯罪，不仅包括刑法第239条规定的绑架罪，而且还包括以绑架的手段实施的触犯其他罪名的犯罪。如以出卖为目的，使用暴力、胁迫或者麻醉方法绑架妇女、儿童的行为，虽应当认定为拐卖妇女、儿童罪，但从犯罪手段上看，这是以绑架的手段实施的犯罪，应允许实施特殊防卫。第二，"行凶"不是一个独立的犯罪罪名，一般是指故意实施的危及他人生命、健康的暴力犯罪行为。从特殊防卫的宗旨出发，"行凶"必须是程度严重的危及人身安全的暴力犯罪，即应理解为与杀人、抢劫、强奸、绑架等暴力犯罪大致相当的杀伤或其他严重危及人身安全的暴力犯罪行为，尤其是使用凶器对被害人进行暴力袭击，严重危及人身安全的行凶。否则，不能进行特殊防卫。

4. 关于危及人身安全暴力犯罪"严重性"的理解和适用

特殊防卫只能适用于严重危及人身安全的暴力犯罪。这是刑法对特殊防卫适用的前提条件在量上的规定。因而，如果是危及人身安全的暴力犯罪侵害，但侵害行为程度较轻的或者未达到严重程度的，只能进行一般防卫，不能实施特殊防卫。对于一般的暴力行为不能够认定为特殊防卫中的行凶，而只有对人身安全的危及达到严重的程度，才可能对其进行特殊防卫。

"严重性"，既是修饰暴力犯罪的强度性质，也是反击的条件限制。不法侵害对于人身安全的威胁具有严重性，而暴力犯罪是否具有"严重性"，可以从暴力犯罪的法定刑、暴力的手段（武器）、双方力量的强弱对比等方面来综合判断，一般要求达到可致使他人重伤或者死亡的程度的暴力犯罪，才能认定为"严重"危及人身安全的暴力犯罪。正是因为暴力犯罪达到了可致使他人重伤或者死亡的程度，因此在面对这些严重的暴力犯罪时，难以要求防卫人在处于紧张、恐慌的状态下还能理智、客观地判断其防卫行为是否过当。在实践中，许多被认定为防卫过当的案件都是由于暴力犯罪的程度尚未达到严重程度，故并未适用特殊防卫条款。总而言之，对危及人身安全暴力犯罪"严重性"的理解和适用，必须坚持实事求是、具体情况具体分析的原则，绝不能搞形而上学的"一刀切"。

四、建立正当防卫审查机制增强侦查引导实效[*]

司法实践中，故意伤害类案件定罪率较高，是引发正当防卫争议的主要案件类型，其重要原因在于公安机关不同程度地将行为人对故意伤害行为的防卫行为认定为互相斗殴，或者将正当防卫行为认定为防卫过当。在公安机关立案侦查特别是作撤案处理过程中，检察机关很少介入，导致对于正当防卫的认定缺乏及时监督制约，进而难以保证侦查质量和案件处理的公正性。

对此，笔者认为有必要构建针对正当防卫的审查机制，以促进检察引导侦查工作机制具体化与专门化，促进侦查能力和水平的提高。

1. 明确案件类型

正当防卫审查机制的构建首先要改变以往检察机关介入侦查案件的不确定性，以案件类型的明确来增强介入侦查活动的稳定性。检察机关要明确介入侦查案件的类型，将实践中存在正当防卫争议可能性较大或者具有一定区域影响力的案件作为强制审查的案件类型，如故意杀人、故意伤害、过失致人死亡和妨害公务等案件，在公安机关对此类案件进行立案侦查时，检察机关就必须立即介入侦查并围绕正当防卫问题开展审查。

2. 明确启动方式

由于职责分工不同，公安机关相比其他司法机关往往会在第一时间接触到案件并开展初查、立案和侦查等工作，而检察机关对案件的介入和审查明显具有滞后性和被动性，检察机关若要及时开展正当防卫审查工作，就需要从程序上保障审查工作在第一时间启动。一方面，可要求公安机关在受理指定案件并经过初查认为可能涉及正当防卫问题时，主动向检察机关通报案情并邀请检察机关派员介入审查；另一方面，可要求公安机关在作出立案决定的同时告知案件双方有权提请检察机关进行正当防卫审查，并在24小时内将申请书送交检察机关，检察机关收到申请书之日即意味着正式启动审查程序。

3. 明确审查方向

检察机关对案件正当防卫问题提前介入审查，时间短、任务重，从而需要明确审查方向和重点。一方面，要深刻理解并紧紧围绕《刑法》第20条关于正当防卫的规定进行审查，同时，要清楚地认识到其中第2款之于第1款以及

---

[*] 作者：吉树海，天津市宝坻区人民检察院检察长。本文原载于《检察日报》2018年9月12日。

第 3 款之于第 2 款的"例外"关系，并严格按照正当防卫的法定条件对案件事实和情节进行逐一审查。另一方面，要在审查过程中注重对重点问题的明确把握。一是注重对非法拘禁、非法侵入住宅等非暴力不法侵害行为的审查，认识到在特定情形下同样可以对非暴力行为进行防卫；二是注重对不法侵害行为的起止时间进行整体性审查，只要确认行为人具有实施侵害的现实可能性就可以实行防卫，而不是仅限于侵害行为实施的一刹那；三是注重严格区分防卫行为和互殴行为，重点审查双方是否事先约定互相殴斗并都具有互相伤害的主观故意；四是注重根据案件发生的具体条件和环境进行综合判断，认识到任何防卫行为都可能会造成不法侵害人一定的伤亡结果，走出"死亡即过当"的认识误区。

4. 明确审查方法

检察机关在审查过程中，可以从三个方面入手提高审查质量。一是要身体力行，改变以往书面性指导的介入方式，主动融入侦查活动，参与案情研判并提出处理意见；二是要充分发挥检察建议的法律监督功能，针对公安机关采取的不正确侦查方向、不恰当侦查行为，可能导致有关正当防卫的事实认定错误的，可以根据案情进展及时向公安机关制发检察建议书；三是要积极探索符合以审判为中心的刑事诉讼制度改革要求的工作方法，当有关案件正当防卫争议较大，检察建议无法取得公安机关认同时，主动请示党委政法委协调召开公检法联席会议，听取法院处理意见，充分发挥审判标准在审前程序中的制约引导作用，促使正当防卫审查工作切实发挥检察监督实效。

五、未遂行为应视为"多次"中的一次[*]

遵循有效社会治理、严密刑事法网的理念，当前刑事立法呈现出行政违法行为犯罪化的趋势。特别是劳动教养废除后，为弥补对劳动教养行为给予治安处罚产生的制裁力度不足、效果不好的问题，刑法降低一些罪名的入罪门槛，将之前作为劳动教养或者治安管理处罚的对象予以犯罪化。其表现之一就是增设"多次"型入罪规定，例如《刑法修正案（九）》增设的"多次抢夺"规定。实践中，有关"多次"的构成条件不无争议，对"多次"中是否包含未遂行为的问题讨论较为激烈。

---

[*] 作者：田恬，西南政法大学法学院。本文原载于《检察日报》2019 年 2 月 26 日。

结合"多次"规定设立的规范目的与未遂行为的处罚根据，笔者认为，未遂行为不仅扩大了"多次"行为整体的违法性程度，而且能够反映行为人实施违法行为的惯常性，因而未遂行为理应予以累计。具体理由如下：

第一，从法益保护的立场出发，由于未遂行为对"多次"行为整体的法益侵害程度具有实质的加功作用，理应作为"一次"行为予以累计。从法理层面来讲，随着处罚早期化的合理性日渐处于优势地位，未遂行为的处罚日益受到重视。我国《刑法》第23条对未遂犯采用得减主义的立场表明，未遂行为"可以"而非"应当"从轻或者减轻处罚。申言之，未遂行为招致的法益侵害高或然性危险不但可以予以处罚，而且当未遂行为可能招致重大法益侵害危险之时，裁判者可以对未遂行为不予从宽裁量。因此，从法益保护必要性优先的见地来看，未遂行为造成的法益侵害（危险）与既遂行为造成的法益侵害（实害）同样具有可罚性，作为"一次"行为的正当性自不待言。

第二，从主观危险性的角度来看，未遂行为同样能够体现行为人实施违法行为的习性，理应纳入"多次"的累计予以从严惩治。与常态的犯罪化根据相比，作为入罪条件的"多次"规定呈现非常态化的特点，即处罚根据兼具主观危险性与客观危害性的考量，其中主观危险性因素占据主导地位。承载于行为人反复实施同种违法行为映射的规范性意识否定态度，主观人身危险性不仅可以通过既遂行为得以显现，未遂行为同样可以作为其载体。未遂行为通过实行行为将犯罪意思表现于外部，虽然缘于意志以外的因素使得危害结果未得逞，但是其主观恶性与既遂行为没有质的差异。也就是说，未遂行为所映射的规范性意识否定性态度与既遂行为无异，能够体现行为人较为顽固地实施违法犯罪行为的意志。基于犯罪预防之目的，有必要把未遂行为和既遂行为同等对待，作为"一次"行为。

第三，从违法行为的实际侦办层面分析，倘若未遂行为一律不能计入"多次"，将会造成诸多不合理现象。例如，当公安机关工作人员发现行为人正在实施违法行为时，要想将其治罪，则需要等待行为人实施违法行为既遂之后再行将其抓获。显然，这种要求在实践中行不通。再如，在规范思维层面，"多次"这一入罪标准的设立是为满足调整复杂社会关系的现实需要，从而突破唯数额论、唯结果论之藩篱，填补处罚空白。根据司法权威观点，单次行为的数额、结果并非构成入罪型多次犯的必要条件。如果因为未遂行为造成的财产损失或者秩序危害较小而排除其次数累计，则会产生一方面不要求单次行为数额或者结果，另一方面却基于单次行为数额或者结果较小不予累计次数的悖论，有违罪刑法定原则之嫌。由此，主张未遂行为不能计入"多次"的见解不仅实际施行存在障碍，而且在法理上亦难以成立。

实践中，具有代表性的反对观点认为，未遂行为通常不能作为"多次"中的"次"。主张这一观点的理由之一在于，能够作为"多次"中的"次"的未遂行为需以满足未遂犯成立条件为必要内容，而未遂的违法行为通常无法达到情节严重的标准。最高司法机关为限制未遂犯的成立范围，出台相关司法解释细化未遂行为入罪的条件，例如2013年"两高"《关于办理盗窃刑事案件适用法律若干问题的解释》第12条规定，具备"以数额巨大的财物为目标""以珍贵文物为盗窃目标"等体现情节严重的要素是处罚盗窃罪未遂犯的前提。倘若单次行为未遂，且不具备这些情节严重的要素时，则不能作为多次盗窃中的一次。

笔者认为，这一理由混淆了盗窃罪的未遂犯成立与多次盗窃中单次违法行为可否处于未遂形态之间的关系。因为，一方面，"以数额巨大的财物为目标""以珍贵文物为盗窃目标"等盗窃罪未遂犯的成立条件与"多次盗窃"这一行为类型不具有兼容性。"多次"这一入罪行为类型只有构成与不构成之分，"多次"整体不存在未完成形态，亦无"多次"以数额巨大、珍贵文物等为犯罪目标从而成立盗窃罪未遂的场合。另一方面，"多次"中的单次行为也无须达到以数额巨大、珍贵文物为犯罪目标等条件。"两高"在此设立未遂犯的成立条件是为框定盗窃罪未遂犯的处罚范围，划定作为行政违法行为的盗窃行为和作为盗窃罪未遂犯的盗窃行为之界限。然而，按照学界与实务界的通说观点，作为入罪型的"多次"规定以行为次数作为入罪之根据，每次行为无须达到构成犯罪的危害程度。因此，未遂行为纳入次数累计不以符合未遂行为入罪的标准作为必要条件。

诚然，倘若未遂行为一律纳入行为次数的累计恐有刑事处罚范围极度膨胀之嫌。对"多次"行为造成财产损失极小或者扰乱社会秩序的程度轻微的案件一律予以犯罪化，会模糊行政违法与犯罪的边界。实际上，将未遂行为纳入次数累计不代表"多次"行为一律作为犯罪处理。"多次"中包含未遂行为的案件是否入罪不能采用"一刀切"的司法模式，从立法意图上看，立法者期望通过降低"多次"行为的犯罪门槛，严惩具有实施某些类型违法行为惯常性的行为人，解决"抓了放、放了抓"的治理困境。我国刑法坚守的行为刑法基本立场决定了行为次数彰显的行为人人身危险性并非处罚的唯一根据，"多次"行为所造成的客观危害仍应在罪与非罪的裁量中处于基础性地位。综合案件的情节因素，倘若未遂形态或者其他表现客观危害轻微的情节因素使全案的整体情节达至刑法总则第13条但书规定的"情节显著轻微危害不大"程度，可将"多次"行为予以出罪处理。

六、事后自动恢复行为应纳入法定从宽情节[*]

事后自动恢复行为，是指行为人在犯罪既遂后，于一定时间内自动、有效地实施相应的补救措施对被侵害法益进行恢复，以消除、减轻前行为所造成的危害结果或危险状态的行为，比如盗窃财物后又将财物悄悄放回的行为，非法拘禁他人后又主动释放的行为，等等。事后自动恢复行为实质上是行为人通过积极的作为，对先前不法行为及所造成犯罪结果进行的自我否定，这类行为通常又被称为法益恢复行为和遂后补救行为等。

实践中，多数情况下将事后自动恢复行为作为酌定从轻处罚情节，这不利于鼓励行为人在犯罪进程中及时后退。相较于自首这一主动"认错"型行为，事后自动恢复行为作为主动"纠错"型行为无疑同样值得刑法宽宥。事后自动恢复行为使作为量刑依据的社会危害性和人身危险性均有所减轻甚至消除，从刑罚目的来看，对行为人的预防必要性降低，并且将其作为法定量刑情节有利于激励行为人积极弥补自身过错，实现对被害人权益的救济。笔者认为，应将事后自动恢复行为纳入法定从宽处罚量刑情节。

一是符合刑法裁量情节相互协调要求。与当下认罪认罚从宽制度、刑事和解制度相比，事后自动恢复行为中虽然也有赔偿损失、返还财物的成分，但是在时间性、主体性、从宽根据上与二者不尽相同，有其独立的价值。事后自动恢复行为使作为责任刑、预防刑基础的社会危害性和人身危险性显著降低，其对犯罪的影响甚至要大于自首、立功等法定量刑情节。自首虽在一定程度上可表明行为人的悔过心理，但却不能对犯罪本身产生影响，不能主动减轻犯罪所造成的客观危害。反观行为人在事后自动实施的恢复行为，不仅表明了其主观恶性和人身危险性的降低，而且切实有效地使前行为所造成的危险状态或危害结果得以回溯性消减，将社会危害降至最低程度。基于刑法法益保护的目的，事后自动恢复行为作为一种既遂后主动"纠错"的悔罪表现，刑罚对其褒奖程度不应逊色于自首这一"认错"表现，故而将其上升为法定量刑情节并无不妥。

二是鼓励行为人积极采取补救措施。在行为已经既遂的情况下，部分自动

---

[*] 作者：房清侠，河南财经政法大学刑事司法学院教授。本文原载于《检察日报》2018年10月12日。

恢复行为早已渗入到罪与罚之间，以"可不认为是犯罪""有罪免刑"或"减轻处罚"影响着定罪量刑。如《刑法》第276条之一第3款规定，行为人在提起公诉前支付劳动者劳动报酬，并依法承担相应赔偿责任的，可以减轻或免除处罚，等等。同时我们也看到，由于大部分犯罪中皆有事后自动恢复行为的存在余地，国外刑法也多将事后自动恢复行为作为普通减轻或免除处罚情节，如意大利刑法典规定，将自动、有效地消除或减轻犯罪损害或危险后果的行为规定为普通减轻处罚情节等。我国刑法可将事后自动恢复行为规定为法定从宽处罚情节，并且这一情节不应仅在刑法分则中作出个别规定，还应作为法定量刑情节在总则中进行概括性规定，以最大限度鼓励行为人悔过自新、努力纠错，给犯罪人设置一条回头的路，并与犯罪中止制度相互照应，共同构建犯罪后退之桥。

三是实现刑事被害人保护机能。传统刑事司法以解决被告人的刑事责任为中心，对被害人利益的保护常处于边缘地带，随着被害人保护运动的兴起，特别是恢复性司法的提倡，使被害人的利益诉求得到了更多关注。出于对被害人利益的保护，刑法的法益保护机能不应只满足于事后保护。在传统国家追诉模式下对被害人事后保护的做法，虽然使被害人的报应情感得到满足，但其受到的实际损害却难以全部挽回。事后自动恢复行为对于防止危害结果发生或弥补损害行为所造成的损失，是一个无须论证的话题。因此，将事后自动恢复行为提升为法定从宽处罚事由，激励行为人通过事后努力恢复受损的法益，将对被害人及社会造成的损害最大限度地减小，其本质就是国家用更为经济的方式实现对被害人实体权益的保护与救济。

七、《关于认定累犯如何确定刑罚执行完毕以后"五年以内"起始日期的批复》理解与适用[*]

最高人民检察院发布了《关于认定累犯如何确定刑罚执行完毕以后"五年以内"起始日期的批复》（以下简称《批复》）。为便于正确理解适用《批复》相关规定，现就制定背景、经过和主要内容解读如下。

---

[*] 作者：缐杰、杨建军，最高人民检察院法律政策研究室。本文原载于《检察日报》2018年12月30日。

1. 起草背景及经过

北京检察机关在办理一起盗窃案件时，就认定累犯刑罚执行完毕以后"五年以内"起始日期存在不同认识。由于对有关案件犯罪嫌疑人是否构成累犯分歧较大，北京市人民检察院向最高人民检察院报送了《关于认定累犯如何确定刑罚执行完毕以后五年以内起始日期的请示》。经最高人民检察院法律政策研究室研究并征求意见，对上述问题存在两种不同意见：第一种意见认为，刑罚执行完毕以后"五年以内"的起始日期，应当从刑罚执行完毕的次日起计算。实践中，在刑期最后一日释放的，释放后第二日为刑罚执行完毕以后"五年以内"的起始日期。第二种意见认为，刑罚执行完毕，应当是指刑满释放当日，累犯"五年以内"的起始日期应从释放当日计算。鉴于请示问题具有一定的典型性和代表性，有必要明确法律适用意见，统一执法司法标准。在征求全国人大常委会法制工作委员会、最高人民法院、公安部、司法部以及我院内设机构意见并达成共识的基础上，形成了《批复（审议稿）》。2018年12月25日，经最高人民检察院第十三届检察委员会第十二次会议审议通过，自2018年12月30日起实施。

2.《批复》的理解和适用

《批复》规定：刑法第65条第1款规定的"刑罚执行完毕"，是指刑罚执行到期应予释放之日。认定累犯，确定刑罚执行完毕以后"五年以内"的起始日期，应当从刑满释放之日起计算。

根据刑法第65条第1款的规定，被判处有期徒刑以上刑罚的犯罪分子，刑罚执行完毕以后，在五年以内再犯应当判处有期徒刑以上刑罚之罪的，是累犯。根据《批复》，认定累犯时，刑罚执行完毕以后"五年以内"的起始日期，应从刑罚执行到期应予释放之日起计算。《批复》作上述规定，主要有以下考虑：

一是符合一致性解释。认定累犯，确定刑罚执行完毕以后"五年以内"起始日期，应与刑法总则其他有关规定相一致。我国刑法第65条第2款规定，"前款规定的期限，对于被假释的犯罪分子，从假释期满之日起计算。"有期徒刑的假释考验期限为没有执行完毕的刑期，对被假释的犯罪分子，从假释期满之日起计算累犯刑罚执行完毕以后"五年以内"的起始日期；对刑法第65条第1款规定的被判处有期徒刑以上刑罚的罪犯，也应从释放之日起计算累犯刑罚执行完毕以后"五年以内"的起始日期。另外，以释放之日计算累犯"五年以内"的起始日期，也与刑法关于职业禁止期限起算的规定相一致。刑法第37条之一第1款规定，因利用职业便利实施犯罪，或者实施违背职业要求的特定义务的犯罪被判处刑罚的，人民法院可以根据犯罪情况和预防再犯罪的需要,禁止其自刑罚执行完毕之日或者假释之日起从事相关职业,期限为三年至五年。

二是符合实事求是精神。从法律上看,罪犯在执行刑期的最后一日释放的,刑罚执行机关会发放释放证明书,表明刑罚已经执行完毕。同时,考虑到存在减去余刑释放的情形,即罪犯服刑期间获得最后一次减刑的幅度大于或者等于剩余刑期,刑罚执行机关一般会在法院作出的减去罪犯余刑的裁定送达生效后为罪犯办理刑满释放手续,发给释放证明书。由于罪犯的剩余刑期都已全部获得减刑,以释放之日作为计算累犯刑罚执行完毕以后"五年以内"的起始日期较为妥当。

三是对被告人有利。刑法总则对累犯的规定,体现了对具有人身危险性的犯罪分子从严处罚的精神。应当说,再次犯罪时间距离刑满释放之日越近,说明犯罪分子人身危险性越大,越应当予以从严惩处。在刑满释放后"五年以内"期限的最后一日犯罪要按照累犯从重处罚,而在刑满释放后"五年以内"期限的最后一日的后一日犯罪,就不再属于累犯,不予从重处罚。从刑满释放之日起计算累犯刑罚执行完毕以后"五年以内"的起始日期,比从刑满释放后第二日起算,使被告人适用累犯的期间提前一日结束,整体上有利于被告人。

八、自动投案后因客观原因不能如实供述应视为自首[*]

根据我国《刑法》第67条第1款之规定,"犯罪以后自动投案,如实供述自己罪行的,是自首。构成自首的,依法可以从轻或减轻处罚。"自首属于法定从轻处罚情节,能否认定自首将直接影响到犯罪嫌疑人的权益。认定自首,须同时符合自动投案和如实供述犯罪事实两个条件,二者缺一不可。自动投案,是指犯罪事实或者犯罪嫌疑人未被司法机关发觉,或者虽被发觉,但犯罪嫌疑人尚未受到讯问、未被采取强制措施时,犯罪嫌疑人主动、直接向公安机关、人民检察院或者人民法院投案。自动投案体现犯罪嫌疑人投案的主动性和自愿性,在司法实践中,并非出于犯罪嫌疑人主动,而是经亲友规劝、陪同投案的,以及公安机关通知犯罪嫌疑人的亲友,或者亲友主动报案后,将犯

---

* 作者:彭春华,山东省菏泽市牡丹区人民检察院。本文原载于《检察日报》2018年9月19日。

嫌疑人送去投案的，也应当视为自动投案。可见，为了鼓励犯罪嫌疑人积极向司法机关投案说明情况，对自动投案认定相对宽松。如实供述自己的罪行，是指犯罪嫌疑人自动投案后，如实交代自己的主要犯罪事实。犯罪嫌疑人自动投案并如实供述自己的罪行后又翻供的，不能认定为自首；但在一审判决前又能如实供述的，应当认定为自首。如实供述强调的是行为人供述时不能故意避重就轻，逃避法律惩罚，否则与立法初衷相悖。

对于自动投案后不能如实供述主要犯罪事实的犯罪分子，是否认定自首，应具体情况具体分析，不能一概而论。笔者认为，行为人自动投案后，主动认罪悔罪，只是因客观原因不能如实供述案发当时的犯罪过程、情节的，应认定自首。理由如下：

一是符合自首的立法原意。规定"犯罪以后自动投案"，是为了更快侦破案件，节约司法资源。规定"如实供述自己罪行"，是为了显示犯罪分子的悔罪表现，激励犯罪分子改过自新。犯罪分子自动投案并表示愿意接受司法机关的处理结果，从主观上看，其积极认罪，反映人身危险性降低；从行为上看，主动投案，自愿接受司法机关的法律处罚，符合自首的两项立法原意，应当认定为自首。

二是法律不能强人所难。司法实践中，有的犯罪分子在处于醉酒或者吸毒状态下实施犯罪，案发后了解到当时的行为，表示悔过，愿意接受司法机关的处罚，自动到公安机关投案自首，但是对于自己当时的罪行确实是因为受酒精或毒品的影响，未能回忆起案发时的行为过程，导致没有如实供述犯罪事实。"法律不能强求人们做不可能做到的事"，如果因客观原因未能如实供述，不予认定自首，社会大众难以接受这样的认定结果。

三是彰显司法公正。因醉酒或吸毒等客观原因不能回忆起犯罪事实的发生，属于客观不能。犯罪分子能够自动投案，并愿意接受司法机关的处罚，表明其主观内心上是希望如实供述犯罪事实的。因此，不能因为客观上不可能如实供述的原因，而不给确实有悔罪表现的行为人"自首"的机会，否则，对这部分人而言，法律将失去公正，司法将失去公信。从根本上讲，对自动投案后因客观原因不能如实供述罪行的行为视为自首，有利于预防犯罪、改造犯罪，实现预定的法律效果和社会效果。

九、一般立功时间宜从犯罪后起算[*]

立功是法定从宽处罚量刑情节，行为人的相关行为能否纳入刑法立功评价范围，直接关系到其刑期的长短。《刑法》第68条规定，犯罪分子有揭发他人犯罪行为，查证属实的，或者提供重要线索，从而得以侦破其他案件等立功表现的，可以从轻或者减轻处罚。司法解释对立功制度也有相应规定，最高人民法院1998年5月9日发布的《关于处理自首和立功具体应用法律若干问题的解释》（以下简称《解释》）第5条规定，犯罪分子到案后有检举、揭发他人犯罪行为，包括共同犯罪案件中的犯罪分子揭发同案犯共同犯罪以外的其他犯罪，经查证属实；提供侦破其他案件的重要线索，经查证属实；阻止他人犯罪活动；协助司法机关抓捕其他犯罪分子（包括同案犯）；具有其他有利于国家和社会的突出表现的，应当认定为有立功表现。司法解释一方面扩大了立功行为认定范围，将具有其他有利于国家和社会的突出表现的纳入立功制度范畴；另一方面，也进行了限缩解释，将立功时间限定为到案后，将到案前实施的具有立功性质的行为排除在立功之外。

根据上述司法解释规定，构成一般立功应具备的时间要件即认定立功的起算时间为犯罪分子到案以后，不包括犯罪后至到案前之间的时间段。时间条件是认定立功的首要条件，如何准确认定立功时间起算点，关系到犯罪分子的自身利益，也影响司法公平和法律权威。笔者认为，一般立功时间不应限定在到案后，而应规定为犯罪后，理由如下：

第一，将一般立功时间限定在到案后，与立功制度设置的立法目的不相符。立功制度设立的初衷在于鼓励犯罪分子弃恶从善、改过自新，通过检举、揭发他人犯罪行为或者提供侦破案件线索等行为，争取将功抵罪的机会，兼有悔罪性和功利性功能。犯罪分子在实施犯罪行为后，能够揭发他人犯罪行为，表明其认识到犯罪行为社会危害性，对犯罪行为持否定态度，具有悔罪特征；另外，立功制度有助于实现国家社会和犯罪分子"双赢"目标。从犯罪分子角度看，揭发他人犯罪等有利于预防、查获和制裁犯罪的举止，获得司法机关从宽处理的奖励，符合其合理的心理预期。犯罪行为的发

---

[*] 作者：孙广坤，黄河科技学院；岳启杰，北京市门头沟区人民检察院。本文原载于《检察日报》2018年12月28日。

生是进入司法程序的前提。然而从犯罪行为发生，到立案侦查，再到犯罪分子到案，之间间隔具有不确定性，因案因人而异，或长或短，短的几个小时，长的达几年，甚至更长时间。如果将犯罪后至到案前时间段，排除在立功评价范围之外，视为一般公民同犯罪行为作斗争的宪法义务，则降低了对具有立功性质行为的奖赏力度，将严重影响犯罪分子实施有利于预防、查获和制裁犯罪行为的积极性。犯罪分子在权衡利弊时，受趋利避害本能支配，将消极对待立功，等其归案后，再实施相应行为，这种状况不利于尽早发现犯罪和惩治犯罪，也不利于及时消除在逃犯潜在的社会危害性，无形中限制了立功制度功能的发挥。

第二，将一般立功时间限定在到案后，加剧了刑法条文体系之间的不协调。《刑法》第68条关于立功的规定中，并没有将时间节点限定为到案后，从其规定来看，只是明确了立功主体为犯罪分子。何为犯罪分子，刑法和司法解释没有明确规定，司法实践理解不一。犯罪分子，顾名思义，是指其实施的行为符合刑法分则具体罪名的构成要件，构成了刑法上的犯罪。因此，刑法上的立功起算时间为犯罪后。关于重大立功的认定，《解释》第7条规定，犯罪分子有检举、揭发他人重大犯罪行为……应当认定为有重大立功表现。根据条文含义理解，重大立功并没有限定到案后的时间节点。再如，2009年3月最高人民法院、最高人民检察院《关于办理职务犯罪案件认定自首、立功等量刑情节若干问题的意见》（以下简称《意见》）规定，犯罪分子揭发他人犯罪行为，提供侦破其他案件重要线索的，必须经查证属实，才能认定为立功。据此，职务犯罪立功的认定也没有规定到案后。综上分析，刑法、《解释》以及《意见》之间关于立功认定时间存在冲突。从刑法体系解释看，应遵循同类解释规则以保持体系的统一，尽量保持同词同义，避免同词在同一体系内出现内容不一的规定。对职务犯罪和普通犯罪中的立功认定设置不同的时间标准，将加剧司法解释内容之间的不协调性，容易引起社会公众对司法公信力的质疑；而在《解释》的同一语境下，将一般立功和重大立功的认定时间起算点作不同的规定，也容易造成认定立功的混乱，不利于维护法律的统一性和权威性。

第三，将一般立功时间限定在到案后，不利于保障犯罪分子的正当权益。当行为人实施犯罪后，出于对犯罪的憎恨，意图通过实施揭发他人犯罪行为等行为立功赎罪，以期获得司法机关从轻、减轻处罚的奖励，这是立法者予以鼓励的行为，也是犯罪分子的权利。总而言之，犯罪分子悔罪意识产生的时间越早，则表明其主观恶性和人身危险性程度越小，认罪悔罪越真诚。对于盗窃、抢劫、伤害类等多数自然犯而言，一般普通公众都能认识到其行为是否构成犯罪，不必要求等到归案后置于司法机关的控制之下，才认识到其行为已构成犯罪，进而产生悔罪认罪意识。到案前，实施的具有立功性质的行为，表明其悔罪的主动性；到案后，基于法律和刑罚威慑，在迫不得已的情况下，再实施相应的立功行为，反映出悔罪的被动性。主动性悔罪相对于被动性悔罪，其悔罪程度更大，主观恶性更低。对此，法律理应给予正确评价，对主动性悔罪的奖励不低于对被动性悔罪的奖励。将到案前具有立功性质的行为，不作刑法意义上的立功认定，无疑有损犯罪分子的正当权益。

疑案精解

一、赵宇正当防卫案的法理评析[*]

基本案情：2018年12月26日23时许，李华与邹某酒后一同乘车到达邹某位于福州市晋安区岳峰镇村榕城公寓4楼C118单元的暂住处。二人在邹某暂住处发生争吵，李华被邹某关在门外，便酒后滋事，用力踢踹邹某暂住处防盗门，强行进入房间与邹某发生肢体冲突，引来邻居围观。此时，暂住在该楼5楼C219单元的赵宇，听到叫喊声，下楼查看，见李华把邹某摁在墙上并殴打其头部。为制止李华的伤害行为，赵宇从背后拉拽李华，致其摔倒在地。起身后，李华又要殴打赵宇，并进行言语威胁，赵宇随即将李华推倒在地，并朝倒地的李华腹部踩了一脚。后赵宇拿起房间内的凳子欲砸向李华，被邹某拦下，随后赵宇被其女友劝离现场。经法医鉴定，李华腹部横结肠破裂，伤情属于重伤二级。邹某伤情属于轻微伤。

关于本案，2019年2月20日，福州市公安局晋安分局以赵宇涉嫌过失致人重伤罪向晋安区人民检察院移送起诉。2月21日，晋安区人民检察院以防卫过当作出相对不起诉决定。

我国《刑法》第20条规定的正当防卫，根据防卫目的的不同，可以区分为保护本人的正当防卫和保护他人的正当防卫。在司法实践中，大部分正当防卫都属于保护本人的正当防卫，存在少数保护他人的正当防卫。在保护他人的正当防卫中，又有些属于保护亲属的正当防卫，只有个别保护与自己完全没有

---

[*] 作者：陈兴良，北京大学法学院教授、博士生导师。本文原载于《检察日报》2019年3月2日。

关系的他人的正当防卫,这种正当防卫具有见义勇为的性质。对于这种见义勇为的正当防卫案件,司法机关在处理的时候应当充分考虑案件的特殊性以及社会影响,追求法律效果和社会效果的统一。

从赵宇正当防卫案的以上处理来看,公安机关将该案作为普通犯罪案件处理,没有认定本案具有防卫性质;检察机关虽然认定本案具有防卫性质,但同时认定赵宇的防卫行为超过了正当防卫的必要限度。由此,引申出正当防卫案件处理中的三个问题:

1. 关于防卫性质的认定

防卫性质的认定是指在一个案件中,行为人虽然造成他人的人身或者财产的重大损害,但造成这种重大损害的行为是否基于正当防卫的需要因而具有防卫性质。根据阶层犯罪论,在认定犯罪的时候,首先要进行构成要件该当性的判断,在具备构成要件的基础上,还要进行违法性的判断。在本案中,赵宇对李华踩踹的行为造成了李华的重伤结果。从刑法理论上分析,对李华的踩踹行为虽然是故意的,但对于重伤后果则是过失的。踩踹行为本身还不是故意伤害行为,因而对此不能认定为故意伤害,而是应当认定为过失致人重伤。就此而言,公安机关对赵宇的行为认定为过失致人重伤是正确的。因此,在构成要件该当性这个阶层,根据案件情况,可以认定赵宇的行为具备过失致人重伤罪的构成要件,这是没有疑问的。但如果要最终认定赵宇构成过失致人重伤罪,还要进一步进行违法性的判断。在违法性阶层要排除违法阻却事由,我国刑法规定了正当防卫和紧急避险这两种违法阻却事由。如果赵宇的行为符合正当防卫的构成条件,则虽然实施了过失致人重伤行为,但因为正当防卫而不负刑事责任。当然,如果正当防卫超过必要限度的,属于防卫过当,仍然应当承担过失致人重伤的刑事责任,只是依照《刑法》第20条第2款的规定,应当减轻或者免除处罚。问题在于,公安机关并没有认定赵宇的行为具有防卫的性质,因而直接以赵宇涉嫌过失致人重伤罪向检察机关移送起诉。当然,公安机关是根本就没有进行是否具有防卫性质的判断,还是经过判断认为赵宇的行为不具有正当防卫性质,对此我们不得而知。姑且假定公安机关经过判断认为赵宇的行为不具有防卫性质,这里就涉及是否具有防卫性质的判断问题,因而应当引起重视。

我国《刑法》第20条第1款对正当防卫的构成条件作了明文规定,我国刑法理论将正当防卫的构成条件概括为5个,这就是:(1)防卫目的;(2)防卫起因;(3)防卫客体;(4)防卫时间;(5)防卫限度。在以上5个条件中,第5个条件是区分正当防卫和防卫过当的条件。因此,只要具备前4个条件就应当认定具有防卫性质。在本案中,需要讨论的是李华对邹某是否存在不法侵害?从公安机关认定的案情来看,李华实施了以下行为:(1)酒后滋事；(2) 用力踢踹邹某暂住处防盗门，强行进入房间；(3) 殴打邹某致其轻微伤。这些行为具有侵犯公民权利和扰乱社会秩序的性质。当然，这些行为是否构成犯罪，还是存在疑问的。对于行为人来说，并不是只有对构成犯罪的行为才能进行防卫，我国刑法中的不法侵害并不要求构成犯罪。而且，从逻辑上说，正因为防卫行为起到了制止不法侵害的作用，才使不法侵害没有发展到犯罪程度。因此，对于防卫起因要求达到犯罪程度，这本身就是一种错误观念。更为重要的是，行为人面对正在进行的不法侵害，根本就没有时间即时判断是否构成犯罪。因为一个行为是否构成犯罪这是具有专业性的一项业务，只能在案件发生以后，经过大量的调查研究，最后才能得出结论。如果要求行为人在实施防卫行为之前，对不法侵害人的行为是否构成犯罪作出准确判断，这岂非强人所难？这里还涉及防卫人的主观认知问题。就本案而言，赵宇并没有全程在场，只是在听到踹门声和吵闹声以后，下楼查看的时候，看到李华正在殴打邹某，才上前去解救邹某，因而发生与李华的缠斗。对于赵宇来说，其行为明显具有见义勇为的性质，而且具有制止李华的不法侵害的目的。否则，赵宇完全可以袖手旁观充当看客。由此可以得出结论，赵宇之所以介入本案，是为了制止李华的不法侵害。如果李华就此罢手，则也就不会有此后案情的进一步发展。赵宇将李华拉拽致使李华倒地以后，李华起身转而对赵宇殴打。此时，赵宇为邹某解围，但却受到李华对本人的不法侵害。赵宇当然没有束手挨打的义务，因而将李华推倒在地，并朝李华腹部踩了一脚。正是这一脚导致李华腹部横结肠破裂，由此造成重伤后果。总之，赵宇在本案中的行为可以分为两个阶段。其中，第一阶段的行为明显具有制止李华对邹某的不法侵害的防卫性质，对此没有争议。而第二阶段的行为如何认定，则容易产生分歧意见。主要争议在于：在制止了李华对邹某的不法侵害以后，赵宇和李华发生扭打，此时不法侵害是否还正在进行？如果从对邹某的不法侵害而言，因为赵宇的及时制止已经结束。但李华又要对赵宇进行殴打，形成对赵宇的不法侵害，赵宇的行为就转化为制止李华对其本人的不法侵害，同样具有防卫性质。因此，对赵宇的行为没有认定具有防卫性质，这是对本案的定性错误。

目前，在我国司法实践中，存在只看结果、不分是非的唯结果论，因而导致对案件的处理失当的情况。就本案而言，如果不考虑前因，则赵宇的行为过失造成李华重伤后果，当然就应当以犯罪论处，但这一结论完全没有将赵宇系见义勇为这个因素考虑进去，因而对赵宇是极为不公的，会对于社会风气产生消极示范作用。如果我们进一步分析，则在这种唯结果论的做法背后反映的是只有入罪而没有出罪的片面定罪思维。定罪过程包含了入罪和出罪这两个相反的操作步骤：根据阶层犯罪论，构成要件该当性作为定罪的第一个环节，只是解决行为是否符合刑法分则规定的犯罪成立条件，从而为入罪奠定事实基础。但并不能认为，只要具备构成要件该当性就一定构成犯罪。作为一个完整的定罪过程，还需要经过违法性和有责性这两个环节的考察。在违法性阶层，通过违法阻却事由的判断，将那些虽然具备构成要件该当性，但不具备违法性的行为排除在犯罪范围之外。在有责性阶层，通过责任阻却事由的判断，将那些虽然具备构成要件该当性和违法性，但不具备有责性的行为排除在犯罪范围之外。因此，对于已经具备构成要件该当性的行为来说，违法性和有责性的判断主要是一个出罪的过程。只有经过以上三个阶层的判断，才能最终得出定罪的正确结论。而目前在我国司法实践中，有的只是注重构成要件该当性的判断，而忽略违法性和有责性的判断，因而不能准确区分罪与非罪的界限。这在正当防卫案件中，表现得十分明显，赵宇案就是一个生动的例子。

2. 关于防卫限度的判断

在认定行为人的行为具有防卫性质的基础上，还要进行防卫限度的判断。如果虽然属于正当防卫但超过正当防卫的必要限度，则仍然构成犯罪。这就是所谓正当防卫和防卫过当的区分，在我国刑法中防卫过当是一个量刑情节。对于防卫过当来说，虽然具有防卫性质，但因为超过了正当防卫的必要限度，对于过当行为造成的重大后果，应当按照其所触犯的罪名承担刑事责任，只是应当减轻或者免除处罚。就本案而言，如果赵宇的行为属于防卫过当，则构成过失致人重伤罪，只不过在处理的时候，应当减轻或者免除处罚。晋安区人民检察院在审查赵宇案以后，认为赵宇的行为虽然具有防卫性质，但赵宇在实施制止不法侵害行为的过程中防卫过当，已经构成犯罪。只是因为赵宇犯罪情节轻微，社会危害性不大，不需要判处刑罚而作出相对不起诉的处理。应该说，晋安区人民检察院对赵宇行为具有防卫性质的认定是正确的，但将赵宇的行为认定为防卫过当则值得商榷。

正当防卫必须受到一定限度的制约，不能超过必要限度，这是我国刑法的明确规定，即使是对于见义勇为的正当防卫行为，也不能超过必要限度。这主要是考虑到正当防卫是采用造成不法侵害人的人身伤亡的手段制止不法侵害，具有以暴制暴的性质。如果对防卫强度不加以节制，放任防卫人对不法侵害人采取极端的防卫手段，显然违反公正原则。因此，我国刑法规定，除第20条第3款规定的无过当防卫以外，其他普通防卫行为只能在必要限度范围内实施，否则就属于防卫过当。那么，如何判断正当防卫行为是否超过必要限度呢？对此，在刑法理论上存在一定的争论。一般认为，防卫行为只要是为制止不法侵害所必需的，就不能认为超过了必要限度。只有实施了明显不是为制止不法侵害所必需的防卫行为，才能认为超过了必要限度。在具体案件中，防卫行为是否超过必要限度的判断是十分复杂的，应当结合具体案情进行客观的分析。值得注意的是，我国《刑法》第 20 条第 2 款规定，正当防卫明显超过必要限度造成重大损害的，才构成防卫过当。在此，立法机关设定的防卫过当条件中，一是强调超过必要限度的明显性。这里的明显就不是一般的超过而是显著的超过，这种超过是一目了然没有争议的。这显然是一种对防卫人有利的限度规定，对于见义勇为的正当防卫更应当从有利于防卫人出发判断是否超过必要限度。二是造成重大损害。这里的重大损害就不是一般损害，而是损害结果显然不是制止不法侵害所必需的。对于以上两个方面，在刑法理论上归纳为行为过当和结果过当，并且只有在两者同时具备的情况下，才能认定为防卫过当。从本案情况来看，在面对李华殴打的情况下，赵宇将李华拽倒在地并踩其一脚，这个行为本身不能认定是明显超过正当防卫必要限度的，因此不存在行为过当。而就该行为造成的重伤结果而言，确实具有一定的严重性。在李华没有明显要重伤邹某的情况下，这个重伤结果是超过必要限度的。但这个重伤结果并不是赵宇主观上故意追求的，而是过失造成的结果。在李华进行不法侵害而受到赵宇防卫的情况下，这一结果属于李华应当承受的不利后果。综上，我认为赵宇的行为不构成防卫过当，不应当承担过失致人重伤罪的刑事责任。

防卫过当应当承担刑事责任的立法精神是完全正确的，即使是在见义勇为的正当防卫中，防卫人也应当合理地掌握防卫强度，不能认为只要是见义勇为，就可以任意对不法侵害人实施严重的暴力行为造成重大损害结果。这是因为法律不仅要保护防卫人，同时也要在合理的限度内保护不法侵害人。只有这样，才能实现法律正义。但在进行防卫限度判断的时候，还是应当考虑到防卫人遭受突如其来的不法侵害，精神上和身体上处于一种紧张的状态，在慌乱和惊恐的情况下实施防卫，不可能对防卫限度具有理智的把握。因此，对于防卫限度的考察不能将防卫人假定为一个理性人，从事后诸葛亮的意义上对防卫限度进行判断，这反而是对防卫人的苛求，不是司法正义的应有之义。

3. 关于正当防卫的认定程序

正当防卫案件是在刑事诉讼过程中进行判断的，对于辩护人来说，正当防卫或者防卫过当是一个辩护理由。在公检法三机关没有认定正当防卫或者防卫过当的情况下，辩护人在刑事诉讼的各个阶段都可以将正当防卫或者防卫过当作为辩护理由。当然，基于刑事辩护的一般原理，辩护人应当对正当防卫或者防卫过当的辩护提出事实和法律根据，并进行论证。在此，主要讨论公检法三机关对正当防卫认定的程序性问题。

公安机关负责对刑事案件的侦查，在完成侦查以后，移送检察机关审查起诉。在公安机关对刑事案件进行侦查的过程中，就涉及对正当防卫的认定。如果公安机关认定犯罪嫌疑人的行为属于正当防卫,公安机关是否有权直接决定犯罪嫌疑人不构成犯罪而作撤案处理?我认为,根据我国刑事诉讼法的规定,这是完全可以的。因为根据我国刑事诉讼法的规定,公安机关在侦查终结以后,只有涉嫌构成犯罪的案件才移送检察机关审查起诉。《刑事诉讼法》第163条规定:在侦查过程中,发现不应对犯罪嫌疑人追究刑事责任的,应当撤销案件。因此,公安机关的撤案权虽然是一种程序性权力,但涉及实体性的处分。由此可见,对于公安机关认定正当防卫的案件,在侦查终结以后,公安机关可以作撤案处理,不再追究刑事责任。例如,在江苏昆山于海明正当防卫案中,公安机关在查明案情,侦查终结以后宣告:于海明的行为属于正当防卫,不负刑事责任,公安机关依法撤销于海明案件。

检察机关负责对公安机关移送起诉的案件进行审查。如果认为犯罪嫌疑人构成犯罪的,则向人民法院提起公诉。如果认为犯罪嫌疑人不构成犯罪的,则作出不起诉的决定。这里的不起诉可以分为绝对不起诉和相对不起诉。根据我国《刑事诉讼法》第177条的规定,绝对不起诉是指犯罪嫌疑人没有犯罪事实,或者有本法第16条规定的情形之一的,人民检察院作出的不起诉决定。相对不起诉是指对于犯罪情节轻微,依照刑法规定不需要判处刑罚或者免除刑罚的,人民检察院作出的不起诉决定。不起诉决定,无论是绝对不起诉还是相对不起诉,都具有终结案件审理的功能。在检察机关审查起诉期间,如果检察机关认定犯罪嫌疑人的行为构成正当防卫的,应当作出绝对不起诉的决定,不再追究刑事责任。如果检察机关认定犯罪嫌疑人的行为构成防卫过当,则可以根据具体情形,或者提起公诉,或者作出相对不起诉的决定。

人民法院负责对检察机关提起的刑事案件进行审判。人民法院在对案件审理过程中,如果认定被告人的行为构成正当防卫,可以作出无罪判决。如果认定被告人的行为构成防卫过当,则可以减轻或者免除处罚。由此可见,人民法院对正当防卫或者防卫过当的案件,具有最终认定权。

以上公检法三机关的刑事程序设计,对于正当防卫案件来说,犹如三道防线,经过三个环节的审查,有利于正确认定正当防卫。当然,对于正当防卫或者防卫过当的认定来说,更为重要的还是实体要件的把握。只有正确地把握了正当防卫或者防卫过当的构成条件,才能准确地认定正当防卫或者防卫过当。①

---

① 在最高人民检察院指导下,福建省人民检察院指令福州市人民检察院对该案进行审查。福州市人民检察院经审查认为,原不起诉决定存在适用法律错误,遂指令晋安区人民检察院纠正。最终晋安区人民检察院撤销了原不起诉决定,认定赵宇属于正当防卫,根据《刑事诉讼法》第177条第1款规定,对赵宇重新作出无罪的绝对不起诉决定。——编者注

二、协助抓捕型立功构成要件怎样把握[*]

基本案情：2017年8月7日，李甲以每千克6万元的价格从刘乙处购得8999克冰毒，随后将所购冰毒中的1000克卖给李丙，500克卖给周丁。当日，李甲被公安机关抓获。到案后，李甲表示愿意协助公安机关抓获其上家刘乙，并建议民警使用其手机号码与刘乙联系。随后，李甲与民警就如何确定短信内容以稳住刘乙并固定证据进行反复磋商，然后民警利用短信将刘乙约至指定地点将其抓获。

本案中，李甲的行为属于协助抓捕其他犯罪嫌疑人，但其行为是否构成立功存在分歧。有人认为，李甲的行为虽然客观上对抓捕起到一定作用，但不属于司法解释规定的协助抓捕行为，而是为抓捕创造条件。对此，笔者认为，李甲的行为对抓捕其他犯罪嫌疑人具有实质作用，虽不属于典型协助抓捕行为，但与司法解释规定的常见典型行为具有同等作用，符合协助抓捕型立功的构成要件，成立立功。

首先，李甲的行为属于立功范畴的协助抓捕行为。判断一个行为属于"协助抓捕行为"还是"为抓捕创造条件"，关键在于该积极行为的缺失足以造成公安机关难以抓获犯罪嫌疑人的后果。本案中，李甲利用手机号码与刘乙联系，并与民警就如何确定短信内容进而稳住刘乙进行反复磋商，民警在此基础上通过短信将刘乙约至指定地点遂将其抓获。李甲的协助行为，对于抓获刘乙起到了积极作用；如果没有李甲的协助行为，民警难以通过短信邀约将刘乙抓获，故李甲的行为并非仅仅为公安机关的抓捕创造条件，而足以被评价为立功范畴的协助抓捕行为。

其次，李甲的行为符合协助抓捕立功的成立要件。协助抓捕型立功的成立，应具备以下三个要件：一是行为要件，具有前文所述的"协助抓捕行为"；二是结果要件，客观上产生了帮助公安机关抓获其他犯罪嫌疑人的结果；三是因果要件，行为要件与结果要件之间需存在因果关系。本案中，李甲协助行为是向民警提供自己的手机号码和参与编辑短信内容，也达到了最高人

---

[*] 作者：张丽，重庆市人民检察院；陈琳，重庆市璧山区人民检察院。本文原载于《检察日报》2019年2月22日。

民法院《关于处理自首和立功若干具体问题的意见》所规定的"按照司法机关安排,以打电话、发短信等方式将其他犯罪嫌疑约至指定地点"的同等司法效果,应当被认定为已满足立功成立的行为要件。同时,在李甲的帮助下,公安机关确实抓获了其他犯罪嫌疑人刘乙,故李甲的行为也符合立功成立的结果要件和因果要件,成立立功。

最后,准确评价认定立功,需准确把握立功成立的实质要件,正确理解适用立功的认定标准,最大限度地发挥立功制度的司法价值。协助抓捕犯罪嫌疑人型立功的认定,应结合刑法设立立功制度主旨进行判断,激励犯罪分子以积极态度协助司法机关抓获犯罪嫌疑人,节约司法资源,提高办案效率。李甲的行为符合立功精神,与司法解释规定的常见表现形式具有同等作用,符合立功的构成要件。

第二章 涉众型金融犯罪案件办理

思路精解

一、非法集资案件证据审查要点[*]

非法集资犯罪，是指以非法占有为目的，或者虽然没有非法占有目的，但违反国家金融管理规定，通过各种途径，向社会不特定对象承诺在一定期限内还本付息，从而吸收其存款，数额较大的行为。非法集资犯罪属于涉众型经济犯罪中的常见形态，包括非法吸收公众存款罪和集资诈骗罪，具有非法性、公开性、社会性、利诱性等特点。此类案件的办理较为复杂，证据收集与审查颇有难度。在此，就此类案件证据审查要点进行简要分析。

1. 关于主观明知方面证据的审查

司法实践中，有的犯罪嫌疑人辩解自己主观上不明知犯罪，特别是部分非核心人员（如员工、行政管理人员等）常常辩解对非法吸收公众存款不明知。非法集资犯罪案件中，犯罪嫌疑人的主观故意往往很难直接认定，需要在主客观统一规制下，结合其他证据加以印证，综合考量全案证据，进而推定是否主观明知。主要包括：（1）审查犯罪嫌疑人、同案犯供述，业务人员证言，并结合集资参与人证言、辨认笔录，证实是否与集资参与人有过接触，包括线上线下联系、合同签署、资金往来等。（2）审查会议记录、视听资料、相关工作制度、业务培训文件等，并结合犯罪嫌疑人口供，证实是否参与组织、策划。（3）审查各类合同、协议、宣传资料、视听资料等，并结合证人证言、同案犯供述，证实犯罪嫌疑人是否参与合同签订、公开宣传、游说存款人等活动。

---

[*] 作者：姜淑珍、刘丽娜，北京市人民检察院。本文原载于《检察日报》2018年9月7日，原题为《突出要点准确审查非法集资案件证据》。

除上述审查要点之外，主观故意的认定还可以从犯罪嫌疑人从业经历、专业背景、任职情况、培训经历、此前任职单位、本人因从事此类活动受处罚情况、是否故意规避法律规定以逃避监管等情形予以认定。

2. 关于单位犯罪的证据审查

非法集资类犯罪案件多以单位形式组织实施，如何准确区分单位犯罪和个人犯罪，是办理这类案件的难点。认定是否为单位犯罪，应当从三个方面进行审查：（1）审查犯罪活动是否经单位决策实施的证据。通过审查公司决策、管理、考核等相关文件，内部管理系统等电子数据，资金往来记录等证据予以认定。（2）单位的员工是否主要按照单位的决策实施犯罪活动的证据。主要审查犯罪嫌疑人、同案犯供述和辩解、员工证言，了解公司组织架构、运营情况等。（3）审查违法所得归单位所有的证据。审查公司账目、资金往来记录、审计鉴定报告等证据，结合犯罪嫌疑人、同案犯供述和辩解、证人证言等综合考量。

3. 关于犯罪数额证据的审查

犯罪数额是对犯罪嫌疑人定罪量刑的重要因素，由于非法集资犯罪案件涉及人员众多、地域跨度大、案情复杂等特点，如何准确认定犯罪金额、确实面临困难。对于吸收公众存款数额的认定主要集中在三方面：一是反复投资金额原则上应当累计计算。投资人在每期投资结束后，利用投资账户中的资金（包括每期投资结束后归还的本金、利息）进行反复投资的金额应当累计计算，但对反复投资的数额应当作出说明。二是犯罪嫌疑人自身投入非法集资的资金不应当计入犯罪数额。犯罪嫌疑人自身及其吸收的近亲属所投资的资金数额，以及对于记录在犯罪嫌疑人名下，但其未实际参与吸收且未从中收取任何形式好处的资金不应当计入犯罪数额。但是所涉金额仍应计入相对应的上一级负责人及所在单位的吸收金额。三是以现有证据综合认定犯罪数额。不以集资参与人言词证据为认定犯罪数额的必要条件，确因客观条件的限制无法收集到全部集资参与人言词证据的，可结合已收集的集资参与人言词证据和依法收集并查证属实的书面合同、银行账户交易记录、会议凭证及会计账簿、资金收付凭证、审计报告、互联网电子数据等证据，综合认定犯罪数额。

有关犯罪数额的证据应从以下方面审查：（1）审查犯罪嫌疑人、同案犯供述、员工证言，核实涉案公司整体架构、部门结构、人员层级、经营流程，以明确每个犯罪嫌疑人承担的刑事责任范围。（2）审查涉案主体自身的服务器或第三方服务器上存储的交易记录等电子数据，核实交易对手信息。（3）审查书面合同、银行账户交易记录、POS机支付记录、会计凭证及会计账簿、资金收付凭证、审计报告、集资参与人言词证据，综合认定非法集资对象人数和吸收资金数额。

4. 关于集资诈骗中非法占有目的证据的审查

根据最高法《关于审理非法集资刑事案件具体应用法律若干问题的解释》第 4 条规定，应主要从以下方面判断是否具有非法占有的目的：集资后不用于生产经营活动或者用于生产经营活动与筹集资金规模明显不成比例，致使集资款不能返还的；肆意挥霍集资款，致使集资款不能返还的；等等。"以非法占有为目的"是行为人的一种主观心理状态，在直接证据缺乏的情况下，应重点审查如下证据：（1）审查投资合同、宣传资料、培训内容等与非法集资行为模式相关的证据，核实集资是否用于生产经营活动及用于生产经营活动的比例。（2）审查资金往来记录、会计账簿和会计凭证、公开宣传材料等证据，结合犯罪嫌疑人、同案犯供述和辩解、相关证人证言，核实资金使用成本、资金决策使用过程、吸收资金所投资项目内容、投资实际经营情况。

5. 关于非法集资案件非法性、公开性、社会性与利诱性的证据审查

"非法性"涉及犯罪主体资质。借用合法经营的形式非法集资，容易误将金融监管机关的登记备案等同于具备特定金融从业资格，重点审查其行为本质，把握行政违法与刑事犯罪的界分，防止打着合法私募的旗号非法集资。"非法性"证据审查要点：通过审查营业执照、经营许可证及相关批准文件，证实是否有合法手续、是否超过经营范围。"公开性"与"社会性"的审查紧密相关，需要综合二者作出准确判断。只在公司内部对员工进行宣传，或者只是在家庭内部对家庭成员进行宣传，都不符合"公开性"特征。"社会性"非法集资要面对社会公众，以投资作为入职的先决条件，入职不签订合同、不坐班，约定定期发放固定工资的，实质上并未形成真正的劳务、人事关系，属于变相支付利息，符合"社会性"特征。员工拉拢亲人、朋友投资，对吸收资金对象并没有特殊限定，这类群体如果不是近亲属，也属于不特定对象，符合"社会性"特征。主要审查：扩散消息的范围、宣传渠道、投资信息的方式；是否利用微信平台、公司宣传单、公司网页等公开渠道宣传信息，相关电子聊天记录是否反映面向社会进行宣传等。"利诱性"，是指承诺在一定期限内以货币、实物、股权等方式还本付息或者给付回报，对于"利诱性"的分析，要着重于"还本付息"。同时，也不能机械理解，对于没有明确表明无风险，但是采用夸大措辞或者片面宣传方式，导致一般集资参与人作出无风险预判的，也应当认定为具有利诱性。"利诱性"证据审查要点：审查各类合同、协议、宣传传单、网页宣传语，结合犯罪嫌疑人供述和辩解、证人证言、集资参与人言词证据，综合予以审查认定。

二、非法集资案件共犯成立范围[*]

在互联网信息技术和企业公司化背景下，非法集资犯罪呈现出单位犯罪、共同犯罪居多的情况。由于大多以单位经营活动为外衣、各共犯共同作用于犯罪行为与结果，使得当下的非法集资犯罪涉众面广、犯罪数额巨大、社会危害极大。非法吸收公众存款罪和集资诈骗罪业已成为我国刑事司法领域备受关注的、重点惩治的犯罪。综观实务，该二罪的单位犯罪直接责任人员、共犯的认定抑或共犯成立范围的界定，存在不少疑难争议问题。准确把握其共犯的成立范围，既是有效实现刑法目的的切实需要，也是体现保障人权机能的必然要求。秉持责任主义原则和构成要件原理，可从以下三个方面准确把握非法集资犯罪直接责任人员和共犯的成立范围：

1. 准确界分单位经营行为与单位犯罪行为

实务中，涉嫌非法吸收公众存款罪和集资诈骗罪的单位，多为公司，但法律性质各有特点。对此首先需要注意，应当将以单位名义实施非法集资、违法所得全部或大部分归属于个人的情形排除在单位犯罪形态之外。此外，如果公司在设立时目的就在于进行违法犯罪（包括但不限于非法集资），或者虽然成立之初尚无违法犯罪目的，但之后主要进行的是违法犯罪活动，对于此种情况下的非法集资犯罪，不应认定为单位犯罪，而宜对相关直接责任人员以个人犯罪的共同犯罪论处。当然，有的公司仅仅在设立时采取虚报注册资本等虚假手段骗取公司登记，成立后主要从事正当经营活动的，其实施非法集资行为的，仍宜以单位犯罪论处。判断公司主要活动是正当经营活动还是违法犯罪活动，应当综合考查公司行为的合规性、资金来源是否合法、资金流向是否正当等因素。公司同时存在正当经营活动和违法犯罪活动的，应当比较两者各占资金比例、投入人力物力、正当经营活动社会效果与违法犯罪活动社会影响，综合作出判断。在正当经营活动和违法犯罪活动发生竞合、难以对主要活动性质作出判断的时候，本着事实存疑有利于被告人的原则，宜认定为以从事正当经营为主要活动。以正当经营为目的而设立、且设立之后主要从事正当经营活动的公司涉嫌非法集资犯罪的，在认定单位犯罪、把握直接责任人员及其共犯范围

---

[*] 作者：肖中华，中国人民大学教授。本文原载于《检察日报》2019年2月24日，原题为《准确把握非法集资犯罪共犯成立范围》。

时，应当准确区分经营行为与犯罪行为：第一，对于公司高级管理人员是否属于单位犯罪中的直接责任人员，应当以其在单位非法集资犯罪意志形成、单位非法集资犯罪行为实施过程中的实际行为及其作用作为判断的事实基础，而不能仅仅以其在公司经营管理中的职权为认定依据，不得单纯地以行为人在公司经营管理中的作用和地位作为依据来衡量行为人在单位犯罪以及其在各直接责任人员共同犯罪中的作用和地位，更不能单纯以行为人的头衔、职务等形式特征作为认定依据。第二，对于主观上缺乏违法性认识的公司高级管理人员和一般从业人员，不应将其所实施的、主观上没有犯罪故意而仅与非法集资违法犯罪有客观关联的经营管理、从业行为，判断为犯罪行为。例如，在相当多的单位非法吸收公众存款和集资诈骗案中，犯罪故意贯穿于前后相连的资金募集、资金投放、资金回笼等经营环节，每个环节均由相对独立而又互相联系的业务部门为主体加以推进，每个环节的业务相互配合、相互衔接才得以实施和完成犯罪。对此，应当结合行为人自身的认知水平，以其专业知识背景和从业经历以及是否受过行政处罚、刑事追究等因素作参考，综合进行违法性认识的判断。

2. 正确区分对单位犯罪的单纯认识与对参与共犯的主观故意

在涉嫌非法集资犯罪的单位中，对本单位犯罪行为有所认识的从业人员，并非都有犯罪故意，从而应当作为直接责任人员承担刑事责任。这是因为，犯罪故意内容除了包括行为人对其行为的性质、后果的认识外，还包括对危害结果的追求或放任意志，因此，对非法集资行为"知而不欲"者无罪。所以，要准确区分对单位犯罪的单纯认识与对参与共犯的主观故意。比如，对于起初善意参与到公司经营活动中的，即使其参与公司经营活动行为与犯罪结果具有因果关系，也不宜以其无过错的先前参与公司经营行为作为定罪依据。如行为人已经认识到自己行为已成为犯罪整体之一部分而仍继续从事经营管理或从业活动，则自此始行为人具有犯罪故意，根据其在单位犯罪中的作用和地位，可以认定为直接责任人员，对具有犯罪故意之后的单位犯罪事实部分承担责任。实务中应当避免片面强调客观因果关系判断而忽视主观意志因素予以认定。

3. 区别对待客观中立行为与犯罪帮助行为

单位非法集资犯罪利用、借助互联网信息、金融、法律等专业技术手段，已成为普遍现象。例如，个别互联网平台作为涉嫌非法集资犯罪的公司发布募资宣传资料、发售虚构基金、委托理财的技术支撑；金融合规审查、财务会计结算、法律风险防范服务成为公司开展业务的技术服务保障，等等。根据刑法规定，个人或单位利用信息网络实施相关犯罪的，依照各该犯罪的规定定罪处罚；对于个人或者单位明知他人利用信息网络实施包括非法集资在内的犯罪，而为其提供互联网接入、服务器托管、网络存储、通信传输等技术支持，或者提供广告推广、支付结算等帮助，情节严重的，则成立帮助网络犯罪活动罪。因此，从系统解释的角度出发，涉嫌非法集资犯罪单位之内部专业技术服务人员，如网络维护人员、合规审查人员、法律顾问等，不能被视为相对于非法集资犯罪单位而言的"他人"。这些单位内部专业技术服务人员所提供的服务行为，如果系在非法集资犯罪故意的支配下所为，应视为其他直接责任人员非法集资犯罪的帮助行为。对行为人是否认定为单位犯罪的直接责任人员，应当综合考量其行为对非法集资犯罪实行和完成的作用大小。

在评价专业技术服务人员是否成立非法集资犯罪的帮助犯时，应全面考查行为人具有违法性认识及帮助的故意。对行为人违法性认识及犯罪故意的判断，同样应当着重考量行为人的专业背景、教育培训经历、工作经验等因素。在无确实充分的证据证明这种主观因素时，不得推定行为人具有犯罪的故意。即使专业技术对非法集资犯罪起了较大作用，行为人也不具有证明自身无违法犯罪意识的责任。

三、非法集资案件中"亲友"的界定[*]

非法集资案件因涉案金额较大、人员庞杂，在实践中较难认定。对于集资行为人向亲友吸收资金的出罪情形，应从三方面严格界定"亲友"。

第一，司法解释相关规定系出罪条款，有严格的适用条件。根据最高法《关于审理非法集资刑事案件具体应用法律若干问题的解释》（以下简称《解释》）第1条第1款规定，构成非法吸收公众存款应同时具备非法性、公开性、利诱性及公众性四要件。该条第2款规定，未向社会公开宣传，在亲友或者单位内部针对特定对象吸收资金的，不属于非法吸收或者变相吸收公众存款。从目的解释来讲，第2款为出罪条款，符合该条款要件的就不能认定犯罪。

需要注意的是，认定在亲友间针对特定对象吸收资金有严格适用条件，亲友不能一概等同于特定对象。《解释》第1条第2款的适用有三个限制条件，

---

[*] 作者：王伟波，天津市东丽区人民检察院。本文原载于《检察日报》2019年1月3日，原题为《界定"亲友"是否特定须主客观相一致》。

即不具有社会公众性、非公开、对象特定。2014年最高法、最高检、公安部发布的《关于办理非法集资刑事案件适用法律若干问题的意见》规定了对"向社会公开宣传"的界定条件，即"以各种途径向社会公众传播吸收资金的信息、明知吸收资金的信息向社会公众扩散而予以放任"。对于不特定对象的理解要把握三个特征，即人员分散、范围广泛、不易控制。向亲友吸收资金之所以不认定为非法集资，是因为没有向社会公开宣传、没有针对不特定对象吸收资金。对于实践中对亲友吸收资金的行为，还要关注公开性及公众性这两个特征。只有未公开宣传且针对亲友中的特定对象吸收资金的行为方可出罪。

第二，认定亲友是否属于特定对象应坚持主客观相一致原则。对于"亲友"的认定，关键要看对象是否特定。在办案实践中，涉及向亲友吸收资金难以界定的情形有三种：一是面向小部分亲友吸收资金，没有故意或放任人员范围扩大；二是通过亲友口口相传的方式，向亲友的亲友、熟人、朋友等其他人员吸收资金，或者向亲友吸收资金的同时，行为人明知该亲友向其亲友、熟人、朋友等吸收资金而予以放任；三是向社会公众吸收资金的同时，也向亲友吸收资金。第一种情形可认定为向亲友中的特定对象吸收资金，不属于非法吸收公众存款；后两种情形中行为人具备对社会上不特定对象非法集资的概括故意，应当认定为非法吸收或者变相吸收资金。需要注意的是，在公司化多层级人员吸收资金的案件中，如果低层业务人员没有公开宣传，仅仅面向亲友特定对象吸收资金，但是其上级人员有向社会公开宣传并对不特定对象吸收资金的，对低层业务人员不应认定为非法吸收公众资金，其面向亲友吸收的资金应当计算在上级人员所吸收的数额之中。

第三，对于"向亲友吸收资金的数额"能否从犯罪数额中扣除需作个案分析。该种情况常见于行为人已经构成非法吸收公众存款罪，其吸收资金的对象中存在亲友的情形。于此情形下，被告人往往依据《解释》第1条第2款规定，主张向亲友吸收的资金数额不应计入非法吸存的资金中。笔者认为，对涉及向亲友吸收资金案件，应以非法吸收公众存款犯罪行为开始的时间为界限。若向亲友吸收资金行为发生在非法吸收公众资金前，如该行为不属于犯罪，则数额不予计算；若向亲友吸收资金的行为发生在非法吸收公众资金的同时或之后，此时非法吸收公众资金行为已经实施，亲友混同于社会公众，其吸收的资金应否计入非法吸存的资金中，应依据该行为是否属于出罪情形而定。

四、非法集资案件相关难点认定[*]

近年来,非法集资案件时有发生,严重影响正常金融管理秩序。非法集资是指未经有关部门依法批准,向社会公众筹集资金,承诺在一定期限内给出资人还本付息的行为,主要包括非法吸收公众存款和集资诈骗两类。由于法律规定专业性和实践复杂性,司法人员在办理非法集资案件时经常面临一定困难,为此,有必要厘清该类犯罪的难点问题。

1. 关于向社会公众募集资金的认定

非法吸收公众存款客观方面表现为,非法吸收公众存款或者变相吸收公众存款,扰乱金融秩序的行为。何为公众,根据最高法《关于审理非法集资刑事案件具体应用法律若干问题的解释》规定,社会公众是指社会不特定对象。其中,未向社会公开宣传,在亲友或者单位内部针对特定对象吸收资金的,不属于非法吸收或者变相吸收公众存款。笔者认为,认定社会公众,不能以集资对象数量的多少作为判断标准,而应从集资人的主观意图、募集方式等角度考量。可以从两个方面进行认定:一是从主观意图上分析,如果行为人对集资对象没有特定指向和明确要求,只要能提供资金都愿意吸收并支付高息,应认定为向社会公众募集资金。二是从募集资金的方式来看,只要行为人是通过向社会公开散布信息的方式来募集资金,就可以认定为向社会公众募集资金。这种公开宣传可以通过媒体、推介会、传单、手机短信等途径,也可以是亲友之间的口口相传,其特征在于宣传对象的不特定性和不可控性。如果宣传对象是特定的、可控的,就不属于向社会公开募集资金。

2. 关于非法占有目的的认定

非法吸收公众存款罪和集资诈骗罪在客观方面都有非法募集资金的性质,二者区别焦点在于是否具有非法占有目的。主观见之于客观,对于行为人拒不承认有非法占有目的时,可以通过客观行为来推定主观意图。相关司法解释规定对"非法占有目的"的客观方面进行了归纳总结:明知没有归还能力而大量骗取资金的;集资后不用于生产经营活动或者用于生产经营活动与筹集资金规模明显不成比例,致使集资款不能返还的;等等。然而司法解释不能尽述非

---

[*] 作者:王丽芳,天津市北辰区人民检察院。本文原载于《检察日报》2018年11月16日,原题为《如何厘清非法集资案件难点问题》。

法占有目的的所有表象,根据司法实践,以下行为或可推定行为人具有非法占有目的:一是为谋取不正当利益,擅自改变集资款用途,致使集资款无法偿还的;二是在取得集资款后,以所谓股份制改造、兼并、破产等方式,逃避偿还集资款义务的;三是将以诈骗方法非法集资来的大部分集资款用于归还债务、弥补亏空的;四是为继续骗取集资款,拆东墙补西墙;等等。同时,在认定非法占有目的时要注意两点:一方面,不能仅凭较大数额的非法集资款不能返还的结果,推定行为人具有非法占有的目的;另一方面,行为人将大部分资金用于投资或生产经营活动,而将少量资金用于个人消费或挥霍的,不应仅以此便认定具有非法占有目的。综上所述,认定非法占有目的,应当坚持主客观相一致的原则,可以从集资理由、集资方法、履约表现和违约后态度以及整个非法集资活动的综合表现,结合事前、事中、事后的各种主客观因素,进行综合认定。

3. 关于非法集资数额的认定

犯罪数额是非法集资等经济类犯罪定罪、量刑的重要标准,是衡量犯罪社会危害性严重程度的主要根据。对于集资诈骗罪的数额认定,以行为人实际获得的集资款作为犯罪数额,对于行为人已归还本息的数额,鉴于行为人对该部分款项不具有非法占有目的,应从犯罪数额中扣除。对于非法吸收公众存款犯罪数额,应当按照行为人全部吸收存款的总和来认定。非法吸收公众存款罪犯罪客体是国家金融管理秩序,每一笔非法吸收公众存款的行为都已经侵害了金融管理秩序,理应纳入非法吸收公众存款的犯罪数额。

五、涉众型金融犯罪的"三个评价尺度"[*]

随着互联网+金融、互联网+商家、互联网+消费模式的不断深化和广泛应用,部分犯罪嫌疑人打着"消费返利""虚拟货币""金融互助""爱心慈善""股权投资""共享经济"等幌子,假借"P2P""慈善""创新"等名义,扭曲国家政策,从事网络传销、非法集资等违法犯罪活动,欺骗性强,诱惑力大,给群众财产造成巨大损失,也给打击犯罪带来障碍和困难,亟待从以下三个方面破解涉众型金融犯罪定罪之惑。

---

[*] 作者:李立峰,重庆市人民检察院;陶维俊,重庆市渝中区人民检察院。本文原载于《检察日报》2019年2月17日,原题为《评价涉众型金融犯罪的"三个尺度"》。

1. 从法律关系上看，刑罚作为国家强制力的典型代表，其运用与否均应以刑法要保护的法律关系为出发点和落脚点

在涉 P2P 案件中，按照《网络借贷信息中介机构业务活动管理暂行办法》的规定，P2P 只能是个体和个体之间通过互联网平台实现的直接借贷。故在正规的 P2P 模式中，P2P 平台与用款方和投资人均无债权债务关系，其定位是信息中介，债权债务关系的双方只能是用款方和投资人。而在违规甚至违法的伪 P2P 模式中，P2P 平台突破了信息中介的定位，参与到用款方和投资人之间的借贷关系中，同时扮演借款人和放款人的角色，其与投资人之间实际上形成的是借款合同，与用款方之间形成的是贷款合同。在部分变相非法吸收公众存款案件中，"消费返利"与"投资返利"之间的区别即在于消费者和犯罪嫌疑人之间的关系是买卖合同关系还是投资获利关系，"消费返利"的本质还是商品买卖，而商品的买卖一定是建立在买卖双方信息对称的基础之上，消费者基于对商品的喜爱、切实需求等购买商品，商家基于消费者的需求生产、销售商品，双方公平协商达成交易。而"投资返利"中，犯罪嫌疑人往往大幅提高价格将产品卖给消费者，消费者的目的不是为了购买商品，而是为了保本获利，这种模式从根本上已经不具有销售商品、提供服务的真实内容或者不以销售商品、提供服务为主要目的，其实质是以商品回购、寄存代售等方式变相非法吸收公众存款。

2. 从资金流向上看，非法集资案件中，资金流系最客观、真实的犯罪证据，也是最能反映和印证犯罪模式的证据

通常而言，非法集资案的资金均要通过银行、第三方支付机构进行流转，必然会留下相应的银行流水、存单凭据等客观证据，实践中犯罪嫌疑人以现金支付的情况十分少见。可以说，查实资金流向成为办理非法集资案件的基本动作。在涉及 P2P、外汇、黄金、原油期货等的网络平台案件中，犯罪嫌疑人往往使用第三方支付工具走账，公安机关通过及时从第三方支付机构调取数据，就可以锁定犯罪金额。值得注意的是，第三方支付机构毕竟不同于银行等传统金融机构，由于官方监管不严和自身服务器的存量限制等原因，往往对资金流水留存的时间比较短，需要及时侦查取证，防止关键证据流失。在部分变相非法吸收公众存款案件中，犯罪嫌疑人还往往会辩解其与投资者之间存在着真实房产销售、商品销售、提供服务等真实内容，但是资金流向往往能将这种辩解击穿，如资金流向显示犯罪嫌疑人吸收的资金中，用以进货的资金占吸收资金的比例很小，一方面可以直观判断模式的非法性，即犯罪嫌疑人不以销售商品、提供服务为主要目的，而是以商品回购、寄存代售等方式非法吸收资金；另一方面可以判断犯罪嫌疑人是否具有非法占有的主观目的。按照最高人民法

院《关于审理非法集资刑事案件具体应用法律若干问题的解释》第 4 条规定,集资后不用于生产经营活动或者用于生产经营活动与筹集资金规模明显不成比例,致使集资款不能返还的,可以认定犯罪嫌疑人具有非法占有的目的,对于投入少量资金完全无法实现造血功能而不会盈利的商业模式,犯罪嫌疑人只有靠吸收后面的资金填补前面的窟窿,摆脱不了"庞氏骗局"的窠臼,其非法占有的故意十分明显。

3. 从人物关系上看,厘清相关人物之间的关系,能够准确认定犯罪嫌疑人在犯罪组织中的地位和作用,对于定罪量刑具有重要影响

在非法集资、网络传销等涉众型金融犯罪案件中,犯罪嫌疑人和被害人多达上百人,人物关系复杂,部分犯罪嫌疑人还成立众多的公司、分公司、代理商以掩人耳目,甚至使用传销手段非法集资,犯罪嫌疑人和被害人身份交织,合法行为与非法行为混合,导致难以明确犯罪嫌疑人的主观目的以及在共同犯罪甚至犯罪集团中的地位和作用,进而给定罪量刑带来了障碍。人物关系图是解决该问题的关键,通过绘制人物关系图,能够以图表的形式直观反映犯罪嫌疑人的隶属关系、到案情况、犯罪组织的结构特征和行为模式,这对于案件定罪量刑具有重要作用。对于办案时间紧张的逮捕案件,人物关系图即是决定批准逮捕或不予批准逮捕的区分图;公诉案件中,人物关系图则是打击范围的界限图。在各办案环节利用好人物关系图,有利于取得良好办案效果。

六、"抢帽子"交易属于操纵证券市场行为[*]

随着资本市场的迅猛发展,实践中出现了一批新型操纵证券市场的违法犯罪行为,最高人民检察院于 2018 年 7 月公布的第十批指导性案例中,朱某"抢帽子"操纵证券市场案即是其中之一:2013 年 2 月至 2014 年 8 月,朱某在担任上海某证券营业部证券经纪人期间,先后多次在其受邀担任上海第一财经传媒有限公司"谈股论金"电视节目嘉宾前,使用"朱×荣""孙某""张某"等 3 个证券账户(开户人为朱某的父母及祖母),预先买入"利源精制""万马股份"等 15 只股票,并于当日或次日在"谈股论金"电视节目中通过详细介绍股票标识性信息、展示 K 线图或明示股票名称、代码等(上述信息无欺诈性内容)方式,对其预先买入的上述 15 只股票进行公开评价、预测及

---

[*] 作者:杨赞。本文原载于《检察日报》2018 年 9 月 2 日。

推介,再于节目在上海电视台首播后1至2个交易日内抛售相关股票(抢先交易,俗称"抢帽子"),非法获利75.48万余元。就"抢帽子"行为的性质判定、刑法规范中兜底条款的适用、行为人主观心理的证明等方面存有的分歧,《人民检察》杂志邀请专家学者与办案检察官就该案中的疑难问题进行研讨。

1. "抢帽子"交易行为的认定

同济大学法学院教授、博士生导师金泽刚认为,"抢帽子"交易的本质是行为人隐瞒自己持股的事实,在公开推荐标的股票时故意作出具有导向性的评价和投资建议,使投资者基于行为人的工作性质、社会地位、专业知识跟随投资建议买入标的股票,进而导致特定证券价格上涨。从犯罪构成要件层面分析,华东政法大学教授李翔认为,主要包括三方面:一是行为人通过电视、网络视频以及新媒体等形式对某些股票或其发行人、上市公司公开作出评价、预测或者投资建议。二是行为人在公开作出评价、预测或者投资建议前,自己已经买入或持有该股票。三是行为人在主观方面是想通过这种公开评价、预测或者投资建议的方式影响该股票交易价格,以便在该股票的交易中牟利。

上海市检察院第一分院公诉处副处长顾佳表示,前述案件中,朱某身为证券公司经纪人,具备"抢帽子"交易的特殊主体条件;控制家属名下账户买卖股票,违反了从业禁止规定;利用担任电视节目特邀嘉宾的机会,对自己持有的个股公开发表看涨的评价意见,构成公开荐股;荐股后1至2个交易日即将持有的个股抛售,符合反向交易特征;在涉案交易中获利75.48万余元,属于"情节严重",应认定为"抢帽子"交易行为。

2. 对"以其他方法操纵证券市场"的理解

刑法理论与实务中对"抢帽子"交易是否构成操纵证券市场罪问题的争议,主要集中于该种行为能否解释为"以其他方法操纵证券市场",亦即刑法第182条兜底条款的适用。对于刑法中"兜底条款"的认识,金泽刚主张,对"兜底条款"解释和适用的总体标准是:纳入"兜底条款"评价范围的对象,应当与该刑法条文业已明确规定的法律类型或者具体犯罪的实质内涵具有相同的性质与特征,即具有同等程度的法益侵害性和社会危害性。

武汉大学法学院教授、博士生导师莫洪宪认为,在采用"兜底条款"立法技术的刑法分则条文中,个罪的同质性信息理应从该罪的犯罪实质中予以探析,以同质性解释规则为核心对操纵证券市场罪的"兜底条款"进行限制性解释,"抢帽子"在交易行为模式、违法性上应与《证券法》第77条第1款前三项列举的操纵手段具有同质性。

结合该案案情,顾佳分析,朱某"抢帽子"交易行为本质上是违反从业禁止规定及市场公平准则的不正当行为,且足以影响特定股票市场交易价量,扰乱市场秩序，故其罪质和列举条款具有相同性；朱某非法获利数额巨大，危害程度与列举条款具有相当性，应当认定为"以其他方法操纵证券市场"的犯罪行为。

3. "主观故意"的证明与推定

涉证券类犯罪中，不断翻新的犯罪手段及依托金融创新、合法投资行为等为由的抗辩事由，使得行为人操纵证券市场主观故意的内涵界定及认定标准不一。金泽刚认为，操纵行为对证券市场秩序和投资者利益的侵害，并不取决于操纵者本人能否从操纵行为中获利，而在于其人为扭曲证券价格的行为可能欺骗公众投资者，从而扰乱证券市场的整体秩序。司法实践中，只要行为人实施了法律规定的操纵证券市场行为，并达到了立案追诉标准，就可以推定其具有实施操纵证券市场犯罪行为的主观故意。

莫洪宪表示，荐股行为是否真正影响了投资人的选择，进而导致股价非正常上涨，是认定"操纵证券市场"的核心。认定这一事实的证据包括：投资人知悉荐股行为所推荐的具体股票；投资人因此作出错误判断；股价短期内非正常上涨；等等。

对于操纵证券市场罪是否应该包括目的性要素，即获取不正当利益的问题，李翔认为，刑法文本中并未规定或者要求行为人必须具备"以谋取不正当利益"为犯罪构成要件要素。因此，该罪的故意内容应该是对"证券市场秩序破坏"的故意，而不应该包括"以获取不正当利益或者转嫁风险为目的"。顾佳表示，市场主体具有天然的逐利性，操纵证券市场行为从广义而言都有获取不正当利益的终极目的。但这种目的的存在方式复杂多样，即便在司法实践中，操纵证券市场未获利甚至亏损的案例也广泛存在。因此，将获取不正当利益的目的要素列入所有操纵证券市场犯罪的主观故意并不妥当，可能会不恰当地缩小犯罪打击面。

关于该案定性，专家均表示，朱某的"抢帽子"交易行为符合操纵证券市场的行为特征，非法获利75.48万余元，应评价为"情节严重"，构成操纵证券市场罪。就"抢帽子"交易行为的刑事归责界限与治理问题，莫洪宪表示，最高人民检察院以指导性案例的形式明确了该行为构成犯罪的立场，对认定犯罪的要素作了明确。未来在证券法修订时，应结合实践对包括"抢帽子"交易的主体问题、账户控制关系认定问题、荐股行为非法获利的认定问题等规定明确具体的认定规则。李翔认为，证券市场确实在某些方面存在投资与投机并存的特征，需要自由、宽松的交易环境。刑法具有谦抑性的要求，不应该过多或者过于主动地介入社会生活当中，特别是经济生活当中。正基于此，刑法上对操纵证券市场罪的成立要求达到"情节严重"的程度，即并非所有符合操纵证券市场的行为都应作为犯罪来处理。

对于"抢帽子"交易行为的治理，顾佳认为，刑事规制只是最后防线，并非唯一手段。就其治理而言，证券公司应加强对经纪人违反从业禁止的查处；电视台应完善对嘉宾股评行为的合理限制；交易所应提高发现异常交易的能力；证监会应在行政层面加大对"抢帽子"操纵行为的处罚力度；广大投资者应理性投资、不盲目听信股评。只有各方共同努力，才能守卫证券市场的公平秩序。

■ 疑案精解

一、如何认定网贷类集资犯罪"非法性"*

基本案情：2016年间，王某伙同李某等人（另案处理）利用甲公司运营的网络借贷平台，采取以王某名下公司的名义向社会公众发布虚假借款项目等方式，承诺还本付息，非法吸收100余名投资人资金共计人民币262万余元，造成投资人损失共计人民币128万余元。

研讨问题：（1）网贷类非法集资案件的特点；（2）网贷类非法集资案件"非法性"的认定。

（一）检察官说案：以金融管理法律法规为判断依据**

1. 要旨

网贷类非法集资案件的"非法性"判断，应当以国家金融管理法律法规作为依据。国家金融管理法律规定具有体系性、禁止性等特征，不仅包括商业银行法等专门法律法规，也可以包括合同法等非专门法律法规中的相关规定。

2. 指控与证明犯罪

审查起诉阶段。检察机关对以下证据进行重点审查：一是证明王某非法占有目的的证据。王某系李某等人临时纠集，未参与李某等人伪造担保财产的行

---

* 本文原载于《检察日报》2019年2月22日。
** 作者：杜邈，北京市人民检察院第二分院。

为,事后获利较少。同时,李某等人提供的担保财产部分为真实,前期借款项目亦归还本息,故在案证据仅能证明王某编造虚假项目集资,难以证明王某与李某等人进行诈骗通谋。二是证明王某借款数额的证据。该案犯罪行为涉及面广,且有众多投资人遭受财产损失,为此,需要进一步完善网络借贷平台的后台数据、资金存管数据等电子证据,调取相关借款合同和部分投资人证言,对王某借款和投资人损失的数额进行核实。经审查,王某在没有真实借款需求和用途的情况下,伙同他人编造虚假的借款事由,利用网络借贷平台向社会不特定人群发布虚假借款消息,承诺到期还本付息,其行为符合非法吸收公众存款罪的构成要件,对王某以非法吸收公众存款罪提起公诉。

法庭调查阶段。公诉人在法庭讯问时,着重固定王某虚构公司财务状况和借款用途,通过网络借贷平台向社会公众借款的事实。王某认可其成立"空壳"公司、虚构借款项目,但辩称其不明知利用网络借贷平台向多人借款。随后,公诉人出示了三组证据:第一组是王某与李某等人商议借款的证据。第二组是王某向平台提交虚假资料的证据。第三组是王某通过平台向多人募集资金的证据。其中,公诉人重点出示王某与甲公司签订的《互联网金融平台借款服务合同》,伪造的公司资料等客观性证据,并向法庭说明借款合同上有王某的签字和指纹,其指纹恰好按在"互联网平台"的文字上,王某看到该份证据后即不再进行辩解。

法庭辩论阶段。辩护人的辩护意见是:王某没有非法吸收公众存款的主观故意,只是将公司手续借给他人以获取好处费;王某没有非法吸收公众存款的行为,其银行卡和密码等由他人控制,借款合同上的回报率并非由王某确定,其不是真实的借款使用人。针对上述辩护意见,公诉人主要从以下方面进行答辩:一是王某明知其名下的公司系"空壳"公司,仍伙同他人发布虚构借款项目,违反国家金融管理法律法规,属于"非法"行为。二是王某明知网络借贷平台的运作模式,仍与上百名借款人签订借款合同,承诺还本付息,最终造成投资人巨额经济损失,属于"吸收公众存款"行为。三是王某伙同他人实施非法集资行为,借款去向不影响非法吸收公众存款罪的认定。

判决结果。2018年2月11日,法院判决认为,王某伙同他人非法吸收公众存款,扰乱金融秩序,其行为构成非法吸收公众存款罪,判处有期徒刑3年6个月,并处罚金人民币6万元。王某不服判决,提出上诉。2018年6月25日,二审法院作出判决,驳回上诉,维持原判。

3. 典型意义

网贷类非法集资案件,是指行为人利用网络借贷平台实施非法吸收公众存款、集资诈骗等犯罪的案件。近年来,一些不法分子打着互联网金融创新的幌子，利用网络借贷平台进行非法集资，使非法集资犯罪呈现从"线下"向"线上"蔓延的趋势，极易引发系统性金融风险。根据集资主体的不同，可以将网贷类非法集资案件分为两类：一是网络借贷平台控制人实施的非法集资活动。有的平台控制人规避资金存管的相关要求，将出借人的资金归集于不同账户，形成所谓的"资金池"，进而实施"期限错配""借新还旧"等操作。有的平台控制人突破中介地位，通过各种形式向社会公众募集资金，将资金用于自身企业的发展或投资其他项目，即所谓的"自融"行为。二是借款人实施的非法集资活动。随着国家对互联网金融领域监管的日趋严格，网络借贷平台需要到金融监管部门备案登记，在网上公示相关信息，还需要取得相应的电信业务许可，采取传统犯罪手段的难度逐渐增大，行为人从直接设立、控制网络借贷平台进行非法集资，转而以借款人的面目出现，通过勾结平台的风控人员，提供虚假借款项目和担保等方式，利用他人运营的网络借贷平台募集资金。

根据2010年最高人民法院《关于审理非法集资刑事案件具体应用法律若干问题的解释》规定，非法集资案件需要具备四个要件，即非法性、公开性、利诱性和社会性，除了"非法性"要件——违反国家金融管理法律规定属于规范判断之外，其他要件均属于事实判断。2019年"两高一部"《关于办理非法集资刑事案件若干问题的意见》进一步明确了"非法性"的判断标准，即应以国家金融管理法律法规作为依据，对于法律法规仅作原则性规定的，可以根据法律规定的精神并参考相关部门规章或规范性文件予以认定。实践中，网络借贷平台控制人实施非法集资活动的"非法性"较为容易判断，由于网络借贷平台不具备完善的风控、审贷机制，如果其能够控制借款的用途，一旦发生流动性危机，极易造成众多投资者的财产损失。为此，《商业银行法》第11条规定："未经国务院银行业监督管理机构批准，任何单位和个人不得从事吸收公众存款等商业银行业务。"2015年中国人民银行等部门《关于促进互联网金融健康发展的指导意见》（以下简称《指导意见》）和2016年银监会等部门《网络借贷信息中介机构业务活动管理暂行办法》（以下简称《办法》）相继对上述规定进行细化，明确了网络借贷平台的禁止行为，包括不得为自身或变相为自身融资，不得直接或间接接受、归集出借人的资金等。而且，《办法》第1条即规定：为规范网络借贷信息中介机构业务活动，保护出借人、借款人、网络借贷信息中介机构及相关当事人合法权益，促进网络借贷行业健康发展，更好满足中小微企业和个人投融资需求，根据《指导意见》提出的总体要求和监管原则，依据民法通则、公司法、合同法等法律法规，制定本办法。网络借贷平台应当严格遵守国家金融管理法律法规，依照法律规定的业务范围开展业务，如果违反了上述禁止性规定，其行为即具有"非法性"。

对于借款人实施的非法集资活动，同样需要在国家金融管理法律中找到相应的禁止性规定，以此作为"非法性"判断的依据。通常认为，国家金融管理法律包含三个层面的内容："并非单指具体法律而是法律体系；违反的是融资管理法律规定而非其他；只有明确禁止才有违法性。"事实上，金融管理既包括国家对于各类金融机构和金融活动的管理，也包括对于金融市场中的各类融资活动的管理，国家金融管理法律法规不仅包括商业银行法等专门法律法规，而且包括合同法等非专门法律法规的相关规定。P2P网络借贷本系个人利用中介机构的网络平台，将自己的资金出借给资金短缺者的商业模式，网络借贷平台具有信息中介的性质，其功能在于撮合个体和个体之间通过互联网平台实现的直接借贷，由借款人与不特定出借人签订借款合同。在网络借贷平台上发生的直接借贷行为属于民间借贷范畴，受合同法、民法通则等法律法规以及最高人民法院相关司法解释规范。根据《合同法》第199条规定："订立借款合同，借款人应当按照贷款人的要求提供与借款有关的业务活动和财务状况的真实情况。"根据上述法律规定的精神，2016年银监会等部门的《办法》对借款人的禁止行为以负面清单的方式进行了规定，包括"通过故意变换身份、虚构融资项目、夸大融资项目收益前景等形式的欺诈借款""同时通过多个网络借贷信息中介机构，或者通过变换项目名称、对项目内容进行非实质性变更等方式，就同一融资项目进行重复融资"等。该案中，王某以借款人名义在网络借贷平台上虚构公司经营情况，发布虚假借款项目，显然违反了合同法等法律的相关规定，应当认定为具有"非法性"。

（二）专家评案：着眼吸收资金模式破解"非法性"认定难题[*]

对于网贷类非法集资的认定而言，非法性认定是此类非法集资案件认定的一个突出难点，具体体现在非法性内涵、非法性判断标准和非法性认定依据等方面。

非法集资的"非法性"认定依据必须是"国家金融管理法律法规"，而对于国家金融管理法律法规仅作原则性规定的，可根据法律规定的精神并参考其他规范性文件的规定予以认定。

网贷类非法集资借助网络借贷平台进行非法集资，是当前我国非法集资犯罪的一种突出类型。与传统的非法集资行为相比，网贷类非法集资借助网络平台，具有快速、隐蔽的特点。其快速性主要体现在非法集资者能够借助网络平

---

[*] 作者：袁彬，北京师范大学刑事法律科学研究院教授。

台快速设立集资渠道、快速吸引人参加、快速扩张集资网络,进而能很容易地形成较大规模和影响;隐蔽性则主要体现为非法集资者以网络借贷为名,既对出借人具有很强的欺骗性,容易吸引人参加,又具有一定的迷惑性,办案机关往往难以发现和查处。2010年最高人民法院《关于审理非法集资刑事案件具体应用法律若干问题的解释》规定,非法集资必须具备四个基本特征,即非法性、公开性、利诱性和社会性。对于网贷类非法集资的认定而言,非法性认定是此类非法集资案件认定的一个突出难点,具体体现在非法性内涵、非法性判断标准和非法性认定依据等方面。

关于非法集资的非法性,我国刑法只概括性地表述为"非法",未对其内涵作进一步解释。最高人民法院上述解释将其细化为"未经有关部门依法批准或者借用合法经营的形式吸收资金"。但是,司法实践中对非法集资的"非法性"内涵仍存在不少认识分歧。对此,关键是要从两方面把握非法集资之"非法性":一是非法性的内容。从指向性上看,非法集资的"非法"指向的是"吸收资金",即非法吸收资金。但在内容上,吸收资金既涉及吸收资金的模式又涉及吸收资金的过程。前者主要是指吸收资金的方式,如吸收资金的对象是否特定、人数是否众多;后者主要是指吸收资金的手段,如吸收资金的担保是否真实、所吸收资金的用途是否真实合法等。非法集资的"非法性"认定主要针对的是吸收资金的模式,即行为人采取向不特定人吸收资金的模式是否合法。二是非法性的判断标准。对于非法集资案件的认定而言,其非法性的认定标准通常包括形式标准和实质标准两个方面。其中,非法性的形式标准表现为行为人吸收资金的行为违反了法律的明文规定,如行为人吸收资金的行为按照法律的规定应当经某个部门批准却未经批准;非法性的实质标准表现为行为人吸收资金的行为在形式上看似合法但实质上不合法,如行为人借用民间借贷形式向不特定人借款,民间借款只是"合法"的外衣,实质并不合法。总体而言,我国对非法集资的非法性认定采用的是形式与实质相结合的认定标准。

对于网贷类非法集资案件而言,其司法认定在实践中遇到的更进一步的难题是如何找到"非法性"的认定依据。客观地看,我国涉及网贷类非法集资的法律规范大体包括两类:一是原则性、概括性规定。例如,我国《商业银行法》第11条规定:"未经国务院银行业监督管理机构批准,任何单位和个人不得从事吸收公众存款等商业银行业务。"这一规定就非常原则。这类规定的优点是适应性强,可适用于几乎所有的非法吸收公众存款行为;不足之处在于操作性弱,很难与实践中的具体行为形成直接对应。二是具体性、明确性规定。例如,2016年银监会等部门《网络借贷信息中介机构业务活动管理暂行办法》第3条第1款规定:"网络借贷信息中介机构按照依法、诚信、自愿、公平的原则为借款人和出借人提供信息服务，维护出借人与借款人合法权益，不得提供增信服务，不得直接或间接归集资金，不得非法集资，不得损害国家利益和社会公共利益。"这一规定明确要求网络借贷信息中介"不得直接或间接归集资金，不得非法集资"，非常明确、具体。这类规定的优点是操作性强，遇到对应的情形可直接适用；不足之处在于适应性弱，只能针对某种行为进行规定，且通常都是部门规章、决定，法律的位阶性较低，容易削弱刑法的人权保障功能。

为了解决非法集资的"非法性"认定依据问题，2019年"两高一部"《关于办理非法集资刑事案件若干问题的意见》第1条明确规定："人民法院、人民检察院、公安机关认定非法集资的'非法性'，应当以国家金融管理法律法规作为依据。对于国家金融管理法律法规仅作原则性规定的，可以根据法律规定的精神并参考中国人民银行、中国银行保险监督管理委员会、中国证券监督管理委员会等行政主管部门依照国家金融管理法律法规制定的部门规章或者国家有关金融管理的规定、办法、实施细则等规范性文件的规定予以认定。"这一规定对非法集资的"非法性"认定依据采取的是"原则+例外"标准：一方面，根据该规定，非法集资的"非法性"认定依据必须是"国家金融管理法律法规"（主要是法律和行政法规）；另一方面，对于国家金融管理法律法规仅作原则性规定的，可根据法律规定的精神并参考其他规范性文件的规定予以认定。网贷类非法集资的"非法性"认定依据亦如此。由于国家金融管理法律法规目前没有关于网贷类非法集资的专门性禁止规定，而只有前述《商业银行法》第11条的原则性规定，因此对网贷类非法集资的"非法性"认定只能在此规定的基础上，根据该规定的精神并参考中国人民银行等部门的规定进行认定。具体到王某非法集资案中，由于王某并非网络借贷信息中介机构人员，他只是借助网贷平台非法吸收公众存款，因此对其行为的非法性，只能在《商业银行法》第11条规定的基础上，结合其立法精神并参考中国人民银行等部门的规定进行认定。总体而言，王某的行为具有吸收公众存款的性质且未经银监会等主管部门批准，其行为已具备非法集资的"非法性"，应认定为构成非法吸收公众存款罪。

二、如何认定集资诈骗罪中的非法占有目的[*]

向社会不特定对象吸收资金，出具凭证，承诺在一定期限内还本并付高

---

[*] 本文原载于《检察日报》2019年1月25日。

息，最后却因不能偿还本息而给不特定对象造成经济损失的行为，构成非法吸收公众存款罪还是集资诈骗罪，关键在于行为人是否具有"非法占有目的"。

基本案情：被告人陈某，原系山西华某科技有限公司（以下简称华某公司）宁波分公司总经理（宁波地区负责人）。2015年5月，陈某经人介绍结识时任华某公司董事长的杨某（在逃）。两人经协商决定在浙江省宁波市注册成立分公司，由陈某担任总经理，专门负责向社会融资，其报酬为融资金额的35%。同月，杨某注册成立华某公司宁波分公司，其本人担任董事长和法定代表人，指定陈某担任总经理，实际负责宁波分公司各项事务。2015年8月至2017年7月期间，陈某招募汪某、徐某等人（均另案处理）组成运营团队，通过分发传单、举办宣讲会、老客户带新客户等形式，以华某公司酵素加工等项目建设发展需要为由，以月息2%高额回报为诱饵，向社会不特定公众募集资金。所募资金全部汇入杨某指定的私人账户，其中融资金额的35%作为陈某的报酬再返还到陈某的个人账户。投资人到期的本金及收益也从杨某指定的私人账户汇入陈某个人账户，由陈某负责兑付。由陈某个人掌控和支配的资金，除兑付本金及收益、向运营团队分成、举办宣传活动费用开支外，其余主要用于购买个人房产及个人消费等。截至2017年7月案发时，陈某等人累计向69名不特定对象非法集资1700余万元，除支付本金及收益回报外，尚有1333.64万元无法归还。

研讨问题：（1）集资诈骗罪的构成要件；（2）非法吸收公众存款罪与集资诈骗罪的区别；（3）认定集资诈骗犯罪"非法占有目的"须考量的事实。

（一）检察官说案：融资成本远超盈利能反映主观故意[*]

1. 要旨

公司负责人与他人合谋设立分支机构，超出营业执照核定的经营范围向社会融资，融资成本远超企业正常盈利水平，所募资金未汇入公司账户，主要用于借新还旧和个人消费，无法归还所募资金数额巨大，应认定为具有非法占有目的，以集资诈骗罪追究刑事责任。

2. 指控与证明犯罪

2018年3月20日，公安机关以陈某涉嫌非法吸收公众存款罪移送某区检

---

[*] 作者：仝永涛，浙江省宁波市人民检察院。

察院审查起诉。

审查起诉阶段。检察院审查了全部卷宗,讯问了犯罪嫌疑人,充分听取了辩护人和部分集资参与人意见,进一步核实了投资人名录及非法集资金额。基于本案融资成本远超企业正常盈利水平,所募资金未汇入公司账户,实际上也基本未用于华某公司生产经营,认定陈某具有非法占有投资款的主观故意,涉嫌集资诈骗罪。同年7月16日,区检察院以陈某犯集资诈骗罪向区法院提起公诉。

2018年10月24日,法院公开开庭审理本案。

法庭调查阶段。公诉人宣读起诉书指控被告人陈某作为华某公司宁波地区实际负责人,在其明知不具有支付全部本息现实可能性的情况下,仍以华某公司酵素加工等项目建设发展需要为由,以高息为诱饵面向社会公众吸收资金,造成巨额投资款无法追回,其行为构成集资诈骗罪。

针对起诉书指控的犯罪事实,被告人陈某辩解认为,其不具有非法占有集资款的主观故意,不应定性为集资诈骗罪。

对此,公诉人对被告人陈某进行讯问:

第一,针对宁波分公司融资模式是否具有支付全部本息现实可能性。公诉人讯问:宁波分公司的融资提成及如何兑付客户到期本金和收益?陈某回答:融资金额的35%作为其本人提成,其中包括宁波分公司日常运营成本、客户经理分成等,客户到期本金和收益的兑付由华某公司承担。公诉人这一讯问揭示了本案年化融资成本比例达到59%,远高于华某公司正常盈利水平,也远高于一般企业正常盈利水平。对于曾接受过高等教育、具有丰富商务经验的被告人陈某而言,其应当足以认识到融资成本畸高,按照正常企业盈利水平不具有支付全部本息现实可能性。

第二,针对集资款的流向。公诉人讯问:宁波分公司是否开设有对公账户,所募资金汇到何处,又如何返还?陈某回答:宁波分公司不具有面向社会融资的资质,未开设对公账户,所募资金按照杨某指示汇入某个人账户,绝大多数作为其个人提成及客户到期本金收益返还其个人银行账户。公诉人的讯问,揭示了宁波分公司所募资金未汇入华某公司对公账户,绝大部分返还给陈某用于循环融资及个人消费,未实际运用生产经营,也难以产生利润,不可能具有支付全部本息的现实可能性。

法庭辩论阶段。公诉人发表公诉意见:被告人陈某经与他人合谋,以高额回报为诱饵面向社会公众吸收资金,其明知融资成本远高于一般企业正常盈利水平,所募资金未实际投入生产经营,也不可能产生利润,应当意识到这种通过"拆东墙补西墙"的融资模式难以持续维持,势必造成后续资金缺口不断扩大，也不可能归还所募全部资金，故可认定其具有非法占有集资款的主观故意，应以集资诈骗罪对其定罪处罚。

辩护人提出：一是本案系单位犯罪；二是被告人陈某客观上并未实施虚构事实、隐瞒真相的行为，主观上不具有非法占有他人财物的故意；三是被告人陈某并非犯意的提起者和决策者，其获利情况属于行业正常标准，应认定为从犯。

公诉人针对辩护意见答辩称：

第一，宁波分公司虽然名义上是华某公司的分支机构，但其组织运营和成本支出均不受华某公司的管理，不具有附属性，其设立目的就是面向社会非法融资，集资款也未纳入华某公司对公账户进行核算，按照有关司法解释本案不应以单位犯罪论处。

第二，被告人陈某在主观上应当认识到按照其融资模式，正常企业盈利水平均不足以承担融资成本；宁波分公司所募资金往来均通过个人账户操作，其所募资金1700余万元均汇入杨某指定的私人账户，后由该账户陆续返还到陈某个人银行账户1600余万元，显然陈某所募资金根本不可能主要用于生产经营。客观上陈某所募资金主要用于循环融资及个人购置房产、消费开支等，故足以认定其具有非法占有目的。

第三，陈某与杨某约定，按比例提成所募资金，全权负责宁波地区集资活动，与杨某在本质上是一种合作关系，且在实际上掌控和支配大部分涉案集资款，在共同犯罪中起主要作用，不能认定为从犯。

判决结果。2018年10月30日，区法院作出一审判决，认为陈某与他人结伙，以非法占有为目的，使用诈骗方法非法集资，数额特别巨大，其行为已构成集资诈骗罪，系共同犯罪。综合考虑被告人陈某的犯罪事实和量刑情节，以集资诈骗罪判处其有期徒刑11年，并处罚金20万元；责令退赔被害人损失。

陈某不服，提出上诉。宁波市中级法院2018年12月11日裁定驳回上诉，维持原判。

3. 典型意义

非法占有目的是集资诈骗罪成立的主观要件，也是区分非法吸收公众存款罪和集资诈骗罪的关键所在。检察机关在办理集资诈骗犯罪案件时，一般是从以下几个方面论证是否具有非法占有目的：

一是从融资模式上分析。集资诈骗犯罪嫌疑人在融资时一般不顾及兑付本息的现实可能性，为骗取被害人上当往往以高额利息为诱饵，其融资成本往往高于正常企业盈利水平，也必然高于自身实际盈利水平。

二是从融资规模上分析。实践中，有个别企业因经营不善，资金一时无法周转，为救活企业通过设定高额回报向社会融资，但其融资规模一般是特定的，也是临时性的，而集资诈骗罪往往在融资规模上不设上限，融资时间也持续较长一段时期。

三是从资金流向上分析。如果所募资金通过个人账户往来，未进入企业对公账户，或虽进入企业对公账户但在短时间内又抽逃转移，未实际用于企业生产经营或者用于生产经营活动与筹集资金规模明显不成比例，致使集资款不能返还的，可以认定为以非法占有为目的。

四是从投资项目上分析。如果投资项目是虚构的，或者投资项目虽然真实存在，但其资金缺口与筹集资金规模明显不成比例，其盈利水平远低于融资成本，亦可显见其对所募资金不具有归还全部本息的现实可能性，造成集资款不能返还的，可以认定具有非法占有目的。

（二）专家评案：把握"非法占有目的"须考量五方面事实[*]

非法吸收公众存款罪中，行为人对于他人"存款"，并无非法占有的目的；集资诈骗罪中，对于所融资金，行为人具有不法所有的意图。所以，两罪界分的关键在于行为人主观上对资金是否具有"以非法占有为目的"。

如果融资项目系虚构的，或者所采取的融资模式不可能实现，在造成资金重大损失的情形下，认定行为人主观上具有"以非法占有为目的"的可能性就高。

流行中的事物难免掺杂不道德甚至违法犯罪行为。实践中，为了谋取非法利益，行为人有时假借企业融资之名进行违法犯罪活动，可能触犯非法吸收公众存款罪和集资诈骗罪等。

从刑法规定看，非法吸收公众存款罪和集资诈骗罪的界限是比较清晰的，只是实践中集资诈骗罪完全可以通过非法吸收公众存款的形式实施，此时两罪的区分便成为问题。依据《刑法》第176条和第192条规定，非法吸收公众存款罪，指的是违反国家金融管理法律法规，非法吸收公众存款或者变相吸收公众存款，扰乱金融秩序的行为，对于他人"存款"，行为人并无非法占有的目的。集资诈骗罪中，对于所融资金，行为人具有不法所有的意图。所以，两罪界分的关键在于行为人主观上对资金是否具有"以非法占有为目的"。

概念的科学界定是准确适用法律的前提，理解"以非法占有为目的"，首

---

[*] 作者：何荣功，武汉大学法学院教授。

先必须注意的是：刑法与民法关于"占有"一词的含义不尽一致。在刑法上，非法占有为目的，系指不法"所有"的目的，要求行为人主观上存在的是将他人的财物作为自己所有物进行利用、处分的意思或主观心态。在外延上，非法占有既可以为自己非法占有，也不排除为第三人非法占有；既可以事前存在，也可以事中形成。

相对于犯罪客观要件，"以非法占有为目的"属于主观要件范畴，深藏行为人内心，司法机关不容易把握。为了解决"以非法占有为目的"认定难题，2001年《全国法院审理金融犯罪案件工作座谈会纪要》（以下简称《纪要》）指出，金融诈骗犯罪都是以非法占有为目的的犯罪。在司法实践中，认定是否具有非法占有的目的，应当坚持主客观相一致的原则，既要避免单纯根据损失结果客观归罪，也不能仅凭被告人自己的供述，而应当根据案件具体情况具体分析。《纪要》还列举了可以认定为具有非法占有目的的具体情形，包括行为人明知没有归还能力而大量骗取资金的，行为人非法获取资金后逃跑的，肆意挥霍骗取资金的等。除《纪要》规定外，司法解释和指导性案例也不乏涉及"以非法占有为目的"的认定问题。

不能否认，现有规定对于明确"以非法占有为目的"含义和类型起到了重要作用，但相对于形形色色的实践案例，既有的规定仍然有些捉襟见肘，"以非法占有为目的"的认定思路与方法，需要在理论上进一步提炼。根据刑法、司法解释和会议纪要等规定，笔者认为，对于企业融资中是否存在"非法占有为目的"的认定，有必要重点考量以下事实：

第一，融资真实性、模式与规模。如果融资项目系虚构的，或者所采取的融资模式不可能实现，比如以明显不合理的高额利息为诱饵，融资成本明显高于正常企业盈利水平的，或者融资金额与企业实际所需要资金明显不相称的，在造成资金重大损失的情形下，认定行为人主观上具有"以非法占有为目的"的可能性就高。

第二，资金用途。改变资金用途是集资诈骗犯罪经常使用的手段，只是对于改变资金用途的情形能否认定为行为人主观上具有"以非法占有为目的"，要注意区分情况。因为，实践中改变资金用途的原因复杂，其后资金具体用途也各种各样。改变资金用途的确背离了诚实信用原则，违反了与出资者的合同约定，但诚实信用属于较高级别的法的价值，不能奢望身居保障法体系地位的刑法随意介入保护。包括集资诈骗罪在内的诈骗类犯罪的保护法益是财产权（主要是所有权），而不是单纯的诚实信用。也就是说，在行为只是单纯违反诚信而没有侵害财产权的场合，非法占有目的没有存在空间。所以，司法实践中，对于行为人吸收资金后，只是改变资金用途，但资金仍用于企业合法生产经营活动的，此时因为资金用于企业合法生产经营活动，自然不能理解为行为人非法占有了该资金，即便最终企业经营管理不善导致大量资金无法返还的，也不能认定为行为人非法占有资金；如果资金主要用于非法活动，按照《纪要》规定，应认定为行为人"以非法占有为目的"；如果资金进入自己或者他人个人账户，或者由个人控制，主要用于个人消费的，该种情形也应依法认定行为人具有非法占有资金的故意。

第三，资金流向。资金流向与资金用途具有密切关系，两者常常是一体两面的问题。实践中，有时司法机关无法查清资金的用途和流向，对于那些大量资金及其流向出现"断崖式"消失或中断的案件，如果涉案人员无法对此作出合理解释，那么可以考虑推定行为人主观上具有"以非法占有为目的"。

第四，行为人集资手段合法性。相对于行为人采取合法手段融资而导致大量资金损失的情况，如果行为人使用非法手段集资，在造成大量资金损失的情况下，认定行为人主观上具有"以非法占有为目的"的可能性将大大提高。

第五，事后的态度与关联行为。人的行为往往具有一体性，认定行为人主观上是否具有非法占有目的，有时离不开整体考察融资前后行为人的态度与关联行为。行为人融资后逃跑的；融资后抽逃、转移资金、隐匿财产，以逃避返还资金的；融资后隐匿、销毁账目，或者搞假破产、假倒闭，以逃避返还资金的，对于上述情形，往往会推定主观上非法占有目的的存在，《纪要》对此作了明确规定。

前述案件即属于以非法吸收公众存款的形式实施的集资诈骗犯罪。融资模式上，行为人超出营业执照核定的经营范围向社会融资，表现出了行为的非法性。特别是融资成本远远超出企业正常盈利水平，企业正常盈利无法支付融资全部本息，所融资金的损失和无法偿还是确定的、不可避免的；从资金走向看，涉案所募资金1700余万元均汇入杨某指定的私人账户，后由该账户陆续返还到陈某个人银行账户1600余万元，资金始终由陈某等个人控制；在资金用途方面，所募资金绝大部分由陈某用于循环融资与个人消费，并未实际投入公司的生产经营活动。根据以上证据事实，人民检察院和法院依法认定陈某主观上具有非法占有目的，构成集资诈骗罪，符合刑法规定，证据是确实、充分的。

第三章 侵财犯罪案件办理

第一节 窃取型侵财犯罪案件办理

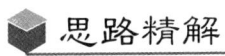 思路精解

一、获取他人密码通过第三方平台转账如何定性[*]

近年来,随着第三方支付的推广和普及,行为人以非法占有为目的,通过获取的他人第三方支付平台支付密码,将支付平台账户资金、与支付平台绑定的银行卡内资金予以转账获利的案件频发。该类案件的主要作案手段具有相似之处,即均通过支付密码进入他人第三方支付平台后进行转账获利。在具体案件中行为人获取密码的方式、转账渠道等表现各自不同。目前,各地司法机关对该类案件的定性有不同认识和判断标准,导致对同一种行为的处断存在差异。其中,主要争议焦点集中在支付密码的获得方式及窃取钱款的途径是否影响案件的定性。

有人认为,应当根据手机及支付密码获取手段分别定性。如果行为人获取手机和支付密码的方式是秘密窃取即符合"盗窃信用卡并使用"的情形,应认定为盗窃罪;如果行为人系拾得或骗取手机、支付密码的则符合"拾得或骗取他人信用卡并使用"的情形,构成信用卡诈骗罪。也有人认为,第三方支付平台支付密码是信用卡信息资料的一种,利用非法方式获取的他人支付密码并通过第三方支付平台转账符合"窃取、收买、骗取或者以其他非法方式

---

[*] 作者:李立峰,重庆市人民检察院;唐慧、徐旭,重庆市人民检察院第五分院。本文原载于《检察日报》2019年2月19日。

获取他人信用卡信息资料,并通过互联网、通讯终端等使用的"情形,构成信用卡诈骗罪。还有人认为,尽管第三方支付平台账户及其支付密码不属于银行卡信息资料,但是,第三方支付平台本身承载了大量的银行卡信息资料,行为人通过该平台支配了他人的银行卡等账户即应当认定为冒用他人信用卡信息资料的行为,应当认定为信用卡诈骗罪。

窃取钱款的途径是否影响案件定性,即从与第三方支付平台绑定的银行卡转账和从第三方支付平台账户转账是否在定性上有所区别?有人认为,诈骗罪的对象是自然人,机器不可能陷入错误认识而处分财产,因此该类犯罪只能认定为盗窃罪。也有人认为,不论手机及支付密码是以何种方式获取,如果资金从他人绑定的银行卡内转出应当认定为信用卡诈骗罪;如果资金系从他人第三方支付平台的账户内转出,因与金融机构信用卡没有直接关联,则应认定为盗窃罪。

对此,笔者认为,支付密码的获得方式以及转账渠道均不影响案件定性。对"获取他人支付密码后私自通过第三方支付平台转账获利"应定性为盗窃罪,适用《刑法》第264条的规定。

其一,判断案件的被害人是区分该类行为此罪与彼罪的关键,在该类案件中第三方支付平台用户为实质上的被害人。通过对交易结构的解析可以看出,第三方支付平台账户与银行卡绑定初始时会进行身份验证,输入身份证号码、卡号、银行卡密码等银行卡信息资料,从而通过第三方支付平台建立快捷支付通道。但根据相关第三方支付平台服务协议,这种授权是一次性完成的,此后无论是银行还是第三方支付平台均不负身份验证和审核的义务,即此后的任何转账操作抑或修改支付密码的操作均默认为用户本人行为。这种快捷支付模式已经广为交易双方接受,并为金融行政监管部门认可。刑事上对此应当保持谦抑。在民事行政领域均免责的前提下,刑事不宜为第三方支付平台或者银行附加后续的审核义务。因此在这种接受指令即转账放款的行为中,第三方支付平台和银行均没有产生认识错误,其并非被害人。相反从受损情况来看,第三方支付平台账户所有人才是实质的被害人。根据相关第三方支付平台服务协议,用户有妥善保管自己账户和密码的责任,若因相关账户及密码泄露导致的损失均由用户本人自行承担。用户既然进行了账户注册和绑卡操作,即表示受该协议约束并承担相应责任。故当其账户及密码被他人获取,并进行了转账操作,用户本人应当对其保管不善造成的不利后果承担相应责任。

其二,该类行为带有秘密窃取特征。盗窃行为的核心特征在于行为人以自认为不为被害人所觉察的秘密方式取财。在该类案件中,行为人是通过秘密转账的方式窃取被害人第三方支付平台账户资金以及绑定银行卡内资金。这里的手机抑或支付密码并非行为人最后谋取的财物本身，而是获取他人财物的载体或工具。透过本质看问题，行为人是通过何种方式（乘人不备、猜测、骗取、拾得等）获得取财工具均不影响后续行为人取财符合盗窃罪秘密窃取的行为特征。这里获取的手机和支付密码与掌握他人财产的钥匙无异。

其三，该类行为的定性依据是《刑法》第264条规定，而非第196条第3款。如果行为人直接从被害人第三方支付平台账户转账，因不涉及银行卡故可直接认定为普通盗窃。对于行为人从绑定银行卡内转账的，仍应当认定为普通盗窃。这是由第三方支付平台与关联银行卡之间的关系决定的。在第三方平台与银行卡绑定后，用户可以通过第三方支付平台向银行发出支付指令控制自己银行账户的使用，第三方平台成为用户使用其银行账户的快捷通道，而银行卡的功能则被弱化了。在该类案件中，行为人使用的是支付密码进行银行账户快捷转账，而非《刑法》第196条第3款所指的"盗窃信用卡并使用"，二者具有不同的概念边界。

二、利用计算机技术窃取虚拟财产如何定性[*]

随着互联网信息技术的飞速发展，利用计算机实施犯罪的行为手段越来越复杂，特别是在利用计算机窃取虚拟财产的案件中，行为人往往通过植入"木马"程序、远程控制等方式，非法侵入他人计算机系统、网络交易平台，将网络上他人的虚拟货币、游戏装备等虚拟财产据为己有，严重损害了社会管理秩序及他人的财产利益。但对该行为如何定罪处罚，是构成盗窃罪，还是破坏计算机信息系统罪，抑或是非法获取计算机信息系统数据罪，司法实践中存在争议。笔者认为，应从四个方面把握利用计算机技术窃取他人虚拟财产行为的性质。

1. 明确虚拟财产的法律属性

当前，对利用计算机技术窃取他人虚拟财产行为案件的定性，存在的争议主要集中在对虚拟财产是否属于刑法保护的财产，能否成为盗窃等侵财犯罪的对象方面。盗窃罪侵犯的客体是公私财物所有权，虚拟财产如不属于刑法保护的财产，则不能构成盗窃罪，只可能构成计算机类犯罪。而破坏计算机信息系统罪和非法获取计算机信息系统数据罪属妨害社会管理秩序类犯罪，侵犯的主

---

[*] 作者：项谷、朱能立，上海市人民检察院第一分院。本文原载于《检察日报》2018年9月2日。

要客体是计算机信息系统的安全。因此，对虚拟财产法律属性的判断成为区分该类犯罪的关键。

虚拟财产，一般是指必须依赖于计算机互联网络而存在的各种有价值的数据和信息。但是，对于虚拟财产的范围，观点不一。笔者认为，对于虚拟财产能否成为刑法保护的财产，能否成为侵财案件的犯罪对象，不能一概而论，应对不同的虚拟财产进行具体分析。

一是虚拟物类，也称虚拟有形财产，是对现实环境中有形事物的模拟，如网络游戏中的角色、装备等，目前将这类虚拟物纳入刑法意义上财产的范围予以保护的条件尚不成熟。

二是身份认证信息类，即用户在网络服务提供商注册的账号，如以微信为代表的通讯账号、以微博为代表的社交网络账号等。身份认证信息已归入计算机信息系统数据予以保护，不宜认定为刑法意义上的财产。

三是虚拟空间类，如个人主页空间、域名、网页等。虚拟空间具有更多的人身属性，权利人基于实名认证，可以排除他人对个人空间的侵犯。如非法进入他人个人虚拟空间进行数据的删除、修改等，可以认定为计算机类犯罪予以保护，该类虚拟财产也不宜认定为刑法意义上的财产。

四是虚拟货币类，虚拟货币作为网络世界中的交换媒介，是一类特殊的虚拟物，如腾讯公司的 Q 币、百度公司的百度币等。该类虚拟财产可以认定为刑法意义上的财产。因为，一般虚拟货币由用户以法定货币购买，其价值具有稳定性，可以合法交易，具有现实交易价值。但是，一般的某个网络游戏的游戏币不是法律意义上的虚拟货币，不具有增值服务支付价值，不应作为刑法意义上的财产予以保护。

因此，虚拟财产能否成为刑法保护的范畴，在于其与普通人生活的相关度，以及是否与现实中的真实财产存在一套固有的、自发的换算和交易机制。虚拟财产的价值越容易衡量，虚拟财产越容易变现，其作为财产的认同度也就越高。目前来看，虚拟货币满足了刑法意义上财产的条件，可以成为盗窃罪的犯罪对象。而虚拟物、身份认证信息、虚拟空间、游戏币等虚拟财产目前尚不能作为盗窃罪的对象，利用计算机技术窃取该类虚拟财产宜认定为计算机类犯罪。

2. 同时构成盗窃罪与计算机类犯罪的应以盗窃罪定罪处罚

如果行为人窃取的虚拟财产属于刑法保护的财产，且通过破坏计算机系统的手段完成，其行为同时符合盗窃罪与计算机类犯罪的构成，应如何定罪处罚？司法实践中，有观点认为，行为人通过破坏计算机信息系统的手段行为，达到实施盗窃他人财物的目的，目的行为应吸收手段行为，认定为盗窃罪。但是，依据刑法原理，对于手段行为与目的行为具有牵连关系的，应"从一重罪"处罚，于此情形则应按照破坏计算机信息系统罪处罚。对此，笔者认为，同时构成盗窃罪与计算机类犯罪的应按照《刑法》第287条有关利用计算机实施有关犯罪的规定定罪处罚。《刑法》第287条规定，"利用计算机实施金融诈骗、盗窃、贪污、挪用公款、窃取国家秘密或者其他犯罪的，依照本法有关规定定罪处罚"。此处的"有关规定"，是指按照刑法有关金融诈骗犯罪、盗窃犯罪、贪污犯罪、挪用公款犯罪、非法获取国家秘密犯罪的规定以及其他犯罪的规定处罚，不是按照本章节关于计算机类犯罪定罪处罚。如行为人利用计算机进行盗窃犯罪的，就应当依照《刑法》第264条的规定，以盗窃罪定罪处罚。因为从立法本意看，刑法之所以针对利用计算机犯罪作此特殊规定，是由于司法实践中，行为人单纯出于报复、泄愤动机而破坏计算机系统的情况较为少见，更多的是通过破坏计算机信息系统来实现窃取财物等其他目的，由此很容易出现同时触犯不同罪名的情形。在此情形下，暂且不论该行为系牵连犯、吸收犯抑或想象竞合犯，刑法已经明确规定对该种犯罪应当以目的行为作为其定罪量刑的依据。

3. 正确适用破坏计算机信息系统罪与非法获取计算机信息系统数据罪

影响计算机系统的正常运行是破坏计算机信息系统罪的应有之义。如果行为人利用计算机窃取的虚拟财产不属于刑法保护的财产，则可能构成破坏计算机信息系统罪或非法获取计算机信息系统数据罪，两罪如何区分？司法实践中，对《刑法》第286条破坏计算机信息系统罪中第2款规定的情形，即针对计算机系统中存储、处理或者传输的数据和应用程序进行删除、修改、增加的操作，并未要求影响计算机系统的正常运行。而《刑法》第285条第2款有关非法获取计算机信息系统数据罪规定，系侵入计算机系统或者采用其他技术手段，获取该计算机信息系统中存储、处理或者传输的数据，情节严重的行为。其中对计算机数据和应用程序进行删除、修改、增加的操作，其本身也是一种非法获取计算机信息系统数据的行为。所以，对该行为认定为破坏计算机信息系统罪还是非法获取计算机信息系统数据罪，在司法实践中亦存在较大争议。

根据《刑法》第286条的规定，破坏计算机信息系统罪共3款，其中，第1款、第3款均要求影响计算机系统正常运行才构成本罪，而第2款规定本身并未要求影响计算机系统的正常运行，是否意味着只要对计算机信息系统数据和应用程序进行删除、修改、增加的操作，即使未影响计算机系统正常运行的也构成本罪。笔者认为，从刑法的立法目的、体系解释及罪责刑相一致等方面考量，本条第2款也应要求对计算机系统造成一定的影响才能构成本罪。因为，影响计算机系统的正常运行是破坏计算机信息系统罪的应有之义，否则，在《刑法》第 286 条规定的第 2 款情形下，将与非法获取计算机信息系统数据罪难以区分。当然，破坏计算机信息系统罪原则上还要求利用破坏性手段，而是否属于破坏性手段，一般需要通过专业的机构进行司法鉴定。

4. 侵犯虚拟财产的定罪处罚应符合罪责刑相适应原则

目前，刑法对虚拟财产的法律属性尚没有明确界定。虚拟财产一般存在于网络游戏中，相当数量的青少年往往是网络游戏的主要玩家和交易者，对利用计算机网络技术窃取虚拟财产的社会危害性缺乏足够认识，对这类犯罪行为人的处罚应当罪罚相当而不能"失之过严"。但对那种犯罪行为人通过各种病毒、木马、恶意程序等侵入计算机系统，造成严重社会危害的，处罚也不能"失之过宽"，必须符合罪责刑相一致的原则，使行为人所犯罪行与所承担的刑事责任相统一。对具有自首、立功等量刑情节的，要在法律规定的幅度内充分从宽考虑。特别是对破坏计算机信息系统罪，认定违法所得数额或造成损失数额符合后果特别严重情节的，也要考虑虚拟财产犯罪与现实财产犯罪的社会危害性差异，在量刑幅度内尽量予以从轻处罚，充分彰显执法办案的政治效果、法律效果和社会效果的有机统一。

三、快递员"窃取型"侵财犯罪如何定性[*]

近年来，随着我国快递业的迅猛发展，快递从业人员窃取快件的侵财犯罪时有发生。司法实践中，对该类行为的定性争议较大，特别是对快件处理中分拣、装卸环节窃取快件的行为，应认定为盗窃罪还是职务侵占罪认识不一，以致出现同案不同判现象。笔者认为，盗窃罪与职务侵占罪最本质的区别是，前者必须转移占有，而后者无须转移占有。因此，职务侵占罪的客观行为表现为侵吞基于职务已经占有的本单位财物，不包括窃取、骗取等转移占有的方式。在对快递员窃取型侵财犯罪定性时，先要考察行为人是否基于职务已经占有了本单位的财物，在此基础上再结合快递服务的运作流程特点作出准确认定。

1. 职务侵占罪中的"职务"应包含具有代为保管性质的内容

基于职务已经占有了本单位的财物，是认定职务侵占罪的前提条件。根据

---

[*] 作者，张菁，上海市人民检察院第一分院。本文原载于《检察日报》2018 年 9 月 16 日，原题为《区分业务环节认定快递员"窃取型"侵财犯罪》。

文义解释，"职务"是指"职位规定应该担任的工作"。职务侵占罪的主体是公司、企业或者其他单位人员，这类人员的职位由单位根据自己的经营范围、业务特点设置，职位所规定的工作既可能有监督、管理等职权性的内容，也可能是不具备职权内容的劳务活动、技术服务工作等。因此，职务侵占罪的职务不仅包括基于职权的管理工作，还应包括根据岗位职责要求从事的具体业务工作。但是，职务的性质并非职务侵占罪中"职务"认定的关键。鉴于职务侵占罪非转移占有的本质，职务是否包含能够"占有"单位财物的内容，即有无受单位委托代为"保管"单位财物才是决定性因素。无论是依职权主管、管理、经营本单位财物，还是履行岗位职责而经手、持有本单位财物，只要职位规定应担任的工作即岗位职责中包含受委托代为保管的内容，都应属于职务侵占罪中的"职务"。

实践中常以区分"利用职务上的便利"与"利用工作上的便利"来认定职务侵占罪抑或盗窃罪的做法并无不妥，但需要注意的是，此"利用工作上的便利"并非通常认为的"过手、接手单位财物的便利"，而是指在工作过程中形成的为顺利实现目的行为而产生的便利条件，如熟悉工作环境、出入方便等，这种便利不是职务本身具有的，而是在履行工作岗位职责的过程中形成的。利用工作上的便利非法占有单位财物的，应认定为盗窃罪。

2. 认定"占有"时需重点关注有无占有辅助的情况

行为人是否已经基于职务占有了单位财物，需考察两个层面：一是判断有无"占有"；二是在"占有"涉及多个主体如占有辅助、封缄物等情况时，还要判断占有的归属。

占有的有无，应从占有的事实和占有的意思两个方面进行判断。对于占有的意思，只要占有人知道自己本人目前正占有着物品即可。而占有事实既包括事实上的占有即现实的支配控制，也包括法律上的占有即通过仓单、提单、存单等方式占有。对于现实的支配控制，不能根据物理的事实或者现象进行判断，而是要以物理的事实作为判断资料，根据社会的一般观念进行判断。比如顾客在超市挑选商品，虽然从物理事实上控制支配了商品，但根据社会的一般观念和日常规范，顾客并没有占有该商品。

在存在上下、雇佣或者主从关系的情形中，下位者与上位者对财物都有不同程度的事实支配控制，但刑法上的占有通常属于上位者，下位者只起到对上位者占有财物的辅助作用，如果下位者以非法占有为目的取走财物的，应认定为盗窃罪。如果下位者被上位者授予某种程度的处分权时，就应承认下位者的占有。

3. 结合快递服务运作流程特点准确定性

在快递业务中，委托人将快件交由快递员送至指定收件人，在法律关系上属于委托运输合同，自委托的快件交付给快递员时形成占有关系。快件所有权属于委托人，占有则属于快递企业。快递企业与快递员之间存在上下主从关系，因此理论上快件应为快递企业所占有，快递员只是占有辅助人。从目前情况看，对于快递员窃取型侵财犯罪，应区分不同业务环节分别处理。

一是收寄、仓管、派送环节。根据快递业务的特点，快递企业对快件的现实支配控制在快递的不同环节有所不同，特别是上门收寄、末端派送环节，快递企业对快件的支配控制几乎为零，相反，快递员则对快件有绝对的支配控制。因此，快递企业在这些环节以工作职责的形式委托快递员代为"保管"快件，快递员基于职务占有了快件，不仅要依职责妥善保管快件，还要承担返还责任和快件损坏、灭失的赔偿责任。同样具有代为保管职责的还有仓管员。仓储保管环节，仓管员需对快件作出入库扫描登记并将其合理放置，妥善保管。通常在有代为保管职责的环节，单位可以根据职责要求直接追查到相应的责任人。由此可见，代为保管职责的赋予，是快递企业（上位者）基于与收派员、仓管员（下位者）之间的信赖关系，授予下位者一定程度处分权限的直接反映。因此，这些环节的快递员基于职务占有了快件，如果侵吞快件，应构成职务侵占罪。

二是快件处理环节。在快件处理环节中，装卸货、拆包、分拣、封装等与上述收派、仓储有本质上区别，快件处理主要是流水线操作方式，且全程监控，这无疑体现了快递企业（上位者）对快件具有现实的支配控制，虽然分拣员、搬运工短暂接触、过手快件，在物理上的确占有了快件，但从规范认同度上，其物理性事实占有仅仅是辅助快递企业（上位者）实现对快件的控制，且快递企业（上位者）亦未赋予其代为保管的工作职责。因此短暂接触、过手快件并不能认定其已基于职务占有了快件，在分拣、搬运过程中窃取快件的，应认定为盗窃罪。

三是运输环节。根据快递业务流程，快件处理的最后环节，寄往同一寄达地（或同一中转站）的多个快件，要集中放置在袋箱或容器中并予以封扎，这称之为总包的封装。总包装载到指定的运输工具上后，发运人与运输人员进行交接，由发运场地负责人将车辆封志加封在车门指定位置，运输人员监督车辆施封过程，双方在交接单上签字确认。可见，经封志的车辆已经具有了封缄物的性质。根据封缄物的占有归属区别说，即包装物归受托人占有，内容物归委托人占有，封缄物的外包装即车辆由运输人员占有，车辆内的快件由快递企业占有。运输人员拆除车辆封志取走快件，即打破了快递企业对快件的占有，构成盗窃罪。如果在同城运输的场合，车辆未经封志，亦无押运人员，表明快递企业已委托运输人员代为"保管"运输中的快件，运输人员基于职务占有了快件，其侵吞车辆内快件的，应构成职务侵占罪。

四、盗窃犯罪数额认定难点[*]

2013年4月4日施行的最高人民法院《关于办理盗窃刑事案件适用法律若干问题的解释》（以下简称《解释》）第4条第1款第（一）项规定："被盗财物有有效价格证明的，根据有效价格证明认定；无有效价格证明，或者根据价格证明认定盗窃数额明显不合理的，应当按照有关规定委托估价机构估价。"由实务经验看，通常的盗窃案，或者嫌疑人被现场抓获，或者被害人能提供购物发票、进货单等能证明被盗财物价格的有效凭证，或者财物能被追回，根据《解释》规定，认定盗窃数额一般不存在问题。但有的情况下，财物失窃后经销赃无法追回，被害人又无法提供其他可证明财物价格或可供机构估价的证据，全案仅有犯罪嫌疑人关于销赃数额的供述指向认定盗窃数额的可能途径。在此情况下，销赃数额能否作为盗窃数额予以认定，在实务中尚存争议。

有人认为，不能以销赃数额来认定犯罪的金额。首先，《解释》作为具体指导司法实践的操作性规范，其第4条专述盗窃数额的认定，却并未明文规定可以销赃数额来确定盗窃金额，不宜突破《解释》规定以销赃数额认定盗窃数额。其次，《解释》删除了1998年实施的《关于审理盗窃案件具体应用法律若干问题的解释》（以下简称《审理盗窃案件解释》）中"销赃数额高于按本解释计算的盗窃数额的，盗窃数额按销赃数额计算"的规定，也说明不能以销赃数额来认定被盗数额。

也有人认为，可以销赃数额来认定犯罪的金额。首先，《解释》虽未规定销赃数额可以作为认定盗窃数额的依据，但从社会常识及办案实践来看，犯罪嫌疑人对赃物价值具有通常认识，赃物无论新旧，销赃数额一般远低于有效价格证明价格和估价价格，如果销赃数额就已达到盗窃追诉标准，那实际盗窃数

---

[*] 作者：罗小翠，四川省成都市双流区人民检察院。本文原载于《检察日报》2019年1月24日，原题为《销赃数额存在认定为盗窃犯罪数额的合理性》。

额则在销赃数额之上,以销赃数额来确定盗窃数额不会出现对嫌疑人不利的适法局面。其次,如不能将销赃数额认定为犯罪数额,在侦查阶段未能查明其有效价格证明或者鉴定价格的案件较多,有放纵犯罪之嫌,不利于保障公民的财产权利。

笔者认为,销赃数额可被认定为盗窃罪数额。在被盗财物没有有效价格证明,无法估价且被害人陈述的财物价格在销赃数额之上的,可以查证属实的销赃数额来认定犯罪数额。理由如下:

第一,将销赃数额认定为盗窃数额具有客观现实基础。根据社会常识和商品交易规律,如果财物没有合法来源凭证,存在权利缺陷,或是财物没有良好的包装,在简陋、低端的环境销售,其本身价格便会大打折扣。比如二手市场上,一般有包装的游戏卡带能比没包装的游戏卡带多卖钱;同样一个正品的名贵手包,如果是摆放在路边夜市销售,哪怕是降价几千元,也很难想象会有人慷慨解囊。盗窃所得的赃物,不仅没有合法来源凭证,且通常不具备完好包装,销售途径、销售环境极不正规(如在街上以宣传单等物遮掩住赃物手机鬼鬼祟祟向路人询问是否购买),赃物本身便不可能卖出高价,而嫌疑人为减少交易风险、快速套现,对待赃物一般也是以"贱卖"的心态出售,其价格相较市场价格甚至成本价往往呈现断崖式跌落。机构估价时,通常采市场法和成本法,财物新旧会作为估价重要因素,价值减损有限,而销赃时赃物价格起点很低,新旧程度对销赃数额影响不大,往往最终销赃数额也远低于机构估价。如某区检察院办理的邓某盗窃案中,邓某入户盗窃一条黄金项链、一对黄金耳钉、一对K金耳环、一个白银吊坠,鉴定价格为5982元,销赃价仅为350元;又如冯某盗窃案中,冯某盗窃被害人一部手机后销赃450元,而鉴定价格为1511元。

此外,最高人民法院、最高人民检察院《关于依法查处盗窃、抢劫机动车案件的规定》第17条规定,以明显低于市场价格购买机动车的,应当认定为明知自己购买的机动车是犯罪所得及其收益,这也从一个侧面说明立法本身也认为销赃数额通常是"明显"低于实际价格的。因此,销赃数额是被盗财物实际价格或其鉴定价格的极小体现,当销赃数额都达到追诉标准时,举轻明重地说明财物的实际价格或鉴定价格更在追诉标准之上,按照销赃数额认定盗窃数额,不会不当降低盗窃罪的入罪标准,不会扩大盗窃罪的打击面。

第二,以销赃数额认定盗窃数额符合法律规定。尽管《解释》删除了《审理盗窃案件解释》中关于"销赃数额高于按照解释计算的盗窃数额的,以销赃数额来认定盗窃金额"的规定,但在参与《解释》出台工作相关人员撰写的《〈关于办理盗窃刑事案件适用法律若干问题的解释〉的理解与适用》中对此阐述："《解释》没有沿用这一规定，主要考虑：销赃数额高于实际盗窃数额的，被害人所遭受的损害并没有增加，以销赃数额作为盗窃数额，进而决定对行为人的定罪量刑，有失妥当。"可以看出，删除该条文仅针对销赃数额高于实际价格的情况。实际上，在可查证被盗财物实际价格的情况下，将实际价格认定为盗窃金额既有利于犯罪嫌疑人，也更符合盗窃罪以被盗财物价值而非盗窃行为人销赃能力来评价行为罪与非罪及罪行轻重的立法意图，《审理盗窃案件解释》关于销赃数额的规定实属画蛇添足。因此，与其说《解释》通过废除《审理盗窃案件解释》相关规定表明了不能以销赃数额认定盗窃金额的态度，不如说司法解释从未对无法认定实际价格的情况能否以销赃数额认定盗窃数额有过明确的态度。在此情况下，司法实践中按照销赃数额认定盗窃数额，不仅不会与法律、司法解释相抵触，反而是一种从实际出发、符合公民法律意识和法律情感的有益实践。

第三，以销赃数额认定盗窃数额有利于维护公民的财产权益。在赃物无法追回，被害人又不能提供有效价格证明，且无法估价的情况下，如果不能以销赃数额来认定盗窃的金额，可能使盗窃行为人产生只要"人赃不并获"就可逍遥法外的认识，从而一方面更为肆无忌惮地实施盗窃，另一方面加速赃物的流转，刺激掩饰、隐瞒犯罪所得等下游犯罪行为蔓延，既不利于维护公民的财产权益，又给追赃等国家司法活动的正常秩序带来了消极影响。

综上，笔者认为，在赃物无法追回，无其他有效价格证明也不能估价，只有销赃数额的情况下，以查明的销赃数额作为犯罪数额具有现实必要性、合理性、合法性、可操作性，既能有效惩罚犯罪，又不至于不当扩大打击面，是适当的解决方案。同理，其他侵财类案件，如抢夺罪、诈骗罪等，也可以销赃数额作为犯罪的数额，以解决司法实务中的适用难题。

五、盗窃罪与侵占罪区分要点[*]

盗窃罪与侵占罪是刑事司法领域的多发常见犯罪，实务上通常直接从犯罪故意、客观行为等方面区分两者，但仍然存在司法实践中的困惑以及司法不统一的现象。例如在司法实务中，对于发生在公共场所等领域的非典型的盗窃行

---

[*] 作者：张理恒，四川省成都市人民检察院。本文原载于《检察日报》2019年1月13日，原题为《以犯罪对象为切入点 区分盗窃罪与侵占罪》。

为，有时被不当地认定为侵占罪，属于自诉案件，甚至认为是民事纠纷而不当限制盗窃罪的成立范围。对此，笔者认为，在案件处理过程中，通过犯罪对象的不同可对盗窃罪与侵占罪予以区分。

具体而言，盗窃罪是夺取罪（占有转移型犯罪，包括抢劫罪、盗窃罪、诈骗罪等）的基本犯罪，其客观行为是采取秘密窃取方式（或平和方式）从被害人处不法取得他人所占有的财物，而侵占罪的客观行为是不法取得自己暂时占有而为他人所有的财物（代为保管物、他人遗忘物以及埋藏物），盗窃或侵占的故意则是对本人实施盗窃行为或侵占行为的明知与容忍。从这个分类可以看出，盗窃罪必须实际领得"他人占有的财物"，区别于侵占罪的犯罪对象"本人占有的财物"，这是盗窃罪与侵占罪相区分的关键点。财物为他人所占有，可以简单定义为他人对财物事实上的支配、管理状态，司法认定的情形则相对复杂，但无论如何，犯罪对象上的本质区别是将不同财产犯罪的客观行为要件和犯罪故意要件区分开来的关键要素。

结合司法实践，盗窃罪的犯罪对象大体上可分为九种类型：一是他人实际掌握、控制、监视和管理财物的情形。比如，穿戴在别人身上的衣物、饰品，把持在别人手上的工具、器械如此等等，这些都是最为常见的他人占有之物。二是他人依靠其支配下的机械器具占有财物的情形。此时，占有权人虽然没有亲手管领财物，但凭借其对特定机器的支配而概括占有了其空间内的财物。比如，猎人、渔民等在数公里、数十海里外设置的陷阱、渔网里的捕获物，都是他们的占有物。再比如，自动售货机里的饮料、ATM机里的现金，也都是机器管理者占有的财物。三是他人概括支配的封闭场所范围内的财物。例如甲从餐厅的单人式厕所，将乙忘在厕所内的一部手机取走，判例认为成立盗窃罪。因为，甲所不法领得的手机属于餐厅管理人的占有物。本来乙是手机的所有权人和占有人，但当其将手机忘在封闭的厕所空间时，手机就脱离了乙的占有范围，餐厅管理人就完全可以凭借其对封闭空间的概括支配而承继性地占有这部手机（承继的"二次占有"）。在此，作为占有权人的餐厅管理人和作为本权人的顾客乙都是被害人，只是后者是最终的被害人。四是根据财物的性质与放置地点能够推定他人占有的情形。比如，他人房屋外所晾晒的被褥衣物，街边临时占道停放的自行车、汽车等，都是为他人所占有的财物。五是他人有意将财物置于难以被人发现的区域之情形。比如，饥荒年代农民将自己的农具藏在难以为别人所知的隐蔽山洞里。在生活意义上，这些农具都是被农民所占有的财物，而不能被理解成作为侵占罪对象、欠缺占有的"埋藏物"。六是从财物的性质上能够推断并非抛弃物，他人具备占有意思并且知悉财物所在地的情形。比如，老者将贵重的金佛放在离家很远的破庙里,按月朝拜一次,不论老者所在何处,都现实地占有这尊金佛。七是他人根据财物(如飞禽等)的自然属性可以预料到其会返回自己支配范围内的情形。比如,牧人的信鸽从重庆飞往成都去送信,送完后又从成都飞回重庆的途中,牧人完全可以凭借信鸽归巢的本能而占有它。当然,也不能完全排除路线偏离的情况:一阵罕见的狂风把这只信鸽从"成都到重庆"的路线上刮到了云南、贵州,信鸽一旦迷失了方向,牧人对它的占有也就一并丧失了。这时的信鸽就属于脱离牧人占有的遗失物,如果能够把"遗失物"评价为"遗忘物",迷失归路的信鸽也能勉强成为侵占罪的保护对象。八是财物虽在短时期内与所有人分离,但所在位置离所有人较近,所有人对此有明确认识的情形。比如,甲在餐厅用餐离开后,将自己的钱包忘在了餐桌上,甲刚走出餐厅200多米的距离就很快发现,立马回去取。在甲离开餐厅到其取回钱包的短时间内,手机不是遗忘物,仍然是甲的占有物,只是占有的状态较弱而已。九是由于特殊情形(战争、地震等)使财物占有发生偏离,但他人仍享有占有权的情形。比如在高强度地震导致大量房屋倒塌的情况下,人们为了躲避灾害往往要迅速撤离现场,大量贵重财物有可能散落四处,出现无人管理的状态。即便财物的所有人远在千里之外,仍然应该认为财物是在他人的占有之下。如果没有考虑到造成占有偏离的特殊情由,有人可能会认为这些无人管理的财物只是脱离占有物。但从全面的观点看,当这些特殊原因消除后,所有人很可能回去重新收拾、修缮和管理自己的财物,进而完善占有。因此,这些暂时处于"失散"状态的灾民财物一般应认定为他人的占有物。

综上,通过对以上关于盗窃罪犯罪对象的分析可知,如果行为人将上述财物非法据为己有,在达到相应数额要求的条件下,不能将之定性为侵占罪,而应以盗窃罪或者其他夺取类犯罪(抢夺罪、诈骗罪等)论处。

六、合租房是否构成"户"的具体认定[*]

近年来,合租人群日益增多,发生在合租房内的盗窃案件也时有发生。但在司法实践中,由于对合租房的理解存在差异,导致对案件定性的认识不

---

[*] 作者:裴仕彬,广东省深圳市龙岗区人民检察院。本文原载于《检察日报》2018年9月10日,原题为《合租房是否构成"户"须具体分析》。

一。笔者认为，如果不考虑合租房内盗窃行为人身份等具体案情差异，对合租房内实施盗窃的行为均认定为"入户盗窃"有失偏颇，应该具体问题具体分析。

关于"户"的含义，从文义解释的角度看，《现代汉语词典》对"户"的解释有：（1）门；（2）人家、住户；（3）门第；（4）户头；（5）姓。与"入户盗窃"关系最密切的含义是"人家，住户"之义。现有司法解释在此含义基础上进行了限缩解释："户"是指住所，其特征表现为供他人家庭生活和与外界相对隔离两个方面。照此解释，办公场所、旅馆、单身公寓等相对封闭的场所均不能认定为"户"。

其实，合租的各方不一定具有家庭关系，因此，结合文义解释和立法本意来看，"户"是指他人的住所，要求具备两个要件：一是功能特征；二是场所特征。"户"的核心含义是住所，并没有人数上的要求，单身一人居住的住所也应该认定为"户"。另外，厕所、厨房、客厅等并不是构成"户"的必要要件，如筒子楼里的住户可以认定为"户"。

在司法实践中，发生在合租房内的盗窃主要有两种情况：一种情况是外人进入盗窃，另一种情况是同租客实施盗窃。有人认为，对于前一种情况，由于合租房不具备家庭生活的亲密性、隐蔽性和私密性，因此不构成"户"；对于后一种情况，不具有"入户"目的的非法性，也不具有与外界相对隔离的特征，也不能认定为"户"。此种观点值得商榷。法律将"入户盗窃"入罪是因为入户盗窃既侵犯了公民的住宅权、隐私权，同时也侵犯了公民的财产权。由此可见，对"户"的认定不以"供他人家庭生活"为限，合租客只要在合租房内是以生活、起居或者栖息为目即可，并不要求"户"内居住的人必须要有亲戚关系等，因此，对于外人进入合租房盗窃的情况可以认定为"入户盗窃"。

对于合租客在合租房内盗窃的情况，面临的问题较为复杂，实践中存在以下两种情形：一是各合租人同住一房，二是各合租人各住一房。对前一种情形，由于不具备与外界相对隔离的特征，难以认定为"入户盗窃"。对第二种情形，还需要区分具体情况，如果合租房客房间平时采取上锁等防盗措施，对于被害人来讲，其房间相当于与外界相对隔离，将进入合租房客房内盗窃的行为认定为"入户盗窃"符合立法精神；如果合租房客平时未采取任何防盗措施，这种情形不具备与外界相对隔离的特征，不宜认定为"入户盗窃"。

七、以骗为目的入户后临时盗窃属于"入户盗窃"*

行为人以骗取他人财物为目的，采取冒充物业等虚假身份入户后，在实施诈骗犯罪过程中，临时起意盗走房主户内财物。对该行为能否评价为非法入户，进而认定为入户盗窃，实践中争议较大。刑法将入户盗窃列为盗窃犯罪类型之一，其入罪门槛比较低，既没有数额较大限制，也没有次数限制。尤其是在未达到数额较大的盗窃案件中，能否认定为入户，直接关系到罪与非罪界分问题。

根据最高法《关于办理盗窃刑事案件适用法律若干问题的解释》第3条第2款之规定，非法进入供他人家庭生活，与外界相对隔离的住所盗窃的，应当认定为入户盗窃。

可见，入户盗窃由"入户"和"盗窃"两个行为构成，而"入户"又由"入"和"户"组成，这里"盗窃"和"户"的认定不存在争议，焦点在于如何界定"入"？"入"分为合法进入和非法进入两种情形。入户盗窃的首要条件是入户的非法性，排除了行为人合法入户后"在户盗窃"犯罪情形。何谓"非法"，法律没有明确规定，司法解释亦没有作出相应释义。笔者认为，以骗为目的采取虚构事实等欺骗手段入户的情形，应认定为非法入户，构成入户盗窃。理由如下：

第一，行为人主观上具有非法占有他人财物之目的。鉴于入户盗窃的非法性缺乏明确具体规定，理解不一，可以参照抢劫罪相关司法解释予以适用。最高法《关于审理抢劫、抢夺刑事案件适用法律若干问题的意见》第1条对入户抢劫入户目的非法性作出了规定：进入他人住所须以实施抢劫等犯罪为目的。抢劫行为虽然发生在户内，但行为人不以实施抢劫等犯罪为目的进入他人住所，而是在户内临时起意实施抢劫的，不属于"入户抢劫"。关于"等"的理解，通说认为不限于抢劫，还包括盗窃、诈骗等侵财类犯罪。盗窃和抢劫行为均属于侵财类犯罪，从刑法体系解释看，应遵循同类解释规则以保持体系的统一，尽量保持同词同义。盗窃罪的入户和抢劫罪中的入户应作相同理解，否则不利于法律统一适用。"入户盗窃"非法目的也不应限定为以盗窃财物为目的，还应包括诈骗、抢劫等侵财非法目的。行为人以骗取财物为目的入户后，临时起意实施"盗"，无论是入户前的骗，还是入户后的盗，都是以非法占有财物为目的，

---

* 作者：岳启杰，北京市门头沟区人民检察院。本文原载于《检察日报》2018年10月10日。

属于非法占有财物的概括故意，不影响具体实施行为构成罪名的认定。

第二，行为人客观上侵犯了他人住宅安宁权。一个行为之所以受到刑法的否定评价而入罪，必定是侵害了刑法所保护的法益。立法规定入户盗窃入罪门槛较低，原因在于入户盗窃不仅侵犯公私财产所有权，还侵犯公民住宅安宁权，在某种程度上，入户盗窃司法适用更注重保护公民的住宅安宁权。准确认定是否侵犯住宅安宁权，应结合行为人主观是否明知非法侵入他人住宅和被害人同意入户的意愿是否为真实意思表示予以综合判断审查：行为人采取欺骗手段入户，对非法侵犯他人住宅安宁权是明知的，主观是直接故意，希望能进入房主户内以便于实施犯罪行为；考察被害人是否为真实意愿，应进行实质考察。从表面上看，采取欺骗方式入户，系经房主审查和判断之后自主决定的，符合形式上合法要件，但这种同意是基于行为人的欺骗手段，使被害人陷入错误认识而作出的意识表示，并不是被害人的真实意愿。形式上的合法掩盖了非法入户的实质性，并不能因此改变入户后造成的现实危险性。欺骗手段与被害人作出错误的意识表示之间具有刑法因果关系，欺骗入户行为本身应作否定性评价，不能作为认定非法入户的阻却事由。

第三，符合罪刑相适应原则。罪刑相适应原则要求，以客观行为的危害性与主观意识的罪过性相结合的犯罪社会危害程度作为刑罚的尺度。刑罚的轻重，应当与犯罪分子所犯罪行和承担的刑事责任相适应。尽管被害人由于受骗，认识不到潜在的危险性，但这种危险性是客观存在的，被害人的住宅安宁权和财产权均有遭受侵犯的现实可能性，对该行为予以刑法评价，是罪刑相适应原则的具体体现。以欺骗手段入户的社会危险性相对秘密方式入户的社会危险性更大，容易使户主放松警惕，犯罪更容易得逞，也极易转化为抢劫等暴力犯罪，社会危害性明显大于一般盗窃。如果不把以欺骗手段入户认定为非法入户，将违背罪刑相适应原则。

第四，符合入户盗窃的立法原意。入户盗窃入法主要目的在于要加大对公民住宅安宁权和人身财产安全的保护。以欺骗手段入户和经被害人真实同意合法入户的社会危害程度不具有等质性。从实践来看，合法入户，一般系房主比较熟悉的人员，发生转化为抢劫等暴力性犯罪的概率较低，且一旦犯罪行为被发现，房主能够提供线索，便于司法机关侦破案件。而以欺骗手段入户都是有预谋性犯罪，行为人多数情况下是惯犯、有违法犯罪前科，入户后见机行事，能骗就骗，不能骗就偷、抢，其主观罪责和人身危险性较大。由于彼此相对陌生，也无法提供破案线索，会增加侦查难度，其社会危害程度明显大于合法入户盗窃情形。将以欺骗手段入户后临时起意盗窃财物的行为视为非法入户，有利于打击该类犯罪行为，增强群众的安全感，完全契合立法意图。

疑案精解

一、"户内偷钥匙户外窃车"的认定难点问题*

入户盗窃，是《刑法修正案（八）》增加规定的一种特殊盗窃行为，对于严密法网，严惩危害公民人身、财产权益的盗窃行为具有重要意义。但是，在入户盗窃钥匙、户外盗窃车辆的情况下，该如何评价各行为的性质与责任，才能做到罪责刑相适应，司法实践中常有意见分歧，引起各方关注。

基本案情：2018年5月18日17时许，张某路过罗某家住房时，发现罗某家门前停放了一辆较新的电动车，遂产生盗窃电动车的意图，但发现电动车已上锁且罗某家房门虚掩，于是张某又产生进入罗某家屋内盗窃电动车钥匙的念头，张某进入罗某家屋内成功窃得该电动车钥匙一把，并用该钥匙打开车锁确定能骑走后，因担心白天窃车易被发现，于是便先行离开。20时许，张某再次返回罗某家门前电动车停放处，利用先前窃得的钥匙将电动车盗走。经鉴定，该辆电动车价值人民币950元。

研讨问题：（1）入户盗窃入罪、出罪问题；（2）存在入户盗窃情形该整体评价还是单独评价；（3）入户盗窃与普通盗窃竞合该如何处理。

（一）检察官说案：应整体评价为入户盗窃行为**

笔者认为，应认定为入户盗窃，且户外车辆的价值数额应一并认定为入户盗窃罪的数额，具体理由如下：

从"入户盗窃"的入罪标准看，《刑法修正案（八）》之所以在原有盗窃罪规定的基础上增加"入户盗窃、携带凶器盗窃、扒窃"三类行为无数额及情节条件的入罪情节，是为了强化对人民群众人身权、财产权和住宅安宁权的保护。理论上只要存在入户窃取财物的行为，不论财物数额、金额大小，都应认定为"入户盗窃"。就本案来讲，虽然行为人入户盗窃车钥匙的目的是为了

---

* 本文原载于《检察日报》2019年2月15日，原题为《"户内偷钥匙户外窃车"如何处理》。
** 作者：张传杰、张海芹，江苏省淮安市淮阴区人民检察院。

· 69 ·

盗窃户外车辆，但"入户"行为本身已侵犯了受害人的住宅安宁权。同时，因为入户盗窃了车钥匙，导致户外车辆顺利被窃，产生了如同在入户窃得信用卡、户外消费一样的犯罪效果，所以，其窃取的车辆应该一并认定为入户盗窃的金额。

从整个行为的全过程看，行为人从入户盗窃车钥匙开始，就已开始实施具体盗窃行为：主观上行为人的目的就是要通过入户盗窃钥匙，进而实现对户外车辆的有效控制，客观上在窃得钥匙后，行为人即可轻松地打开车锁并实际占有户外车辆。可见，入户窃取钥匙和户外窃得车辆之间完全形成了整个盗窃行为，且在入户窃取钥匙和占有户外车辆之间，前者的行为更关键，因此，不应单纯地割裂前后两个盗窃行为，应予以总体评价。

从所窃财物的关联性看，车钥匙和信用卡等物品一样，虽然财物本身金额微少，但其实际价值体现在对其他关联物的控制权上。行为人在"入户"顺利窃得钥匙的同时，实际上就侵犯了户外车辆的财产权，两行为之间具有一体性；且从常人认知来讲，将车钥匙放在户内，就可以对户外车辆进行有效控制，所以，行为人一旦窃取了车钥匙，就意味着受害人失去了对车的控制。

从有效打击犯罪、增强人民群众安全感效果看，如果坚持"入户盗窃"必须是在"户内"窃取的标准予以推定，就可能出现盗窃车辆价值轻微、不够入罪标准，不构成盗窃罪的情况。而实际上，从受害人住宅安宁权、人身权、财产权等法益被侵犯的角度来看，此类行为的社会危害性超过了一般盗窃犯罪，如果以情节显著轻微、危害不大，认定为不构成盗窃罪，既违背立法初衷，不利于有效震慑和打击犯罪，也不利于提升人民群众的安全感、幸福感。

（二）检察官说案：应评价为两个盗窃行为[*]

笔者认为，入户盗窃车钥匙的行为应以入户盗窃论，利用车钥匙盗走车辆的行为应以普通盗窃论，且应分别考虑两个盗窃行为的构罪情况，具体理由如下：

从主观方面来看，行为人的盗窃犯意明确，就是想盗窃户外的车辆，而非户内的财物，但是为了能顺利盗走车辆，行为人并未采取砸锁等暴力方法，而是采取入户盗窃车钥匙的手段。从这一角度看，其主观上入户的目的只是想盗取车钥匙，且车钥匙对于车来说也是有价值的，故将户外的车也纳入行为人入户盗窃对象的主观内容，明显超出了其主观认识范围。

---

[*] 作者：高蕴嶙，重庆市南岸区人民检察院。

从客观方面来看,《刑法修正案(八)》之所以将入户盗窃行为与普通盗窃行为并列成为盗窃罪的实行行为,说明两种行为皆能被刑法单独评价,如果将两个可被刑法单独评价的盗窃行为,只评价为一个入户盗窃行为,并认为入户盗窃车钥匙并得逞的行为仅是入户盗窃行为的着手,而将顺利窃得户外车辆的普通盗窃行为认定为入户盗窃行为的完成,显然,有混淆入户盗窃行为与普通盗窃行为之间关系之嫌。《刑法修正案(八)》之所以将入户盗窃行为写入刑法,不仅因为该行为侵犯了他人的财产权,还侵犯他人的住宅安宁权,如果将入户盗窃车钥匙并得逞的行为理解为入户盗窃的着手,难免等同于无视他人的住宅安宁权,使得刑法对法益的保护功能明显不足。

显然,刑法将盗窃信用卡并使用认定为盗窃罪,是因为信用卡是一种与财产密不可分的金融凭证,当行为人在户内窃得信用卡时,此时就已经获得了占有、使用、消费信用卡上资金的权利,而非系到户外后才获得信用卡上资金的占有、使用、消费权。但是本案车钥匙与车的关系并非如信用卡与其记载的资金关系一样,窃得车钥匙,仅仅是为进一步窃得车辆创造了便利条件,不能就此认为获得了车辆的支配控制权。正如扒窃到他人房屋的钥匙只是为进一步获取他人房屋内的财产制造了方便条件,并未获得对他人房屋内财产的占有、控制权一样。

综上,对于"户内偷车钥匙户外窃车"的情形不能进行整体评价,应分别评价为入户盗窃行为和普通盗窃行为,且分别考虑两个盗窃行为的入罪情况。

(三)检察官说案:对前后两阶段行为处罚方法要区别对待[*]

笔者认为,"户内偷车钥匙户外窃车"的行为应单独评价为入户盗窃或普通盗窃行为。具体理由如下:

首先,该行为不能整体评价为入户盗窃。基于犯罪的主观因素与客观因素可能相互分离而单独存在的客观事实,所以,在解决刑事责任问题时必须同时考虑犯罪的客观因素与主观因素,并注意二者是否统一于犯罪行为之中,是否具有内在的一致性。这就是刑法的主客观相统一原则。该原则可以有效防止在犯罪的主观因素与客观因素相分离的状态下,只根据其中一方面追究刑事责任的错误,使刑事责任的追究更趋合理。在这类案件中,行为人主观方面是盗窃车辆,客观方面实施了两个阶段的行为:户内窃取车钥匙属于预备行为;户外

---

[*] 作者:苏建召,河南省确山县人民检察院。

盗窃车辆属于实行行为，这是在一个犯意主导下完成的整体盗窃行为，只不过前期的预备行为同时触犯了入户盗窃罪而已。因此，简单将整个盗窃行为整体评价为入户盗窃违反了主客观相统一原则。

其次，对前后两阶段的行为应当分别考察。盗窃罪属于结果犯，即以行为人实际取得财物为犯罪既遂。根据刑法分则的规定，普通盗窃罪只有当盗窃财物价值达到"数额较大"时才构成既遂；而入户盗窃只要行为人取得财物即构成犯罪既遂，对财物价值没有数额限制。故行为人户内偷钥匙行为构成入户盗窃没有疑问。但后期的户外盗车行为能否入罪，则取决于车辆价值的多少，存在不确定性。只有车辆价值达到法定追诉标准时，该行为才构成普通盗窃罪。

最后，对前后两阶段行为的处罚方法要区别对待：同时构罪时重罪吸收轻罪；个别构罪时分别处罚。参照刑法吸收犯理论，当前后两个行为均独立构罪时，处断原则是择一重罪从重处罚，当前后两行为均独立构成犯罪时，后期的户外盗车行为的量刑幅度通常较前罪重，可以吸收前罪。在作总体评价时，应当将整个行为评价为普通盗窃；而将入户偷钥匙行为作为量刑的一个从重情节予以考量。这样既符合主客观相统一原则，又评价了预备行为的社会危害。毕竟其入户行为破坏了他人的住宅安宁，应当受到相应的处罚。而当户外盗车行为不构成犯罪时，则应当依照罪刑法定原则，对前后两行为分别给予不同的处罚。即将前期入户偷钥匙行为作为入户盗窃罪给予相应的刑事处罚；而对于后期的户外盗车违法行为，则应当依照治安管理处罚法的有关规定给予相应的治安行政处罚。

（四）专家评案：入户盗窃与普通盗窃竞合遵循分别评价规则[*]

无论属于哪一种密切关联所导致的竞合，普通盗窃和入户盗窃之间都不可混同，即不可将全案一体视为普通盗窃或者入户盗窃中的一种。

入户盗窃的性质认定只能及于其所具体指向的财物，不能及于以其他方式盗窃但同案一并处理的其他财物。

根据2011年《刑法修正案（八）》修正后的《刑法》第264条规定，盗窃罪包括普通盗窃、多次盗窃、入户盗窃、携带凶器盗窃和扒窃五种行为方式。司法实践中，行为人同时具备两种以上行为方式的情况并不少见，对出现行为方式竞合的盗窃案件，准确认定其行为方式类型，事关罪与非罪、罪轻与

---

[*] 作者：陈志军，中国人民公安大学法学院教授。

罪重的区分。在此，结合上述案例，仅讨论入户盗窃与普通盗窃竞合的情形。

1. 入户盗窃和普通盗窃竞合的具体情形

对行为人兼具入户盗窃和普通盗窃的案件，根据入户盗窃和普通盗窃之间的关系，大致可以分为以下两种情形：

第一，没有关联的竞合。即行为人基于两个独立的犯意，在不具有接近性的时间、场所，分别以入户盗窃和普通盗窃方式实施盗窃行为。

第二，有密切关联的竞合。即入户盗窃和普通盗窃之间具有某种密切的关联性。这种关联性主要包括三种类型：一是接续关系。是指行为人基于一个单一的犯意，在时间、空间极为接近的状况下，以入户盗窃和普通盗窃方式数次侵害同一财产法益。二是连续关系。是指行为人基于同一或者概括的犯意，在时间、空间没有接近性的状况下，以入户盗窃和普通盗窃方式数次侵害同种财产法益。三是牵连关系。是指行为人的入户盗窃和普通盗窃行为之间存在手段和目的的关系。既可以表现为入户盗窃是手段，普通盗窃是目的，也可以是普通盗窃是手段，入户盗窃是目的。本案就属于入户盗窃是手段，普通盗窃是目的的情形。

对于入户盗窃和普通盗窃竞合的案件的司法认定，司法人员既要对之进行定性分析，也要进行定量分析。在此需要基于现行刑法将普通盗窃和入户盗窃分立的立法意图，明确定性分析应当坚持的基本立场：无论属于上述哪一种情况所导致的竞合，都不可将全案一体视为普通盗窃或者入户盗窃中的一种。只有基于立法意图，坚持定性分析不可混同的立场，才能准确地处理此类竞合案件的定罪和量刑问题。因此，本期讨论的"户内偷车钥匙户外窃车"案件，笔者比较赞同第二种意见，应对两个盗窃行为分别评价。

2. 入户盗窃含义解释中应当注意的三个问题

在存在入户盗窃和普通盗窃竞合的案件中，准确理解"入户盗窃"的含义，事关追诉标准和量刑标准的正确适用。对于"户"的含义和"入户"必须出于非法目的，司法解释已经作出了规定，兹不赘述。笔者认为，在"入户盗窃"含义的理解上，还应当注意以下三个问题：

第一，只有盗窃的实行行为全部或部分发生于户内，才能认定为"入户盗窃"。刑法上的"入户盗窃"不只是入户行为和盗窃行为的简单累加，虽有纯粹预备行为性质的入户行为，但盗窃实行行为实施于户外的（盗窃未遂等未完成形态不在此讨论），不能认定为入户盗窃。就本案而言，"户内偷车钥匙户外窃车"中偷车钥匙的行为并不是一个纯粹的预备行为，因为车钥匙对于车来说，有整体与部分的价值，盗窃车钥匙的行为是一个独立的盗窃实行行为，应当评价为"入户盗窃"。

第二，入户盗窃的性质认定只能及于其所具体指向的财物，不能及于以其他方式盗窃但同案一并处理的其他财物。即入户盗窃的性质认定应当具有专属性，只能及于其所具体指向的财物。即无论在户外所盗窃的财物和户内所盗窃的两个财物之间是否具有主从物等关系，以及两次盗窃行为之间是否具有接续关系、连续关系或者牵连关系，都不能因为盗窃案件中的部分财物属于入户盗窃，就认为全案都属于"入户盗窃"。

第三，在共同犯罪中，如果共同犯罪人对入户盗窃有通谋的，即使只有部分共同犯罪人实施了入户盗窃行为，都应当认定为"入户盗窃"，但实行行为人超出共同犯罪故意范围，擅自实施入户盗窃行为的情况除外。

3. 入户盗窃和普通盗窃竞合时该如何追诉

笔者认为，对于入户盗窃和普通盗窃竞合的案件，在刑事追诉标准的适用上应当注意以下几点：

第一，以评价两次盗窃行为为原则。刑法修正案之所以修改盗窃罪，在《刑法》第264条中增加入户盗窃的内容，并不设置次数和数额的限制，就是充分考虑了入户盗窃行为人的人身危险性和侵犯他人住宅安宁权的现实性。只要是入户盗窃的，即便未窃得任何财物，一般也都以盗窃罪（未遂）定罪处罚。所以，本案行为人的两次盗窃行为虽然是在一个犯意下分步实施的行为，但这并不影响对两次盗窃行为的分别评价。

第二，以坚持各自立案标准为必要。实践中有不少入户盗窃和普通盗窃竞合时，普通盗窃并没有达到构罪标准的情形，如本案中行为人所盗窃电动车的价值就没有达到立案标准，但这并不影响单独评价行为人"入户"盗窃钥匙侵害了他人的人身权和住宅安宁权的事实，因此，本案仍应追究行为人"入户盗窃"的责任。

第三，以存在个罪情节显著轻微的出罪为例外。即便入户盗窃的普遍性危害性较大，但理论上也存在个罪情节显著轻微的出罪情况。从形式上看，《刑法》第264条对入户盗窃的刑事追诉原则上对数额没有要求，但《刑法》第13条犯罪概念但书"情节显著轻微危害不大的，不认为是犯罪"对刑法分则的所有行为犯都具有制约意义。因此，在考虑"入户盗窃"行为是否适用《刑法》第13条"但书"时，尤其应当考虑普通盗窃部分的价值大小，只有普通盗窃价值也很小的，才可适用"但书"不以犯罪论处。这种情况一般是因饥饿难忍等原因入户盗窃或者盗取少量财物救急的、进入院内窃取少量物品又主动补偿取得谅解的，可以考虑出罪处理。

4. 入户盗窃和普通盗窃竞合时量刑标准的适用

如同刑事追诉标准存在高低差异一样，入户盗窃在适用较重法定刑幅度的条件上也应当低于普通盗窃。根据最高人民法院、最高人民检察院《关于办理盗窃刑事案件适用法律若干问题的解释》第6条规定,入户盗窃的数额达到普通盗窃"数额巨大""数额特别巨大"50%的,可以分别认定为"其他严重情节"或者"其他特别严重情节"。对于入户盗窃和普通盗窃竞合的案件,在适用较重法定刑幅度标准时,考虑两者所涉犯罪数额在总数额所占比例大小,按照以下规则处理:

第一,以适用"入户盗窃"法定刑幅度升格标准为原则。因为"入户盗窃"适用较重法定刑幅度的门槛要低于普通盗窃。

第二,以适用普通盗窃法定刑幅度升格标准为补充。当入户盗窃的数额较小,而普通盗窃的数额很大,就应当适用普通盗窃法定刑幅度升格标准,将入户盗窃数额累计到普通盗窃数额中,并且考虑入户盗窃数额的绝对数额及其在总数额的所占比例,在确定最后的宣告刑时酌情考虑予以较重处罚。

二、藏匿所盗物品索财是否构成敲诈勒索[*]

基本案情:2018年10月16日晚,黄某用随身携带的小钢珠将周某停放在某小区的小车车窗砸烂,盗走车内香烟和公文包,因见包内有银行卡、身份证等物品,便留下字条:"想要回东西就加QQ号,别报警,否则东西就拿不到了。"次日,周某加QQ联系后按指定账号打款500元取回了被盗物品。10月18日晚,黄某采取同样手段盗走车主陈某钱包等物品并收到打款1200元。10月19日晚,黄某再次以同样手段盗走车主刘某财物并留下字条,随后,刘某报警,黄某于当日被抓。经鉴定,黄某三次作案所盗物品价值1940元,砸烂的车窗价值共787元。

司法实践中,针对本案黄某盗窃后留下字条向失主索取钱财的行为,有观点认为该行为既符合盗窃罪的犯罪构成又符合敲诈勒索罪的犯罪构成,属于刑法理论上实施犯罪的方法行为与目的行为的牵连犯,应择一重罪处罚。笔者认为,黄某的行为仅构成盗窃罪。具体理由如下:

黄某的盗窃行为和索财行为之间不存在牵连关系。对牵连关系的判断,必须坚持主客观相统一的原则。牵连犯主观上的犯罪目的必须符合有关"行为

---

[*] 作者:张艳丽,湖南省龙山县人民检察院。本文原载于《检察日报》2019年2月15日。

人只有一个犯罪目的"的界定。本案中，虽然黄某实施盗窃行为和索财行为时间上具有连续性，但其主观上不是基于一个统一的犯意，而是先有盗窃的故意，后又有索财的故意。客观上，黄某留下字条向车主索要钱财的行为，是在其盗窃车内财物这个事实完结之后，也就是说盗窃行为并不是索财行为的必要行为，二者间不存在不可分离的关系。故黄某是基于两个犯罪故意，实施了两种不同的行为，不属于牵连犯。

根据《刑法》第274条规定，敲诈勒索罪是指以非法占有为目的，对被害人使用威胁或要挟的方法，强行索要公私财物的行为。敲诈勒索罪侵犯的客体是复杂客体，不仅侵犯公私财物的所有权，还危及他人的人身权利或者其他权益。敲诈勒索罪在客观方面表现为行为人采用威胁、要挟、恫吓等手段，迫使被害人交出财物的行为。本案中，虽然黄某主观上有索要钱财的故意，但其威胁或者要挟的性质及程度并不明显，其将盗来的车内财物藏匿并以此索取钱财的行为，不符合敲诈勒索罪威胁或要挟的要件，其只是利用了被害人怕麻烦而自愿"花钱了难"的心理，故黄某索要财物的行为也不构成敲诈勒索罪。

综上，黄某盗窃之后留下字条向失主索取钱财的行为，"盗窃"与"索财"之间不存在牵连关系，"索财"的行为尚不构成敲诈勒索罪，对黄某只能以盗窃罪追究其刑事责任。

三、里应外合"运走"公司废旧钢板属于盗窃[*]

基本案情： 王某系某公司叉车工人，负责运输钢铁余料至公司废钢处理中心（全程仅需10分钟）；刘某承包了该公司工业垃圾运输业务。2016年9月至2018年5月间，刘某与王某共谋，采取内外勾结的方式，由王某在运输时故意将部分钢铁余料放在与废钢处理中心相隔的工业垃圾区旁，以方便刘某在运输垃圾时趁机将废钢运走。后王某在公司多处摄像头的监控下多次将废钢运往工业垃圾区旁。截至案发，王某与刘某里应外合共运走公司废钢380余吨，经鉴定价值约78万元。

就王某和刘某的行为如何定性？有人认为，刘某和王某的行为均构成职务

---

[*] 作者：周颖、赵翠翠，江苏省扬州市邗江区人民检察院。本文原载于《检察日报》2019年2月22日。

侵占罪。王某利用经手废钢的职务便利，采取秘密手段与刘某内外勾结将公司财物窃为己有，符合职务侵占罪的行为特征，二人属于共同犯罪。但是，笔者认为，刘某和王某的行为构成盗窃罪，理由如下：

一方面，王某与刘某的行为并没有利用职务上的便利。职务侵占罪与盗窃罪区分的关键在于行为人是否将基于职务所占有的本单位财物非法据为己有，而本案中短暂的"经手"并不是职务侵占罪中的基于职务的占有。一则，王某对废钢的"经手"仅有10分钟，这仅仅是一种短暂的"过手"，本身对该财物并无占有、处分权限，其仅是利用了工作的便利取得占有，不是基于职务占有本单位财物从而据为己有。再则，王某运废钢是处在被监控与被监管之下，其对公司的废钢并没有独立的占有与控制权，也没有管理与保管的职责，因此不属于利用职务上的便利，也不能将刘某与王某相互勾结，从而将该单位财产非法占为己有的行为定性为职务侵占罪。

另一方面，王某与刘某的行为属于窃取财物。王某的行为并没有使废钢脱离该公司的控制，废钢仍由公司占有。刘某作为垃圾回收人员，将王某利用工作便利运至工业垃圾旁的废钢与垃圾相互混合，从而避开公司的监控运出公司转为自己占有。正是由于刘某的窃取行为才使废钢完全脱离了公司的控制，若没有王某的配合，刘某单独运走钢板的行为也符合盗窃罪的构成要件。而在本案中，王某作为刘某的共犯，仅是帮助刘某将更多的废钢占为己有，为刘某的盗窃行为提供了更加便利的条件，王某是帮助犯，构成盗窃罪。

综上，王某和刘某共谋，采取内外勾结的方式多次盗窃公司废旧钢板，其二人行为构成盗窃罪。

四、售出购物卡后用复制卡消费如何定性[*]

基本案情：王某与张某购买了10张面值均为1000元的超市购物卡，之后，通过他人制作了购物卡的复制卡。随后，王某将10张购物卡以9.5折兜售给了赵某，赵某经超市收银员查验后，知悉卡内确实有相应的金额，遂支付钱款9500元。交易完成后，王某和张某用复制卡购买了手机等商品，消费9999.8元。后来赵某消费时，发现购买的10张购物卡上的金额已经全部消费完毕，遂报警。

---

[*] 作者：刘轩，北京市海淀区人民检察院。本文原载于《检察日报》2018年11月9日。

1. 分歧意见

对于王某、张某的行为如何定性，存在两种不同意见：第一种意见认为，王某、张某的行为构成诈骗罪。诈骗罪的客观方面包括虚构事实与隐瞒真相两种行为方式。本案中，王某、张某采取了隐瞒真相的方式骗取赵某钱款，即王某、张某虽然将真购物卡出卖给赵某，但是却向赵某隐瞒了通过技术手段复制购物卡的事实，并在出卖后立刻通过复制卡消费了原购物卡内的金额，故二人通过欺骗方式实现了非法占有赵某购卡钱款的目的。第二种意见认为，盗窃罪客观方面表现为以秘密方式窃取他人财物，王某、张某的行为构成盗窃罪。王某、张某虽然存在向赵某隐瞒复制原购物卡的事实，但是赵某在向王某购卡时经核验卡内确有王某所承诺的相应金额，赵某并非陷入错误认识而向王某支付钱款，只是在购卡后不知情的情况下，由王某、张某通过复制卡将原购物卡内的金额消费完毕，故王某、张某本质上仍是通过秘密窃取的方式，实现了非法占有赵某购卡钱款的目的。

2. 评析

笔者同意第二种意见，王某和张某的行为构成盗窃罪，理由如下：

随着社会经济与科学技术的发展，犯罪人不再拘泥于某种单一的手段实现犯罪意图，犯罪手段呈现多样性，不同犯罪手法交织在一起。在实施盗窃行为中掺入一些欺骗的手段也成为时下盗窃罪中常见的方式，这就给判断行为的性质增加了难度，也容易让人误将某些盗窃行为认定为诈骗罪。由于盗窃罪与诈骗罪均是数额犯，而入罪标准存在不同，如果定性错误，既有可能放纵犯罪，也有可能加重处罚，这就要求司法人员要在复杂行为背后透过现象剖析行为本质，区分何为盗窃何为诈骗，最终做到公正地定罪量刑。

盗窃罪和诈骗罪属于侵财类犯罪，均具有非法占有他人财物的目的，两者区别的关键在于：一是被害人的"处分行为"是否违反其意志。盗窃罪取得财产系违反被害人意志，而诈骗罪是基于被害人有瑕疵的意志而取得财产。并非只要行为人实施了欺骗行为进而取得财产就成立诈骗罪，因为盗窃也存在欺骗行为，二者的区别本质在于被害人交出财物主要是基于诈骗行为还是盗窃行为，如果主要是基于被骗自愿交出财物的，则认定诈骗；反之，并非自愿交出，而是与被害人意愿截然相反的，则认定为盗窃。二是属于被动的秘密窃取还是主动配合的自愿给予。认定诈骗须遵循以下逻辑：犯罪人向被害人虚构事实或者隐瞒事实真相→被害人基于这一事实而陷入错误认识→在错误认识下处分或交付自己占有的财物。也就是说，诈骗罪中被害人处分财物的前提是因为自己陷入了错误认识，在财物损失的过程中，被害人由于被欺骗而对处分或交付财产行为具有一定程度的配合性、主动性；而盗窃行为强调是"以和平方式秘密窃取"，即犯罪人是在被害人不知情或者自以为被害人不知情的情况下，将被害人的财物窃取后非法占为己有，因此对于财物的损失，被害人实际上是被动的、拒绝的，这与诈骗罪中的表现存在本质差别。

本案是一起盗骗交织的典型案件，在行为人实现窃取被害人钱款的整个犯罪过程中，可以分为两个阶段：第一个阶段，向被害人出售真实购物卡，在这一阶段王某向赵某出售的是真实有效的购物卡，赵某也对卡的真实性及金额进行了查验，赵某也没有陷入认识错误，赵某支付钱款后，实际购买的是真实、有效的购物卡，因此王某、张某的行为不构成诈骗。第二个阶段，在赵某不知情的情况下，王某、张某使用复制卡将卡内金额全部消费的阶段，在这一阶段王某、张某通过复制卡消费的金额正是赵某所占有的购物卡金额，该行为与信用卡犯罪中复制他人信用卡信息到空白的信用卡上再进行消费的犯罪手法基本相同，其本质是通过盗刷的方式秘密窃取赵某所占有的钱款。需要注意的是：信用卡是指金融机构发行的具有消费支付、信用贷款、转账结算、存取现金等全部或部分功能的电子支付卡。超市购物卡并不属于信用卡范畴，王某和张某伪造超市购物卡之行为，不构成使用伪造信用卡型的信用卡诈骗罪。同理，根据刑法规定，盗窃信用卡并使用的，按照盗窃罪处理，本案中由于犯罪对象不属于信用卡，也不属于盗窃信用卡型的盗窃罪。本案中，在第一个阶段，虽然王某向赵某实施了隐瞒复制原购物卡信息的事实，但这一行为只是为了实现二人窃取目的而实施的预备行为；在第二个阶段，通过复制卡盗刷原购物卡内金额的行为是犯罪的实行行为。综合上述分析，王某、张某的行为应当认定为盗窃罪，二人共同承担刑事责任。

五、分拣员窃取快递物品构成侵占还是盗窃[*]

基本案情：2016年6月周某毕业以后，与某快递公司签订劳动合同，成为快递公司一名分拣员。2017年3月10日下午，在一次分拣作业过程中，周某发现客户包裹中有一款自己喜欢的新款智能手机，该款手机售价8300元，由于自己的收入微薄难以购买，于是他趁现场监管人员不注意，在监控盲区将该手机窃取。快递公司负责人发现手机丢失后迅速报警，警方通过侦查摸排，最终锁定周某具有重大嫌疑，并对周某展开调查，由于周某一直将手机带在身

---

[*] 作者：王旭，河南省禹州市人民检察院。本文原载于《检察日报》2018年10月14日。

上，警方在周某身上搜出了被盗手机，并在其家中搜出该手机的充电线和附带发票，周某对窃取事实供认不讳。

1. 分歧意见

对周某行为如何定性，存在三种不同意见：第一种意见认为，周某已经与快递公司签订劳动合同，属于公司的职工，具有职务侵占罪主体资格。周某利用自己分拣快递的职务之便，将本单位财物据为己有，契合职务侵占罪的客观构成要件。同时，周某窃取的手机价值8300元，符合"侵占的财物必须达到数额较大"这一条件，因此周某的行为构成职务侵占罪。第二种意见认为，基于快递公司与客户签订的快递合同，可认为客户委托快递公司保管该手机，周某作为快递公司分拣员合法占有该手机，但是周某又以非法占有该手机为目的，变合法占有为非法占有，且拒不退还手机，属于对保管物的非法侵占，因此周某的行为构成侵占罪。第三种意见认为，作为快递分拣员，周某在工作过程中以非法占有为目的，趁监管人员不注意，将该手机以秘密窃取的方式据为己有，且该手机价值较大，符合盗窃罪的构成要件。

2. 评析

笔者同意第三种意见，具体理由如下：

本案中，侵犯的客体都是财产权利，主体已经达到完全刑事责任年龄，且具有单位成员身份，行为人主观上是以非法占有为目的。因此从客体、主体和主观方面来判断，尚不能准确区分罪名，仍然需要对客观方面进行分析和判断。

首先，职务侵占罪的客观方面是利用"职务之便"，将本公司的财物非法占有。职务侵占罪中的"职务之便"是指履行职务过程中，利用对本单位财物主管、管理、经营、经手的便利，也就是说行为人对该财物达到了实际上的控制，即行为人能够独立代表本单位对该财物进行占有和处分，而不能简单地归结为行为人对财物的接触，否则该罪名会被盲目地进行扩大解释，既违背了罪刑法定原则，又有违刑法的谦抑性原则，不利于刑法实现良好的法律效果和社会效果。结合本案案情，周某虽然是快递公司分拣员，且在工作过程中窃取该手机，但是作为快递分拣员，工作车间装有高清监控，而且在工作过程中有专门的监管人员，周某只需要进行快速分拣工作，不需要也没有达到实际上的独立占有，此时真正占有该财物的应当是快递公司的主管人员或现场监管人员，因此不能将周某分拣快递的工作视为周某对快递的占有，排除职务侵占罪的成立。

其次，侵占罪的客观方面是将为他人保管的财物或者他人遗忘物、埋藏物非法占为己有，数额较大且拒不归还，简言之，本罪的行为特征主要是变合法占有为非法占有，数额较大且经权利人主张归还而拒不归还。对于周某是否占有该财物,如前所述,周某并未独立占有该财物。周某在高清监控和现场监管人员的监督之下进行工作,并且在一个封闭的工作空间当中,周某在这样的环境中无须也不可能独立占有该手机。在这样的情况下,周某只能看作是快递公司主管人员的"占有辅助人",协助真正的占有人——快递公司主管人员占有该财物并进行分拣工作,如此看来,在该案中周某的行为并不存在变合法占有为非法占有的空间,排除侵占罪的成立。

最后,盗窃罪的客观方面是多次窃取、入户盗窃、携带凶器盗窃、扒窃或者窃取数额较大的公私财物的行为,该罪的主要行为特征是秘密窃取公私财物。该手机是基于客户与快递公司签订快递合同,委托快递公司运送并保管,此时快递公司主管负责人员才是该手机的合法占有者,而周某作为"占有辅助人",在进行分拣作业的过程中,趁监管人员不注意以非法占有目的将手机秘密窃取,且手机价值较大,完全符合以非法占有为目的,秘密窃取数额较大的公私财物的行为方式,因此应当认定周某的行为构成盗窃罪。

六、骗得钥匙窃取共同保管财物如何处理[*]

基本案情:张某是某高速列车上的班长(聘用),其职责之一就是给未买票上车的乘客补票。按照规定,张某收取的补票费用在500元以上的,就应当将其放入列车长赵某工作室的保险箱内,该保险箱的两把钥匙由张某和赵某分别保管,必须同时使用才能打开。某天,张某向赵某谎称自己收取了1000余元的补票费需要放入保险箱。赵某因事繁忙就将其钥匙交给张某,让其独自存放现金。张某拿着钥匙打开保险箱,将里面的9000元现金取出,趁列车停站时携款潜逃。

1. 分歧意见

对于本案张某的行为该如何定性处理,现有三种意见:第一种意见认为,张某行为属于职务侵占。张某作为公司聘用人员,有收取、保管补票费的职责,且掌管保险箱的一把钥匙,其窃取财物利用了职务之便,实属"监守自盗",应定性为职务侵占。但其窃取9000元未达到职务侵占罪的入罪标准,对张某的行为不应作犯罪处理。第二种意见认为,张某的行为同时触犯职务侵

---

[*] 作者:李传东、马小平,成都铁路运输检察院。本文原载于《检察日报》2018年9月28日。

占罪和盗窃罪。张某与赵某共同保管保险箱内的财物，张某窃取9000元利用了职务之便，是职务侵占行为。由于职务侵占行为未达到入罪标准，因此对张某只以盗窃罪定罪处罚。第三种意见认为，张某的行为仅构成盗窃罪。张某掌管的一把钥匙并不能打开保险箱，因此，张某对保险箱内的财物没有独立的保管权。仅利用张某的职务便利尚不足以取得保险箱内的财物，因此，对张某的行为应以盗窃罪定罪处罚。

2. 评析

笔者同意第三种意见，理由如下：

第一，张某对保险箱内的财物无独立的占有权。保险箱属于封缄物，对封缄物的占有不意味着对其中的内容物当然占有，还要看占有人基于职权或委托关系是否有打开封缄物直接控制内容物的权利。如果有，就肯定占有人对内容物的占有权，反之，则否定占有人对内容物的占有权。根据民法相关理论，共同占有区分为重复的共同占有与统一的共同占有，前者指各共同占有人在不妨害其他共同占有人的情形下，可以各自单独管领该物；后者指全体共有人对于占有物有一个管领力，仅可结合全体占有人为共同的管领，如数人管理钱柜，有数把钥匙，任何一人无法单独开柜取钱。在重复的共同占有下，多个占有权同时存在，每位共同占有人对财物的占有均具有独立性。而统一的共同占有中只有一个占有权，且该占有权是不可分割的。具体到本案，赵某没有独自打开保险箱的权利，其掌管的钥匙必须和张某手中的钥匙同时使用才能打开保险箱，因此，赵某和张某对保险箱内的财物属于统一的共同占有关系，他们都不能单独占有保险箱内的财物。

第二，张某实施了盗窃行为。窃取行为是排除他人对财物的支配，建立新的支配关系的过程，是否破坏既有占有关系而建立起新的占有关系也是区别盗窃行为与侵占行为的重要标志。如前所述，张某与赵某共同占有保险箱内的财物，但并不能独立占有该财物。在此种共同占有关系中，一旦某位共同占有人破坏了整体的共同占有，可能构成盗窃罪。因为通过分离支配权，行为人就剥夺了其他共同占有人的占有。张某用骗来的钥匙打开保险箱取走现金，破坏了对财物的共同占有关系，建立起自己对财物的单独占有，属于典型的盗窃行为。由于统一的共同占有权是不可分割的整体性权利，因此，张某破坏和新建的占有关系并窃取保险箱内的财物，构成盗窃罪。

第三，张某没有利用职务之便。通说认为，利用职务之便，是指利用职务上主管、管理、经手财物的权限及方便条件。利用职务之便的通常含义不难理解，但在共同保管的情形下，由于保管人对财物保管权限的差异，对利用职务之便就有了更高层次的实质性要求。利用职务便利的实质应该理解为行为人依工作职责能够占有、控制财物。在重复的共同占有（保管）中，各保管人对财物都有独立的占有支配权，从每个保管人自身来看都有保管财物的职务之便。但在统一的共同占有（保管）的情形下，各保管人对财物没有完整意义上的、独立的占有处分权限，因此，仅从各保管人自身来看，不能被认为有保管财物的职务便利。就本案而言，从职务来看，张某有两项职责，一是收取补票费，二是与赵某共同保管保险箱内的财物，这就为张某的职务范围划定了界限：在补票费没有存入保险箱前，张某对其有保管或经手的权限，非法占有这笔财物的，属于利用职务之便侵吞单位财物的职务侵占行为。但在补票费存入保险箱后，张某不再对其有完整意义上的占有保管权。因此，仅就张某一人窃取保险箱内的财物而言，超出了其职务所及范围。此时，张某依职务掌管的钥匙，和其知悉保险箱的存放位置一样，只能看作为其窃取财物作了必要准备。因此，不能从利用职务便利角度认定张某窃取财物的行为。

七、用补卡方式取走已出卖卡中他人款项如何定性[*]

基本案情：魏某将以自己名义办理的一张银行借记卡以150元出售给他人。一天，某公司财务郑某收到自称是公司老板赵某发送的QQ信息，要求其将96万元的合同保证金汇入魏某账户，郑某信之，遂将96万元汇入魏某账户。电信诈骗分子从该账户转走5000元。后来，魏某通过查询得知，其出卖的卡中有95.5万元钱款，遂以挂失补办新卡的方式，将卡内全部钱款取现、转账。

1. 分歧意见

对于魏某行为如何定性，存在三种不同意见：第一种意见认为，魏某的行为构成侵占罪。根据《银行卡业务管理办法》和《个人存款账户实名制规定》规定，银行卡的申领人具有银行卡的全部权利，一旦有资金进入卡内，该资金在法律形式上处于银行卡申领人的控制之下。故魏某对于其申领的银行卡内资金具有占有、支配权利，其挂失和补卡等行为均属于合法行为，其通过挂失、补卡方式支取资金的行为是将代为保管的他人财物占为己有，且拒不归还。第二种意见认为，魏某的行为构成诈骗罪。魏某虽然是对以自己名义开通的银行卡办理挂失和补卡，但其向银行隐瞒了自己已将银行卡以150元卖给他人，银

---

[*] 作者：张新强、李思萌，上海市闵行区人民检察院。本文原载于《检察日报》2018年9月7日。

行卡中的95.5万元系他人存入款项的事实，谎称是自己的存款，而使银行信以为真，为魏某办理了挂失、补卡、取款等相关业务，其在该过程中实施了欺骗行为。第三种意见认为，魏某的行为构成盗窃罪。魏某采用银行卡挂失、补卡的方式，将他人存入到银行卡中的95.5万元全部取出，其行为属于以非法占有为目的，采取秘密窃取的方式，将他人财物占为己有。

2. 评析

笔者同意第三种意见，理由如下：

第一，魏某的行为不符合侵占罪的构成要件。魏某对已出售的银行卡无控制权，卡内资金既非其所有，亦非代为保管或遗忘物。我国对银行卡的业务管理实行实名制，即银行卡申领人被视为银行卡的权利所有人，具有支配、使用卡内资金、申请挂失、停止银行卡的使用等权利。通常，无论银行卡实际由谁持有并使用，其权利义务均由申领人承受。魏某将其申领的银行卡以150元的价格贩卖给他人，其将该银行卡的实际支配控制权利转让给了对方。卡内现有的资金及资金往来均不在其保管或控制之下，亦不属于其所有。该95.5万元款项非由魏某代为保管，亦非他人遗忘物。

第二，魏某的行为不构成诈骗罪。魏某在卖银行卡之前并无虚构事实、隐瞒真相的行为，其向银行办理挂失、补卡、取款等手续并未违反银行相关规定，且魏某与购买其银行卡的人之间没有共同犯罪的犯意联络，魏某行为不符合诈骗罪行为特征。

第三，魏某的行为构成盗窃罪。魏某不知银行卡内95.5万元的资金来源，对卡内钱款并无代保管义务，该笔钱款亦非遗忘物。魏某明知95.5万元是他人财产，因产生贪念，以挂失后补卡的方式，在他人不知情的情况下，秘密取走该卡内他人的95.5万元存款，占为己有。非法占有他人财产的主观故意及秘密转移占有他人财产的客观行为兼具，应以盗窃罪定罪处罚。

第二节 诈骗型侵财犯罪案件办理

思路精解

一、盗骗抢交织案的定性参考标准[*]

当今智能手机作为高科技产物，集合了越来越多的功能，特别是插上互联网翅膀，已经越来越渗透融合进人们的工作、生活、社交等方方面面，成为现代社会的必需品。智能手机也成为当前侵财类案件的主要犯罪目标，各种新的犯罪手段层出不穷且相互交织，既有秘密逃逸，也有公然离开，并且多以欺骗为外衣，如发案较多的"以借用手机为名进而非法占有"的行为，事先均带有欺骗性，且有被害人主动交付手机的行为，因而对行为定性为盗窃罪、诈骗罪抑或抢夺罪均有不同意见，导致适用法律争议不断，存在同案不同判的情况。盗骗抢手机案件的社会危害性日趋严重，由于手机内存储着大量的个人信息，集合了众多的金融衍生功能，因此极易诱发其他严重犯罪，对人民群众的人身安全、财产安全造成极大的风险和隐患。因此，如何对案件行为准确定性、统一执法尺度，成为司法人员亟待解决的实践问题。

1. 盗骗抢案件定性争议主要在于盗窃罪与诈骗罪的界分

在刑法理论中，盗窃罪与诈骗罪都属于占有转移的犯罪，即盗窃与诈骗是使财物占有关系发生转移的原因，但盗窃罪是违反对方意思的取得罪，而诈骗罪是基于对方交付意思的取得罪。也就是说，盗窃是在违反财物所有人或者管理人意思的情况下使占有发生转移，而诈骗是因为财物所有人或者管理人受骗发生认识上的错误而主动交付财物而使占有发生转移，这里的交付必须是处分意思支配下的占有转移，这是盗窃罪与诈骗罪的本质区分。从处分和交付的手段看，盗窃罪强调犯罪行为的秘密窃取性，抢夺罪强调犯罪行为的对物暴力性，而诈骗罪强调犯罪行为的欺骗性和被害人的自愿处分财物。对于盗骗抢交

---

[*] 作者：项谷、张菁、薛阿敏，上海市人民检察院第一分院。本文原载于《检察日报》2018年10月14日，原题为《"交付+控制"可作为盗骗抢交织案定性参考标准》。

织案件如何定性,最高人民法院相关指导意见指出,对既采取秘密窃取手段又采取欺骗手段非法占有他人财物行为的定性,应从被害人有无处分财物的意识和行为人采取的主要手段区分盗窃罪和诈骗罪。如果对行为人获取财物起决定意义的手段是诈骗,被害人基于错误认识做出瑕疵给付行为,秘密窃取只是辅助手段,则应认定为诈骗罪;如果对行为人占有财物起决定意义的手段是秘密窃取,诈骗只是为盗窃作掩护或者创造便利条件,被害人亦没有自愿处分其财产,则应认定为盗窃罪。

2. "交付+控制"判断标准可以作为定性分析的补充参考

区分盗窃罪与诈骗罪关键在于有无处分行为。处分行为由客观行为和意思行为两部分构成。在认定处分行为时,必须坚持主客观相统一的原则,除了分析客观上有无"交付"行为,还要判断主观上有无"交付"财物的意思表示,即受骗者对于"交付"财物是否存在认识以及认识到何种程度,只有具有处分意识的交付行为,才能认定为处分行为。值得注意的是,该类案件行为的共同特征是都有被害人的先行交付财物的行为,主观上是受骗,客观上已交付。这是这类案件盗与骗定性之争的起源,但笔者认为,对于财物的占有支配关系是否因交付而转移,关键要看被害人是否具有处分意思,主要根据被害人对交付的财物是否继续控制来判断。若放弃控制,占有支配关系转移即可能构成诈骗罪;若继续控制,占有支配关系未转移,则应根据具体案情分析,可能构成盗窃罪、抢夺罪抑或其他犯罪。为此,笔者提出"交付+控制"作为定性分析的判断标准。这里的"交付"就是指处分的客观行为表现,即有无转移财物占有。而"控制"则是指主观上有无"处分"的意思表示。申言之,交付财物之后,若被害人有积极监督行为人持有财物的行为,则被害人还在控制财物,占有支配关系并未转移;若被害人交付财物后主动放弃对财物的控制,处分行为成立,财物的占有支配关系因此转移。具体可用下列公式表示:

交付+控制=不处分→占有支配关系不转移

交付+不控制=处分→占有支配关系转移

"交付+控制"的判断标准更能说明解释盗骗抢定性,简明扼要准确,更便于办案人员掌握判断。

3. 厘清处分行为中的"交付"概念及其关系

刑法意义上的处分客观表现为财物的交付行为,行为人只需要对财物转移占有支配的客观状态有认识,但不具有变动物权的意义。交付是指当事人一方将自己占有的财产移交给另一方占有,包括现实交付和观念交付。民法上的交付是动产物权变动的公示方法,但刑法上的交付更强调其是改变占有状态的原因力行为,是纯客观的交付动作,不具有特定物权的变动意义。但是,"交付"不代表"处分",只有"交付"与是否"控制"相结合,才能表明是否构成"处分"。交付只是处分的客观表现形式,是改变占有状态的原因力,只有交付并放弃对财物的控制才构成处分行为。客观上将财物交付行为人或第三者永久性持有、长时期持有、暂时持有的,使行为人或第三者即时消费的,以及使行为人或者第三者当场使用财物的,都属于刑法意义的交付。

如何判断被害人"控制"交付及其状态。这是判断处分意思表示的重要依据。"控制"就是指主观上有无"处分"的意思表示。至于"控制"的方式包括"目击控制"和"意志控制",前者强调财物在自己视线范围内,使财物处于自己的控制、支配范围以内;后者强调被害人积极采取相应的防范举措监督财物的现状,根据一般社会观念和法律认知推定被害人对财物处于支配、控制的状态。通常具有完全民事行为能力的被害人,对财物交付行为人可能产生的风险后果应当有所认知,司法实践中判断被害人是否继续对交付财物进行控制,并不是被害人陈述其主观上未放弃就认定其在控制,应结合案情和行为人等因素进行综合判断,比如欺骗行为的性质、交付时的地理环境、生活常识、社会一般观念等等。一是考虑特定的时空范围。如果是特定空间范围内、短暂时间的持有财物,行为人不具有独自的支配权,可以认定受骗人没有放弃对财物的控制,比如,商场试穿衣服、首饰等情形。二是被害人是否具有转移财物控制、支配的意思。如果是基于生活经验常识的顺势举动,一般人都会有此举动的,则仍视为具有控制财物的意思,比如餐厅内当场借打手机。三是要结合被害人同意行为人离开的程度进行判断,综合考虑出借时间、距离等要素。如果被害人同意行为人将财物带离现场并脱离被害人的可控范围,则可以推定被害人放弃对财物的控制。

4. 运用"交付+控制"定性判断标准的要点

一是要全面分析案件的各种犯罪手段,确定交付行为是否改变了财物的占有支配关系。盗骗抢手机案件中,犯罪手段不止欺骗、秘密窃取,也会涉及公然夺取甚至使用暴力等,究竟哪个行为是导致被害人对财物失去控制支配的关键行为,决定了案件的性质。二是要注意分析财物占有支配关系转移的关节点。即被害人在交付财物后是否对财物继续控制,区分是单纯交付还是处分意思表示,注意被害人继续控制财物情形下衍生的其他犯罪,比如当场借打手机,是拿到手拔腿就跑,还是边打边走趁被害人不注意溜走,或者再找其他借口离开被害人视线,几字之差,案件定性迥异。三是要将行为人与被害人的双方行为进行全面考察,将被害人的先期交付行为与行为人后续的转移财物行为看成一个整体予以分析。

二、恶意透支型信用卡诈骗罪的认定标准*

恶意透支型信用卡诈骗罪，属于法定目的犯，非法占有目的的有无，是判断罪与非罪的关键。2009年最高人民法院、最高人民检察院出台《关于办理妨害信用卡管理刑事案件具体应用法律若干问题的解释》①（以下简称《解释》），采取列举的方式对非法占有目的予以规定。然而实践中，却经常会出现要么对非法占有目的所具有的意义认识不足，要么只要行为人某一客观表现符合《解释》所列举六种情况之一，就认定其具有非法占有目的问题，直接影响了罪与非罪的认定。所以，有必要对认定恶意透支型信用卡诈骗罪之非法占有目的相关问题予以明确，以减少认识误区，增强法律适用的准确性。

1. 避免客观归罪

客观归罪的情形具体表现为，仅因犯罪嫌疑人申领信用卡后透支消费，并且有经银行多次催收拒不还款的行为，就直接认定犯罪嫌疑人的行为构成信用卡诈骗罪，没有审查犯罪嫌疑人是否具有非法占有目的，即根本无法证明犯罪嫌疑人的透支行为是否出于"恶意"。究其原因，主要是案件承办人没有正确认识非法占有目的之于恶意透支型信用卡诈骗罪的独立意义，对非法占有目的要件的作用认识不足。应该明确，恶意透支型信用卡诈骗罪中，非法占有目的和经催收拒不还款是并列不可或缺的两个因素，仅凭某一方面无法认定信用卡诈骗罪。

2. 避免事后倾向性评价

事后倾向性评价，是指为达到理想化、合目的性的预定目标，在评价某种行为性质时不是以其本无好坏之分的客观表现为评定依据，而是根据行为发展趋势，人为地设计对行为可能产生或然结果的否定性评价标准，以达到特定倾向性目标。司法实践中，应该避免这种倾向。

一是"明知没有还款能力"之"明知"的认定。按照《解释》第6条第2款第（一）项②规定，"明知没有还款能力而大量透支，无法归还的"，即可

---

* 作者：张鹏成，天津市河西区人民检察院。本文原载于《检察日报》2018年10月26日，原题为《准确认定恶意透支型信用卡诈骗罪非法占有目的》。
① 该文件已于2018年进行了修正。——编者注
② 现为第6条第3款第（一）项。——编者注

推定行为人具有"非法占有目的"。对于此处"明知"的认定，应该避免事后倾向性评价，如犯罪嫌疑人在使用信用卡透支消费时经济状况并不稳定，透支的钱款用于存在一定风险的投资经营，即使其事后投资失败，无法归还钱款，也不能因此认定其对于没有还款能力属于主观明知，即不应该以行为时所无法确定的结果来评价行为人的主观态度。对犯罪嫌疑人是否明知的认定，除了要看"事后"的结果外，还应该结合其他因素，如犯罪嫌疑人申领信用卡时是否有伪造手段、投资经营项目是否正当等。

二是"肆意挥霍透支的资金，无法归还"①的认定。"肆意挥霍透支"应该如何认定，在审查案件时，不能单纯因为犯罪嫌疑人申领信用卡的账单上有多笔大额消费，就直接认定其行为属于肆意挥霍透支。不同的行为主体，经济状况必然不同，对于在申领、使用信用卡时经济状况良好的行为人，如果因意外情况（如投资失败、企业破产）而无法还款的，即使其此前有过大额消费行为，也不能据此在事后评价其属于"肆意挥霍透支资金，无法还款"，进而认定其具有非法占有目的。反之，如果行为人在申领信用卡时经济状况极差，没有稳定收入来源，但仍大额透支信用卡消费且与投资经营无关，后期无法归还，可认定其有非法占有目的。

3. 非法占有目的的具体认定

笔者认为，在认定犯罪嫌疑人是否具有非法占有目的时，不应仅从结果来推断，而应该结合其他相关因素，进行综合判断。

一是申领信用卡时是否有欺诈行为。行为人在申领信用卡时，按规定应出具个人身份信息和财产以及征信等资料，符合一定标准时，才能申领相应额度的信用卡。如果犯罪嫌疑人在申领信用卡时所提供的资料均为伪造，并且存在《解释》第6条第2款所规定的相应情形时，则可以认定其主观上具有非法占有目的。当然，需要注意的是，如果犯罪嫌疑人在申领信用卡时提供的身份信息为虚假，则可以直接认定其行为属于《刑法》第196条第1款第（一）项规定的"骗领"型信用卡诈骗罪。

二是重点审查行为人透支款项时的经济状况以及还款数额。结合行为人透支信用卡时的经济状况以及其透支信用卡的金额及用途，能够反映其非法占有目的的有无，如果行为人在透支时无稳定收入，透支钱款金额却较大，且与投资经营无关，则可以推定其具有非法占有目的。行为人在透支信用卡期间，为维护个人信用通常会定期还款，此时，应重点审查还款金额，如果其还款数额达到最低还款额标准，则基本可以认定其正常使用信用卡，不具有非法占有目

---

① 此为2009年《解释》第6条第2款第（二）项内容，现已删除。——编者注

的;反之,实践中经常会出现犯罪嫌疑人虽然定期还款,但还款数额明显偏低,与最低还款额标准相差甚远的,这种情况则可以结合其他行为推定其具有非法占有目的。

三是行为人是否具有还款意愿。对此问题的认定,应坚持主客观相一致原则,不仅应该听取其辩解,还应该就具体问题进行查证分析,如即使犯罪嫌疑人在透支信用卡后未及时还款,或还款数额不大,但是有证人能够证实其当时确有多方寻求帮助或其他努力尝试还款的行为,则可以判断其具有还款意愿,不具有非法占有目的;反之,即使犯罪嫌疑人辩解称自己确实愿意还款,而其他客观证据均无法对其辩解予以佐证,则不能判断其具有还款意愿,可以结合其他情况认定其具有非法占有目的。

三、骗取小额贷款行为的认定及处理[*]

近年来,司法实践中时常出现贷款人骗取小额贷款公司资金的案件。对于此类案件如何处理,往往存在争议。有的按贷款诈骗罪处理,有的以合同诈骗罪定罪量刑。罪名认定的不一,直接关涉对行为人是否入罪、刑期长短等罪和刑的认定,也直接与如何有效保护小额贷款公司的利益相关,需要加以厘清,以确定对该类行为如何适用刑法。对此,笔者认为,需要分三个层次加以分析,以准确适用刑法,有效保护小额贷款公司的合法权益,维护社会主义市场经济秩序。

1. 科学认定小额贷款公司的性质

对于骗取小额贷款公司资金的案件如何定性,争议的焦点在于小额贷款公司是否属于刑法上的"其他金融机构"。应当认为,凡是没有取得有权机关颁发的金融许可证的小额贷款公司,均不能认定为刑法上的"其他金融机构"。理由如下:

第一,从金融机构的批准设立来看。小额贷款公司不是由金融机构主管部门批准设立的,其设立时"向银监会派出机构和中国人民银行分支机构报送相关资料,同时须接受省级政府金融办等部门对其日常经营的监督管理"不能等同于其设立是由金融机构主管部门批准设立的。我国《刑法》第174条

---

[*] 作者:王东海,西南政法大学法学院;李欣,重庆市江北区人民检察院。本文原载于《检察日报》2018年11月21日,原题为《立足被害单位性质惩处骗取小额贷款行为》。

规定了"擅自设立金融机构罪",规定该罪的客观行为为"未经国家有关主管部门批准,擅自设立商业银行、证券交易所、期货交易所、证券公司、期货经纪公司、保险公司或者其他金融机构的"。该条款对刑法意义上的金融机构进行了明确限定,即金融机构必须经过"国家有关主管部门批准"。《银行业监督管理法》第2条规定,"对在中华人民共和国境内设立的金融资产管理公司、信托投资公司、财务公司、金融租赁公司以及经国务院银行业监督机构批准设立的其他金融机构的监督管理,适用本法对银行业金融机构监督管理的规定"。依据该条文规定,除了"证券交易所、期货交易所、证券公司、期货经纪公司、保险公司"分别由相应的证监会、保监会等审批设立外,"商业银行"和"其他金融机构"的审批设立均需经过银监会的批准;《金融许可证管理办法》第2条规定,"金融机构许可证的颁发、更换、吊销等由银监会依法行使,其他任何单位和个人不得行使上述职权"。此规定明确了金融机构的设立,是依职权的行政许可行为,且该职权只能由银监会行使,其他任何单位和个人均不得作出某一机构是否为金融机构的认定。

第二,从金融机构和小额贷款公司的主管部门来看。前述已论证,金融机构的成立必须经过主管部门的批准,而"其他金融机构"的主管部门为中国银行业监督管理委员会。《关于小额贷款公司试点的指导意见》(以下简称《指导意见》)指出,"申请设立小额贷款公司,应向省级政府主管部门提出正式申请,经批准后,到当地工商行政管理部门申请办理注册登记手续并领取营业执照。此外,还应在五个工作日内向当地公安机关、中国银行业监督管理委员会派出机构和中国人民银行分支机构报送相关资料。"此处有关设立小额贷款公司应当经过的程序的规定,并没有指出小额贷款公司的成立应当取得金融许可,进一步说明其本身并不是金融机构。虽然中国人民银行关于印发《金融机构编码规范》的通知中规定金融机构的编码对象有小额贷款公司,《金融业企业划型标准规定》通知规定将小额贷款公司划归为非货币银行服务类金融业企业,但是进行这样的规定,目的是对利率、资金流向的监测,并不是将小额贷款公司赋予了金融机构的性质,正如《指导意见》第5条所指出的,"中国人民银行对小额贷款公司的利率、资金流向进行跟踪监测,并将小额贷款公司纳入信贷征信系统"。并且,从效力等级来看,《金融机构编码规范》和《金融业企业划型标准规定》两份文件在性质上属于部门规范性文件,在效力上不能对抗《金融许可证管理办法》这一部门规章;而这一部门规章中明确要求,金融机构的设立必须具有银监部门颁发的金融许可证。

第三,从审批设立是否授权的角度来看。虽然《指导意见》授权地方政府审批管理小额贷款公司。但是,《指导意见》第2条规定,申请设立小额贷款公司,应向省级政府主管部门提出正式申请。这一规定仅仅是对小额贷款公司设立进行的常规性规定,并不是对金融机构性质认定的授权。因为行政授权是指"上级行政机关授予下级行政机关或公务人员管理有关事务的职权"。但是,银监会、中国人民银行并不是地方政府的上级行政机关,根本不符合授权的规定。且这里一个关键性的条件是,任何金融机构的设立必须经过相关主管部门的金融许可,而地方金融办等机构只是对小额贷款公司进行日常监管,并不能对其进行性质认定和金融许可。需要说明的是,虽然《金融机构编码规范》和《金融业企业划型标准规定》制定颁布时间在后,但是这两个文件并不是对小额贷款公司是否属于金融机构性质的认定,且并未声明《指导意见》中对小额贷款公司性质界定条款的失效。此外,《金融业企业划型标准规定》当中,不只是将小额贷款公司纳入"非货币银行服务类金融业企业"的范围,同样将典当行与小额贷款公司并列纳入,而典当行的性质是非金融的一般企业法人,小额贷款公司同样也是非金融的一般企业法人。显然,"非货币银行服务类金融业企业"的范围和金融机构不是同一概念。

2. 准确适用刑法规定定罪量刑

对骗取小额贷款公司资金的行为如何定性,可能适用的刑法罪名有诈骗罪、合同诈骗罪和贷款诈骗罪。而诈骗罪、合同诈骗罪和贷款诈骗罪,其本质是一致的,都是行为人以非法占有为目的,通过虚构事实或隐瞒真相的手段,使被害人陷入错误认识,被害人基于错误认识处分财物,行为人或第三人取得财物。三者的区别在于:合同诈骗罪发生在经济合同领域,以合同为依托,行为人在签订、履行合同过程中实施诈骗,侵犯的主要法益是社会主义市场经济秩序;贷款诈骗罪发生在行为人和金融机构之间,被害人主体比较特殊,必须是银行或者其他金融机构,侵犯的主要法益是金融管理秩序;而诈骗罪则是除了这两个特殊法条外的一般诈骗。骗取小额贷款公司资金的行为可能涉嫌三个罪名,这种现象即刑法理论上特别法条与普通法条的竞合,应当说,诈骗罪是普通法条,合同诈骗罪和贷款诈骗罪是特别法条,对此,应当运用特别法条优先于普通法条的适用原则进行处理。

在骗取小额贷款公司资金的案件中,小额贷款公司将资金借贷给贷款人,均签订了借贷合同,即行为人以非法占有为目的,假借借贷合同的方式,通过虚构事实、隐瞒真相而骗取了小额贷款公司的贷款,同时,这种借贷关系又发生在经济领域,因此,对这种行为不宜适用一般的诈骗罪定罪量刑。构成贷款诈骗罪,需要被骗对象属于银行或者其他金融机构。实践中,绝大多数的小额贷款公司是没有获得金融许可证的,前已述及,对于这样的小额贷款公司不能认定为金融机构,虽然小额贷款公司的业务是经营小额贷款,是一种金融业务,但是在没有获得金融许可的情况下，便不能将小额贷款公司认定为金融机构，因此，对骗取小额贷款公司资金的行为也不能以贷款诈骗罪进行规制。从合同诈骗罪的角度来看，贷款人以非法占有为目的，以贷款合同为媒介，利用虚构事实、隐瞒真相的方法骗取小额贷款公司的资金，侵犯了社会主义市场经济秩序，符合合同诈骗罪的构成要件，应当以合同诈骗罪对行为人进行定罪量刑。

3. 精准把握相关刑事政策

每一个刑事案件的处理，都需要精准把握有关的刑事政策，这是不言自明的，也是为人民群众提供更优质的法治产品、检察产品的必然要求。对骗取小额贷款公司资金行为的定罪量刑也不例外。小额贷款公司成立的初衷是为了服务"三农"企业，以解决"三农"企业融资难的问题，事关美丽乡村建设和农业企业的发展。因此，既要加大对小额贷款公司的监管引导力度，使其在法治轨道上运行；也要加强相应的司法保障，依法保护其合法权益不受侵害。

目前，应当加大对小额贷款公司的监管和引导力度。各地各有关部门应当严格按照《指导意见》《关于规范民间借贷行为维护经济金融秩序有关事项的通知》等要求，加大对小额贷款公司的监督管理，使其依法合规经营、强化服务意识、改进金融服务，加大对实体经济的资金支持力度。公安司法机关应当准确适用刑法相关规定，严厉打击骗取小额贷款公司资金、套取小额贷款公司资金再高利转贷等损害小额贷款公司利益的犯罪行为。对于检察机关来说，要充分发挥检察职能，准确区分罪与非罪、此罪与彼罪，合理确定量刑建议，与公安、法院等有关部门一道，做好追赃挽损工作，切实保障其合法权益。此外，公安司法机关还需要认真落实"谁执法谁普法"的普法责任，通过座谈交流、法律咨询、法治讲堂等方式，加大以案释法的法治宣传力度，促进小额贷款公司依法合规经营。

四、车险欺诈犯罪的惩防对策[*]

保险业关系着金融体系的健康发展，与区域经济、人民生活息息相关。但是，保险欺诈行为的存在，不仅严重制约车险经营的健康有序发展，而且影响社会和谐稳定。笔者结合对近三年某地进入刑事诉讼程序的车险欺诈案件的梳

---

[*] 作者：王春风、赵晓敏，北京市石景山区人民检察院。本文原载于《检察日报》2018年11月16日，原题为《发挥检察职能作用惩防车险欺诈犯罪》。

理，分析此类案件的主要特点、存在问题，并提出相应对策，以期有益于推动构建车险欺诈风险防控体系。

1. 车险欺诈案件的主要特点

一是行为人多为"圈内人"，团伙作案、跨区域作案趋势明显。涉案人员中，机动车修理或者装饰人员、保险中介代理人、保险公司工作人员等机动车行业"圈内人"居多。在利益驱动下，上述人员组成职业欺诈团伙，联合车主形成复杂利益链条，利用熟悉车辆相关问题、理赔程序、反欺诈核查漏洞等实施欺诈行为，反侦查能力越来越强。由于各地保险公司、交管部门等尚未充分实现信息共享，使得反欺诈核实难度加大。

二是立案难问题突出。从统计来看，某地近三年进入刑事诉讼程序的保险欺诈案件数量呈现逐年减少的趋势。有的地方公安机关要求保险公司在报案时必须证明发生了保险诈骗行为，但能够证明保险诈骗行为的关键证据，如出险事故发生地的监控录像、出险车辆相关信息、行为人出险时间前后的通话记录等，只有具有执法权的相关主管机关能够调取。保险公司在无法调取上述证据，在行为人不承认的情况下，有的地方公安机关多以不符合立案标准为由不予立案。究其原因，主要是因为车险欺诈案件多为团伙作案，涉及复杂利益链，专业性较强，这类案件侦破难度大。

三是刑事处罚普遍较轻，违法成本低。实践中，行为人多自愿认罪退赔，根据刑法及刑事政策规定，行为人基本上被判处有期徒刑缓刑或者拘役缓刑。检察机关作出相对不起诉的案件及公安机关因未达到立案标准不予立案的案件，很少对行为人依法给予行政处罚。被判处实刑的少数行为人中，绝大多数也被判处3年以下有期徒刑或者拘役。多数投保人、被保险人（车主）默认车险诈骗行为，以此获得免费修车利益，但对于行为人实际获取保险金的数额及去向并不关心，公众的放任心理在很大程度上助长了车险诈骗行为的猖獗。

2. 车险欺诈案件定罪量刑方面存在的问题

一是不同办案机关对涉案罪名的认定不一。保险诈骗罪的犯罪主体多为投保人、被保险人、受益人，除此之外的第三人单独实施车险诈骗行为则认定为诈骗罪。在司法实践中，该类案件在侦查阶段往往以保险诈骗罪立案，而在审查起诉阶段，再根据行为人身份确定，是构成诈骗罪还是保险诈骗罪。

二是对未遂案件立案追诉标准不统一。法律和司法解释并未对保险诈骗罪的数额巨大、数额特别巨大的标准予以明确，造成司法办案操作不一致。

3. 惩防车险欺诈犯罪的对策建议

针对车险欺诈案件特点和办案中遇到的问题，在此，提出以下对策建议：

一是构建反保险欺诈风险防控体系。保险公司需转变公司经营理念，提升管理能力与风险防范能力；保险行业协会与监管部门要起到统筹服务的作用，促进行业内信息互联共享，加强对车险欺诈的警示；完善反保险欺诈立法，统一车险欺诈案件法律适用及量刑标准，构建多元化制裁机制，提高违法成本，完善车险欺诈行为的民事责任。

二是形成类案证据指引，为办案提供参考。结合法律法规、司法解释相关规定，综合分析总结刑事司法实践经验，根据不同类型车险欺诈案件的特点，分别制作办案指引手册、证据审查指引手册，从疑点判断到调取证据种类、证据审查标准等方面，给办案人员提供参考。

三是积极开展立案监督。第一，检察机关依申请开展立案监督。针对涉嫌刑事犯罪的车险欺诈案件，立案阶段当事人及相关人员可就公安机关不接受立案材料、违反立案审查期限规定、应当立案侦查而不立案侦查等行为申请检察机关开展监督。检察机关经审查，认为符合监督条件的，可以建议保险公司进一步提供相关案件材料；对于保险公司难以取得的材料，可根据案件情况及相关罪名的立案标准引导公安机关调取相关材料。第二，检察机关依职权主动监督。检察机关应通过实地巡查、查阅电子卷宗、登录相关信息平台、查看电子数据等方式，发现涉车险欺诈案件立案监督线索。通过深入车险欺诈高发区域的公安派出所，采取查看案件登记台账、查阅相关文书、定期通报等方法获取公安机关掌握的车险欺诈案件现场执法、当事人报案等信息，进而开展立案监督。第三，建立报案抄备制度。保险公司发现疑似车险欺诈案件后，向公安机关报案的同时，将全部材料送交本辖区内同级检察机关报备，便于公安机关无正当理由不立案时检察机关及时启动立案监督程序。

四是通过量刑建议等方式促进法院法律适用的统一。2013年最高人民法院《关于常见犯罪的量刑指导意见》仅对诈骗罪主刑的量刑给予一定指导，而对保险诈骗罪、诈骗罪的罚金刑均无参照标准。目前，最大限度实现车险欺诈案件法律适用的统一，必须充分发挥量刑建议对刑事判决的监督制约作用。检察机关在审查起诉此类案件时，要根据案情综合判断车险欺诈行为人的主观恶性程度、行为方式、骗取钱款、认罪情况等提出明确的主刑量刑幅度以及罚金刑数额，以利于法院作出罪责刑相符的刑事裁决。同时，可以根据具体案情建议法院适用一定期限的从业禁止，同时通报保险行业协会，建立从业禁止人员数据库。要求相关企业在招录人员时，需核查其是否处于从业禁止期间，工商机关、公安机关在日常执法过程中要定期检查相关行业的从业人员身份，一旦发现有人违反从业禁止规定，应对行为人及相关单位予以处理。建立沟通协作机制，检察机关加强与公安机关、工商、税务等部门的沟通协作，形成打击合力，有效遏制车险欺诈行为的发生。

疑案精解

一、调换"二维码"侵财是诈骗还是盗窃[*]

基本案情： 2017年2月至3月间，被告人邹某先后多次到某商场门口台湾脆皮玉米店、奶茶店、菜市场等处，将被害人郑某、王某等人店里的微信收款"二维码"调换为自己的微信收款"二维码"，骗取到店消费顾客本应转账至被害人微信账号的钱款共计人民币6983.03元。

1. 分歧意见

对本案的定性存在两种意见：第一种意见认为邹某构成诈骗罪，通过调换微信收款"二维码"的欺诈方式，骗取顾客原本支付给商家的款项。第二种意见认为邹某构成盗窃罪，通过调换微信收款"二维码"的方式，秘密窃取顾客支付给商家的款项，符合盗窃罪的构成要件。

2. 评析

笔者同意第一种意见。理由在于：随着移动互联网技术的迅猛发展，货币支付模式由传统的现金支付逐渐演变为电子支付，侵犯财产犯罪的手段变得更加隐蔽和复杂，被害人和被骗人不一致的情形日趋增多，从而与传统侵犯财产犯罪的二元结构形成了明显差别。在被害人与被骗人相分离的情况下，可以考虑在我国刑法体系中引入"三角诈骗"理论。"三角诈骗"是一种理论观点，是指行为人以非法占有为目的，采用虚构事实或者隐瞒真相的方法，使被害人以外的第三人陷于错误认识，并进而对财产实施处分行为，而最终使被害人遭受数额较大的财产损失的行为。"三角诈骗"理论在我国刑法体系中具有生命力。

第一，有利于丰富诈骗罪的犯罪构成。《刑法》第266条规定的"诈骗公私财物"属于简单罪状，没有详细地表述诈骗罪的犯罪构成。在行为人、被骗人和被害人三方分离的情况下，认定诈骗罪并未突破刑法的文义边界。本案中，需要把握以下关键环节：一是邹某实施了欺诈行为。从邹某的角度来看，实际上属于非法占有他人财物的概括故意。邹某调换商家的微信收款"二维码"，对于顾客就是虚构事实、隐瞒真相的欺诈行为。二是本案的被害人与被

---

[*] 作者：杜邈，北京市人民检察院第二分院。本文原载于《检察日报》2019年1月29日。

骗人并不一致。如果顾客得知"二维码"系邹某调换,并不会支付相应的对价,故顾客属于被骗人。商家则在不知情的情况下丧失财物,属于被害人。三是顾客具有处分货款的权限。对于"三角诈骗"是否成立,首先应当判断被骗人是否具有处分权能和地位。本案中,顾客与商家存在商品买卖的民事法律关系,购买商品的钱款暂时掌握在顾客手中,从法律关系上看最终归属于商家,故可以认定顾客具有处分被害人财物的权限。

第二,有利于全面评价犯罪侵犯的法益。法益是刑法将某种危害社会行为规定为犯罪的基本根据,犯罪的本质是对刑法所保护法益的侵害。在司法环节,首要问题就是明确具体条文要保护何种法益,对于法益的见解截然不同,得出的结论自然也是大相径庭。本案中,认定邹某构成盗窃罪还是诈骗罪,应当注意到法益具有犯罪个别化的功能。应当按照全面评价的原则,从法益侵犯的角度认定邹某的行为侵犯了何种具体法益,进而从整体上把握行为的性质。

在外国刑法中,背信犯罪是一种破坏诚实信任关系的犯罪,也是侵害他人财产的犯罪。我国刑法虽然没有设立一般类型的背信罪,但从广义上看,诈骗罪具有和背信罪相类似的社会危害性,既侵犯了公私财产的所有权,也侵犯了被骗人对行为人的精神信任感。如果认定邹某构成盗窃罪,虽然能够评价其对商家财产权利的侵害,但无法涵盖对顾客精神信任感的侵害;如果认定邹某构成诈骗罪,则可以同时评价犯罪行为对财产法益和精神法益的侵害。

第三,有利于贯彻罪责刑相适应原则。罪名的认定会对行为人的刑事责任产生重大影响。盗窃罪和诈骗罪均系故意犯罪,这意味着两罪均存在犯罪预备、犯罪未遂等停止形态。根据我国《刑法》第22条、第23条的规定,行为人为了犯罪,准备工具、制造条件的,是犯罪预备,成立预备犯。行为人已经着手实行犯罪,由于犯罪分子意志以外的原因而未得逞的,是犯罪未遂,成立未遂犯。对邹某认定为诈骗罪或盗窃罪,在犯罪"着手"时间节点的判断上会形成重大差别,进而影响到行为人的刑事责任。

关于如何认定实行行为的"着手",按照主客观相统一的原则,应具备主客观两个基本特征:主观上,行为人实行犯罪的意志已经通过客观实行行为的开始充分表现出来;客观上,行为人已开始直接实施具体犯罪构成客观方面的行为。如果认定邹某构成盗窃罪,在店铺尚未营业、顾客尚未进入的情况下,调换"二维码"的行为难以对商家的财产权利形成现实、紧迫的威胁,更符合为了盗窃"创造条件"的行为,难以认定为实行行为的着手。如果认定邹某构成诈骗罪,由于诈骗罪的构成要件包括"虚构事实、隐瞒真相"的欺诈行为,调换"二维码"的行为显然属于诈骗的实行行为。在电子支付得到广泛应用的今天,调换"二维码"的行为充分体现了非法占有目的,对商家的财产权利构成了现实威胁,将该行为评价为诈骗罪的实行行为,能够提前刑法介入的时机,更符合罪责刑相适应原则。

二、侵财案件如何适用"亲属条款"*

基本案情:2007年6月,犯罪嫌疑人吴某通过编造虚假中奖信息,要求中奖人通过银行转账缴纳保证金的形式,向不特定手机号段发送虚假信息,共骗取10余名被害人财物8万元。其后,吴某发现其中一名被害人张某系自己同母异父的弟弟,遂将骗取张某的1万元予以返还,并取得被害人张某谅解,表示不再追究其刑事责任。后因其他被害人报案,犯罪嫌疑人吴某被公安机关抓获归案,并如实供述犯罪事实,此案告破。

1. 分歧意见

关于犯罪嫌疑人吴某涉嫌诈骗被害人张某的1万元是否构成犯罪以及是否应当计入犯罪数额的问题,存在两种不同意见:第一种意见认为,犯罪嫌疑人吴某诈骗被害人张某不构成犯罪,骗取的1万元不应计入犯罪数额,理由是根据最高法、最高检《关于办理诈骗刑事案件具体应用法律若干问题的解释》第4条规定,诈骗近亲属的财物,近亲属谅解的,一般可不按犯罪处理。诈骗近亲属的财物,确有追究刑事责任必要的,具体处理也应酌情从宽。本案中,被害人系吴某同母异父的弟弟张某,犯罪嫌疑人吴某已经将骗取张某的1万元予以返还,并取得被害人张某谅解,表示不再追究其刑事责任。应当严格按照司法解释规定,不按犯罪处理,不将诈骗被害人张某的1万元,计入诈骗犯罪数额。第二种意见认为,犯罪嫌疑人吴某诈骗被害人张某的行为构成犯罪,被骗取的1万元应计入犯罪数额,理由是犯罪嫌疑人吴某运用技术手段通过网络发送诈骗信息时,是向不特定对象实施的犯罪行为,主观上并没有意识到是在向其弟弟张某进行诈骗,被害人张某因相信其收到的虚假信息而向犯罪嫌疑人吴某转移财物导致受到财物损失,已构成诈骗罪既遂,犯罪嫌疑人吴某向张某返还财物的行为,是犯罪既遂后对涉案财物的处理行为,不影响对诈骗罪犯罪构成以及诈骗数额的认定。

---

* 作者:王栋、许胜君,山东省邹城市人民检察院。本文原载于《检察日报》2019年2月12日。

2. 评析

笔者同意第二种意见。为更好地理解和适用相关刑法规定中的亲属条款，有必要探寻立法原意，并严格限制适用亲属条款的条件：

一方面，我国刑事法律对侵财案件中亲属条款的规定主要涉及以下几项内容。《刑事诉讼法》第108条第（六）项规定，"近亲属"是指夫、妻、父、母、子、女、同胞兄弟姊妹。最高法、最高检《关于办理诈骗刑事案件具体应用法律若干问题的解释》第4条规定，诈骗近亲属的财物，近亲属谅解的，一般可不按犯罪处理。诈骗近亲属的财物，确有追究刑事责任必要的，具体处理也应酌情从宽。最高法、最高检《关于办理盗窃刑事案件适用法律若干问题的解释》第8条规定，偷拿家庭成员或者近亲属的财物，获得谅解的，一般可以不认为是犯罪；追究刑事责任的，应当酌情从宽。最高法《关于审理抢劫、抢夺刑事案件适用法律若干问题的意见》规定，为个人使用，以暴力、胁迫等手段取得家庭成员或近亲属财产的，一般不以抢劫罪定罪处罚，构成其他犯罪的，依照刑法的相关规定处理；教唆或者伙同他人采取暴力、胁迫等手段劫取家庭成员或近亲属财产的，可以抢劫罪定罪处罚。

上述规定确立了司法机关在处理针对家庭成员和近亲属实施侵财犯罪时，认定犯罪的谨慎原则和除外原则，为司法机关在具体案件中认定亲属间犯罪提供了具有可操作性的方法和路径。

另一方面，全面理解我国刑法范畴中亲属条款的立法原意及限制。刑法范畴中的亲属关系，其立法目的是为了保护被犯罪行为侵害的家庭伦理关系，反映了立法者对于社会现实的深刻认识及对社会伦理关系的充分重视。这种以血缘关系和姻亲关系为纽带建立的家庭关系是构建和谐社会秩序的前提和基础，在犯罪的特殊预防、对社会关系的保护等方面与一般性刑事犯罪有着较为显著的区别。基于以上考量，笔者认为，在司法实践中，有必要对适用亲属条款进行严格限制，主要应当满足以下条件：

一是犯罪嫌疑人作案时，主观上应当明知侵害对象是自己的近亲属或者家庭成员。犯罪嫌疑人作案时往往利用了家庭成员及近亲属之间的信任关系，以及在进入犯罪场所方面独特的便利条件，相比其他犯罪分子，更容易实施犯罪行为，而且在对近亲属及家庭成员的财产等法益造成损害的同时，严重破坏了正常的家庭关系和伦理道德，这是亲属间犯罪与普通犯罪的重要区别。

二是犯罪嫌疑人系单独作案或者参与共同犯罪的范围仅限于家庭成员或者近亲属。犯罪嫌疑人组织、指使其他人对自己的家庭成员或者近亲属实施犯罪行为，因介入了外部人员的破坏因素，突破了法律对维护家庭伦理关系的考量，故不能适用亲属条款。最高法《关于审理抢劫、抢夺刑事案件适用法律若干问题的意见》规定，为个人使用，以暴力、胁迫等手段取得家庭成员或近亲属财产的，一般不以抢劫罪定罪处罚，构成其他犯罪的，依照刑法的相关规定处理；教唆或者伙同他人采取暴力、胁迫等手段劫取家庭成员或近亲属财产的，可以抢劫罪定罪处罚。

上述司法解释对以上两种情形进行了明确区分，有利于正确适用亲属条款，对犯罪行为进行更为精准的裁判和惩罚。

三是犯罪行为既遂后，对家庭成员或近亲属的赔偿及获得谅解的情形不影响对犯罪行为性质和罪名的认定。亲属条款的适用应当以实施犯罪行为时为准，犯罪行为既遂后，犯罪分子得知被害人系自己家庭成员或者近亲属，积极进行赔偿，获得对方谅解并表示不予追究刑事责任的，系犯罪后的补救措施，可以根据刑事诉讼法关于刑事和解程序的条款，在量刑时予以从轻考虑。

亲属间侵财犯罪是日常生活中常见的犯罪情形，通过严格限制亲属条款的适用范围和条件，在对犯罪分子进行适当的惩罚和警示的同时，有利于实现刑法的特殊预防目的，也能更好维护我国家庭伦理道德和社会结构的稳定。

三、冒用酒店名义签订虚假合同属于合同诈骗[*]

基本案情：2018年3月至9月间，任某利用在某酒店任职销售经理的便利，获得该酒店的客户合同及公章样本，并委托他人进行伪造，随后其以预存房费可以获得该酒店订房优惠的名义与被害人周某、付某、陈某等人签订假合同，以此骗取6名被害人共54万元人民币，其中有34万元存入该酒店预存消费账户（经查实其中有10万元为客户正常消费），约20万元被其以虚假的POS机存入任某个人银行账户，除客户正常消费10万元外，其他44万元均被其挪用。

实践中有观点认为，任某的行为涉嫌职务侵占罪和诈骗罪，但笔者认为，任某的行为构成合同诈骗罪，应当以合同诈骗罪追究其刑事责任。具体理由如下：

---

[*] 作者：高忠华，广东省广州市增城区人民检察院。本文原载于《检察日报》2019年2月15日。

行为人并没有非法占用酒店的资金，不属于职务侵占。任某虽然利用了该酒店销售经理的身份，将客户存放在酒店账户上的预存款挪为己用，表面上符合职务侵占罪中占用公司资金的特征，但该笔资金实际并非是酒店控制下的资金，而是任某诈骗被害人的资金。因为，酒店并没有和被害人签订任何合同，酒店对任某与被害人签订合同一事也不知情，虽然该笔资金存在酒店账户上，但由于酒店不知情，就不存在资金被酒店控制一说，且该资金的使用权完全在于任某。也就是说，该笔资金是在酒店完全不知情的情况下存入酒店账户的，酒店并没有予以控制，实际上还属于任某可以任意支配状态。因此，任某非法占用该笔资金的行为，不属于职务侵占行为。

一般认为，合同诈骗罪和普通诈骗罪的关系，是普通法条和特别法条的关系，在犯罪行为符合合同诈骗罪这一特殊法条规定的情况下，应当使用特殊法条的规定。合同诈骗罪除侵犯公私财产所有权外，还侵犯了市场交易秩序和国家合同管理制度，侵犯的是复杂客体，且合同诈骗罪的手段仅限于在签订、履行合同过程中，利用合同手段骗取公私财物。就本案而言，任某的行为是在其担任酒店销售经理期间发生的，并采取冒用他人名义签订合同的方式，骗取他人财物，其行为不仅侵犯了被害人的财物，也对市场交易秩序造成了危害，给涉事酒店带来了不良影响，应当以合同诈骗罪追究其刑事责任。

关于任某合同诈骗的数额，是否包括被害人已经实际消费的数额。笔者认为，虽然该笔资金已归任某支配，但事实上该部分资金被被害人实际消费了，并得到酒店的认可，显然，它没有被任某非法占有，因此，这部分数额不应当计算在合同诈骗的总额内。

第三节 其他侵财犯罪案件办理

思路精解

一、"非法占有"的规范化认定路径[*]

在认定侵财犯罪和贪利型职务犯罪时，往往涉及对"非法占有"的认识理解问题，行为人主观上是否具有非法占有目的，直接关系到罪与非罪、此罪与彼罪问题。

传统刑法理论指出，非法占有表现为行为人对财物的排他性控制，即据为己有。然而，何种形式的行为抑或行为达到何种程度时，才属于刑法意义上的非法占有，长期困扰刑事司法实践。一方面，抽象的刑法理论难以给予司法实际工作者可资借鉴的具体操作标准，刑法理论多以抽象的控制论或失控加控制论为圭臬，但是究竟怎样的行为才是控制了财物，财物处于何种状态才可被视为已经失控且被行为人控制，依然需要从抽象走向具体。另一方面，刑法条文多以"以非法占有为目的"表述罪状；或者直接表述侵犯财产的客观行为，非法占有目的体现在客观行为之中。准确认定非法占有，要坚持刑法理论一直所倡导的主客观相结合的认定原则，既要从主观出发考察行为人对财物的真实态度，也要从客观上仔细斟酌其行为的性质。更重要的是，应当结合具体罪名的构成要件，从常识的视角出发，在案件实际材料中剖析行为人的内心所想与客观所为，借助丰富的司法认识经验，将非法占有的基本要义在不同的案件场域予以规范化的解释。

1. 判断是否非法占有财物应当注意参考生活中普通人对取得占有财物的经验性质的认识常识

法学是社会科学，法学知识的要素内核与日常生活经验常识有着密切的联系，很多法学原则与规则来源于日常的积累沉淀，刑法学也不例外。我们强调

---

[*] 作者：曹坚，上海市人民检察院第一分院。本文原载于《检察日报》2018年10月22日，原题为《常识视角下"非法占有"的规范化认定路径》。

在刑事司法实践中解释运用刑法学，不是提倡刑法学的世俗化或庸俗化，而是提醒司法实际工作者要善于将抽象的刑法条文置放于纷繁复杂的个案镜像中，妥帖地实现对罪名构成的重点要件的具象化。非法占有是高度浓缩抽象的刑法学术语，无论采取论理解释、文义解释还是体系解释，对法律术语的拿捏剖析始终离不开经验常识的判断。以实践中屡有纷争的抢夺犯罪为例，对迅即发生的抢夺行为，难以具体地量化行为人非法占有他人财物达至既遂状态的精确时空点。究竟是取得财物后消失于茫茫人海算是既遂状态下的非法占有；还是脱离被害人之手就是抢夺既遂；或者要求行为人在夺取财物后离开被害人一定距离，在这种距离中被害人仅凭一己之力难以使财物失而复得，此即为抢夺既遂？前两种判断尺度或失之过宽或苛责过严，而最后一种尺度应该符合一般多数人的生活体验与智识理解。倘若在被害人已经无法亲自反抗追击行为人，而仰赖周边群众见义勇为的不懈追击得以追回损失，如若因为财物尚在被害人视线范围之内，因此财物仍处于被害人的控制之下，认为此情此景是抢夺未遂，则有悖普通大众的认识判断。

2. 判断是否非法占有财物应当从案件的证据情况出发

非法占有的认定须基于案件事实与证据，在案证据是否齐备充分直接影响到判断非法占有的程度。现实中案件证据的情况也充满变数，人赃俱获仅是常见侵财犯罪的一般表现形态，如在行为人的住处、名下账户等发现相关涉案财物。更多的情况可能表现为行为人与财物之间缺乏直接的联系，需要通过组合证据确定其对财物的非法占有，如借助他人代持的方式掩饰对不法财物的非法控制。在此类案件中，需要围绕财物的存储状态提取证据并加以分析，如财物的直接占有者是否系被授意代为占有，财物交接流转过程中形成的资金流水、影像视频记录等证据。特别是在零口供案件中，要特别注意对财物交付证据的收集与分析。例如，在某起证券犯罪案件中，行为人对其泄露内幕信息获取巨额利益的事实矢口否认，利益输送方亦不配合作证，但是侦查机关围绕巨额利益输送这一关键点，获取到利用出租车运送资金、存放资金的箱子、资金提取银行记录、利益输送双方人员的手机运行轨迹等证据，运用间接证据证明行为人收取了巨额不法利益。

3. 判断是否占有财物应当紧密把握财物本身的属性

财物的客观属性不同显然会影响到占有形态的把握与认定，动产可以方便地移动，非法占有动产多表现为物理性质的控制，例如将财物存放于自己的家中，或者将货币化、证券化、虚拟化的财物置于自己控制的账户中，查实此类情况一般能满足证明行为人非法占有动产属性的财物的证明要求。不动产不能随意移动，合法占有不动产要求有权机构出具佐证的权属证明文书，非法占有不动产出于规避法律查处的考虑，行为人显然不会轻率地将不动产登记于自己的名下甚至自己家人的名下，代持也就成为非法占有不动产的一种常见案发形态。获取犯罪嫌疑人、被告人的供述、代持人的证言是认定代持不动产的关键证据，此外，涉案不动产购买、使用、处置过程中形成的各种主客观证据亦是定案不可或缺的重要证据。需要注意的是，非法占有动产和不动产的犯罪形态在具体认定时要有所区分。动产的财产属性可直接表现为货币价值，不论是现金还是非现金财物，收受、取得相应的动产即已经完成对该动产的占有，达到既遂状态。不动产的货币价值不仅需要以购买价格计算，甚至出现以借贷资金购买不动产的情况，非法占有的不动产在产权上也就可能存在不完整性。如遇到此类特殊情况，在认定非法占有形态时仍应从刑法对非法占有的规范用意出发，收受了该不动产就应当认定占有既遂，至于产权上的不完整情况要具体问题具体分析。如果该不完整产权的后续资金的支付仍由不动产的转移一方承担，占有人无须承担资金支付义务，应视为占有人对该不动产的全部财产价值的既遂占有；如果由占有人承担不完整产权的后续资金的支付义务，应从不动产的财产价值中扣除其承担的资金，扣除后的资金视为占有人既遂占有的部分。

二、占有特定场所遗忘物如何定性[*]

遗忘物，是从暂放物或者暂存物转化而来，其初始是基于占有人的意志而被放置于某一场所，此场所是特定的有限的空间，因此占有人在遗忘后一段时间内能够回忆起财物放置的准确位置。

在刑法意义上，遗忘物是指被占有人遗忘在特定场所的财物，其在脱离原占有人控制之后，可能出现第二重支配控制权人。对于遗忘在公园、码头、道路等公共场所的财物，即使上述地方可能有管理人员，但管理人员对该开放空间的管理控制力非常薄弱，甚至很难发现该财物，更无法行使控制权。因此，对于遗忘在此类公共场所的财物，任何人都有权捡拾并且进行保管，其通过捡拾行为暂时占有财物具有合法性，若拒不归还，是构成侵占罪还是盗窃罪，这就需要讨论分析遗忘物所处的特定场所及是否存在第二重支配控制权人。学界传统的"二重控制说"理论认为，对于人们遗忘在特定场所的财物，存在双

---

[*] 作者：丰建平、丁彩彩，山东省胶州市人民检察院。本文原载于《检察日报》2018年12月9日。

重控制关系，即财物所有人和特定场所管理人员的双重控制。在财物所有人失去控制的前提下，遗忘物所在的特定场所管理人员便具备控制权，可以成为该遗忘物的合法占有人和管理人。在此观点支配下，具备第二重控制权的人捡拾遗忘物后拒不交出，成立侵占罪；除此以外的第三人捡拾遗忘物，只能成立盗窃罪。该观点在实务适用中遇到种种困惑。例如，财物所有人遗忘在饭店的钱包，鉴于饭店人员流动性大，饭店工作人员均未发现该钱包，如何要求其行使第二重管理控制权？此时行为人若将该遗忘的钱包拿走，并未侵犯物主之外的任何人对该钱包的实际控制与占有，如何成立盗窃罪？为此，理论界又出现了修正的二重控制说。其对特定场所进行具体区分，即将其分为非公共空间和公共空间两类。对于非公共空间的管理人，其无须表达明确的占有意思或者控制意思，只要根据常识即可判断其对该空间内的所有财物享有合法占有或者管理控制的概括意思，此时就能形成对遗忘物的合法有效控制，即成为遗忘物的第二重控制权人。第二重控制权赋予了特定场所管理者合法占有遗忘物的权利，由此排斥了除其以外的第三人占有该遗忘物的合法性，所以第三人取得该遗忘物就构成盗窃罪而非侵占罪。而对于公共空间，由于人员可以自由出入，管理人员对遗忘物仅仅有概括抽象的控制意思是不充分的，不能形成对遗忘物的有效占有，必须有明确的意思表示足以排斥他人对该遗忘物的合法占有才能成为第二重控制权人。

笔者认为，"修正的二重控制说"在理论上相对比较合理。需要注意的是，适用该理论需要解决的一个前提条件便是如何区分公共空间和非公共空间。根据经验，以进入特定场所是否受限作为区分标准较为合理，即进入该特定场所，是否需要征得场所管理者的同意。凡不需要征得管理者同意即可进入的场所，即为公共空间；否则为非公共空间。在区分完特定场所性质之后，再根据"修正的二重控制说"对场所管理者的控制管理义务进行分析。在非公共空间，场所管理者对遗忘物只需要有概括的控制意思即可成立第二重占有，第三人占有该遗忘物则成立盗窃。如在出租车上，乘客上车必须经过司机的同意，因此可以认定出租车为非公共空间，在此空间下，司机对乘客的遗忘物只需要具备概括的管理意思即可，即便司机没有明示，但该财物根据社会常识依然处在司机的控制范围之内。若司机占有乘客的遗忘物拒不归还，则构成侵占罪；若后上车的乘客趁司机不备取走该遗忘物则成立盗窃罪。在公共空间，场所管理者必须对遗忘物有明确的控制意思才能成立排斥第三人对遗忘物的占有。如列车车厢虽是一个相对封闭的空间，但进出车厢并不需要经过管理者同意，只要持有本趟列车的车票就可以进出车厢。因此，列车车厢属于公共空间。对于乘客遗忘在车厢内的行李，只要乘务员等列车工作人员没有表现出明显的控制占有意思，就不成立有效的第二重占有，也就无法排斥第三人对遗忘物的占有。因此，第三人取得该遗忘物的，并不因此就构成盗窃罪，只有存在拒不交还情形时，才能以侵占罪论处。

疑案精解

未成年人携带凶器抢夺如何定性[*]

基本案情：李某，男，2003 年 1 月 10 日出生。2017 年 9 月 9 日 18 时许，李某伙同他人驾驶摩托车行至某路段时发现雷某，遂采用"飞车抢夺"的方式夺取雷某随身携带的手提包，包内放有现金 2300 元，价值 300 元的手机一部。经查，李某抢夺时携带有西瓜刀一把，经鉴定为管制刀具。

1. 分歧意见

本案对于李某的行为是否为拟制型抢劫，存在两种不同的意见。第一种意见认为，李某的行为构成抢劫罪。理由是，《刑法》第 267 条第 2 款将携带凶器抢夺认定为抢劫属于法律拟制，刑法将携带凶器抢夺拟制为抢劫的原因在于：从客观方面讲，两种行为都侵犯了他人的财产和人身双重法益，对法益侵害程度具有同等性或相似性；从主观方面讲，行为人抢夺时携带凶器的目的在于使用，行为人的主观恶性，即对法律的背反性与抢劫罪相等。因此，即便是处于相对刑事责任年龄阶段的未成年人携带凶器抢夺，也不能因为年龄较低就不认定为抢劫。第二种意见认为，李某的行为不构成抢劫罪。理由是，处于相对刑事责任年龄阶段的未成年人，携带凶器抢夺的行为不应认定为抢劫。

2. 评析

笔者同意第二种意见。理由如下：

携带凶器抢夺的本质仍然是抢夺，抢夺行为不属于相对刑事责任年龄阶段需要承担刑事责任的八种行为。2002 年 7 月 24 日全国人大常委会法制工作委员会《关于已满十四周岁不满十六周岁的人承担刑事责任范围问题的答复意见》明确指出，《刑法》第 17 条第 2 款规定的八种犯罪，是指具体犯罪行为而不是具体罪名。携带凶器进行抢夺的行为，虽然较未携带凶器社会危害性更

---

[*] 作者：赵霞，四川省成都市人民检察院。本文原载于《检察日报》2018 年 11 月 18 日。

大，但其本质仍属于抢夺行为，抢夺行为不在需要承担刑事责任的八种行为之列，因此，李某的行为不能认定为抢劫。

根据当然解释原理，罪行较重的事后抢劫不能认定，罪行较轻的拟制型抢劫当然也不能认定。2006年1月11日最高人民法院《关于审理未成年人刑事案件具体应用法律若干问题的解释》第10条规定，已满14周岁不满16周岁的人盗窃、诈骗、抢夺他人财物，为窝藏赃物、抗拒抓捕或者毁灭罪证，当场使用暴力，故意伤害致人重伤或者死亡，或者故意杀人的，应当分别以故意伤害罪或者故意杀人罪定罪处罚。即对于相对刑事责任年龄的未成年人，不认定为事后抢劫。事后抢劫和普通抢劫，行为人均实施了暴力和取财行为，均侵犯了财产和人身的双重法益，区别仅在实施暴力的时间顺序不同。换句话说，事后抢劫的社会危害性和对法益的侵害程度接近于普通抢劫。而本案携带凶器抢夺中，由于实际没有使用凶器，对人身和财物的现实危险性较低，其法益侵害性明显低于普通抢劫和事后抢劫的行为。所以，携带凶器抢夺的罪行明显低于事后抢劫。根据出罪时"举重以明轻"的当然解释原理，处于相对刑事责任年龄阶段的未成年人不构成罪行较重的事后抢劫犯罪主体，当然也不构成罪行较轻的拟制型抢劫犯罪主体。

综上，对于处于已满14周岁未满16周岁相对刑事责任年龄阶段的未成年人携带凶器抢夺的行为，不宜认定为拟制型抢劫。

第四章 侵犯知识产权类犯罪案件办理

思路精解

一、销售假冒注册商标商品案证据审查要点[*]

销售假冒注册商标的商品罪,是指销售明知是假冒注册商标的商品,销售金额数额较大的行为。销售假冒注册商标的商品犯罪行为时有发生,不仅严重破坏正常市场经济秩序,还侵害消费者的合法权益。在办理该类案件时,由于商标领域的专业性以及具体案件的纷繁复杂,存在着主观明知认定难、销售数额认定难、假冒商品认定难等问题,在此,对销售假冒注册商标的商品案证据审查要点进行必要的探讨,以期在司法实践中引起重视。

1. 主观明知的证据审查要点

销售假冒注册商标的商品罪在犯罪构成的主观方面要求为明知,如行为人主观上不明知,即使其实施了销售假冒商品的行为也不构成销售假冒注册商标的商品罪。主观方面是人的内在心理的活动过程,往往犯罪嫌疑人也拒不承认自己明知,这是司法实践面临的难点和困惑。刑法上的明知分为知道和应当知道,除了犯罪嫌疑人供述之外,还应注重根据客观行为推定主观明知。在犯罪嫌疑人辩解主观不明知、拒不认罪的情况下,应从商品进货渠道、进货价格、销售方式、销售价格、聊天记录以及其社会经历、认识能力、被查获时言行表现等证据综合分析判断,推定其主观上是否明知。最高法、最高检《关于办理侵犯知识产权刑事案件具体应用法律若干问题的解释》(以下简称《解释》)列举了明知的三种情形:知道自己销售的商品上的注册商标被涂改、调换或者

---

[*] 作者:孙广坤。本文原载于《检察日报》2019年2月14日,原题为《销售假冒注册商标商品案证据审查要点何在》。

覆盖的;因销售假冒注册商标的商品受到过行政处罚或者承担过民事责任、又销售同一种假冒注册商标的商品的;伪造、涂改商标注册人授权文件或者知道该文件被伪造、涂改的。具体而言,主观明知应重点审查如下证据:(1)有关商品注册商标的证据。从现场勘验记录、扣押清单、现场起获的商品以及其照片等证据,核实销售商品的注册商标是否存在被涂改、调换或者覆盖的情形。(2)有关进货的证据。从进货单、订购合同、证人证言、犯罪嫌疑人供述等证据,核实进货渠道是否隐蔽,进货价格是否明显低于市场正常价。如果进货价格明显低于市场价,则证明明知假冒侵权商品的可能性比较大。(3)有关销售的证据。从交易记录、送货单、鉴定意见、被害人陈述、犯罪嫌疑人供述等证据,核实销售方式是否正常,销售价格是否以明显低于市场正常价销售。如销售途径非正常公开方式,比较隐蔽,亦能证实其主观明知的程度。(4)有关犯罪嫌疑人社会经历的证据。审查行政处罚决定书、民事判决书以及刑事判决书,核实其是否因销售假冒注册商标的商品受到过行政处罚、刑事制裁,或者承担过民事责任。如行为人曾有过该罪前科或行政违法记录,其再次犯罪主观明知认知度应比较高。

2. 销售金额证据审查要点

销售金额是指销售假冒注册商标的商品后所得和应得的全部违法收入。销售假冒注册商标的商品罪是数额犯,只有达到数额较大时才成立犯罪。犯罪数额的确定,不仅影响量刑,而且关乎定罪。

(1)对已销售的侵权商品金额证据的审查。《解释》第12条规定,已销售的侵权产品的价值,按照实际销售的价格计算。为此,实际销售金额的证据主要为起获的账本、销售记录、交易明细等,通过审查每笔销售金额,累计计算销售金额。审查时应注意审查账目的真实性,是否为犯罪嫌疑人所记载或认可;收集的账单目录是否全面;并结合犯罪嫌疑人供述、证人证言等,准确认定实际销售金额。如主客观证据之间能相互印证,犯罪嫌疑人对金额供述稳定,则能够认定销售金额。对于犯罪嫌疑人辩解,销售账目中有部分商品系正品或自行交易的,并提供合理证据的,应予以扣除。如通过网络平台交易时,为了刷单,犯罪嫌疑人自行交易的,应从销售金额中刨去。

(2)对未销售的侵权商品金额的证据审查。司法实践中存在着从犯罪嫌疑人经营仓库、犯罪现场等查处一定数量的假冒注册商标的商品之情形,结合犯罪嫌疑人的供述、证人证言等证据,如能证明未销售的侵权商品以销售为目的时,现场起获的未销售的侵权商品金额应计入犯罪数额,对该部分以犯罪未遂论处。根据《解释》第12条的规定,制造、储存、运输和未销售的侵权产品的价值,按照标价或者已经查清的侵权产品的实际销售平均价计算。这意味着，对于尚未销售的侵权物品，可以采用实际销售平均价格鉴定法或者标价法。但是，由于在市场交易中，标价往往高于实际销售价格，从有利于犯罪嫌疑人的立场出发，也应优先适用实际销售平均价格。实际销售价格证据审查，可以参照上述审查方法，在此不再赘述。

3. 共同犯罪主观明知证据审查要点

共同犯罪主观明知要求各行为人主观方面有共同的犯意联络。销售假冒注册商标的商品共同犯罪中，涉及进货、运输、销售等多个环节，可以通过各犯罪嫌疑人供述和辩解、证人证言、进货单据、销售凭证等证据，核实其是否明知实施了销售假冒注册商标的商品行为。关于明知的认识程度，不要求各犯罪嫌疑人确切知道具体是哪种假冒注册商标的商品，只要其意识到或者怀疑到可能是假冒注册商标的商品即可。如现有证据不能证明行为人主观上明知是假冒商品的，即使客观上实施了运输、销售等假冒商品行为，也不能认定构成本罪。如甲和乙采购假冒注册商标的商品后，叫货车司机丙帮助犯罪嫌疑人运输假冒注册商标的商品，如现有证据不能证明丙事先参与甲、乙的密谋，也不能证明丙帮助拉货时主观上知道其是假冒注册商标的商品的，不能认定丙系共同犯罪。

另外，需要注意的是，如果是以单位名义实施销售假冒注册商标的商品，不能不加区分地将单位内所有人员均认定为共犯，应结合犯罪嫌疑人供述、证人证言等证据，核实行为人参与犯罪的时间、作用、地位以及从业经历等综合判断，具体行为区别对待，对于受雇用，领取正常工资的一般工作人员，如保安人员、清洁人员等，一般不宜作共同犯罪处理。

4. 假冒注册商标的商品证据审查要点

商品是否为假冒权利人注册商标的商品，是认定销售假冒注册商标的商品罪的前提条件。商品真伪的证据主要包括商标权利人或其聘请的维权公司出具商品真伪的鉴定意见。商标权利人或其聘请的维权公司出具鉴定意见或鉴定书，在性质上应属于被害人陈述，由于被害方与案件处理结果有直接利害关系，应重点审查鉴定意见的真实性、客观性。重点审查鉴定意见的依据是否准确、检材来源是否与扣押涉案商品对应，并结合犯罪嫌疑人供述、证人证言、现场勘查笔录等证据综合审查，核实假冒的商品与正品的类型、功能、商标形态差异，从而确定鉴定意见是否唯一，是否存在合理怀疑。

二、假冒注册商标犯罪认定难点[*]

假冒注册商标罪,是指未经注册商标所有人许可,在同一种商品上使用与其注册商标相同的商标,情节严重的行为。此类犯罪案件的办理较为复杂,笔者结合现有法律规定及司法实践,试对该类案件的认定难点进行分析。

1."未经注册商标所有人许可"的认定

只要行为人得到注册商标所有人的同意即不构成犯罪,口头与书面同意均可。若无书面合同,未向商标局提出申请或备案,仅缺乏形式要件,而只要确有注册商标所有人许可同意,即使口头许可,在实质上已具备"经注册商标所有人许可"。但需注意,若所有人口头同意后,双方签订以上报批准等形式作为生效要件的书面合同,而实际未经批准,则应当认为行为人尚未取得所有人许可,其使用行为仍构成假冒注册商标行为。

2."同一种商品"的认定

最高法、最高检、公安部《关于办理侵犯知识产权刑事案件适用法律若干问题的意见》(以下简称《意见》)第5条就"同一种商品"的认定作出了规定:名称相同的商品以及名称不同但指同一事物的商品,可以认定为"同一种商品"。(1)名称相同。《意见》规定,"名称"是指国家工商行政管理总局商标局在商标注册工作中对商品使用的名称,通常包括《商标注册用商品和服务国际分类》(以下简称《国际分类》)中规定的商品名称,即以《国际分类》作为判断的依据。在《国际分类》中,均是按照类、组、种进行分类,而"同一种商品"应当是在同一种目下列举的商品,仅需商品的名称与《国际分类》中的名称相同,且不论规格、型号是否存在区别,均视为"同一种商品"。(2)名称不同但指同一事物的商品。如同一种商品因风俗、地域、语言翻译等原因,导致名称不同,如"汤圆"和"元宵"不同的叫法,应当认定为"名称不同但指同一事物的商品"。

3."相同的注册商标"的认定

"相同商标"是指两商标相比较,文字、图形或者文字与图形的组合相同或者视觉上基本无差别,足以对公众产生误导的商标。(1)文字商标。文字

---

[*] 作者:叶萍、欧智恒,上海市闵行区人民检察院。本文原于载《检察日报》2018年10月12日,原题为《如何准确认定假冒注册商标犯罪》。

商标要认定视觉上基本无差别,前提必须要文字相同。文字不同的商标,即使文字再相似,实践中确会误导公众,也仅能认定为近似商标。在文字完全相同,仅仅修饰、字体、顺序等非核心要件不同的情况下,应当认定视觉上基本无差别。(2) 图形商标。若整体相似,仅存在通过直观感受无法察觉到的细微差别,就应当认定为视觉上基本无差别。(3) 组合商标。可以区分显著部分和非显著部分的情况下,显著部分要求完全相同,非显著部分则达到近似即可认定为相同的注册商标。而在无法区分显著部分与非显著部分的情况下,只要两个商标之间有任何一部分差别较大,都不能认定为基本相同。(4) 对公众产生误导。以消费者的一般注意力进行判定,如果通过隔离、整体观察,并尽一般注意力后,消费者看来实则相同,从而误认两者为相同商品,应当认定为"基本相同"。

4. 主观要件的认定

假冒注册商标罪只能是故意犯罪,且仅限直接故意,不能将行为人对于是否获得所有人许可的可能性认识等同于使用本身的态度。行为人只要认识到自己使用的相同商标可能是未经所有人许可,而仍在同一种商品上使用,即应当认为符合直接故意的认识及意志因素。至于认定行为人是否具有犯罪故意,根据主观见之于客观原理,通过具体行为并结合运用逻辑推理和经验法则来予以推断。无论行为人是自行生产或者接受他人委托生产注册商标的商品,均有义务具体审查自己或者委托方是否是注册商标所有人授权许可。如果行为人采取放任态度,不尽谨慎义务,就使用该注册商标,结合行为人从业背景、所使用注册商标的情况、注册商标的来源等综合考虑,进而推定行为人是否主观明知。

三、网络销售假冒商标商品犯罪数额认定[*]

随着电子商务的兴起,网络零售业爆炸式发展,给销售假冒注册商标的商品提供了空间。如果经营人在网络上销售假冒注册商标的商品达到一定数额,同样构成销售假冒注册商标的商品罪。准确认定销售假冒注册商标的商品的销售数额尤为重要,不仅直接决定行为人的销售行为是否构成犯罪,也影响刑期

---

[*] 作者:高岩岩,江苏省徐州市泉山区人民检察院。本文原载于《检察日报》2019年1月13日,原题为《如何认定网络销售假冒商标商品犯罪数额》。

的长短。由于销售平台的管理模式尚不规范,网络销售存在刷单、真假混合销售等行为,大大增加了认定该类犯罪销售金额的难度。

1. 刷单行为的数额认定

由于网络销售的特殊性,一些经营人为吸引顾客,提升店铺的信誉和人气,增加竞争力,创设虚假购买量和好评,即刷单现象。从理论上讲,刷单形成的销量不具备真实性,在依据网络交易平台记录认定销售金额时,应当扣除刷单销售金额。如何查清该笔交易是刷单行为?笔者认为,可以从第三方交易平台固定的证据予以区分核实。一是核实物流交易信息。正常的交易有快递信息,结合交易时间和商品发出时间进行筛查,可以筛选出刷单的交易。二是核实收款信息。尽管各个销售平台收款的方式不同,但是都会有相关的货款记录,一般刷单交易,没有真实付款行为,可以通过筛查收款记录排除刷单交易。三是由嫌疑人提供的刷单证据,包括嫌疑人委托他人刷单的聊天记录,刷单费用的给付。这部分证据的举证责任在于嫌疑人,若仅有其供述,不能提供客观证据,则不能采信。另外,尽管刷单行为产生的销量不计入犯罪数额,但可以作为量刑中的从重情节。

2. 真假混销行为的数额认定

少数嫌疑人存在侥幸心理,借着销售正品获得的信誉,以假乱真,同时销售正品和假冒产品,也就是存在真假混销行为,这样仅仅从平台销售记录上无法分辨出哪些是正品的交易记录,也就无法准确计算销售假冒注册商标的商品犯罪数额。笔者认为,可以从两方面予以认定销量:一是核实假冒商品的进货量。可以从假冒注册商标的商品生产商处调取发货记录、聊天记录等证据,但是由于对方是违法行为,一般都很隐蔽,且账目记录不规范,所以在没有查获假冒产品供应商的情况下,可以根据犯罪嫌疑人的账本或者进货单、聊天记录等核实销售假冒注册商标的商品数量,继而计算出销售的假冒注册商标的商品的数额。二是核实正品进货记录。可以从正品供应商处调取销售合同、发货记录、货款支付明细,认定正品的进货量,扣除库存之后便是正品的销售量,结合后台记录的总销售量可以得出销售假冒注册商标的商品数量。相比较而言,第二种方式计算出的销售数额更准确。

3. 未销售的假冒商品的数额认定

随着大多数平台中第三方支付的介入和七天无理由退货制度的施行,网络销售的形式也出现多样化,如直接购买、预售、分期付款等。因此要认定网络销售中"未销售"假冒注册商标商品的数额要结合具体的销售形式计算数量和价格。关于"未销售"数量,对于库存的假冒注册商标的商品以及为销售而前期购买的已经支付货款的商品应当认定为未销售的商品。对于销售过程中买方已经下单的商品、签收后被退回的商品应当认定为已经销售的产品。关于未销售的产品的价格,则应根据最高人民法院、最高人民检察院《关于办理侵犯知识产权刑事案件具体应用法律若干问题的解释》第 12 条规定来计算,未销售的假冒注册商标的商品的价值,按照标价或者已经查清的侵权产品的实际销售平均价格计算,没有标价或者无法查清其实际销售价格的,按照被侵权产品的市场中间价格计算。

四、深度链接应属侵犯著作权罪中的发行[*]

深度链接,是相对于普通链接而言的。普通链接只链接到他人网站的主页,当用户点击链接时即跳转到该主页,普通链接属于提供传输通道的技术服务,不成立侵犯著作权罪。深度链接则绕过他人网站的主页而链接到次级网页或者媒体格式文件,当用户点击链接时不会发生跳转,而是直接在设链网站浏览或者下载。加框链接、视频聚合平台属于典型的深度链接。关于深度链接的刑事责任,我国法学理论界与司法实务界存在很大争议,争议主要集中在两个方面:一是深度链接是否属于信息网络传播行为;二是深度链接是否属于发行行为。

1. 深度链接应认定为信息网络传播行为

深度链接是否属于信息网络传播行为,涉及信息网络传播行为的认定标准。对此,主要存在服务器标准说、社会危害性标准说和实质呈现标准说三种不同观点,笔者赞同"实质呈现标准说"。"实质呈现标准说"认为,当某种行为实质性地控制和改变了作品的呈现方式,以至于把侵权作品当作网页或客户端的一部分时,就成立信息网络传播行为。根据"实质呈现标准说",深度链接属于信息网络传播行为。

我国《著作权法》第 10 条规定,信息网络传播权是指以有线或者无线方式向公众提供作品,使公众可以在其个人选定的时间和地点获得作品的权利。可见,信息网络传播行为包括三个要素:提供作品的原因要素、展示作品的结果要素、连接原因与结果的控制要素。其中,"社会危害性标准说"只重视展示作品的结果要素,而忽视原因要素和控制要素,过于扩张信息网络传播的归

---

[*] 作者:欧阳本祺,东南大学法学院教授;罗玮,江苏省南京市鼓楼区人民检察院专职委员。本文原载于《检察日报》2018 年 10 月 21 日。

责范围，甚至认为普通链接都构成侵犯著作权罪。而"服务器标准说"却走向了另一个极端，只关注提供作品的原因要素，而忽视结果要素和控制要素，不能适应网络传播技术的发展变化。在互联网传播的早期，提供作品的原因要素、展示作品的结果要素、交互式使用的控制要素三者合而为一，不可分割。提供作品（即把作品上传到网络服务器）是核心和关键，提供作品也就意味着展示作品和控制作品。因此，传统理论与实践理所当然地采取了服务器标准说。但是，加框链接和APP视频聚合等新技术的出现打破了信息网络传播行为中原因要素、结果要素、控制要素三者合一的局面。在这些新技术中，作品提供行为当然是信息网络传播行为，但除此之外，技术控制下的作品展示行为也应当认定为信息网络传播行为。

随着技术的发展变化，信息网络传播的认定标准也须发展变化，法学理论与实践应该直面技术发展变化的现实，毅然放弃"服务器标准说"而接受"实质呈现标准说"。实际上，侵犯著作权罪与技术息息相关，技术的发展变化导致侵犯著作权罪的产生，技术的发展也会导致侵犯著作权罪认定标准的变化。在印刷技术产生以前，侵犯著作权的成本太大，法律根本无须规定侵犯著作权罪。之后，复制发行的技术不断发展变化，从活字手工印刷到机器印刷，再到数字技术的日新月异。在这一背景下，侵犯著作权罪得以产生，并且其规范内涵也不断发展演化。另外，"实质呈现标准说"还具有重要的实际价值：一方面克服了"服务器标准说"处罚范围过窄的缺陷，另一方面又克服了"社会危险性标准说"处罚范围过宽的缺陷，从而有利于维护著作权人与网络服务提供者之间的利益平衡。

需要特别指出的是，持"服务器标准说"的学者认为，虽然深度链接不属于《著作权法》第10条中的信息网络传播，但也不意味着其是合法行为，实际上完全可以把深度链接涵摄于《反不正当竞争法》第12条中的不正当竞争行为，从而依据反不正当竞争法相关规定来处理，而无须动用刑法中的侵犯著作权罪来处理。笔者认为，这种观点似是而非，只是回避了问题而没有解决问题。首先，反不正当竞争法与著作权法并不是排斥关系。《反不正当竞争法》第12条规定，网络经营者不得未经同意在他人合法提供的网络作品中插入链接。据此，插入深度链接的行为当然构成不正当竞争行为。但是，反不正当竞争法并未排除著作权法或者刑法的适用。肯定深度链接属于不正当竞争行为，并不必然否定其属于信息网络传播行为。其次，根据《反不正当竞争法》第24条、第27条和第31条的规定，不正当竞争行为的法律后果是多样的，既包括承担行政责任，也包括承担刑事责任。具体来讲，当深度链接尚未构成犯罪时，由监督检查部门依据《反不正当竞争法》第24条规定责令停止违法行为，并处罚款；当深度链接构成犯罪的时候，需要依据刑法追究刑事责任。概览我国刑法规范，能够用来规制深度链接的只能是关于侵犯著作权罪的规定，而不能是关于非法经营罪、侵占罪等其他罪名的规定。因此，上述观点认为深度链接属于不正当竞争行为，而无涉信息网络传播行为与侵犯著作权罪，实际上是误解了反不正当竞争法与著作权法、刑法的关系。

2. 深度链接属于发行行为

首先，我国著作权法的立法模式为"发行"的扩张解释留有余地。我国的著作权立法既不同于欧盟模式，也不同于美国模式。一方面，我国的著作权法没有像《欧盟版权指令》或《德国著作权法》那样明确规定发行权的客体仅限于"作品的有形载体"；另一方面，我国立法在"发行权"之外另行规定了"信息网络传播权"，这一点又不同于美国立法。在我国这种立法模式下，虽然我们不能像美国模式那样理所当然地认为"发行"包括了"信息网络传播"，但也不能像欧盟模式那样断然地将"发行"与"信息网络传播"完全隔绝开来。实际上，根据我国《著作权法》第10条的规定，"发行"包括两个要素：一是行为对象要素，即提供"作品的原件或复制件"；二是行为方式要素，即"以出售或者赠与方式"向公众提供。在网络环境下，这两个要素都有必要予以扩张解释。作为发行对象的原件或复制件，不限于作品的有形载体，也包括作品的电子载体；发行的方式也不限于"出售或者赠与"，应包括出租、展销、网络传播等。

其次，将"信息网络传播"解释为"发行"并不违反法秩序的统一性原则。整体法秩序的一致性，不是形式上的一致性，而是实质上的一致性。对于不同法领域中的同一用语，刑法适用时既可作扩大解释，使该用语在刑法中的外延大于前置法，也可作限制解释，使该用语在刑法中的外延小于前置法。前者如，我国《枪支管理法》第25条规定，"枪支被盗、被抢或者丢失的，立即报告公安机关"；而我国《刑法》第129条规定的丢失枪支不报罪的构成要件是"丢失枪支不及时报告"。虽然在前置法中"丢失"是与"被盗""被抢"互不包容的独立行为，但是在适用刑法时完全应当对"丢失"作扩大解释，使之包括枪支被盗、被抢等情况。后者如，我国《治安管理处罚法》第67条、《刑法》第359条分别规定了"引诱、容留、介绍卖淫"的行政责任和刑事责任。但是在适用刑法时应当对"卖淫"进行限制解释，使之仅限于性交行为，而将"手淫""口交"等行政法上的"卖淫"行为排除在刑事处罚的范围之外。

综上所述，深度链接行为的刑事归责需要经过如下论证阶段：首先，应根据"实质呈现标准说"把深度链接认定为信息网络传播行为。"实质呈现标准说"有利于克服司法实践中信息网络传播认定标准的民刑倒挂现象。其次,应对刑法中的"发行"作扩大解释,使之包括"信息网络传播",以弥补刑事立法与民事立法之间的"代沟"。这里的"代沟"是指我国刑法有关规定仍然处于印刷时代,侵犯著作权罪的构成要件只涉及传统行为类型;而我国著作权法有关规定已经进入网络时代,既规定了传统的行为类型,也规定了网络传播行为。最后,把作为信息网络传播行为的深度链接涵摄于侵犯著作权罪的"发行",进一步捋顺了深度链接行为的刑法评价。

第五章 破坏环境资源类犯罪案件办理

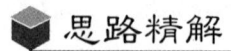思路精解

一、污染环境罪因果关系认定[*]

刑法中的因果关系是追究刑事责任的前提,是犯罪行为与犯罪结果之间的一种客观联系。只有证明犯罪行为与犯罪结果之间具有刑法上的因果关系,才可以追究刑事责任。污染环境罪的追诉往往涉及较为复杂的专业知识和证据认定,相对其他犯罪的因果关系而言,污染环境罪的因果关系具有较强的复杂性:

其一,从行为上看,大多数环境污染案件的损害结果并不是单纯的一个主体一个污染行为所致,而是多个主体或多个行为综合作用导致。

其二,从时间上看,污染环境行为导致的损害结果在时间上往往具有滞后性,加大了从损害结果回溯污染行为的难度。

其三,从空间上看,被非法排放、倾倒、处置的污染物在空间上通常具有扩散性。污染损害结果是否是某个具体主体的具体污染行为所致,在污染物潜伏的时间内是否有其他介入因素影响,污染物的空间扩散是否有自然因素的影响等,都直接或间接增加了污染环境罪因果关系认定的复杂性。

正因为污染环境罪因果关系具有较强的复杂性,在司法实务中对该类犯罪因果关系加以证明、认定时需把握以下原则:

一是同一性原则。污染环境犯罪损害结果中的污染物应当与污染行为产生的污染物在本质上具有同一性,且在污染物排放、倾倒、处置的整个过程中均

---

[*] 作者:刘晓光、马珣,上海铁路运输检察院。本文原载于《检察日报》2019年2月14日,原题为《从二例"实案"看怎样认定污染环境罪因果关系》。

保持同一。比如，上海铁路运输检察院办理的"应某某等五人污染环境"案中，被告人徐某甲、徐某乙在应某某委托下，将应某某所在工厂生产过程中产生的6吨工业废水用储罐车运至偏远郊区，倾倒至市政窨井。经检测，窨井内水样、涉案储罐车内水样和涉案仓库最西侧储存桶内水样所含重金属成分相同，具有同一性，且三份水样 pH 值符合稀释后 pH 值渐变规律，在无其他介入因素的影响下，因果关系可以认定。

二是排他性原则。从污染损害结果回溯污染原因，常存在较多可能性和不确定性，要证明损害结果与某种污染行为具有因果关系，必须排除其他行为或介入因素产生污染损害结果的可能。比如，上海铁路运输检察院办理的"马某甲、马某乙污染环境"案中，马某甲在经营的堆场内指示工人对废油罐进行冲洗、切割，过程中产生的含废油污水直接通过堆场内雨水窨井及雨水管道排入堆场东侧的河道内，导致堆场东侧河道大面积废油漂浮。在明确河道内的废油与涉案堆场储油罐内残留油污为同一物质之后，经过调查，明确了涉案堆场周围没有其他从事废油罐切割的单位，也没有其他企业或单位存在与涉案河道漂浮的废油同性质的物质，案发时间内亦无其他废油泄漏事故，从而排除了其他行为或介入因素，因果关系成立。

二、污染环境罪有必要增设危险犯[*]

《刑法修正案（八）》将污染环境罪"造成重大环境污染事故，致使公私财产遭受重大损失或者人身伤亡的严重后果"修改为"严重污染环境的"，这极大降低了污染环境罪的入罪门槛，有利于加大打击污染环境犯罪行为。但有时污染环境犯罪所造成的危害结果并不会随着危害行为的结束而立刻显现，甚至其延展性可能危害几代人的生命健康，仅以危害行为和危害结果的"行为犯"和"结果犯"处罚很难全方面惩治预防污染环境犯罪。鉴于此，笔者从必要性、可行性、现实性等方面建议增设污染环境罪的"危险犯"规定，以有效保护环境不受破坏。污染环境罪危险犯，是指只要行为人违反国家规定，排放、倾倒或者处置有放射性的废物、含传染病病原体的废物、有毒物质或者其他有害物质的，达到一定程度危险状态的，就构成犯罪。

---

[*] 作者：程传杰，天津市河西区人民检察院。本文原载于《检察日报》2018年11月21日。

1. 污染环境罪增设危险犯的必要性

首先,污染环境犯罪行为认定上具有复杂性。在传统犯罪中,犯罪行为直接作用于人身或财产等犯罪对象,行为和结果之间的因果关系判断比较明晰。污染环境犯罪行为,其结果的发生要以通过环境这一媒介,而土地、水体、大气等环境媒介本身具有很强的自净能力,因而危害结果有时往往不会立刻显现,行为和结果的发生之间有一个时间差,正是这种结果发生的滞后性使得危害行为和危害结果之间的因果关系难以判定。另外,在实践中对于同一危害结果的发生,很多情况下是由多个行为人的污染行为叠加,通过环境自身的机理发生一定的物理、化学反应才发生的,这也增加了犯罪认定的复杂性。在污染环境罪中设置危险犯,可以及时、有效地对相关人员责任进行追究。

其次,污染环境罪犯罪结果的发生具有持续性和不可逆性。从污染环境犯罪的危害结果来看,其造成的损害是持续的,并不会因犯罪行为停止而终止。如果排放到环境中的有害物质超过了环境自身的自净调节能力,剩余的有害物质便会产生环境损害的结果,这种损害结果不会马上消失,往往会持续性发生作用,甚至危害几代人的生命健康。与普通的犯罪相比,污染环境犯罪一旦既遂,其危害结果往往特别严重,而要想消除因污染受到的危害,往往需要较长的时间。对于一些较为极端的环境污染事件,其危害性一旦发生,结果将不可逆转。如果在发生危害结果后才对污染行为进行法律规制,难以达到应有效果。

最后,污染环境罪犯罪侵害的客体具有公共性。污染环境犯罪行为侵害的直接对象是生态环境,作为人类共享的生态环境权益具有独立的、受刑法保护的价值。在司法实践中,重大污染事故的发生往往损害不特定多数人的人身、财产安全,表现出很强的公共性。如果在污染环境犯罪中增加危险犯的规定,会对相关主体起到警示指引作用,他们在生产过程中会主动采取措施避免犯罪行为,即使产生了危险的状态,行为人为了避免加重处罚,也会去阻却危险状态转化为实害后果。

2. 污染环境罪增设危险犯的现实性

一是危险犯要求行为达到"危险"的状态,既可以让那些有严重污染环境危险的行为得到控制,避免出现不可挽回的严重后果,又可以将那些轻微的环境污染行为置于可规制可治理的状态。

二是回应民众对美好环境的期待。设立危险犯,防患于未然,符合我国当前环境战略选择。我国环境政策体现出"预防为主"的理念,强调在环境保护方面应更加注重预防,因此与该政策相适应,我国在环境立法方面也应该注重制定预防措施。当前我国在污染环境犯罪的立法方面以"结果犯"和"行为犯"的规定为主,但是在多数情况下,环境污染结果并不会随行为而立即产生,在这种情况下如果对行为放任不管,便可能造成不可挽回的后果。在现有污染环境罪的基础上规定危险犯,可以提前对污染环境行为进行规制,加强环境污染预防力度,更加符合我国预防为主的保护理念。

3. 污染环境罪增设危险犯的可行性

一是域外有关环境犯罪的立法提供了有益借鉴。考察域外立法,许多国家都将危险犯规定在有关的污染环境犯罪中。日本、德国的立法模式,是将环境污染犯罪的危险行为犯罪化,从而有利于通过刑罚适用从源头上预防环境污染犯罪。同时,也更有利于通过刑法的指引和规范功能使社会公众普遍地确立环境保护意识,预防污染环境犯罪行为,强化和保障污染环境犯罪的治理效果。

二是刑法中存在危险犯的立法例。增设污染环境罪的危险犯,符合我国同类刑事立法的原理的要求。如根据我国《刑法》第117条规定,破坏交通设备,足以使火车、汽车、电车、船只、航空器发生倾覆、毁坏危险,尚未造成严重后果的,构成犯罪既遂。这种规定就是为了有力地打击那些危害公共安全的犯罪行为,防止严重后果的发生。污染环境犯罪行为造成的危害后果也具有一定的公共性,从危害后果的严重性来看,完全有必要对污染环境造成危险的行为给予刑罚制裁。

三、污染环境犯罪治理问题[*]

《刑法修正案(八)》将《刑法》第338条修改为:"违反国家规定,排放、倾倒或者处置有放射性的废物、含传染病病原体的废物、有毒物质或者其他有害物质,严重污染环境的,处三年以下有期徒刑或者拘役,并处或者单处罚金;后果特别严重的,处三年以上七年以下有期徒刑,并处罚金。"此次修改,将原来的重大环境污染事故罪修改为污染环境罪,取消了"造成重大环境污染事故,致使公私财产遭受重大损失或者人身伤亡的严重后果的"规定,这大大降低了该罪的入罪门槛,增强了可操作性,体现了从严打击污染环境犯罪的立法精神。但是由于污染环境行为复杂性、危害结果显现周期长、因果关系认定难等特点,在办理污染环境案件过程中暴露出一些问题亟待解决。鉴于

---

[*] 作者:李亚明,北京市门头沟区人民检察院。本文原载于《检察日报》2018年12月2日,原题为《多管齐下强化污染环境犯罪治理》。

此，笔者认为，可从以下三方面完善污染环境罪。

1. 立法方面的完善

一是提高法定刑。污染环境罪主观方面多为故意，社会危害性比较大，一旦发生对生态环境造成巨大破坏，甚至可能导致生态灾难。污染环境罪法定刑一般处 3 年以下有期徒刑或者拘役，后果特别严重的，法定刑最高为 7 年。从主观罪过和客观社会危害性等方面综合考量，污染环境罪的法定刑明显偏轻，不利于对该类犯罪行为的打击，与罪刑相适应原则之要求相悖。二是增设危险犯。污染环境犯罪具有危害不特定多数人的生命健康和财产的公共安全特征，一旦发生危害后果，可能会造成难以衡量的损失。如果发生危害后果再去予以刑事制裁，就难以发挥刑法防患于未然的作用。为此，将污染环境达到一定程度的危险状态纳入刑法打击范围，将侵害环境安全法益危险行为予以犯罪化处理，有利于发挥刑法惩治预防犯罪的功能。三是提高罚金数额。污染环境犯罪多具有牟利性质，科处不法分子财产刑，从整体上看便于严厉惩处和预防该类犯罪行为。然而，司法实践中对实施污染环境犯罪分子判处罚金数额偏低，导致违法成本低，罚金刑未能起到应有的惩戒功能。鉴于此，确定较高的罚金数额，可加大打击力度，提高违法成本。

2. 健全责任追究路径，加大惩处力度

一是追究行为人生态修复责任。在办理污染环境案件时，坚持打击和治理并重，贯彻恢复性司法理念，加强释法说理，引导当事人积极履行生态修复民事责任，在依法追究犯罪分子刑事责任的同时，通过提起刑事附带民事公益诉讼，使不法分子承担修复环境的民事责任，将是否承担污染治理、缴纳修复费用等作为污染环境罪量刑的重要考量因素。二是建议法院适用从业禁止。环境污染犯罪的发生一般与单位或个人生产经营活动有关，仅判处自由刑，并不足以震慑和防治污染环境行为。为此，应加大资格刑的适用范围，检察机关在提起公诉时，可以建议法院判处相关单位和个人一定期限的从业禁止，剥夺其从事相关职业或营业的权利，从源头上减少犯罪的可能性，有效遏制污染环境犯罪。

3. 完善工作机制，形成合力

一是加强与行政部门、公益组织沟通联系，搭建信息平台。通过定期或不定期联席会议，加强协作配合，共享执法司法办案信息，达成广泛共识，统一法律标准，形成打击污染环境犯罪的合力。二是建立环境案件专家辅助人制度。办理污染环境案件时适时引入专家辅助人，弥补司法办案人员环境专业知识不足的短板，为查清案件关键性问题提供有力技术支持。三是注重做好污染环境犯罪的预防工作。开展类案分析，找准案发原因、特点，依托检察建议等方式，提出整改意见，帮助涉案单位建章立制，堵塞漏洞，提升环境保护意识和工作水平。四是探索设置专门的环境办案机构。在污染环境违法犯罪案件集中的地区，探索建立专门的环保公安、环保检察和环保审判机构，组建专业化办案队伍，提升办案素能，实现司法办案的法律效果、政治效果和社会效果的有机统一。

四、野生动物保护：刑事、民事并举增强合力[*]

野生动物是重要的生态资源，是人类赖以生存的生态系统的重要组成部分。保护野生动物资源，对于维护生态平衡、促进社会经济持续稳定发展意义重大。"两高"出台的《关于检察公益诉讼案件适用法律若干问题的解释》明确了人民检察院在对破坏生态环境和资源保护领域损害社会公共利益的犯罪行为提起刑事公诉时，可一并提起附带民事公益诉讼。要进一步提升野生动物保护领域刑事附带民事公益诉讼办案效果，应当从生态系统的整体性、生态环境损害赔偿的公益性、生态环境风险的预防性三个维度重点把握。

1. 生态系统的整体性

山、水、林、田、湖是一个生命共同体的理念，强调的是生态系统的整体性、系统性，要求对山、水、林、田、湖在内的生态环境资源进行整体保护、系统修复、综合治理，以增强生态系统循环能力，维护生态平衡。非法猎捕、杀害野生动物的犯罪行为有损生物多样性保护，使野生动物生态功能面临威胁，尤其在生态脆弱区，由于缺乏有效的生态保护机制，有可能导致一系列生态环境问题，使人与自然的矛盾加剧。在大自然生态系统中，野生动物不是一个孤立的自然要素，在办案中要将野生动物和山、水、林、田、湖在内的自然生态要素视为一个不可分割的、有机的生态系统整体，统筹考虑自然生态各要素的内在联系，把握生态系统的内在规律，将公益诉讼作为国家生态文明建设的有机组成部分，注重整体保护、系统修复和综合治理，促进人与自然和谐共处。

2. 生态环境损害赔偿的公益性

生态环境损害涉及私益和公益两种不同性质的权益，对于生态环境侵权行为造成的私益损害，应根据侵权责任法有关民事责任承担方式的规定进行赔

---

[*] 作者：乌兰，内蒙古自治区人民检察院。本文原载于《检察日报》2019年1月17日。

偿。而生态环境损害更多是公共利益的损害,是生态环境整体的物理、化学、生物性能的重大退化。中共中央办公厅、国务院办公厅出台的《生态环境损害赔偿制度改革方案》对"生态环境损害"的定义也着眼于生物要素的不利改变和生态系统功能退化方面,规定为"本方案所称生态环境损害,是指因污染环境、破坏生态造成大气、地表水、地下水、土壤、森林等环境要素和植物、动物、微生物等生物要素的不利改变,以及上述要素构成的生态系统功能退化"。生物要素的不利改变和生态系统功能退化影响的不只是某一个体的私益,而是不特定多数人的利益。民事诉讼法、"两高"《关于检察公益诉讼案件适用法律若干问题的解释》也将民事公益诉讼、刑事附带民事公益诉讼的适用范围限定为"损害社会公共利益的行为"。由于侵权责任法主要救济直接损失,针对的是具体产生的损害,在办理生态环境领域民事公益诉讼案件时生物要素的不利改变、生态系统功能退化等侵害后果的弥补极易受到忽视。办理野生动物保护领域刑事附带民事公益诉讼案件,不应只限于弥补野生动物资源直接价值损失,应更多考虑非法猎捕、杀害野生动物的行为对整体生态系统服务功能的不利影响,着眼于通过检察公益诉讼使侵害野生动物行为对生物多样性保护及给人类带来的生态系统生存利益的减损得以修复。

3. 生态环境风险的预防性

生态环境损害包括两方面内容,除了对人类生命、健康、生存环境造成有具体实际影响的损害,还包括尚未实际发生但将来可能发生的重大损害。具体到野生动物保护领域而言,以陆生野生动物为例,收录在《"三有"保护动物名录》中的陆生野生动物,都是有益于人类生存环境,具有生态、经济、科学研究价值的,如对这类野生动物的损害不及时采取预防措施,放任野生动物资源的持续减损,将极有可能导致自然生态环境特性的不利改变和生态环境整体性能的退化。生态环境损害赔偿除了填补生态环境违法行为实际造成的损害外,还应体现为对生态环境具有危险性行为的预防和对美好生态的预期保护。鉴于此,野生动物保护领域民事公益诉讼的诉讼请求,应考虑要求违法行为人支付生态修复费用。生态环境修复针对的救济对象是生态环境公共利益,指向对造成生态环境、人类生命、健康利益造成危险的抵抗和排除。为提升办案效果,增强法律监督制度合力,检察机关在野生动物保护领域应采取刑事、民事公益和行政公益多元措施,实现检察公益诉讼双赢多赢共赢的效果。

五、刑法所保护的野生动物范围认定[*]

涉珍贵、濒危野生动物资源犯罪包括刑法第 341 条第 1 款的非法捕猎、杀害珍贵、濒危野生动物罪以及非法收购、运输、出售珍贵、濒危野生动物、珍贵、濒危野生动物制品罪两个罪名。根据 2000 年最高人民法院《关于审理破坏野生动物资源刑事案件具体应用法律若干问题的解释》规定，上述罪名中的"珍贵、濒危野生动物"包括列入《国家重点保护野生动物名录》中的国家一、二级保护野生动物，《濒危野生动植物种国际贸易公约》附录Ⅰ、附录Ⅱ中的野生动物，以及驯养繁殖的上述动物。

长期以来，理论界和实务界对于涉珍贵、濒危野生动物资源犯罪的对象是否应当包括驯养繁殖的珍贵、濒危野生动物，存在不同观点。对此，笔者认为，在涉珍贵、濒危野生动物资源犯罪对象范围的界定方面，宜从立法原意与文理解释的角度分析，并根据社会形势的变化予以调整。

1. 涉珍贵、濒危野生动物资源犯罪对象范围的界定

根据法律规定，涉珍贵、濒危野生动物资源犯罪的罪名列于刑法分则第六章"妨害社会管理秩序罪"之中。刑法分则的章节是依据同类客体的标准进行划分的，因而，"章"与"节"中的罪名侵犯的是同类客体。由于刑法分则第六章的罪名侵犯的客体是社会管理秩序，根据"章"与"节"之间的种属关系，涉珍贵、濒危野生动物资源犯罪的客体应当是珍贵、濒危野生动物保护制度。

事实上，野生动物法对于驯养繁殖的野生动物和其野外种群实行相同的保护和管理制度。例如，根据野生动物保护法规定，行为人未经相关手续或未持有人工繁殖许可证等证件，出售、购买、利用、运输、携带、寄递国家重点保护野生动物及其制品或者人工繁育的上述野生动物的，均要承担相应的法律责任。同时，《野生动物保护法》第 28 条第 2 款规定，对于列入《人工繁育国家重点保护野生动物名录》且人工繁育成熟的野生动物，可以不再列入《国家重点保护野生动物名录》，实行与野外种群不同的管理措施。换言之，我国对于尚在《国家重点保护野生动物名录》中的驯养繁殖的珍贵、濒危野生动

---

[*] 作者：高孝义、金华捷，上海市人民检察院第三分院。本文原载于《检察日报》2019 年 1 月 13 日，原题为《依据前置法确认刑法所保护的野生动物范围》。

物,应当与野外种群实行相同的管理措施。由于野生动物保护法对两类珍贵、濒危野生动物采取相同的保护和监管的措施,因此,在刑事案件中行为人非法捕猎、杀害驯养繁殖的珍贵、濒危野生动物、非法收购、运输、出售上述野生动物及其制品的行为,同样会侵犯珍贵、濒危野生动物资源保护制度。因此,从立法原意分析,刑法中"珍贵、濒危野生动物"应当包含驯养繁殖的珍贵、濒危野生动物。

从文理解释分析,对于法定犯刑法条文所作的理解,除以字面含义为依据外,结合前置法的规范可以看到,自然犯危害性在于违反公共善良风俗和人类伦理;法定犯的危害性在于违反前置法律法规。因此,自然犯的文理解释通常侧重于其字面本身的含义,而法定犯则须兼顾前置法中的相关定义和概念。涉珍贵、濒危野生动物资源犯罪属于法定犯的范畴,则界定"珍贵、濒危野生动物"的含义须结合野生动物保护法等相关前置法规定。事实上,我国野生动物保护法中的"野生动物"的概念也是从物种的角度来界定的,既保护野外的珍贵、濒危野生动物,也保护驯养繁殖的珍贵、濒危野生动物。换言之,在我国野生动物保护法的语境下,"野生动物"的含义既包括野外的珍贵、濒危野生动物,也包含驯养繁殖的珍贵、濒危野生动物。从文理解释可知,驯养繁殖的野生动物也被纳入了刑法中"野生动物"的范畴。因此,刑法中的珍贵、濒危野生动物应当包括驯养繁殖的物种。

2. 涉珍贵、濒危野生动物资源犯罪对象范围的调整

由于社会生活环境发生变化,刑事立法的内容可能会因当前形势的需要而变化。2017年,《野生动物保护法》即对珍贵、濒危野生动物的法律保护作出了调整,其第28条第1款规定,对人工繁育技术成熟稳定的国家重点保护动物,经论证,可以纳入《人工繁育国家重点保护野生动物名录》;第2款规定,对于纳入《人工繁育国家重点保护野生动物名录》的野生动物的人工种群,根据其保护情况,可以不再列入《国家重点保护野生动物名录》,实行与野外种群不同的管理措施。对此,笔者认为,刑法中"珍贵、濒危野生动物"之所以包含驯养繁殖的珍贵、濒危野生动物,主要是因为野生动物保护法对于野外以及驯养繁殖的珍贵、濒危野生动物的管理体系具有同一性。既然现行野生动物保护法对于不同的珍贵、濒危野生动物已经规定可以实行不同的管理措施,刑法再对所有的珍贵、濒危野生动物均实行同等的法律保护,无疑是不合适的。因此,宜结合野生动物保护法的规定,将列入《人工繁育国家重点保护野生动物名录》的人工种群排除出刑法保护范围。

首先,对人工繁育的珍贵、濒危野生动物的法律保护可以通过行政法予以调整。国家林业局2017年发布《人工繁育国家重点保护野生动物名录(第一

批)》,将梅花鹿、马鹿、暹罗鳄等9种国家重点保护野生动物纳入其中。应该看到,我国对于珍贵、濒危野生动物的人工繁育技术近年来日趋成熟稳定,缓解了野外珍贵动物种群的保护压力。由于我国对于野外繁殖及驯养繁殖的珍贵、濒危野生动物均实行相同的监管体系和措施,司法机关严惩非法利用驯养繁殖的珍贵、濒危野生动物资源的举动经常招致舆论误解。为区别监管两类珍贵、濒危野生动物,国家出台《人工繁育国家重点保护野生动物名录》。因此,列入《人工繁育国家重点保护野生动物名录》的珍贵、濒危野生动物,不仅在人工繁育技术的成熟程度方面经过了国家的论证和认可,国家监管部门也有意对这类珍贵、濒危野生动物实行与野外珍贵、濒危野生动物不同的监管措施。同时,国家林业局《野生动物及其制品价值评估方法》规定,人工繁育以及列入《人工繁育国家重点保护野生动物名录》的野生动物及其制品的价值,分别按照同种野生动物及其制品的50%和25%执行。由此可见,列入《人工繁育国家重点保护野生动物名录》的人工种群与其他驯养繁殖的珍贵、濒危野生动物相比,其保护和监管的力度也弱于后者。据此,从刑法谦抑性的角度考虑,将列入《人工繁育国家重点保护野生动物名录》的人工种群交由行政法规对其实行法律保护更合适。

其次,将列入《人工繁育国家重点保护野生动物名录》的人工种群排除出刑法保护范围,既体现了刑法与前置法之间的衔接性,也与解释论的结论相一致。法定犯的特点在于刑事法律规定与其前置法规定往往相互契合。野生动物保护法已经规定,可以对列入《人工繁育国家重点保护野生动物名录》的人工种群实行与野外种群不同的管理措施。那么,刑法中"珍贵、濒危野生动物"不再包含这类珍贵、濒危野生动物,无疑能够与野生动物保护法相衔接。同时,刑法中"珍贵、濒危野生动物"包含驯养繁殖的珍贵、濒危野生动物的理论依据在于野生动物保护法对野外及驯养繁殖的珍贵、濒危野生动物实行相同的管理措施。既然列入《人工繁育国家重点保护野生动物名录》的人工种群的监管措施已经不同于野外种群,从解释论角度分析,刑法中"珍贵、濒危野生动物"就不再包括其人工种群。

六、越界越层开采矿产资源行为如何定性[*]

越界越层采矿,是指在采矿许可证的水平标高、拐点以外开采矿产资源,其行为与矿产所有权息息相关。对越界越层开采矿产资源数额特别巨大的行为构成何种犯罪的争议主要集中在两方面,有人认为构成非法采矿罪,也有人认为构成盗窃罪。认为构成非法采矿罪的理由大致为:首先,以盗窃方法非法采矿的行为系法条竞合,根据特别法条优先适用原则,应认定为非法采矿罪。其次,根据刑法谦抑性原则和刑罚轻缓性趋势,定性为非法采矿罪更为妥当。最后是作为反驳构成盗窃罪的观点,认为不存在"公然盗窃"情形,所以不构成盗窃罪。主张构成盗窃罪的观点则认为,该类行为同时构成非法采矿罪与盗窃罪,但是二者系想象竞合犯,按照想象竞合犯择一重处的原则,应当认定为盗窃罪。司法实践中,以盗窃罪或以非法采矿罪定罪处罚的都有。

越界越层开采矿产资源数额特别巨大的,其行为性质到底属于非法采矿还是盗窃?笔者认为,结合竞合犯等相关刑法理论进行分析,对该类行为以盗窃罪定性较为适宜。

1. 法条竞合情况下,特别法条优先适用原则并不具有普遍适用性

有人认为,法条竞合概念意味着只要存在特别关系,特别法条的适用优先性是不可动摇的。据此,对于越界越层开采矿产资源的行为,毫无疑问应当以非法采矿罪定罪处罚。其实,特别法条优先适用原则并非法律适用的绝对原则。一是刑法分则规定,同时构成《刑法》第140条规定的生产销售伪劣产品罪与生产销售第141条至第148条所列产品相关犯罪的,按照处罚较重的规定定罪处罚。该条款明显排除了特别法条优先适用原则。二是与罪刑法定、罪责刑相适应等刑法明文规定的刑法原则相比较,刑法并没有明确规定特别法绝对优先适用。三是法条竞合时禁止适用普通法条,法律对此有明确规定。比如刑法规定"本法另有规定的,依照规定"时,就禁止适用普通法条,或者从立法精神来看只能适用特别法条时就禁止适用普通法条。除此之外,当然可以适用普通法条。很显然,盗窃罪和非法采矿罪并不存在上述禁止性情形。

---

[*] 作者:张训,安徽淮北师范大学政法学院;张文峰,安徽省濉溪县人民检察院。本文原载于《检察日报》2019年2月17日。

2. 以盗窃罪论处契合竞合理论

根据我国刑法学通说，盗窃行为是以秘密窃取手段实施，而秘密窃取又以行为人自认为不被发觉为判断标准。以此而言，越界越层开采矿产资源的行为人在自以为无他人（至少是许可人）发觉的情况下，以非法占有为目的，采掘国家矿产资源，数额特别巨大的，构成盗窃罪。根据我国刑法规定，未经批准，擅自开采矿产资源的行为，构成非法采矿罪。

值得探讨的是，越界越层开采矿产资源的行为究竟适用哪一罪名。首先需要引入竞合理论。当一个行为符合数个犯罪构成或者触犯数个罪名，属于竞合。那么，越界越层开采矿产资源数额特别巨大的行为究竟属于想象竞合还是法条竞合？竞合理论通说认为，当一个行为触犯了数个刑法规范，而此数个刑法规范之间存在包容或交叉的逻辑关系时，属于法条竞合，如果不存在这种逻辑关系，则多为想象竞合。也有学者认为这只强调了两者划分的形式标准，还应该结合实质标准进行判断，即法条竞合应当满足法益的同一性和与不法的包容性要求。

就盗窃罪和非法采矿罪而言，二者虽然侵犯的对象都是公私财物，但是侵害客体或者法益却不尽相同。根据上述判断标准进行分析，盗窃罪与非法采矿罪在犯罪构成上并不存在严格逻辑意义上的重合或者包容关系。最主要的区别在于二者所侵害的主体法益（犯罪客体）不同。盗窃罪侵犯的主体法益是财产所有权，而非法采矿罪侵犯的主体法益是国家对矿产资源的管理制度。在行为方式上，越界越层盗采矿产行为亦并非等同于未取得采矿许可证擅自开采行为。所以，应根据想象竞合犯理论，对越界越层开采矿产的行为选择适用盗窃罪。

即使上述行为同时符合法律规定的普通刑法与特别刑法的犯罪构成，即为法条竞合犯，也应当以盗窃罪定罪处罚。刑法理论上有关法条竞合适用法律的原则，除了特别法优于普通法之外，还有重法优于轻法的原则。因此，在特殊情况下，特别法条优先于普通法条适用的原则仍然应当受重法优于轻法的原则所规制。所谓特殊情况是指以下两种情况：一是法律明文规定，按照重罪定罪处罚。二是法律没有明文规定按照普通法条定罪处罚，但对此也没有作出禁止性规定，而且按照特别法条定罪，明显不能做到罪责刑相适应的，宜按照重法优于轻法的原则定罪处罚。对越界越层开采矿产资源数额特别巨大的行为，以非法采矿罪定罪处罚，明显不能做到罪责刑相适应，因而应以盗窃罪定罪处罚。

3. 以盗窃罪论处能够完整保护矿产资源所有权

非法采矿罪并不具有保护财产所有权的功能。采矿许可证是主体在特定范围内实际进行矿产开采活动的市场准入证,是矿产开采市场准入的外在标志。无证开采矿产资源的行为,侵犯的是矿业开发市场的准入管理秩序,而非财产安全。刑法规定非法采矿罪并不是完全为了保护作为矿产品的财产归属。因为,假设该罪具有保护财产的功能,那么以任何方式非法采矿的行为,都可以被聚众哄抢、盗窃等刑法规定的其他侵财类罪名所涵盖,因而致使非法采矿罪之罪名设置失去意义,并且也无法解释盗窃罪与非法采矿罪之间刑罚差异巨大的问题。因此,在非法采矿罪客体单一特定的情况下,对越界越层开采矿产资源数额特别巨大的行为以盗窃罪定罪处罚,更加符合对其法益(财产权)保护的要求。

无论从哪个角度进行判断,设立非法采矿罪的目的都在于加强保护国家对矿产资源管理秩序,而不是相反。作出符合立法目的的司法判断,是法律对司法机关适用法律的根本要求。从刑法的角度来看,若要加强对某一法益的保护,就应适当增强刑罚的严厉性,而不是削弱。对于盗采矿产资源的行为,以刑罚更为严厉的盗窃罪定罪处罚,更加符合国家加强对矿产资源保护的立法目的。

对于国有财产与私人财产,法律都应该给予平等的保护,不能以刑罚轻缓化为由弱化对国有财产的保护。犯罪的最本质特征是社会危害性。社会危害性也是确定刑罚的最重要考核标准。从对财产权平等保护的角度看,盗窃国有财产和盗窃私人财产在社会危害性上并没有什么本质区别。就犯罪数额而言,如果盗窃私人财产数额特别巨大,可能被以盗窃罪判处无期徒刑,而越界越层盗窃国家矿产资源,如以非法采矿罪定罪,法定刑最高为有期徒刑7年,并不利于国有财产保护。刑罚轻缓化固然是现代刑法发展的一种趋势,但仍应受制于罪刑法定原则,并兼顾对犯罪的预防和改造的社会效果。虽然对于特别法条直接适用可能有利于提高诉讼效率,减少法律适用上的争议,但与立法目的不符。刑法的适用,不能简单追求理论或者实务操作简便,而忽略了实质正义的要求。在严格遵循罪刑法定情况下,探寻并遵循立法精神,才能真正实现法律的价值。

4. 以盗窃罪论处能够充分评价罪行

符合想象竞合犯的行为侵犯的是两个以上客体,从罪行充分评价的角度,应当对侵害两个以上的客体的行为都全部予以评价,在此基础上再决定罪名和刑罚。对于越界越层开采矿产资源的行为直接以非法采矿罪评价,实际上是对财产权这一重要法益侵害评价的疏漏,更是与想象竞合犯对于所有被侵害法益充分评价并决定适用何种罪名的原理不符。

以非法采矿罪定罪量刑,即使以最高刑处罚,也只是对国家自然资源管理秩序遭受破坏行为的评价，对于盗窃数额特别巨大的财物的犯罪事实没有评价。从犯罪竞合的角度看，只有当适用一个法条能够充分评价一个行为的所有不法内容时，才可能是法条竞合，否则就是想象竞合，进而适用择一重处的规定。就此，有学者明确指出，非法采矿符合盗窃罪犯罪构成的，属于想象竞合，应从一重罪处罚。实际上，从本质上看，越界越层开采国家矿产资源就是一种盗窃行为，以盗窃罪对其评价恰如其分。

另外，与其他破坏环境类的犯罪相比较，非法采矿罪的刑事责任配置明显较轻。如盗伐林木罪可以处以7年以上有期徒刑，而非法采矿罪最高刑为7年有期徒刑。两相比较，矿产资源不仅产生周期长，使用价值高，而且从司法实践来看，盗采矿产资源行为的盗采能力、数量、价值都远远高于盗伐林木行为，造成的社会危害性也更大。如此，对于越界越层开采国家矿产资源，如果仅以非法采矿罪评价的话，会更加导致罪责刑失衡。

七、以社会属性界定"农用地"更契合法益保护[*]

1997年刑法增设非法占用耕地罪，2001年《刑法修正案（二）》对该罪名的罪状作了修改，将其犯罪对象由耕地扩大为包括耕地、林地等在内的所有农用地，因而，罪名也变更为非法占用农用地罪。非法占用农用地罪的设立和修正以及相关司法解释的出台，体现了刑法在保护农用地资源方面的积极作用。但理论界和实务界对本罪的适用有关问题尚存在认识分歧，影响了对非法占用农用地违法犯罪行为的打击。笔者在此就该罪适用中一些问题予以梳理，以期更准确地理解与适用该罪名。

1. 依据土地的社会属性界定"农用地"

适用非法占用农用地罪，准确界定"农用地"尤为关键。笔者认为，司法办案中，以土地的社会属性为准认定土地的性质，更加契合非法占用农用地罪的法益保护。犯罪客体是刑法学犯罪构成理论中反映犯罪危害社会的本质内容的要件。关于非法占用农用地罪的客体，观点不一，主要有以下几种：一是国家的土地管理制度；二是国家对农用地的管理和保护秩序；三是农用地的特定用途（农用地用途特定性）。笔者认为，第三种观点更为恰当。土地管理法明确国家实行土地用途管制制度，将土地分为农用地、建设用地和未利用地。

---

[*] 作者：汪德庆，江西省人民检察院。本文原载于《检察日报》2018年10月28日。

规划确定土地用途，是加强土地管理，合理利用土地的具体举措。刑法规定了非法占用农用地罪是以"改变被占用土地用途"为要件，质言之，该罪破坏了国家确定的土地用途包括政府规划的用途，进而侵犯了国家对农用地的管理制度。所以，以土地的社会属性为准认定土地的性质，更有利于通过刑法手段对农用地特定用途给予保护。

2. 准确认定"数量较大"与"大量毁坏"之间的逻辑关系

非法占用农用地罪是典型的结果犯，"数量较大"和"大量毁坏"都是非法占用农用地行为造成的结果，都属于犯罪构成要件要素。关于"数量较大"与"大量毁坏"之间内在的逻辑关系，司法实务把握标准也不一。

最高人民法院针对审理破坏耕地、林地、草地资源刑事案件应用法律问题出台了三部司法解释，分别对"数量较大"和"大量毁坏"的内涵进行了界定。司法实践适用该罪名时，应该严格遵照司法解释有关规定，准确理解把握"数量较大"与"大量毁坏"的各自内涵及逻辑关系。根据《关于审理破坏土地资源刑事案件具体应用法律若干问题的解释》，"造成耕地大量毁坏"，是指行为人非法占用耕地建窑、建坟、建房、挖沙、采石、采矿、取土、堆放固体废弃物或者进行其他非农业建设，造成基本农田五亩以上或者基本农田以外的耕地十亩以上种植条件严重毁坏或者严重污染。"大量毁坏"不仅要具备"数量较大"的"量"的要求，还同时需要符合"耕地的种植条件严重毁坏或者严重污染"的结果。

3. 认定"大量毁坏"的鉴定问题

"造成耕地、林地等农用地大量毁坏"是构成非法占用农用地罪客观方面的重要条件之一。最高人民法院分别于2000年、2005年和2012年颁布司法解释，对"造成耕地大量毁坏""造成林地大量毁坏"和"造成耕地、林地等农用地大量毁坏"作出了具体规定，但是，在实施过程中，对于什么是"耕地种植条件严重毁坏""林地的原有植被或林业种植条件严重毁坏""草原的原有植被严重毁坏"或者"严重污染"，如何进行认定、由谁出具认定结论等问题仍存在认识不一的问题。

笔者认为，耕地、林地等农用地的种植条件是否遭受严重毁坏或严重污染的认定，是属于专业性较强、一般人难以判定的技术性问题，应该由专业人员在遵循一定的程序和时限要求前提下作出科学认定。当然，实务中也要避免另一种倾向，即凡遇到需要认定的就一律要求由司法鉴定机构出具鉴定意见，其他机构出具的鉴定意见或认定报告均以不具有鉴定主体资格而否认其证据资格。根据2005年全国人民代表大会常务委员会《关于司法鉴定管理问题的决定》和2016年1月最高人民法院、最高人民检察院、司法部联合印发的《关于将环境损害司法鉴定纳入统一登记管理范围的通知》规定，只有法医类、物证类、声像资料类、环境损害类等四类专门性问题的认定，是强制需要进行司法鉴定的。关于严重污染的认定，2016年的"两高"《关于办理环境污染刑事案件适用法律若干问题的解释》确定了鉴定与检验报告相结合的原则。

对于耕地毁坏的认定，司法实践基本有章可循。2008年9月，国土资源部、最高人民检察院、公安部联合发布《关于国土资源行政主管部门移送涉嫌国土资源犯罪案件的若干意见》，明确规定"需要对耕地破坏程度进行鉴定的，由市（地）级或者省级国土资源行政主管部门出具鉴定结论"。各地也在积极探索制定文件，以规范对耕地破坏的鉴定工作。比如，2017年2月1日起实施的《江西省耕地破坏鉴定暂行办法》，对耕地种植条件严重毁坏的认定标准、鉴定程序、鉴定经费等问题进行了规范。山东、安徽、河北等地方也出台了破坏耕地鉴定办法等相关文件。

对于林地毁坏的认定，关键要准确把握"造成林地的原有植被或林业种植条件严重毁坏或者严重污染"这个定性要件。因目前尚未出台对破坏林地认定问题的相关规定，鉴定方面的问题较为突出。一是鉴定主体较为混乱，鉴定资质受到质疑。如林业调查设计队、林业工程师、林业司法鉴定中心等等都可以充当案件的鉴定人。二是过于依赖司法鉴定。一些地方司法部门认为对林地是否毁坏的判定，一定要进行司法鉴定，没有司法鉴定意见就不能定案，因此，要加强对此类问题的重视。

对于草地毁坏的认定，《关于审理破坏草原资源刑事案件应用法律若干问题的解释》第2条明确了"造成草原大量毁坏"的五种情形。相对于耕地、林地而言，对于草地毁坏的界定，更具体详尽，便于司法运用。

疑案精解

盗伐他人案值不大的林木如何处理*

基本案情：2015年8月至10月期间，傅某雇用他人多次至邻居张某自留山上的毛竹林中，分批盗伐毛竹2万余斤，约1000株。案发后，公安机关以

---

* 作者：仝永涛，浙江省宁波市人民检察院。本文原载于《检察日报》2019年2月26日。

涉嫌盗窃罪将傅某抓获。经鉴定，当地毛竹山上的毛竹单价为0.07元/斤，故本案被盗伐毛竹鉴定价格为人民币1400元。

1. 分歧意见

关于本案的处理，有三种不同意见：第一种意见认为，根据该省高级人民法院、省人民检察院《关于确定盗窃罪数额标准的通知》规定，盗窃公私财物价值人民币3000元以上的，应当认定为《刑法》第264条规定的"数额较大"。本案被盗毛竹价值不满3000元，傅某的行为涉嫌盗窃罪，因未达到数额较大标准，可不作刑事处罚。第二种意见认为，傅某的行为构成盗伐林木罪，但不应给予刑事处罚。理由是盗伐林木罪与盗窃罪存在法条竞合关系，刑法将盗伐林木罪从盗窃罪中独立出来，是为了对森林资源进行特殊保护。也即，盗伐林木罪的成立应以盗窃罪的成立为前提，因本案涉案金额未达到盗窃罪数额较大标准，不能构成盗窃罪，故也不能以盗伐林木罪论处。第三种意见认为，傅某的行为构成盗伐林木罪，且盗伐林木数量达到《刑法》第345条规定的数量较大标准（该省高级人民法院《关于部分罪名定罪量刑情节及数额标准的意见》规定"盗伐竹林或者其他竹子200株以上不满2000株或者造成经济损失2000元以上不满2万元的为数量较大"），应予处罚。

2. 评析

笔者同意第三种意见。

我国刑法理论一般将犯罪客体分为一般客体、同类客体和直接客体。直接客体是指，"某一种犯罪行为所直接侵害而为我国刑法所保护的社会关系，即刑法所保护的某种具体的社会关系。"从客体属性看，盗伐林木罪与盗窃罪之间存在明确的界限，盗窃罪的直接客体为单一客体，即公私财产所有权；而盗伐林木罪为复杂客体，即国家林业管理制度和国家、集体或公民的林木所有权，其中前者为主要客体，后者为次要客体。森林资源在改善生态环境方面具有不可替代的重要作用，国家对森林资源采取严格的保护性措施。根据我国森林法规定，采伐林木必须申请采伐许可证，按许可证的规定进行采伐，农村居民采伐自留山和个人承包集体的林木，由县级林业主管部门或者其委托的乡、镇人民政府依照有关规定审核发放采伐许可证。采伐以生产竹材为主要目的的竹林，适用以上规定。本案中，傅某雇人盗伐邻居张某自留山上的毛竹，从表面看是侵犯他人的财产所有权，但实质上所侵犯的是复杂客体，即既侵犯了他人的财产所有权，又侵犯了森林环境资源。显然，对于傅某雇佣他人盗伐张某自留山上数量较大毛竹的行为，应适用最高人民法院《关于审理破坏森林资源刑事案件具体应用法律若干问题的解释》（以下简称《解释》）第3条第

(一)项之规定,"以非法占有为目的,擅自砍伐国家、集体、他人所有或者他人承包经营管理的森林或者其他林木,数量较大的",以盗伐林木罪定罪处罚。

盗伐林木罪和盗窃罪不是法条竞合关系,对傅某处以盗伐林木罪不须以其行为构成盗窃罪为前提。法条竞合,是指一个行为同时符合数个法条规定的犯罪构成,但从数个法条之间的逻辑关系来看,只能适用其中一个法条,当然排除适用其他法条的情况。一般认为,只有当两个法条之间存在包容关系时,才能认定为法条竞合关系。但是盗伐林木罪和盗窃罪并非法条竞合关系。首先,两者不具有逻辑上的包容性。尽管《解释》第3条列举了"以非法占有为目的"的盗伐林木行为,但并不能就此认为"非法占有目的"是盗伐林木罪的必要条件,也不能因此否认不具有"非法占有目的"而盗伐他人林木行为成立犯罪的合理性。因为盗伐林木罪的着眼点是盗伐,只要未经有权部门许可,擅自砍伐非自己所有的正在生长中的林木,就属于盗伐,并不必然要求行为人具有"非法占有目的"。例如实践中有行为人为便于采集松子而砍伐大量松木,最终被以盗伐林木罪定罪处罚的案例。盗窃罪的着眼点是盗窃,作为侵犯财产型犯罪,尽管刑法条文未作明确规定,但在理论及实践中均认可非法占有作为其犯罪目的。因此,盗伐林木的行为能否同时构成盗窃罪,必须取决于特定的案件事实,因此,两个罪名之间不具有逻辑上的包容性。其次,两者不具有法益上的同一性。一般认为,法益的同一性是法条竞合特别关系的存在前提。根据法益的同一性这一实质区分标准,刑法分则中不同章节所规定的犯罪基本上不可能是法条竞合。因为盗窃罪和盗伐林木罪分别规定于刑法分则第五章和第六章,前者保护法益为财产,后者则主要为森林资源,所以盗伐林木罪和盗窃罪不能成立法条竞合的特别关系。在两个罪名成立法条竞合关系时,特别法条的适用,是以行为符合普通法条为前提的。因为特别法条的犯罪构成是较狭义的"种",普通法条的犯罪构成是较广义的"属",前者是下位概念,后者是上位概念。因此,特别法条的犯罪构成的实现,必然包含普通法条的犯罪构成的实现。就本案而言,由于盗伐林木罪和盗窃罪并非法条竞合关系,傅某盗伐他人毛竹的行为虽不构成盗窃罪,但也并不妨碍以盗伐林木罪对其定罪处罚。

第六章 常见重点难点犯罪案件办理

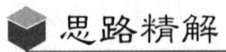思路精解

一、允许他人非法使用商业秘密造成"重大损失"如何认定*

侵犯商业秘密犯罪中"重大损失"的认定问题在理论界多有争论，在司法实务中更是形态多样，侵害结果也多有差异。尤其是该类犯罪中获取商业秘密后非法允许他人使用行为，可直接导致商业秘密的秘密性特性被消除，使得权利人在市场竞争中处于不利地位，从而产生重大损失。因此，如何认定此类犯罪行为造成的"重大损失"，在实务中意义重大。

1. 非法使用、转卖或者允许他人使用尚处于研发阶段的技术信息的情形

笔者认为此处的"使用"应定义为，生产、经营活动且不包括研发活动。该行为与单纯获取尚处于研发阶段的技术信息秘密而未公开的情形类似，均是半成品的技术信息秘密被侵犯，只是侵犯的方式有所不同，一个是直接用于生产经营活动，另一个是用于二次开发，但并不一定用于生产经营活动。由于此类信息如用于生产经营活动，能否给侵权人带来实际利益仍是未知数，所以，在认定"重大损失"时，应当将该经济利益与权利人的研发成本损失进行比较，以较高者作为"重大损失"的数额标准，假如无实际经济利益，则以权利人的研发成本作为认定依据。

2. 非法使用、转卖或允许他人使用已投入使用的技术信息的情形

此类技术信息投入使用后，其权利人已经可从中获取经济收益，并在市场

---

* 作者：张杰，江苏省无锡市滨湖区人民检察院。本文原载于《检察日报》2018年11月23日。

竞争中占据优势地位。但侵权人非法使用、允许他人使用此类技术信息，权利人仍然会受到损失。此类案件，司法实务对"重大损失"的认定存在不同的做法：（1）根据侵权人的获利情况来计算数额；（2）根据技术信息的研发成本来计算数额；（3）根据技术信息的许可使用费来计算数额；（4）根据技术信息的市场价格来计算数额；（5）根据侵权人生产的侵权产品的价值来计算数额；（6）以侵权人经营收入减去权利人对应的成本来认定计算数额。笔者认为，在技术信息秘密并未完全公开，仍在为权利人产生利润的情况下，假如以商业秘密的研发成本或自身价值甚至许可费用来直接认定损失数额，就会产生逻辑上的悖论，因为，在此类案件中，权利人商业秘密的研发成本或价值几乎并无损失，其损失的应当是其应得的利润，而非其付出的前期成本。所以，此时，"重大损失"的数额与商业秘密的自身价值，特别是研发成本并不能等同为一个概念。因此，笔者认为上述第 6 种做法具有一定的合理性和可操作性，可优先使用，若实在无法查清的情况下，可考虑适用第 1 种或第 5 种做法。

3. 非法获取、转让经营信息或允许他人使用经营信息的情形

对此类情形一般是考虑直接认定权利人的损失数额，对于间接认定数额的方法则是补充适用。因此，在实务中必须先考虑侵权行为与获利情况之间是否存有因果关系。如果没有因果关系，则不能以侵犯商业秘密罪定罪，但符合条件的话，可以考虑以侵犯公民个人信息罪科以刑罚。根据《关于办理侵犯公民个人信息刑事案件适用法律若干问题的解释》第 5 条第 1 款的规定："非法获取、出售或者提供公民个人信息，具有下列情形之一的，应当认定为刑法第 253 条之一规定的'情节严重'：……（四）非法获取、出售或者提供住宿信息、通信记录、健康生理信息、交易信息等其他可能影响人身、财产安全的公民个人信息五百条以上的；（五）非法获取、出售或者提供第三项、第四项规定以外的公民个人信息五千条以上的……"可见，非法获取、转让经营信息，若包含有公民个人信息的，数额情节符合定罪标准的话，完全可以侵犯公民个人信息罪定性。而对于存在直接因果关系的案件，则尽量采用以权利人损失计算为基础的做法来认定"重大损失"数额。

二、房产信息应属于公民"财产信息"*

司法实践中，在认定侵犯公民个人信息罪时，对于公民房产信息如何认定存在较大分歧，有的认为应将房产信息认定为"财产信息"，有的则认为，应当认定为"可能影响人身、财产安全的公民个人信息"，还有的认为，应认定为"普通个人信息"，这种认识不一的状况导致定罪、量刑标准缺乏明确性、稳定性。

笔者认为，根据2017年6月1日最高人民法院、最高人民检察院《关于办理侵犯公民个人信息刑事案件适用法律若干问题的解释》（以下简称《解释》）第5条第1款第（三）项规定，公民房产信息应当属于"财产信息"，理由如下：

第一，《解释》第5条第（三）项中的"财产信息"，应当与《刑法》第92条规定的"财产"保持对应。《刑法》第92条第（一）项明确将房屋规定为公民私人所有财产的一种，那么房屋信息也应属于公民"财产信息"的范围，如果依照刑法将房屋认定为公民私人所有财产，又适用《解释》将房产信息排除在"财产信息"之外，无疑会造成冲突。根据立法位阶的效力原则，《解释》第5条第1款第（三）项中的"财产信息"必须遵从刑法第92条关于"公民私人所有财产的范围"之规定。

第二，关联性与隐私性是判断公民个人信息位阶的重要标准。根据刑法分则的罪名归类方式，侵犯公民个人信息罪保护的法益并非公民个人信息本身，而是作为信息主体的公民的人身权利、民主权利，信息只有与公民的人身权利、民主权利相关联时，才能评价为《刑法》第253条之一规定的"公民个人信息"。同理，关联性、隐私性的程度也是判断公民个人信息位阶的重要标准。公民的房屋属于不动产，其人身关联性远大于动产，且房产信息属于相对静态的信息，受不动产登记制度的制约，房产信息不能随意变动，房产信息不仅蕴含着公民的财产状况，还隐含着公民的生活、工作状况等内容，与公民人身权利有着非常紧密的联系，与《解释》第5条第1款第（三）项规定的"行踪轨迹信息""通信内容"具有同等的重要性，一旦被非法获取、出售或者提供给他人，会对公民的人身权利造成重大隐患。

首先，从公民个人隐私的角度而言，房产信息一般包括楼盘名称、房屋门

---

* 作者：伍晋，西南政法大学法学院。本文原载于《检察日报》2018年9月9日。

牌号、户型、面积、成交价格、业主身份证号、联系方式等内容,直接体现出公民的经济状况、生活区域等内容,还能据此大致判断出家庭人口的数量,掌握业主的年龄、籍贯等个人身份信息以及业主家庭购房消费的情况,这些信息属于公民的重要个人隐私,绝非一般性的个人生活信息可以评价,理应受到最强保护。

其次,从必要性而言,《刑法》第253条之一规定的侵犯公民个人信息罪立法之目的,在于通过预防性立法扩大刑事犯罪圈,以刑法这一"最后手段""最强方式"介入公民个人信息保护,进而预防、规制后续的犯罪行为,维护社会正常秩序,保障公民合法权利。《解释》第5条第1款第(三)项至第(五)项对不同种类信息设置了五十条、五百条、五千条的入罪标准,其诱发衍生犯罪的可能性和衍生犯罪的危险程度是重要的划分依据。房产信息直接关乎公民的人身权、财产权和隐私权,且房产信息有效性相对更长,其诱发衍生犯罪的可能性和衍生犯罪的危险程度,显著高于一般的"可能影响人身、财产安全"的公民个人信息,将其评价为《解释》第5条第1款第(三)项规定的财产信息符合预防衍生犯罪的立法本意,既是维护社会秩序之必要,也是保障公民权利之必需。

最后,从均衡性而言,房产信息与"行踪轨迹信息""通信内容""征信信息"是处于同一位阶的公民个人信息。上述信息虽然存在具体形态的不同,但从抽象层面看均具有高度的人身关联性、个人隐私性与个体识别性,均容易被用于违法犯罪活动,故应评价为同一位阶的信息。

笔者认为,司法实践中认为房产信息属于"可能影响人身、财产安全的公民个人信息"的观点,忽视了公民个人信息归类的均衡性。《解释》第5条第1款第(四)项将"住宿记录"规定为可能影响人身、财产安全的个人信息,旅店住宿系公民个人的临时性社会活动,而居家住宿属于公民个人的常态生活内容,二者在人身性、财产性以及诱发犯罪可能性上不可等量齐观,将"住宿记录"与房产信息进行同质认定是不符合均衡性要求的,公民的房产信息理应进入更高位阶的评价。

第三,"情节特别严重"的适用不会导致量刑失衡,附加刑、保安处分的区别适用符合罪责刑相一致的基本原则。司法实践中有一种观点认为,"互联网+"时代电子数据传播具有海量、极速等特征,侵犯公民房产信息的案件往往以楼盘信息的形式出现,少则一个楼盘几百条房产信息,多则若干楼盘上百万条房产信息,如果认定为财产信息,那么五百条就构成"情节特别严重",适用3年以上7年以下有期徒刑的量刑规定,在非暴力型犯罪刑罚轻缓化的趋势下会造成几千条、几万条、几十万条的案件均判处差异不大的刑期,在量刑上难以体现出个案差异,导致量刑失衡。笔者并不认同上述量刑失衡的观点,其一,大量案件构成情节加重犯正好证明此类行为的普遍性与严重性,证成刑法介入的合理性与必要性,情节加重犯的普遍适用与宣告刑的确定是两个不同的问题。其二,当侵犯公民个人信息构成"情节特别严重"情节后,数量对于量刑的影响程度将逐渐降低,这是数额犯量刑的普遍规律,不存在量刑失衡的问题。当侵犯公民个人信息达到"情节特别严重"的标准后,信息数量就不再是最直观的量刑评价标准,而应当综合行为的社会危害性、行为人的人身危险性等因素来进行判断,几千条、几万条或几十万条均属于海量数据,宣告刑期上的趋同并非量刑失衡。

第四,我国刑法处罚措施除了主刑之外,还包括附加刑和保安处分,其他处罚措施同样能够体现量刑上的差别,不能仅根据主刑趋同就得出量刑失衡的结论。对于"情节特别严重"的侵犯公民个人信息犯罪,应视情形在附加刑罚金的适用上体现出差异,并个别判断是否需要适用《刑法》第37条之一"职业禁止"或《刑法》第72条第2款"禁止令"的相关规定,最大限度地实现刑罚报应与预防的基本功能。在附加刑、保安处分个别化适用的情况下,量刑失衡的担忧并不成立。

综上,笔者认为应当将公民个人的房产信息评价为侵犯公民个人信息罪中的"财产信息",这既是法秩序统一的必然要求,也符合房产信息本身的价值定位,同时契合了《刑法》第253条之一的立法初衷,是目前比较理性、妥当的选择。

三、宜将警务辅助人员纳入妨害公务罪法益保护对象[*]

近年来,公安机关参与社会治理的力度不断增强,为应对警力不足,联防队员、综治队员、辅警等警务辅助人员在协助维护社会治安、服务人民群众等诸多方面发挥越来越重要的作用。如何发挥警务辅助人员的积极作用,保障他们在履职过程中不受不法侵害,提高执法效率,一直是法律理论与实务部门关注的热点。近日,公安部将《公安机关维护民警执法权威工作规定(草案)》向社会征求意见,其中明确要将保障警务辅助人员在履行职责、行使职权过程中不受不法侵害纳入规定范围。在保障人民警察履行公务方面,虽然有人主张

---

[*] 作者:王胜、沈琳梅,上海市青浦区人民检察院。本文原载于《检察日报》2018年10月15日。

设置"袭警罪"或单独以立法的形式加以完善,但从目前司法实践来看,袭警类妨害公务罪已被作为有效的刑法规制手段而广泛使用。在此情势下,能否将协助执法的警务辅助人员一并纳入妨害公务罪规定的保护对象?

我国《刑法》第277条明确规定,妨害公务罪中规定的保护对象为三类人员,即依法正在执行职务或者履行职责的国家机关工作人员、人大代表、红十字会会员,对其他主体特别是警务辅助人员是否构成妨害公务罪的主体,一直以来争议较大。这些争议所依据的观点主要有"身份说""公务说""身份、公务兼备说"等。"身份说"严格遵循刑法罪刑法定原则,将妨害公务罪的法益保护对象限定在上述三类人员。"公务说"则依照渎职、贪污贿赂罪的相关司法解释,将法益保护对象扩展至"由法律、法规授权或受行政机关委托从事行政执法的其他人员",其核心观点认为,对妨害公务罪中的国家工作人员应当作广义认定,刑法设立妨害公务罪的主要目的,是为了保障公务行为得以顺利完成,在于通过对行为人暴力、威胁行为的规制,保障公务执行主体履职尽责的权威性与效率性。因此,警务辅助人员当然成为妨害公务罪法益保护对象。而"身份、公务兼备说"兼顾了上述两种观点,对保护对象有一定要求的同时,又强调妨害公务罪所保护的法益为"执行公务活动",具备一定条件下的警务辅助人员可以成为妨害公务罪的法益保护对象。"身份、公务兼备说"能有效维护当下激烈对抗中风险社会的整体利益,也部分遵循了罪刑法定原则,因而更容易被司法实务部门所接受。

由于警务辅助人员没有单独执法权,将其纳入妨害公务罪中的保护对象时,必须符合以下具体条件:一是警务辅助人员要与人民政府或公安部门有明确的合同关系,其辅助从事的执法活动内容应当具体、明确;二是警务辅助人员在被侵害的执法内容上与公安民警具有"一体性",即要求警务辅助人员必须是接受民警指令下协助执法时被他人侵害,具体个案中还要求民警必须在执法现场,不应当让警务辅助人员独立执法;三是警务辅助人员协助从事的执法行为必须内容、程序均合法。妨害公务罪保护的法益是合法的执法活动,内容、程序不合法的执法活动不能以妨害公务罪定罪加以维护。另外,《刑法修正案(九)》为第277条妨害公务罪增设第5款,即"暴力袭击正在依法执行职务的人民警察的,依照第一款的规定从重处罚"。该修正案出台后,对侵害协助人民警察执法的警务辅助人员时是否也可以适用该款,存在理解、适用不统一的情况。笔者认为,第5款针对的是近年来袭警案件明显增多的情况,明确要求保护的对象为特殊群体即人民警察,语义明确,属于特别条款。因此,在遵循"公务、身份兼备说"原则将警务辅助人员纳入妨害公务罪规定的保护对象的情况下,不能再扩大解释将其纳入第5款的适用范围。

四、准确理解涉黑犯罪"危害性特征"四要素[*]

为提升人民群众的幸福感、安全感,今年初,党中央、国务院安排部署了"扫黑除恶"专项行动。要确保对黑社会性质组织犯罪既"打早打小",又"打准打实",准确界定黑社会性质组织是关键。根据黑社会性质组织表现出来的特征,危害性特征属于本质性特征。笔者在此就危害性特征的理解及在实践中如何证明"危害性特征"等问题谈以下几点体会:

《刑法》第294条第5款规定了黑社会性质组织应当同时具备组织特征、经济特征、行为特征、危害性特征等四个显著特征,前三个特征属于黑社会性质组织的结构性特征,是组织的一般性结构要件。危害性特征属于黑社会性质组织的程度性特征,是一个犯罪组织发展到一定程度,组织结构趋于稳定,组织内部有了明确的价值追求和组织"亚文化"的情况下才出现的。因此,前三个特征具有非典型性,实践中很难仅凭前三个特征来认定黑社会性质组织,也难以和"恶势力"团伙相区别。认定黑社会性质组织的关键在于是否具备危害性特征。

要判断一个犯罪组织是否具备危害性特征,应从四个要素来考量:一是行为要素,即需要具备实现其违法性的具体行为方式,表现为"通过实施违法犯罪活动"或者"利用国家工作人员的包庇或者纵容"等;二是范围要素,即限定危害性的影响范围为"一定区域"或者"一定行业",实践中通常称为"区域控制"或者"行业控制";三是后果要素,形成了非法控制或者产生了重大影响,应当注意的是,不能将非法控制等同于危害性特征,非法控制并不能全面体现黑社会性质组织的危害性;四是程度要素,即要求达到严重破坏经济、社会生活秩序的程度,如果没有对经济、社会生活秩序造成严重影响,只是一般的轻微影响,则只能就个案进行处理,不能按黑社会性质组织犯罪来对待。

认定黑社会性质组织不能机械套用四个特征,不能仅从数量上对特征进行判断,更要充分运用体系解释,全面考虑其组织发展的阶段,以及在当地产生的严重影响等。

鉴于此,在司法实践中证明黑社会性质组织"危害性特征"时应注意以下几点:

---

[*] 作者:王永贵,四川省彭州市人民检察院。本文原载于《检察日报》2018年9月26日。

第一,适当界定"一定区域""一定行业"是证明的基础。黑社会性质组织的犯罪活动一般是集中在某一时间段,通过一些个案在一定区域内或者该区域的某一行业内迅速扩张其影响力,以便快速获取非法利益。为精准打击黑社会性质组织犯罪,如何精准界定该组织存在的区域范围是证明其危害性特征的基础。在界定范围时,首先应判断该组织是属于"行业控制"还是"区域控制";其次,即便认定为"行业控制",仍需要进一步界定区域范围,以降低证明难度。适当界定范围必须遵循组织发展的客观情况,以其实施的个案为梳理主线,按照其发展壮大的时间跨度,选取证明难度较小的范围来反映危害性特征。

第二,具有"非法控制性"或者"重大影响"是证明的核心。危害性特征中的"非法控制"或者"重大影响",可归纳为后果因素,是指在黑社会性质组织发展过程中所追求的危害后果达到某种非法控制程度或者产生重大影响,从而对一定区域或者行业的正常秩序造成冲击乃至重构。因此,证明犯罪组织危害性特征时,需要将证明的重心放在"非法控制"或者"重大影响"上。在明确选择范围要素的前提下,通过收集该组织在区域内或者行业内排他性竞争案件,或者一段时期内非法获取某一领域经济利益的个案来证明其非法控制性,通过收集来自不同阶层、不同职业、不同文化程度、不同年龄的证人证言来证明其社会影响。

第三,厘清黑社会性质组织发展的一般规律是证明的前提。黑社会性质组织的产生发展是一个渐进的、长期的过程,初期雏形多表现为"恶势力"团伙。黑社会性质组织的价值追求决定了危害性特征是其最本质特征,如其组织、经济、行为特征不太明显,可能是黑社会性质组织在发展的不同阶段呈现不同特点的原因,但危害性特征却是其从成立初期便一直追求的。组织、经济、行为等特征是危害性特征的发展过程和必经阶段,在证明危害性特征的时候,离不开前三个特征以及用于证明其他特征的个案的证明作用。

第四,黑社会性质组织的"公开性"不是证明的必选项。因为"非法控制"需要在一定区域或者领域内产生公开的、广泛的"震慑力",导致公众对该组织闻之色变。实现称霸一方、达到非法控制的目的,往往需要依赖违法犯罪活动,这就决定了黑社会性质组织实施犯罪的公开性。诚然,在大多数案件中,黑社会性质组织为扩大影响,公然采用暴力手段,非法牟取利益,产生严重社会影响,但并非所有的黑社会性质组织均以"公开性"为其必要条件。尤其是组织发展到一定阶段后,更多采用公司化运作或者刻意以公司形式掩盖其"公开性"。如将"公开性"作为认定黑社会性质组织的必要条件,则忽略了其发展的阶段性和新趋势,不利于惩治此类严重危害社会的犯罪。因此,"公开性"不是判断黑社会性质组织危害性特征的标准,也不是必须证明的对象。

五、应将见证人纳入伪证罪主体范围*

伪证罪,是指在刑事诉讼中,证人、鉴定人、记录人和翻译人对与案件有重要关系的情节,故意作虚假证明、鉴定、记录、翻译,意图陷害他人或者隐匿罪证的行为。可见,伪证罪的主体是特殊主体,即限于在刑事诉讼中的证人、鉴定人、记录人和翻译人四类人员,并不包括见证人。见证人是司法机关根据侦查工作需要,邀请到场见证某项诉讼行为的实施,必要时可以作证的与本案无利害关系的人。

刑事诉讼过程中,侦查人员在搜查犯罪嫌疑人的人身、物品、住所,或者扣押与案件有关的物品和文件等活动时,依照法律规定,须邀请见证人员到场见证司法活动。但在司法实践中,不乏见证人出于种种原因,对其见证过程作出虚假见证,进而影响司法公正,侵犯刑法保护的法益。囿于法律规定的不完善,对该类行为无法予以刑法评价,严重制约了刑法惩罚功能的发挥。为此,笔者认为,应严密刑事法网,将见证人纳入伪证罪的主体范畴。

首先,虚假见证行为侵犯了司法客观公正法益。伪证罪侵犯的法益主要是司法客观公正。见证人作为刑事诉讼中"特殊的证人",一旦被侦查机关邀请参与司法活动,便依法享有相应的权利和履行必要的义务。设立见证人制度目的是为了证明司法活动的合法性和公正性。见证人如果出于徇私、徇情等原因,违背客观公正的义务,作出与见证事实不符的见证,意图使他人加重处罚或减轻处罚,同样会侵害正常司法管理秩序,给司法客观公正造成侵害或威胁。如在盗窃犯罪案件办理中,对被盗钱款数额的见证,直接影响到行为人罪与非罪的认定;在毒品案件中,对毒品数量的见证,关系到行为人的量刑轻重等等。可见,见证行为对司法机关证据的合法性以及案件事实的认定,具有重要的佐证作用,其犹如一把双刃剑,用之准确,有助于司法公正;反之,则损害正常司法秩序,侵犯伪证罪所保护的法益。为此,对虚假见证行为,刑法应予以规制,给予否定性评价,以保障司法公正,维护当事人的合法权益。

其次,将见证人纳入伪证罪的主体范畴,符合刑法当然解释原理。见证人与鉴定人、记录人和翻译人具有共同的特征:案发后,通过司法机关指派、聘请等方式参与诉讼活动;具有可替代性;与案件处理结果没有利害关系。虚假

---

* 作者:岳启杰,北京市门头沟区人民检察院。本文原载于《检察日报》2018年11月5日。

见证与虚假鉴定、虚假翻译、虚假记录相比，其社会危害性有过之而无不及。比如，记录行为对案件公正结果的影响相对较小，记录人所做的记录需经当事人、承办人等查阅签字后才具有法律效力，在记录环节出现妨害司法公正的概率较低。根据刑法当然解释举轻以明重的原理，较轻的虚假记录等妨害司法公正的行为业已受到刑法否定评价，而社会危害性较重的见证行为却未纳入刑法考量范围，凸显了法条规定内容不完善、不协调。

再次，将见证人纳入伪证罪的主体范畴，体现刑法面前人人平等原则。刑法面前人人平等原则要求，任何人犯罪，不论行为人的家庭出身、社会地位、职业性质、财产状况等情况，都应平等地适用刑法追究刑事责任，不允许任何人有凌驾于法律之上的特权。刑法规制伪证行为在于否定妨害司法秩序的行为，而任何造成危害后果的有责主体都不应疏漏在刑法否定范围之外。见证人在被邀请参与诉讼见证活动后，在见证过程中了解案情的，如果作虚假见证，欲使犯罪嫌疑人、被告人处以重罪或逃脱刑罚，自然就触犯了司法制度的稳定，理应受到刑法否定评价，受到相应的刑事制裁。

最后，将见证人纳入伪证罪的主体范畴，也是严密法网的应有之义。刑事诉讼法设置见证人制度的目的在于保障侦查活动的公正性和合法性。司法实践中，对见证人的要求相对一般证人而言，要求较高，须具备相应的法律知识，且与案件没有利害关系，必须是中立的第三方。在以审判为中心的刑事诉讼制度改革背景下，侦查人员出庭作证说明司法活动合法性的频率会增加，见证人作为侦查活动的参与人，将成为证明侦查活动程序合法与否的关键人员。如果见证人作虚假陈述或提供虚假证据材料，势必会干扰司法人员认定事实，查明案情，进而妨害司法公正，与设立见证人制度的立法初衷相悖。

六、逃避执行拘役也应构成拒不执行判决裁定罪[*]

拒不执行判决、裁定罪，是指对法院的判决、裁定有能力执行而拒不执行，情节严重的行为。该罪侵犯的客体是司法机关的正常活动，客观方面表现为对法院的判决、裁定有能力执行而拒不执行，情节严重的行为。虽然全国人大常委会《关于〈中华人民共和国刑法〉第三百一十三条的解释》规定，"人民法院的判决、裁定"，是指法院依法作出的具有执行内容并已发生法律效力

---

[*] 作者：蒋毅，重庆市江津区人民检察院。本文原载于《检察日报》2018年9月28日。

的判决、裁定，但因最高人民法院关于适用该罪相关规定的司法解释只有拒不执行民事判决裁定的内容，而没涉及刑事判决裁定，导致司法实践中，逃避执行拘役的行为竟无法惩处。笔者以为，逃避执行拘役也应构成拒不执行判决裁定罪。

首先，根据立法规定，判决裁定包括法院的刑事判决裁定。从目前来看，司法解释没有具明拒不执行刑事判决裁定的相关情形，如最高人民法院出台的《关于审理拒不执行判决、裁定刑事案件适用法律若干问题的解释》规定，申请执行人有证据证明同时具有下列情形，法院认为符合刑事诉讼法第204条①第（三）项规定的，以自诉案件立案审理：负有执行义务的人拒不执行判决、裁定，侵犯了申请执行人的人身、财产权利，应当依法追究刑事责任的；申请执行人曾经提出控告，而公安机关或者检察院对负有执行义务的人不予追究刑事责任的。司法解释关于该罪可自诉的规定主要是针对民事判决、裁定，所以，有观点认为，该罪不管公诉、自诉，只针对民事判决裁定。但是，据此观点即使有拒不执行拘役的行为，客观上也将无法追究。

其次，刑事判决是法院就刑事案件的实体问题，即被告人的行为是否构成犯罪，犯什么罪，以及应否给予刑事处罚和应适用何种刑罚等问题所作的处理决定。判决一经发生法律效力，必须执行。刑事判决裁定执行能够使犯罪分子受到应有的惩罚，可以有效地保护公民的合法权益，有利于加强社会主义法治教育。刑事判决裁定得不到执行，严重损害司法权威，危害司法公信力。

再次，相对民事判决裁定，刑事判决裁定同样体现着司法的严肃性，因为，刑事诉讼法的目的就是保证刑法的正确实施，惩罚犯罪，保护人民，保障国家安全和社会公共安全，保护社会主义社会秩序。刑事判决裁定就是实现刑事诉讼法的目的，如果违反民事判决裁定的行为，还需情节严重才构成犯罪，那么违反刑事判决裁定的本身就意味着情节严重，构成犯罪。

最后，虽然关于该罪的刑事立法初衷是针对民事判决中的财产执行，这从全国人大常委会立法解释和最高人民法院司法解释的规定都可以看出，但立法并不排除规制拒不执行刑事判决的犯罪行为，司法解释没有提及拒不执行刑事判决、裁定的犯罪，这是由于情况相当罕见，一方面，犯罪嫌疑人在移送法院判决前多数是处于羁押状态，判决后直接交付执行；另一方面，直接移送起诉的案件，为了保证刑事诉讼活动的顺利进行，对直接起诉的案件通常采用了逮捕的强制措施，从而避免被告人不在案的现象。由于《刑法修正案（八）》和《刑法修正案（九）》实施以来，规定了一些最高法定刑为拘役的犯罪，从而

---

① 现行刑事诉讼法第210条。——编者注

产生了被告人判处实体刑后不在案的现象,鉴于司法解释并没对拒不执行刑事判决、裁定的犯罪情形作出具体规定,建议增加这方面的内容,打击此种犯罪行为。

七、"不正当利益"何以成为界定行贿罪的关键要素[*]

1988年,全国人民代表大会常务委员会《关于惩治贪污罪贿赂罪的补充规定》第一次通过立法形式明确了"谋取不正当利益"为行贿罪的犯罪构成要件,1997年刑法对此予以继承。1997年至今,"不正当利益"的内涵几经变化,1999年规定的"不正当利益"主要是指通过违反法律法规政策等方式获取的利益;2008年将"不正当利益"扩大至招投标、政府采购等商业领域,并对原有法条进行了扩大解释;2012年对"不正当利益"做出了目前为止最为全面的规定,即行贿人谋取的利益违反法律、法规、规章、政策规定,或者要求国家工作人员违反法律、法规、规章、政策、行业规范的规定,为自己提供帮助或者方便条件,或者违背公平、公正原则,在经济、组织人事管理等活动中,谋取竞争优势获取的利益。但是,笔者在司法实践中发现,由于现实生活的复杂性,法律无法概括实际生活的所有现象,导致司法界和理论界对不正当利益进行具体界定时分歧与争议不断,影响了罪与非罪的判断。因此,正确、合理地界定"不正当利益"具有较强的理论价值和实践意义。

1. 界定"不正当利益"的本质

关于"不正当利益"的本质,有观点认为:其就是非法利益,即违反法律、法规、政策而取得的利益;也有观点认为:"不正当利益"为通过不正当手段取得的利益,强调行为人通过不正当的手段、方式、渠道获取的利益;还有观点认为"不正当利益"为不确定的利益,是介于应得与禁止性利益间的一种可得利益。上述第一种观点直接来自于1979年刑法,将是否违反法律、法规、政策等作为判断利益是否正当的唯一标准,该观点限缩了"不正当利益"的概念,已不能应对当下的行贿犯罪手段复杂多变的实际情况;第二种观点从获取利益的手段角度界定"不正当利益"的本质,具有一定合理性,但是这种观点不考虑利益本身的性质而仅从获取手段着眼,也容易使对"不正当利益"认定失之偏颇;最后一种观点侧重强调那些本身合法,但尚未确

---

[*] 作者:张鹏成,天津市河西区人民检察院。本文原载于《检察日报》2019年1月15日。

定归属的利益,对于那些通过行贿获取竞争优势的行为具有较强的针对性,但是仍然过于片面,不利于打击犯罪的全面性。

2. 通过行贿罪保护的法益确定"不正当利益"本质

笔者认为,对于"不正当利益"的本质,应该从行贿罪所保护的法益入手进行解释,这样才能更加有利于实践中对于行贿罪的准确认定。行贿罪作为贿赂犯罪的一种,其法益虽然有"职务廉洁性说""保护信赖说"等,但是不论哪种学说都是基于贿赂行为与职务行为之间的对价关系。也就是说,行贿罪中的"不正当利益"必须是基于这种对价关系产生或至少与对价关系相关,即行为人的行贿行为首先要与受贿人职务行为产生对价关系,并且谋取的利益建立在这种对价关系之上。明确了这一点,才能真正把握住行贿罪中"不正当利益"的本质,也更加有助于对"不正当利益"的界定。

3. 对"不正当利益"予以具体界定

一是其是否缘于职务行为的不正当运行。如前所述,行贿罪中的"不正当利益",建立在贿赂行为与职务行为的对价关系之上,所以,在具体认定"不正当利益"的时候,首先要考察该利益是否缘于职务行为的不正当运行。此处的不正当运行,既包括公职人员违反规定,超越权力运行边界行使职务的行为,也包括公职人员在职权自由裁量的范围内,基于收受行贿人财物的原因而作出的有利于行贿人的行为。权力的运行要符合权力运行的规律,而不正当利益之所以被纳入行贿罪的构成要件当中,就在于此时相关当事人利益的获取是国家职权违背权力运行规律、不正常运行的结果。所以,认定行贿罪中的"不正当利益",最主要应该考察该利益是否出自于职务行为的不正当运行,如果是的话,即可认定为"不正当利益"。

二是区分两种特殊情形的认定。从感情投资情形看,作为一种新型行贿犯罪形式,在司法实践中比较常见。行贿人多借着过节机会,以"联络感情"为名进行行贿。如果行为人给予国家工作人员财物时没有提出谋利要求,受贿人亦无谋取利益的事实应如何认定,对于这种情形,可以推定行为人给予国家工作人员钱财是为了谋取利益,但不宜断然推定这种利益即为不正当利益,因为也有可能是出于维持已经得到的正当利益的意图。具体认定时还应该结合行为人是否明确提出请托事项以及给予财物的数额、种类进一步确定。

从竞争优势的角度分析,当前在招投标等经济活动领域贿赂犯罪问题多发,对于行为人给予国家工作人员财物以谋取的"竞争优势"是否属于"不正当利益",这里包括两种情形,一种是行为人意图通过行贿获取竞争优势,另一种是已经具有竞争优势,意图通过行贿行为维持优势。但不论是属于哪一种情形,行为人的行贿行为都违反了既定的"游戏规则",违反了相关的法律、法规、政策等，违背了公平竞争的原则，所以，对于行为人通过行贿方式获得的竞争优势，也应该认定为行贿罪中的"不正当利益"。

八、结合行为方式把握"影响力"内涵[*]

《刑法》第388条之一规定的"利用影响力受贿罪"是《刑法修正案（七）》规定增加的罪名，该罪名的设立在预防和惩罚国家工作人员的"身边人"受贿方面打开了一个"突破口"，有效地改变了"身边人"索取或收受贿赂之后以自身不具备国家工作人员身份逃避法律制裁的情形。但对于该罪名尚存在着一些争议，主要集中于该罪名中的"影响力"如何理解更为适宜。笔者认为，对于"利用影响力受贿罪"中"影响力"的内涵，需要结合该罪法条涵摄的行为方式进行理解。

1. 关系密切：影响力利用的前提

利用影响力受贿罪与贿赂犯罪体系中一般"受贿罪"不同，前者将"影响力"作为罪名的核心，"影响力"强调的不是犯罪主体，而是特定主体受贿采用的行为方式。

根据《刑法》第388条之一的规定，"利用影响力受贿罪"的犯罪主体并不是"受贿罪"的国家工作人员，而是以下五类人员：国家工作人员的近亲属、其他与该国家工作人员关系密切的人、离职的国家工作人员、离职的国家工作人员的近亲属、其他与离职的国家工作人员关系密切的人。这五类犯罪主体都是对国家工作人员施加"影响力"的主体，是"请托人"和最终动用职权的"国家工作人员"之间的纽带。而这五类主体最本质的特征就是与国家工作人员"关系密切"（或本身为离职的国家工作人员）。其中"近亲属"的范围虽然存在着一定的争议，但至少有相关的法条依据可循，相比之下"其他关系密切的人"的范围相对抽象，难以划定具体明确范围。"关系密切"作为犯罪主体的特征，是"影响力"得以利用的前提，但如何判断"关系密切"，以及如何理解"关系密切"与"影响力"之间的关系，是值得斟酌的问题。

从理论上来说，"关系密切"应当既包括对"关系"的形式判断，例如血

---

[*] 作者：姜涛，南京师范大学中国法治现代化研究院研究员。本文原载于《检察日报》2018年11月23日。

缘关系、亲友关系、同事关系等，也包括对"密切"程度的实质判断，即行为人与国家工作人员（包括离职的国家工作人员）之间的关系是否能在实质上影响到国家工作人员，使其出于该种关系为请托人谋取不正当利益。

笔者认为，对于近亲属、离职的国家工作人员等可以确定为"关系密切人"的主体，只要行为人具有该种身份，即可以认定行为人具有对国家工作人员的"影响力"，与国家工作人员是否真正实施了为请托人谋取不正当利益的行为无关，即默认这两类主体已经具备"密切"的实质标准。在此种情况下，对关系是否密切只是通过行为人的身份进行事前判断，而与国家工作人员是否实施了为请托人谋取不正当利益的行为以及请托事项是否最终实现等事后因素无关。结果能否实现受大量事实因素的影响，且其决定的只是利用影响力受贿罪的既遂与未遂，不应以此作为关系是否密切的判断标准。

然而，对于近亲属、离职的国家工作人员之外的关系人，由于难以划定客观明确的形式范围，判断其与国家工作人员之间的关系是否达到"密切"的程度时，可以采取事后判断的方法进行推定，即通过国家工作人员实施了为请托人谋取不正当利益的行为（无论是否达成实现请托事项的目的），可以推定行为人是"关系密切人"并利用了"影响力"，但行为人能够提供证据进行反证的除外。这种刑事推定的手段，具体到利用影响力受贿罪中，即在推定双方关系密切的同时，也允许被告人方提供证据加以反证，这可在解决证明困境和保障被告人权益之间实现一定的平衡。当然，行为是否真正实施也不是判断"密切"程度的唯一标准，当行为人施加影响力但被国家工作人员拒绝时，并不能直接判定行为人和国家工作人员之间没有密切关系，还应当结合具体案情作个别化判断，如从当事人与国家工作人员交往的具体表现来看，包括相互联系的情况、信任程度、利益关联等。

2. 形式与实质：影响力的内涵

（1）"影响力"的利用形式。在"影响力"的内涵无明确法律规定的前提下，应当结合法条表述对其进行具体理解。作为罪名的核心罪质，"影响力"利用的形式也是"利用影响力受贿罪"的行为方式。与"受贿罪"的两方结构不同，"利用影响力受贿罪"并不是只涉及"行贿方"与"受贿方"，而是根据法条规定的不同情形，呈现三方或者四方结构。根据《刑法》第388条之一规定，利用影响力受贿罪的行为方式可以概括为三种：第一，行为人直接通过与自己关系密切的国家工作人员职务上的行为为请托人谋取不正当利益，并索取或收受贿赂；第二，行为人利用与自己关系密切的国家工作人员（或者离职的国家工作人员）的职权或地位形成的便利条件，间接通过其他国家工作人员职务上的行为为请托人谋取不正当利益，并索取或收受贿赂；第三，离职的国家工作人员利用自身原有的职权或地位形成的便利条件，通过其他国家工作人员职务上的行为为请托人谋取不正当利益，并索取或收受贿赂。

（2）"影响力"的实质。单论"影响力"一词，抽象且内涵丰富，若根据影响力的性质进行划分，又可以分为不同的类别。结合不同类别的划分，具体探究"利用影响力受贿罪"中"影响力"的性质，方能进一步理解"影响力"的内涵。

其一，直接影响力与间接影响力。有观点认为，直接影响力与间接影响力划分的标准是行为人是否直接对国家工作人员施加影响力，可以直接促进或者改变作用对象（国家工作人员）作为或者不作为的力量为直接影响力，而行为人只有通过一定媒介（国家工作人员周围的人）才能影响到作用对象的力量为间接影响力。并以此为依据，认为我国刑法的"利用影响力受贿罪"是不支持间接影响力的存在，因为根据法条规定，无论是何种犯罪主体施加影响力，最后都必须通过"国家工作人员的职权"来谋取不正当利益。而笔者认为，"利用影响力受贿罪"的行为方式中并不是仅仅存在直接影响力，具体到"利用影响力受贿罪"中，直接影响力与间接影响力的区别就在于：在行为人与直接实施为请托人谋取不正当利益行为的国家工作人员之间是否存在媒介，若不存在则为直接影响力，存在则为间接影响力。在三种行为方式中，第一种行为方式涉及请托人、行为人、与行为人关系密切的国家工作人员等三方主体；第二种行为方式涉及请托人、行为人、与行为人关系密切的国家工作人员（或者离职的国家工作人员）、其他国家工作人员等四方主体；第三种行为方式涉及请托人、行为人（离职的国家工作人员）、其他国家工作人员等三方主体。其中第一种和第三种方式均是行为人直接对最终实施谋取不正当利益行为的国家工作人员施加影响，中间不存在其他人员或环节，为"直接型"利用影响力受贿，而第二种行为方式中行为人直接施加影响力的国家工作人员并不是完成请托事项的国家工作人员，影响力的传递比前者多经历了一个环节，因此是"间接型"利用影响力受贿。综上，在"利用影响力受贿罪"一罪中，根据具体行为方式的不同可能是直接影响力亦可能是间接影响力。

其二，权力性影响力与非权力性影响力。权力性影响力是指基于国家工作人员本人职权或者地位而产生的，能够对别人的思想或行动起作用的影响力。而非权力性影响力是指除了权力性影响力之外，基于情感、资历、地位、威望等非权力性因素对别人的思想或行动起作用的能力。有观点认为，"利用影响力受贿罪"中行为人施加的只是非权力性影响力，若行为人利用权力性影响力只有可能构成"斡旋受贿"型的受贿罪。但笔者认为，不应单一地看待

"利用影响力受贿罪"中的影响力形式。第一种行为方式中的行为人是"与国家工作人员关系密切的人",虽未明确规定该主体不包括"国家工作人员",但一般而言指的都是不具备国家工作人员的"身边人",即使行为主体具备国家工作人员的身份,施加的也不是基于自己职权或地位形成的影响力,因此这种行为方式中行为人的影响力一般是非权力性影响力。而第三种行为方式中的行为人是"离职的国家工作人员",和一般的"关系密切人"相比其"影响力"的性质有所不同,因为离职的国家工作人员虽已不具备国家工作人员的身份,但其在职时对其他国家工作人员具有的影响力往往并不会随着离职完全消失,还会带有"余热",并不能完全归于非权力性影响力。在第二种行为方式中,若是离职的国家工作人员的"关系密切人"间接利用了影响力,在整个过程中也是部分借助了离职国家工作人员的"余热",影响力的性质同样具有一定的复杂性。因此,将"利用影响力受贿罪"中的影响力单一地定性为非权力性影响力也存在着不合理之处,对于第二种和第三种行为方式,即使不能直接定性为非权力性影响力,也不能否认其中非权力性影响力成分的存在。

■ 疑案精解

一、交通肇事逃逸致人死亡如何定罪量刑[*]

基本案情:2013年7月9日21时30分,被告人李某某驾驶制动性能不合格的重型水泥罐车沿城市外环线由西向东行驶至某路口附近,遇步行横过马路的张某某,由于李某某采取措施不当,将张某某撞倒。李某某停车看到张某某倒地不起后,即驾车驶离现场,后将车辆停靠距事故现场100米处非机动车道上。21时45分许,周某某驾驶一辆轻型货车又将张某某碾压,后周某某驾车驶离现场。21时55分,张某某同乡报警,交警随后到达事故现场,现场勘查完毕后,在距离肇事车辆30米处路边发现李某某,将其传唤至公安机关。某市司法鉴定中心对张某某尸体进行鉴定,认定张某某被货车碾压时处于生存状态,因颅脑损伤合并胸腹脏器损伤死亡。其中,对于李某某的责任,该市某交

---

[*] 本文原载于《检察日报》2019年1月11日。

通大队出具道路交通事故责任认定书，认定李某某承担事故全部责任，张某某不承担事故责任。

研讨问题：（1）交通肇事逃逸的证据标准；（2）交通肇事逃逸致人死亡的因果关系；（3）交通肇事逃逸致人死亡情形的法律适用。

（一）检察官说案：明确证据标准，完善证据体系*

1. 要旨

认定交通肇事逃逸致人死亡包含两节需要证明的事实，一是行为人有逃逸行为，二是有致人死亡的后果。关于第一节事实，判断行为人是否逃逸的标准，不以事故发生后行为人距离事故现场远近为标准，应以其主观上是否有逃避处罚的目的，客观上是否"离开"现场为标准。关于第二节事实，判断是否因逃逸致人死亡，需要证明三点：被害人被撞击后是否处于生存状态、死亡结果与交通事故之间是否有因果关系、被害人如被及时送医是否有生还可能。

2. 指控与证明犯罪

公安机关以李某某涉嫌交通肇事罪移送某区检察院审查起诉，起诉意见书认为李某某行为系一般交通肇事犯罪，未认定逃逸致人死亡情节。

审查起诉阶段。公诉人认为李某某行为构成交通肇事罪，且符合交通肇事逃逸致人死亡的情节，应当处以7年以上有期徒刑。为了夯实证据基础，公诉人围绕两个争议点复核关键证据。一是认定李某某逃逸的证据。李某某供述显示，事故发生后其将车辆驶离现场100米处并给车队队长王某打电话，央求王某帮助其逃避责任。二是认定李某某逃逸致人死亡的证据。法医出具的书面死因司法鉴定意见显示，被害人被车辆碾压时处于生存状态，因颅脑损伤合并胸腹脏器损伤死亡。2013年11月6日，某区检察院以被告人李某某犯交通肇事罪提起公诉。

法庭调查阶段。公诉人指控李某某构成交通肇事罪，且具备逃逸致人死亡的情节。关于逃逸的情节，通过讯问公诉人向法庭展示了三个事实：被害人被撞击后处于生存状态、被告人没有施救、被告人离开现场。关于致人死亡的情节，公诉人通过讯问意在告知法庭：被告人有能力、有义务预见到自己的逃逸行为，与被害人遭遇二次碾压后死亡之间的因果关系。

对此，李某某表示对起诉书认定其构成交通肇事罪没有异议，但其不属于

---

* 作者：陈赛，天津市人民检察院。

逃逸致人死亡。辩护人亦同意李某某自辩意见。

法庭举证阶段。公诉人出示了四组证据：一是关于被告人主体身份的证据，证实其给某车队开水泥罐车。二是关于交通事故过程的证据，证实被告人撞击被害人后不予施救，被害人遭遇二次碾压后死亡。三是关于被告人逃逸的证据。主要包括抓获被告人的两名民警的证言等。四是关于死亡结果与逃逸行为有因果关系的证据。包括专家意见书、鉴定意见等。

法庭辩论阶段。公诉人重点发表了李某某构成交通肇事罪，且系逃逸致人死亡的意见。辩护人提出两点意见：一是李某某驶离的距离很短，驶离100米仍然在现场，不是逃逸。二是李某某撞击行为与被害人死亡之间介入了周某某驾车碾压的因素，阻断了李某某行为与死亡之间的因果关系。对此，公诉人进行了如下答辩：

关于李某某不构成逃逸的辩护意见不能成立。理由为，认定逃逸的标准应当坚持主客观一致原则，主观上有逃避法律追究的目的，客观上有离开现场的行为。从两名民警证言等分析，被告人李某某显然有逃避法律追究的主观心理。且李某某确有逃离现场的客观行为，不能说驶离现场100米，就表明没有离开现场。

关于周某某碾压介入因素，导致李某某撞击行为与被害人死亡因果关系链条断裂的辩护意见不能成立。理由为，首先，介入因素导致因果关系阻断的标准要明确。并非所有介入因素都导致因果关系阻断，只有异常介入因素才阻断因果关系。判断是否属于异常介入因素的标准是行为人能否认识到介入因素发生可能性。如果行为人主观上难以认识到介入因素的发生、同时介入因素确实发生并产生后果的，该介入因素才可阻断因果关系。显然，本案李某某认识到被害人被二次碾压的可能性极高，作为社会一般人正常认识，此因素不阻断李某某撞击行为与被害人死亡的因果关系。

判决结果。某区法院作出一审判决，认定李某某系肇事后逃逸致使被害人死亡，其行为构成交通肇事罪，判处有期徒刑7年；周某某作为附带民事被告人承担10%的赔偿份额。李某某不服判决提出上诉，某市中级法院于2012年4月23日作出终审判决，对第一审判决中的刑事判决以及周某某的民事赔偿份额均予以维持。

3. 典型意义

在认定交通肇事逃逸致人死亡犯罪案件中，检察机关在审查起诉阶段就要按照证明标准构建证据体系：一是充分预测案件辩论焦点问题，以补充侦查、自行复核等方法强化证据体系。公安机关在办理此类案件时，一般会将案件焦点问题集中于行为人是否构成交通肇事罪上，但是有的对于逃逸致人死亡情节缺乏调取证据意识。公诉人要充分利用退查、自查方法，围绕逃逸、致死、因果关系、介入因素等方面展开补充证据的工作。二是明确认定事实的证据标准、适用法律的法理标准，梳理出完整的证据体系，明确认定法定情节的法律依据。例如，行为人是否属于逃逸，是以驶离现场的远近距离为标准，还是以驶离现场的距离是否使救助被害人客观不能为标准。介入因素阻断因果关系的判断，是以一般介入因素均阻断因果关系为标准，还是仅有异常介入因素才阻断因果关系。在办案过程中，公诉人应当旗帜鲜明地提出上述标准。

此外，检察机关要将庭审讯问与举证相互结合，证明犯罪。对于被告人当庭辩解违背常理部分，无须追求被告人当庭改变供述而承认公诉人的指控，尤其对于要求被告人作出评价的供述，在庭审讯问时能够明确被告人客观行为构成即可，待举证环节可以综合全案证据进行证明。

（二）专家评案：认定因逃逸致人死亡的具体情形要素*

交通肇事逃逸案件不仅在实践中常见多发，而且理论争议不断，实务困惑众多，其中尤以"因逃逸致人死亡"的理解与适用为甚。司法实践中，对于逃逸致人死亡认定的主要疑难问题有：一是行为人躲在事故现场附近，能否认定为"逃逸"；二是被害人死于第三人的车轮之下，与行为人的逃逸行为是否存在因果关系；三是适用"因逃逸致人死亡"有何具体要求？在此，以刑法规定和相关司法解释为据，结合刑法原理对上述问题进行梳理研析，以回应实务部门的期待，并就教于学界同仁。

1. 关于因逃逸致人死亡之逃逸的理解

何为"逃逸"？对此，学者们观点不一。有学者立足于"逃避救助被害人说"立场，主张"逃逸"是指逃避救助被害人的义务，只要行为人在交通肇事后不救助被害人，即可认定为逃逸；也有学者主张"逃避法律追究和逃避救助被害人说"，认为行为人满足了"履行抢救义务"或"不逃跑"中任何一个行为，就应认定其不符合"逃逸"的要求。而从最高人民法院《刑事审判参考》选编的案例如"周立杰交通肇事案""钱竹平交通肇事案"和"孙贤玉交通肇事案""邵勤志交通肇事案"的判决来看，审判机关又显然是将"逃避法律追究或逃避救助义务"作为逃逸的本质，认为"刑法把交通肇事后逃逸作为对肇事人加重处罚的情节，意在避免交通事故的受害人因得不到及时救助而遭受二次伤害，促使肇事人履行救助义务"。所以，结合立法原意，"只

---

* 作者：田宏杰，中国人民大学刑事法律科学研究中心教授、博士生导师。

有肇事人同时具备'积极履行救助义务'和肇事后'立即投案'这两个要件，肇事人离开现场才不构成'逃逸'。"

上述主张，本无优劣之分，实有帮助厘清分歧、推动共识达成之效。其中，"逃避救助被害人说"以及与其相关的"逃避法律追究和逃避救助被害人说"等，形式上以交通安全法律、法规对肇事者规定的义务为依据，但却忽略了这样一个问题：如果行为人肇事后虽留在事故现场，却对被害人不予救助，此种情形如果也认定为肇事后逃逸，无疑与百姓的常识、常情、常理不合。而在交通肇事虽然造成公私财产重大损失，但并未发生人员伤亡的情形下，行为人并无救助被害人之义务需要履行，但却仍有法律责任需要承担，如行为人为逃避民事责任的承担或刑事责任的追诉而逃离事故现场，依据"逃避救助义务说"，难道应当排除逃逸的成立吗？当然不能。正是囿于此，不仅道路交通安全法未将逃避履行救助义务的行为规定为"逃逸"，最高人民法院《关于审理交通肇事刑事案件具体应用法律若干问题的解释》（以下简称《解释》）更是在第3条明确规定，"交通运输肇事后逃逸，是指行为人……在发生交通事故后，为逃避法律追究而逃跑的行为。"

所以，实践中对于逃逸的认定，必须坚持主客观相统一的原则，不仅在客观上有证据证明行为人有离开现场的行为，而且在主观上必须能够证明行为人离开现场的目的在于逃避法律责任追究。至于行为人逃离事故现场的远近，是否对被害人予以救助等，可作为酌定量刑情节在量刑时予以考虑，但对于逃逸的认定不产生影响。

2. 关于因逃逸致人死亡之因果关系的认定

所谓"因逃逸致人死亡"，是指被害人的死亡与肇事者的逃逸之间必须存在刑法上的因果关系，不仅在时间序列上必须行为人的逃逸行为实施在先，被害人的死亡结果发生在后，而且被害人的死亡结果必须为肇事者的逃逸行为合乎规律地引起，而不是被害人自己或者其他人的行为所导致。但是，现实案件的形形色色和纷繁复杂，并不都与立法规定和理论设定完全契合，对于逃逸致人死亡的认定，实践中的难题常常在于：在逃逸行为与死亡结果之间介入的第三人行为、动物活动或者自然事件等因素，且死亡结果由介入因素单独或者与行为人的逃逸行为共同造成，行为人的逃逸行为与被害人的死亡结果之间是否因此而发生因果关系的阻断？对此，不仅理论上众说纷纭，而且实践中认定不一。

其实，并非所有的介入因素均能阻断法律因果关系的进程。只有超出行为人实施行为时的预见能力的异常因素的介入，才得在法律上阻断因果关系的进程。如果介入因素的发生和介入，是行为人在行为时已经预见或者能够基于社会普遍经验法则所合理预见的现象，则系正常介入因素，不能中断刑法上的因果关系。需要指出的是，这里所说的"预见"，只要行为人对于介入因素的发生和介入有所预见或者能够预见即为已足，并不要求行为人对危害结果在介入因素的影响下所发生的"精确过程"或"具体机制"必须预见。这是因为，刑事责任的本质是刑法对于否定刑法致力于保障的民商法或行政法规范及其调整的法益之违法行为的再次否定，只有在行为人对危害结果的发生可以预见的情况下，才能表明行为人对规范及其所保护的法益的否定或漠视，才能对其予以法律上的谴责和刑事责任的追究，否则，不仅有违刑法正当性的要求，而且有悖刑事责任的本质。这就是判断法律因果关系的合理可预见性原则。

在肇事后下车查看，发现被害人躺在马路中间不能自救，且当时来往车辆较多等情况下，对有着正常思维的行为人来说，合理预见被害人极有可能再次被来往车辆碾压的情况是完全可能的，而事实的发展也进一步印证了这点，所以，第三人的碾压行为虽然介入行为人的肇事后逃逸与被害人死亡之间的因果进程，但从案发的时间、地点、环境、被害人的情状来看，此介入因素的发生和介入在行为人合理预见的能力范围之内，因而并不能阻断行为人的肇事逃逸与被害人死亡之间的因果关系。

3. 关于因逃逸致人死亡之基础犯罪的强调

按照《解释》第5条规定，"因逃逸致人死亡"是指行为人在交通肇事后为逃避法律追究而逃跑，致使被害人因得不到救助而死亡的情形。对于被害人因行为人逃逸而被第三人碾压死亡的情形，司法实践中通常适用"因逃逸致人死亡"结果加重的规定处理。但是，笔者认为，应该尝试运用另一思路考量上述情形。

在《刑法》第133条对于交通肇事罪的规定中，立法不仅规定了3种犯罪构成，即第1段的基本犯罪构成、第2段的情节加重犯构成和第3段的结果加重犯构成，而且配置了相应不同的法定刑幅度，分别是：（1）交通肇事发生重大事故，致人重伤、死亡或者使公私财产遭受重大损失的，处3年以下有期徒刑或者拘役；（2）交通运输肇事后逃逸或者有其他特别恶劣情节的，处3年以上7年以下有期徒刑；（3）因逃逸致人死亡的，处7年以上有期徒刑。

众所周知，无论是情节加重犯还是结果加重犯，都须以基本犯罪的成立即交通肇事行为的有罪性为必要前提。在基本犯罪不能成立的情况下，自无情节加重犯和结果加重犯成立的法律空间，否则，即是对罪刑法定原则和加重犯理论的违反。而作为过失犯罪，交通肇事罪的成立，除须具备法定的四个构成要件外，还必须达到"致人伤亡或者致使公共财产遭受重大损失"的程度。在行为人对交通事故负全部或主要责任的情况下,《解释》第 2 条第 1 款规定,严重后果是指死亡 1 人以上或者重伤 3 人以上,或者不能赔偿的公共财产损失 30 万元以上。因之,在"交通肇事致一人重伤,负事故全部或者主要责任",即行为未达到上述数量或数额标准的情况下,但行为人同时具有逃逸即"为逃避法律追究逃离事故现场的"等情节的,根据《解释》第 2 条第 2 款第(六)项的规定,"以交通肇事罪定罪处罚",而不是以交通肇事罪的情节加重犯处罚。

不仅如此,《解释》第 3 条关于"交通运输肇事后逃逸"的规定中,最高人民法院在明确指明逃逸的本质是"在交通肇事后为逃避法律追究而逃跑"的行为后,特别限定了逃逸成立的前提条件,"是指行为人具有本解释第二条第一款规定和第二款第(一)至(五)项规定的情形之一",详言之,只有在交通肇事构成犯罪的基础上,才有逃逸成立的可能。

具体就被害人因行为人逃逸而被第三人碾压死亡的情形而言,满足交通肇事罪基本定罪标准的结果只有一个,即被害人的死亡。按照对一个死亡结果只能作一次刑法评价的原则,在该死亡结果已作为基本犯罪成立结果予以刑法评价后,上述情形其实属于交通肇事罪的情节加重犯,即在构成交通肇事罪的基本犯罪的基础上,符合《刑法》第 133 条第 2 段"交通运输肇事后逃逸或者有其他恶劣情节的"情节加重构成。

(三) 案例链接[*]

1. 行为人在交通肇事后为逃避法律追究而逃跑,放任被害人死亡结果发生,是构成交通肇事罪还是故意杀人罪?

基本案情:被告人杨某在未取得机动车驾驶证的情况下,驾驶一辆小型汽车,将驾驶无牌电动车同向行驶的周某撞倒。事发后,杨某下车查看,发现周某倒地不能动弹,嘴部流血。杨某未报警施救,调转车头逃逸。后周某又被途经该处杨某某驾驶的汽车碾压。随后,路人叶某等人拨打 120 急救电话和报警电话。医生赶赴现场后确认周某已死亡。经某交通大队认定,杨某负事故主要责任。

实务观点:行为人虽然只顾自己逃跑而将被害人置于危险境地,但其主观上并无追求被害人死亡的直接故意,客观上亦无造成被害人死亡的积极作为,如将被害人带离事故现场进行隐匿或者遗弃等,因而其行为仍然属于《刑法》

---

[*] 作者:陈章。

第 133 条的评价范围。这里需要说明的是，《刑法》第 133 条规定的"交通肇事后逃逸致人死亡"是一种结果加重犯的立法方式，处罚上包含间接故意杀人的情形。虽然交通肇事后逃逸行为在一定条件下符合间接故意杀人的构成要件，但相对于《刑法》第 232 条（故意杀人罪）而言，《刑法》第 133 条规定的"交通肇事后逃逸致人死亡"是特别法，应优先适用。

2. 醉酒驾驶肇事后将被害人拖行致死，能否认定为故意杀人罪？

基本案情：陆某酒后驾驶汽车撞到同向骑自行车的被害人申某，致申某跌坐于汽车前方。陆某停车后，因害怕酒后驾车被查处，又启动汽车前行，将申某及骑自行车拖拽于汽车车身之下。陆某在意识到车下可能有人的情况下仍未停车，将申某及其自行车拖行 150 余米后甩离车体后继续驾车逃离。被害人因严重颅脑损伤合并创伤性休克，于次日死亡。经鉴定，陆某血液酒精含量为 163 毫克/100 毫升，属醉酒状态。

实务观点：行为人将被害人撞倒后，为逃离现场，驾车冲撞、碾压、拖拽被害人，致被害人死亡的，其行为具有连续性，对此，需要结合行为人的醉酒程度、现场的环境等因素综合分析行为人的主观意志状态。

（1）区分交通肇事罪和故意杀人罪的要点之一在于判断行为人实施了交通肇事一个行为还是交通肇事和故意杀人两个行为。

（2）区分交通肇事罪和故意杀人罪的另一要点是判断行为人能否认识到其行为的性质。对于酒后驾驶者，需要判断其辨认能力和控制能力受到酒精的影响程度，需要判断行为人对其杀人行为是否有认识。

（3）根据后行为吸收先行为、重行为吸收轻行为的刑法原理，对此可作为吸收犯，以一罪论处。

3. 明知自己行为导致交通事故，为逃避法律追究而逃离，应认定为交通肇事逃逸。

基本案情：被告人伊某驾驶轿车，沿公路由北向南行驶，将前方聂某驾驶的摩托车撞倒，造成乘坐摩托车人周某死亡，聂某受伤。肇事后，伊某驾车驶离事故现场。经法医鉴定：周某是被运动中的钝性物体（机动车）作用颅脑损伤死亡。

实务观点：认定交通肇事逃逸，要全面充分考虑行为人主观方面和客观方面的因素，把行为人客观方面的表现形式作为一个整体综合考虑。行为人在逃逸时必须明知自己的行为导致了交通事故的发生，这是行为人的主观认知因素，否则不能认定为"交通肇事后逃逸"，只能认定其构成一般交通肇事罪。逃逸的目的是逃避法律追究，这是认定"交通肇事后逃逸"的一个重要因素。

行为人的逃逸行为不应仅限于"逃离事故现场",也包括事后逃逸,如将受害人送往医院后为逃避法律责任而离开等情形。

二、醉驾交通肇事自身也受重伤如何处理[*]

基本案情: 某日晚,任某邀请二位好友聚餐,其间喝了一瓶白酒。散席后,任某驾驶一无号牌摩托车离开,23 时 15 分许,其沿某国道由南向北行驶至一饭店门口路段,与朱某停放在路边的一辆小型普通客车(当时车内无人)相撞,造成任某受伤、两车损坏的交通事故。经现场勘查和调查取证,查明任某未取得机动车驾驶证,且饮酒后驾驶未经交通部门登记的机动车上路行驶,遂认定任某负事故主要责任。经司法鉴定,任某血液中乙醇含量为 191.7mg/100ml,属醉酒,其所受伤害构成重伤二级。另经价格鉴定,朱某车损为 3815 元。

1. 分歧意见

对于任某的行为如何定性,存在三种不同意见:第一种意见认为,任某的行为构成交通肇事罪。虽然法律没有明确规定致人重伤中的"人"包括驾驶员本人,但从文意推断,当然应包括驾驶员本人,且交通肇事罪属危害公共安全类犯罪,保护的是不特定多数人的生命财产法益,而任某的行为足以对不特定多数人的生命财产安全造成危害。第二种意见认为,任某行为构成危险驾驶罪。交通肇事罪规定的"致一人以上重伤"的损害后果应理解为对"他人"的损害,不包括驾驶员本人,正如自杀行为往往不被认为是故意杀人犯罪;将本人重伤的后果也纳入损害后果中进行评价,势必造成被告人和被害人为同一人的矛盾结果,对被告人而言,在因自己的原因遭受身体损害的同时,还需承担较重的刑事责任,不合情理。任某系酒后驾驶机动车辆,且血液中的乙醇含量达到了醉驾的标准,完全符合危险驾驶罪的构成要件。第三种意见认为,任某行为同时构成危险驾驶罪和交通肇事罪,属于想象竞合犯,按照"从一重罪处断原则",任某行为应构成交通肇事罪。

2. 评析

笔者同意第三种意见。理由如下:任某系酒后驾车,且达到了醉驾标准。

---

[*] 作者:杨建刚、刘建鹏,河南省偃师市人民检察院。本文原载于《检察日报》2018 年 9 月 16 日。

危险驾驶罪属行为犯，不要求损害后果发生，也即只要酒精含量超过一定标准、车辆一经驾驶上路原则上即可构罪。而交通肇事罪属结果犯，必须有损害结果发生才构罪。根据最高人民法院《关于审理交通肇事刑事案件具体应用法律若干问题的解释》的相关规定，"交通肇事致一人以上重伤，负事故全部或者主要责任，并具有下列情形之一的，以交通肇事罪定罪处罚：（一）酒后、吸食毒品后驾驶机动车辆的；（二）无驾驶资格驾驶机动车辆的……（四）明知是无牌证或者已报废的机动车辆而驾驶的。"本案中，任某显然符合酒后、无驾驶资格、驾驶无牌证的机动车辆、负事故主要责任等相关条件。其是否构成交通肇事罪的关键在于本人受重伤的损害后果是否符合"致一人以上重伤"的要求。笔者认为，尽管交通肇事罪属过失犯罪，但却属危害公共安全犯罪，这一特性与故意杀人、故意伤害等直接针对个体的犯罪有根本区别，因此不能以"自杀行为不构成故意杀人犯罪"这一特殊情形推定"致一人以上重伤"不应包括驾驶员本人。否则，法律应当在交通肇事罪表述中，明确使用"他人"这一用语。危害公共安全犯罪的特点，是危害不特定多数人的生命和财产安全，不特定多数人当然包括行为人本人，本人重伤当然属于损害后果，故任某行为应构成交通肇事罪。至于"因自己的原因遭受身体损害的同时，还需承担较重的刑事责任，不合情理"的问题，不影响犯罪构成的认定，由于行为人是在自由意志支配下，通过自身行为引发的危害后果，刑法对其行为依法全面作出评判属于应有之义。

本案中，任某行为触犯两个罪名，属于想象竞合犯，应从一重罪论处，根据刑法规定，交通肇事罪的刑期为有期徒刑或拘役，危险驾驶罪的刑期为拘役和罚金，由于前罪重于后罪，依据《刑法》第133条之一第3款"有前两款行为，同时构成其他犯罪的，依照处罚较重的规定定罪处罚"之规定，对任某行为应以交通肇事罪论处。

下篇
检察业务思路与观点集成

第七章 刑事证据

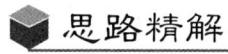 思路精解

一、通信记录证据审查要点及运用方法[*]

随着科学技术的发展，手机、微信、QQ 等已成为人们日常生活中必不可少的通信工具。在使用通信工具时，自然会留下相应的痕迹，形成电子数据，即通信记录。所谓通信记录，是指使用手机、座机电话等通信设备以及 QQ、微信、电子邮件等网络通信工具过程中留下的信息记录。

从刑诉法规定的证据种类看，通信记录属于电子数据，在具体的证据表现方面主要有三种形式：一是话单记录。手机等通信设备在彼此联络中会留下相应的通话记录，存储于个人手机和通信运营商的数据库中。通话清单以时间为序，将话机号码的通信情况予以完整详列，内容包括对方号码、通话时间、通信时长、号码所在地归属、主叫被叫等。通过话单，可以较清楚地掌握某个通信号码的通信动态。二是轨迹记录。通信运营商根据每个城市的大小不同设立数目不等的计费基站，这些基站对本区域内进行无线电覆盖，与移动电话终端之间进行信息传递。手机每到一个地段就会注册到最近的基站，所以，通信运营商很轻易就可以通过基站的位置得到手机用户的大概位置。三是聊谈记录。短信、微信聊天成为现代人们远程聊谈的重要方式，该过程中形成的聊谈记录会以电子形式储存下来，发送来源及时间均会得以保存。

1. 把握要点，准确审查判断通信记录证据

（1）通信号码的使用者是否确定。通信记录反映的是通信号码的使用情

---

[*] 作者：陈厚楠，浙江省人民检察院。本文原载于《检察日报》2018 年 11 月 25 日。

况，它对应的是具体的通信号码，如手机号、QQ 号、微信号等。虽然每个通信号码一般都绑定有特定的用户信息，像购买手机号的身份证，但是这些信息是捆绑、固定的申请信息，而不能直接反映该号码的使用者真实身份。日常生活中经常出现此人使用彼人的手机号、此人登录他人的 QQ 号等各种情况，而这些情况显然无法通过通信记录予以直观判明。通信信息的发送者与接收者究竟是谁、是否系号码用户本人、是否存在他人使用该号码的情况、该号码是否一直被特定人员单独使用等，即通信号码的真正使用者是否已有证据予以判明。可将通信记录与通信号码使用者之间的关系比作为"幕前"与"幕后"，而将这"幕前"与"幕后"连接起来，则是办案人员提取与运用通信记录作为证据的第一前提。

（2）通信记录的证据来源是否明晰。来源不清或者来源可疑的通信记录，其真实性难以保障，因而对证据来源需要予以特别留意。一般而言，通信记录来源于以下三类途径：一是原始载体；二是通信运营商；三是技术侦查。首先要明晰通信记录来源于上述何种渠道，继而针对不同渠道再进行相应的具体审查。若来源于原始载体，则要审查原始通信设备如手机、平板电脑、台式电脑等有无扣押在案、何时从何人何处扣押、原始载体有无随案移送、信息的提取复制是否与原始载体上的内容一致；若来源于通信运营商，则要审查何人何时提取、有无通信运营商的数据出具及内容核对说明、数据内容有无涵盖案件相关的号码以及时间段、有无附带号码的购买、注册、申请时的原始信息等；若来源于技术侦查，则要审查技术侦查有无经过批准、是否合法正当、对涉及国家秘密、商业秘密和个人隐私的数据有无经过保密处理等。

（3）通信记录的提取固定是否及时。在案件审查时，要特别留意与案情相关的通信记录是否已及时提取、固定在案，审查是否存在重要通信记录应提取而未提取、已提取但提取不全以及侦查人员运用通信技术破案却未将通信数据附卷等问题。如在故意杀人、贩毒等案件中，要细心留意能用以印证犯罪嫌疑人、同案犯或被害人等相关人员在特定时间、特定区域活动情况及联络情况的通信记录是否已提取到位，若未提取的，应当在仍具备提取条件的情况下予以补正，以充实客观性证据，使证据链更为完整。若涉及技术侦查措施，需要保密的，可采用单独保密卷的方式对数据材料予以固定。而对于已扣押在案的相关手机、平板电脑等通信设备，则要审查是否已第一时间对机内存储的通信记录进行检查，有无通过打印、拍照、摄像、制作数据光盘等方式对相关重要信息予以提取固定，以防止重要通信记录证据的遗漏。

（4）通信记录的提取过程是否合法。通信记录的提取必须遵循电子数据的取证规范，以确保其来源合法、内容客观真实。最高人民法院、最高人民检察院、公安部于2016年9月联合下发《关于办理刑事案件收集提取和审查判断电子数据若干问题的规定》（以下简称《规定》）对电子数据收集过程的规范性提出了具体审查要求。司法办案人员应以《规定》为依据，对通信记录提取的程序规范性开展全面、细致审查，例如，收集提取通信记录是否由两名以上侦查人员进行，取证方法是否符合相关技术标准；对通信记录的电子数据类别、文件格式等是否注明清楚；等等。对于取证不符合程序规范的，应要求侦查机关予以补正或者作出合理解释，并结合补正、解释情况，予以相应处理。

2. 综合运用多种方法，最大化发挥通信记录在查清案件事实中的作用

（1）案件关联法。运用好通信记录，首先要厘清"哪些案件事实需要运用通信记录来证明"以及"通信记录能够证明哪些案件事实"，前者为采集必要性，后者为运用指向性，其核心都是案件关联性。所谓案件关联法，即是通过案件关联性来有意识地采集和运用通信记录。具体而言，有三种方法：一是与"人"关联。从案件相关人员如犯罪嫌疑人、被害人、重要证人等入手，通过调取上述人员的相关通信记录，来寻找、查证案情信息。二是与"地"关联。即从与案情相关的地点如作案地、销赃地等，通过查询基站的轨迹记录，来获取相关通信号码有无进入该地的信息。如犯罪嫌疑人提出没有在案发地点出现过的辩解，这些辩解的真伪可运用通信记录的基站定位功能来加以分析、判断。三是与"时"关联。即从案发时、案发前后等与案件关联的重大时间点入手，通过查询通信联络的具体时间点，获取相关通信号码的时间信息。

（2）点面整合法。通信记录的一大特征便是庞杂性，各种信息交杂盘绕，对庞杂的通信记录进行科学整合显得尤为重要。可通过"点"与"面"相结合的方式，将通信数据予以科学整理、分析，从而抽离出与案情相关的信息记录、剖析出通信记录反映的案情内容。一是"面"的梳理。即对通信记录进行整体性梳理。通过人、时、地的关联，将话单、轨迹、聊谈等通信记录加以整体性归类、整合，在"面"上梳理出涉案有关人员的通信活动、人员来往、社会关系等相关信息。司法实践中，有些案件得以侦破，就是通过对通信记录进行"面"的梳理，即通过日常通话的时间、次数、密集度以及通话位置变化的整体分析，得出犯罪嫌疑人、被害人的大致活动情况，从而或锁定犯罪嫌疑人，或排查出同案犯，或寻找到重要证人。二是"点"的挖掘。即注重对通信记录细节处的挖掘。案件相关人员平日可能存在大量的通信联络，而这些记录中透露案件信息的却有可能只是其中的一个电话、一条短信、一处轨迹。某次通信的时间段、通信地点、通信对象、聊谈内容有无特异的地方，是否与

案情有所关联,需要司法人员细心敏锐地捕捉与分析,将重要案件信息从海量的记录中挖掘出来。

(3)印证分析法。即注重将通信记录纳入整个证据体系,与其他证据特别是被告人供述、被害人陈述、证人证言等言词证据的内容进行对照、分析,从而达到核实言词证据的真伪、查明案件事实的目的。通信记录与言词证据的印证分析,可分"从言到证"和"从证到言"两种情况:一是从言到证。犯罪嫌疑人供述或辩解、被害人陈述、证人证言若涉及通信细节,如在某时某地与某人有过手机或网络通信时,便可根据该言词调取相应通信记录加以印证,即言词在先、通信记录取证在后。二是从证到言。通过调取相关的通信记录,掌握犯罪嫌疑人的通信活动、行动轨迹。犯罪嫌疑人归案后,在对作案事实进行供述或辩解时,可用提取到的通信记录加以印证或驳斥。实践中,"从言到证"和"从证到言"两种情况在同一案件中往往交叉使用,既可以根据已调取的通信记录印证言词证据,又可根据言词证据进一步挖掘新的通信记录。

二、完善侦查阶段辩护律师申请调查取证制度[*]

从取证的难易程度来看,侦查阶段可谓调查取证的黄金时期,缘由在于离案发时间越远证据越容易灭失,取证的难度自然增大。从诘问与反诘问对于发现真相的功能来看,控辩双方获取证据的全面性,将直接影响庭审过程中发现真实的准确度。侦查机关因具有天然的优势,其在侦查阶段取证的力度最强、效果更佳,出于控辩双方平衡的考量,强化侦查阶段辩护律师的取证能力建设具有必要性和迫切性。

1. 侦查阶段辩护律师申请调查取证的必要性

一方面,从庭审中法官居中裁决,控辩双方诘问与反诘问的真相发现模式来看,强化辩护律师申请调查取证是发现客观真实的需要。另一方面,辩护律师作为当事人合法权益的维护者,其庭前阶段的充分准备是其维护当事人利益的应然要求。再者,从我国刑事诉讼法规定调查取证的模式来看,调查取证权包括自行调查取证和申请调查取证两种模式。辩护律师的调查权不同于国家侦查机关的侦查权,其不具有公权力所具有的强制性。刑事诉讼法所规定的公民具有作证的义务,但其履行义务的对象应当是国家而非其他公民。源于辩护律

---

[*] 作者:桂林,安徽省宿松县人民检察院。本文原载于《检察日报》2018年10月14日。

师自行调查所具有的私权利性质,不可立法赋予其强制性效力。相应地,实现侦查阶段辩护律师调查取证的路径,在于保障辩护律师申请调查取证权的落实。

2. 侦查阶段辩护律师申请调查取证的现状

笔者调研发现,侦查阶段辩护律师申请调查取证权存在自身动力不足,这与对《刑法》第306条的理解不充分有关。

从司法实务现状来看,辩护律师在侦查阶段申请调查取证并不常见,尤其是在法律援助类案件中,申请调查取证极为少见。原因主要是辩护律师申请调查取证的动力不足,部分辩护律师不重视庭前会见、交流辩护思路,更谈不上去调查取证,从而出现在庭审中当事人与辩护人各执一词,出现辩护相互抵消而对被告人极为不利的局面。当下盛行的独立辩护理论使得部分律师觉得完全可以按照自己的思路进行辩护,没有会见当事人、调查取证的必要性。

根据《刑法》第306条规定:"在刑事诉讼中,辩护人、诉讼代理人毁灭、伪造证据,帮助当事人毁灭、伪造证据,威胁、引诱证人违背事实改变证言或者作伪证的,处三年以下有期徒刑或者拘役;情节严重的,处三年以上七年以下有期徒刑。辩护人、诉讼代理人提供、出示、引用的证人证言或者其他证据失实,不是有意伪造的,不属于伪造证据。"何种程度的行为属于引诱证人违背事实改变证言?怎样的出示、引用证人证言模式不是有意伪造?对刑法理解的不充分会影响律师的辩护活动。

3. 侦查阶段辩护律师申请调查取证的双重路径

如前所述,从我国刑事诉讼法规定调查取证的模式来看,调查取证权包括自行调查取证和申请调查取证两种模式。通过比较两种模式可以发现,在目前的司法环境下,辩护律师实施自行调查取证权利存在诸多困难,因此,在现阶段实现侦查阶段辩护律师调查取证的路径,在于保障落实辩护律师的申请调查取证权。对此,笔者认为,现阶段的着力点应当在于加强对律师职业伦理规范和申请调查取证救济机制建设。

一是建立以忠于事实、维护被追诉人权益为核心的律师职业伦理规范。辩护律师职业伦理规范建设的依据主要在于辩护律师参与刑事诉讼活动的目的。应当说,辩护律师参与刑事诉讼活动的目的是建立职业伦理规范的核心。如前文所论,辩护律师作为刑事被追诉人的代理人,其参与诉讼的目的无疑在于维护被追诉人的合法权益,因此,建立以忠于事实、维护被追诉人权益为核心的职业伦理规范,对于保障申请调查取证的实现具有重大现实意义。

二是设置申请调查取证的程序性救济机制。权利的实现无法脱离权利的保障机制而独立存在,申请调查取证权的实现归根结底是要确立申请调查取证权的救济性机制。笔者认为，应当从三方面设置申请调查取证的救济机制：第一，在辩护律师提出调取证据申请时，侦查机关拒不调取或者不予回应的，在有其他证据证明存在被申请调取的证据的，原则上应推定该证据存在，当然在作出推定之前，应当给予侦查机关一定时间调取证据以推翻该推定的机会。第二，在辩护律师提出调取证据申请时，侦查机关拒不调取或者不予回应的，辩护律师可向相关检察机关提出监督申请，要求检察机关提前介入侦查，并引导侦查机关调取辩护律师所申请调取的证据。辩护律师申请监督的，应当提交存在被申请调查的证据以及侦查机关拒绝调取或者不予回应的材料。第三，完善刑事立法，将侦查机关拒不调取证据的行为纳入渎职犯罪进行规制，辩护律师提出申请调取证据而侦查机关拒不调取或者不予回应致使证据灭失无法再行调取的，视情形给予相应处理。

三、刑诉法中证人近亲属应作扩大解释[*]

证人证言，是刑事诉讼法规定的证据种类之一，对于核实证据、查明案情、正确认定案件起着不可替代的作用。刑诉法将证人近亲属的人身安全纳入保护范围，我国《刑事诉讼法》第61条[①]规定："人民法院、人民检察院和公安机关应当保障证人及其近亲属的安全。对证人及其近亲属进行威胁、侮辱、殴打或者打击报复，构成犯罪的，依法追究刑事责任；尚不够刑事处罚的，依法给予治安管理处罚。"但《刑事诉讼法》第106条[②]规定，"近亲属"是指夫、妻、父、母、子、女、同胞兄弟姊妹。笔者认为，这一规定对近亲属范围界定过于狭窄，严重制约着证人制度作用的发挥，不利于保障诉讼活动顺利进行，因而应对证人的近亲属作扩大解释，以充分体现证人制度的应用价值，实现司法公正的诉讼目的。刑诉法证人制度中的近亲属范围可以参照行政诉讼中的近亲属的规定，使之包括配偶、父母、子女、兄弟姐妹、祖父母、外祖父母、孙子女、外孙子女以及具有扶养、赡养关系的亲属。其中的兄弟姐妹不限于同胞，还包括同父异母、同母异父兄弟姐妹以及养兄弟姐妹、有扶养关系的继兄弟姐妹。理由如下：

---

[*] 作者：逯启顺，北京市门头沟区人民检察院。本文原载于《检察日报》2018年10月8日。
[①] 现行刑事诉讼法第63条。——编者注
[②] 现行刑事诉讼法第108条。——编者注

一是体现立法协调一致原则。刑事诉讼中近亲属与民事诉讼、行政诉讼中的近亲属界定相互冲突。刑事诉讼中的近亲属是指夫、妻、父、母、子、女、同胞兄弟姊妹。民事诉讼中的近亲属包括配偶、父母、子女、兄弟姐妹、祖父母、外祖父母、孙子女、外孙子女；而行政诉讼中的近亲属不仅包括配偶、父母、子女、兄弟姐妹、祖父母、外祖父母、孙子女、外孙子女，还包括其他具有扶养、赡养关系的亲属。可见，刑事诉讼领域与民事诉讼、行政诉讼领域关于近亲属的界定不一致。刑事诉讼法作为其他部门法的保障法，对近亲属的界定范畴大于或小于其他部门法的规定，都不利于刑法功能的充分发挥，如范围过大，有违背刑法谦抑性原则之嫌；反之，则影响刑法的保护范围，起不到应有的保障作用。从法律体系看，同一法律术语应尽量保持最大限度的同词同义，如在不同的法律领域有不同的含义，很容易引起法律概念的混淆，不利于法律的统一实施，影响立法的公信力和严肃性。

二是契合司法实践的客观需要。在考虑司法成本和资源有限的情况下，现阶段证人保护对象范围不应过窄，也不应过宽。因为，范围过窄，影响证人作证的积极性和主动性；范围过宽，则有可能导致司法资源的严重紧张。为此，结合社会实际和立法现状，应对证人保护制度中的近亲属范畴进行合理界定。将祖父母、外祖父母、孙子女、外孙子女以及具有扶养、赡养关系的亲属纳入近亲属范畴，有利于保障证人保护制度的实施，消除证人作证的顾虑，促进证人履行作证义务，进而便于司法机关查清案件事实真相，保障法律统一、准确实施。

三是符合传统社会伦理观念。对近亲属关系的认定不仅是个法律问题，也是个社会伦理和现实问题。亲属是指因婚姻、血缘和收养而产生的人与人之间的关系。由于多年计划生育政策的实施，现在家庭独生子女比较普遍现象，没有同胞兄弟姐妹，大大缩减了近亲属范围的人数。加上人口流动性频繁，父母外出务工、出国留学等原因，祖父母、外祖父母照顾抚养孙子女、外孙子女的情况逐步增多，彼此之间的关系密不可分。特别是当父母死亡或没有抚养子女能力，由祖父母或外祖父母抚养；或子女死亡或无能力赡养父母时，祖父母或外祖父母由孙子女或外孙子女赡养的情况下，其密切程度并不逊于配偶、兄弟姐妹。如将祖父母或外祖父母、孙子女或外孙子女排除在近亲属之外，不符合我国的传统伦理和社会现实情况，容易导致立法和社会实际情况脱节。

第八章 认罪认罚从宽及刑事速裁程序

 思路精解

一、检察机关贯彻认罪认罚从宽具有"地缘优势"[*]

2018年10月26日,全国人大常委会审议通过《关于修改〈中华人民共和国刑事诉讼法〉的决定》,确立了认罪认罚从宽制度。认罪认罚从宽制度的确立,对于我国刑事诉讼制度沿着确保公正、提高效率的方向改革、发展,具有举足轻重的作用。

1. 深刻认识认罪认罚从宽制度的立法意图和内容

检察机关贯彻执行认罪认罚从宽制度,应当在思想认识上注意两点:

第一,从实体法和程序法两个层面上,深刻认识认罪认罚从宽制度。认罪认罚从宽制度并不是一个新制度,过去主要体现在刑事实体法上,刑法中的自首、坦白、缓刑、减刑、假释等都属于认罪认罚从宽的范畴。正因如此,党的十八届四中全会决定提出的此项改革任务是"完善认罪认罚从宽制度"而不是"建立认罪认罚从宽制度"。其之所以要"完善"是因为以往在刑事诉讼法上缺乏直接、明确的相关规定,以致刑法上的认罪认罚从宽制度在刑事诉讼活动中不能与其形成配套机制。例如,在以往的司法实践中,有的办案人员在讯问犯罪嫌疑人时苦口婆心地给其讲政策、释法律,希望其坦白认罪,争取从宽处理,但有的犯罪嫌疑人不相信不配合;有的犯罪嫌疑人表示相信并坦白认罪,却不能获得从宽处理,以致不少人怀疑刑法上的规定。本次刑事诉讼法修改实际上是从程序法上建立了认罪认罚从宽制度,以完善已有实体法上的认罪

---

[*] 作者:顾永忠,中国政法大学教授;韩笑,中国政法大学博士研究生。本文原载于《检察日报》2019年1月20日。

认罚从宽制度,使两者相辅相成,互相作用,真正发挥认罪认罚从宽制度的作用。

第二,深刻认识程序法上认罪认罚从宽制度对实体法上认罪认罚从宽制度的完善作用。在认罪认罚制度试点过程中,始终存在着认罪认罚从宽制度应当适用于哪些诉讼阶段的认识分歧。本次刑事诉讼法上确立的认罪认罚从宽制度通过对刑法上的认罪认罚从宽制度的完善,明确回答了这一问题,主要体现在两个方面:一是在刑事诉讼的全过程,无论是侦查阶段、审查起诉阶段,还是审判阶段,办案人员都要向犯罪嫌疑人、被告人告知其诉讼权利和认罪认罚的法律规定;二是对于犯罪嫌疑人、被告人自愿如实供述罪行,表示接受处罚的,在不同诉讼阶段以不同方式体现"从宽处理"的精神,诸如:在批准或决定逮捕时,把犯罪嫌疑人认罪认罚情况作为其是否可能发生社会危险性的重要考量因素;在侦查终结移送案件时,对于犯罪嫌疑人自愿认罪的应当记录在案、随案移送,并在起诉意见书中写明有关情况;在审查起诉阶段,对于犯罪嫌疑人认罪认罚的案件,检察人员应当认真听取犯罪嫌疑人及律师的意见,对于确系自愿认罪认罚的案件,应当提出体现从宽精神的量刑建议并在律师的见证下由犯罪嫌疑人签署认罪认罚具结书,其中对于符合速裁程序的案件,应当加快办案,在10日至15日内起诉到法院,缩短犯罪嫌疑人审前羁押、等候审判的时间。此外,对于有重大立功或者案件涉及国家重大利益的,经最高人民检察院核准,可以撤销案件或作出不起诉决定;案件进入审判阶段后,经法院审查确系认罪认罚案件则可以按照不同情况分别以不同程序审理,其中大多数案件将进入速裁程序,应当在10日至15日内审结,当庭宣判;并且对于认罪认罚案件除非具有法律规定的特殊情形,法院一般应当采纳检察院指控的罪名和量刑建议。通过上述不同阶段的举措,使认罪认罚从宽制度在诉讼过程实现全覆盖,与实体法上的认罪认罚从宽制度相辅相成、相得益彰。

2. 充分发挥检察机关在认罪认罚从宽制度中的职能作用

如前所述,认罪认罚从宽制度适用于刑事诉讼全过程,包括侦查阶段、审查起诉阶段、审判阶段,应当说与公安机关、检察机关、人民法院都有重要关系。但是,鉴于检察机关在刑事诉讼中的特殊地位以及认罪认罚从宽制度的立法意图和立法精神,与公安机关和人民法院相比,检察机关在认罪认罚从宽制度中负有特殊的职能作用。这一点在修改后的刑事诉讼法上体现得非常明确。在侦查阶段,公安机关对于认罪认罚案件只能积极鼓励、引导,客观记录、移送,而检察机关可以在两个环节上发挥作用:一是在审查批捕时对于认罪认罚的情况作为判断嫌疑人是否可能发生社会危险性的重要因素;二是对于符合前述法律规定的案件,经最高人民检察院核准,公安机关可以撤销案件。在审判阶段，虽然法院对于认罪认罚案件也要依法进行审查，确保被告人认罪认罚的自愿性和认罪认罚具结书内容的真实性、合法性。但是，只要不存在法律规定的例外情形，法院对于所涉案件适用什么审判程序，一般要尊重检察机关的建议，对于被告人如何定罪量刑，一般也应当采纳检察机关指控的罪名和量刑建议。法律之所以如此规定，主要是因为检察机关作为法律监督机关，由其承担追诉犯罪、保障人权、维护司法公正和法律正确实施的重任于法有据、理所应当；同时，检察机关在刑事诉讼中处于承前启后的中间地位，审查起诉认罪认罚案件并提出量刑建议具有明显的"地缘优势"。

基于以上，检察机关在办理认罪认罚案件的过程中，应当坚守法律监督机关的宪法定位，要立足于维护司法公正、维护法律正确实施、维护社会公平正义的高度，确保犯罪嫌疑人的认罪认罚不仅是自愿的，而且确系实施犯罪之人，在此基础上针对不同情况依法作出体现"从宽处理"精神的诉讼决定，包括对符合法律规定的案件，作出一般不起诉或特别不起诉的决定；对符合起诉条件的案件提出既具有法律依据又符合案件具体情况的量刑建议；对于符合速裁程序的案件，提高办案效率，在法定期限内向法院提起公诉等。

3. 切实保障律师依法参与认罪认罚案件

认罪认罚从宽制度的立法宗旨是在确保公正的前提下，提高诉讼效率，这对于国家节约司法资源，对于办案机关减轻办案负担和提高办案效率，对于犯罪嫌疑人、被告人认罪服法，回归社会，都有重大的意义。但是，如何保证认罪认罚从宽制度在确保司法公正、确保自愿认罪认罚从宽的基础上运行，是该制度的生命线。为此，在法律上不仅要对办案机关、办案人员提出明确的要求，严格依法办案，防止在适用认罪认罚从宽制度下发生冤错案件，而且还要保证犯罪嫌疑人、被告人能够获得律师的有效帮助。正因为如此，本次刑事诉讼法修改专门增加了第36条："法律援助机构可以在人民法院、看守所等场所派驻值班律师。犯罪嫌疑人、被告人没有委托辩护人，法律援助机构没有指派律师为其提供辩护的，由值班律师为犯罪嫌疑人、被告人提供法律咨询、程序选择建议、申请变更强制措施、对案件处理提出意见等法律帮助。"这是一项重大举措，旨在弥补我国刑事诉讼中律师辩护率偏低现实情况。这一规定一旦落实，在我国刑事诉讼中将可以实现刑事案件律师辩护与法律帮助全覆盖。

事实上，值班律师制度是在刑事速裁程序和认罪认罚从宽制度试点中应运而生的，如今被正式纳入刑事诉讼法。根据刑事诉讼法的规定，值班律师发挥作用的主要空间是在审查起诉中，具体表现为人民检察院审查案件应当听取辩护人或者值班律师的意见，特别是认罪认罚案件，人民检察院应当从五个方面听取辩护人或者值班律师的意见。对于犯罪嫌疑人自愿认罪，同意量刑建议和适用程序的，还应当在辩护人或者值班律师在场的情况下签署认罪认罚具结书。可见，检察机关办理认罪认罚案件中，是离不开辩护人或值班律师的。没有辩护人或值班律师的参与，检察机关是无法在审查起诉中推进认罪认罚从宽制度的。因此，检察机关应当高度重视并切实保障辩护律师以及值班律师依法参与认罪认罚案件的权利，使他们能够协助检察机关对认罪认罚案件把好审查起诉关。目前迫切需要解决的问题是值班律师与犯罪嫌疑人的会见和查阅案卷材料的问题。在现行诉讼制度下，不论是犯罪嫌疑人委托的辩护律师，还是法律援助机构依法指派的法律援助律师，会见犯罪嫌疑人，查阅案卷材料都不成问题。但值班律师制度是新生制度，对于会见犯罪嫌疑人，查阅案卷材料的问题，目前刑事诉讼法的规定是，人民法院、人民检察院、看守所应当告知犯罪嫌疑人、被告人有权约见值班律师，并为他们约见值班律师提供便利。此外还规定，人民检察院依照法律规定听取值班律师意见的，应当提前为值班律师了解案件情况提供必要的便利。这里规定的两个"提供便利"，就是需要检察机关解决的问题。我们应当清醒地认识到，对于值班律师而言，如果不能会见犯罪嫌疑人，不能查阅案卷材料，他们是无法完成刑事诉讼法赋予的各项职责的，特别是对案件处理提出意见、在场见证犯罪嫌疑人签署认罪认罚具结书的职责等。这些情形将有待后续的司法解释予以完善。

二、运用认罪认罚从宽制度依法办理涉企刑事案件[*]

新修改的刑事诉讼法规定了认罪认罚从宽制度，检察机关办理涉企业刑事案件充分运用认罪认罚从宽制度，对于更好发挥这一制度的价值作用，依法妥善处理涉企业刑事案件，体现平等保护、区别对待、宽严并重要求，营造保护企业家合法权益、支持企业家创新创业的法治环境具有积极作用。

1. 涉企业刑事案件的主要特点

涉企业刑事案件主要涉及刑法规定的破坏社会主义市场经济秩序犯罪、挪用资金犯罪等，这类案件与普通刑事案件相比，具有明显特点，主要表现在：

（1）社会危害及影响具有双重性。一方面，这类案件侵犯的客体是社会主义市场经济秩序，直接危害国家经济秩序，侵害相关市场主体的经济利益；

---

[*] 作者：陈鸶成，最高人民检察院第十检察厅；贝金欣，最高人民检察院第四检察厅。本文原载于《检察日报》2018年12月2日。

另一方面，由于涉企业刑事案件与所涉企业的经营发展密切相关，处理不当会对企业的正常生产经营造成不良影响。

（2）案发原因具有复杂性。涉企业犯罪既有内因，又有外因。除了企业价值观、利益观扭曲等自身因素外，有的犯罪还受到诸多外部因素的影响。比如，有的是由于当时法制不健全；有的由于法治意识淡薄，盲目创新发展，踩到法律底线；等等。

（3）法律适用争议多。一是涉企业刑事案件往往涉及民事、行政、刑事等多重法律关系，行为手段专业化程度高，疑难、复杂、新型案件日益增多，在事实认定和处理上容易产生分歧。二是与企业经营管理创新发展相比，行政和刑事立法相对滞后，规定不明确，办案人员难以准确把握相关法律政策。

（4）办案难度大。随着经济社会与科技发展，涉企业刑事案件表现形式日趋复杂，跨区域、涉众型犯罪增多，高智商、隐蔽化特征明显，给侦查取证、审查起诉、庭上指控证实犯罪带来巨大挑战。

（5）轻刑化特征明显。从近年来破坏社会主义市场经济秩序犯罪案件的判决情况来看，涉企业刑事案件判处重刑特别是 10 年以上刑罚的占比很低，大部分案件的刑期在 3 年以下。

针对涉企业刑事案件的这些特点，检察机关在办理这类案件时需要综合考量发案原因、危害影响、企业情况等多种因素，准确把握法律和政策，改进办案方式方法，确保办案法律效果、政治效果、社会效果的有机统一。

2. 办理涉企业刑事案件运用认罪认罚从宽制度的价值意义

依法妥善处理涉企业刑事案件需要在法律框架内准确把握政策，合理运用正当程序及时处理案件，使企业早日转入正常生产经营，尽可能减少对经济社会发展的影响。认罪认罚从宽制度的优势和功能正契合了这一要求，具有重要的价值意义。

（1）有利于减少司法办案对企业正常生产经营活动的影响。适用认罪认罚从宽制度，对涉案企业人员而言，自愿认罪认罚可以依法不采取逮捕等羁押性强制措施、缩短案件办理周期、降低监禁刑的刑期，有利于涉案企业人员在配合办案的同时尽可能不影响企业日常经营。对受害企业而言，犯罪嫌疑人、被告人自愿认罪认罚、主动退赃退赔可以减少社会对抗，及时修复社会关系，有效挽回经济损失，使涉案企业能够尽快恢复到正常经营的轨道上来。

（2）有利于营造鼓励创新、宽容失败、守法经营的良好氛围。在企业家创新发展过程中，对法律政策界限把握不准的问题时有发生。中央倡导在经济科技领域要营造鼓励创新、宽容失败的氛围，对此，检察机关也应积极响应。一方面要加强对合法经营者权益的依法保障，另一方面对探索、改革过程中出现的失误应给予更多理解和宽容。对认罪认罚的企业人员从宽处理，尤其是作出不起诉决定或建议适用非监禁刑，不仅能够使他们真诚认罪悔罪，而且也能促使他们感恩社会，以实际行动回馈社会，降低再犯可能性，实现为国家分忧、创造良好环境的目标。通过认罪认罚从宽制度特别是不起诉等措施的依法运用，可以很好地将依法办案与鼓励创新有效结合，为鼓励创新、宽容失败提供法律支持。

（3）有利于优化司法资源配置。一些涉企刑事案件判处刑罚并不重，但由于法律关系、证据情况等方面情形复杂、专业性强，侦查取证、法律适用争议大，往往占用较多司法资源。对这类案件适用认罪认罚从宽制度，积极引导犯罪嫌疑人、被告人主动自愿认罪认罚，不仅有利于减轻司法机关侦查取证、指控犯罪和追赃挽损的难度，还可有效缓解司法机关的办案压力。

3. 依法推进涉企业刑事案件认罪认罚从宽制度的运用

在办理涉企业刑事案件过程中，检察机关要以依法保护企业家合法权益为出发点和落脚点，依法适用认罪认罚从宽制度，努力为企业健康发展营造良好的法治环境。

（1）高度重视依法保护企业家合法权益。一是坚持平等保护原则，适用认罪认罚从宽制度对所有经济主体都一视同仁。二是坚持区别对待原则，对认罪认罚的犯罪嫌疑人、被告人，要充分考虑犯罪事实、情节、性质等要件，准确把握不起诉以及减轻、从轻、适用缓刑等量刑建议之间的界限，坚决防止出现"以钱赎罪"等现象。三是必须准确把握罪与非罪的界限，严格区分无罪案件和认罪认罚案件，适用认罪认罚从宽制度的前提必须是犯罪嫌疑人、被告人有罪。要严格保障认罪认罚的自愿性，坚决防止因在案证据难以认定有罪，而通过羁押、胁迫等方式迫使犯罪嫌疑人、被告人认罪现象的发生。四是对于严重侵害国家、集体和他人利益、破坏公平竞争诚信经营市场环境的重大犯罪，仍要依法严厉打击，切实维护守法企业家的合法权益。

（2）逐步扩大认罪认罚从宽制度的适用范围。涉企业刑事案件相对复杂，可以按照各类案件的特点，有针对性地选择部分罪名重点开展。一是社会危害较小、损失较易挽回、被害人予以谅解的多发案件，或者对涉案企业正常生产经营可能产生较大影响的多发案件，如职务侵占、挪用资金等犯罪案件。二是侦查取证难度大，特别是犯罪嫌疑人、被告人供述对侦查取证和证明犯罪起重要作用的案件，如内幕交易等犯罪案件。三是涉案人员众多的单位犯罪案件，可以通过对认罪认罚、主动退赃退赔的部分犯罪嫌疑人、被告人依法从宽，最大限度地挽回被害人的经济损失。

（3）建立符合涉企业刑事案件特点的认罪认罚从宽工作规范和机制。一是建立认罪认罚从宽释法说理机制。在办理案件时，要主动阐释认罪认罚从宽制度的意义，积极开展认罪服法相关工作，促使犯罪嫌疑人、被告人自愿认罪认罚。二是简化诉讼程序，建立涉企业刑事案件快速流转机制，加快办案进程。在符合条件的情况下，尽量对涉案企业人员采取非羁押诉讼的方式，慎用查封、扣押、冻结等措施，最大限度降低办案对企业正常生产经营的负面影响。三是健全认罪认罚从宽认定机制。要进一步细化认罪认罚判断的具体标准。除了犯罪嫌疑人自愿如实供述自己的罪行、对指控的犯罪事实没有异议之外，还要进一步考虑是否主动退赃退赔、是否主动帮助司法机关追赃挽损、是否得到被害人的谅解等情节。四是规范量刑建议，提高量刑建议的精准度和针对性。对认罪认罚的被告人，量刑建议既要体现依法从宽的政策，又要起到预防和震慑的作用。针对经济犯罪中的贪利性特点，要更加注重罚金刑、从业禁止、社区矫正以及非刑罚措施的综合运用，细化主刑、附加刑以及其他处罚手段的具体适用标准，通过量刑建议的精准应用促使涉案人员真诚认罪悔罪。

三、认罪认罚从宽：兼顾制度与方法[*]

本次刑事诉讼法修改，在充分肯定现有改革成果的基础上，将认罪认罚从宽制度写进刑事诉讼法，笔者认为，应从理念、制度和方法三个层面把握该制度的内涵和实施。

其一，认罪认罚从宽体现了多种刑事司法理念。体现宽严相济的刑事司法理念、恢复性司法理念、协商性司法理念、程序分流理念等多种刑事司法理念等，强调被追诉人的社会复归和被害人的权益保障，倡导刑事诉讼的效率价值和协商意识，是多种先进司法理念的结合。

其二，认罪认罚从宽是刑事诉讼法规定的一项原则性法律制度。修改后的刑事诉讼法在第一编第一章"任务和基本原则"中就对该制度予以了规定，规定"犯罪嫌疑人、被告人自愿如实供述自己的罪行，承认指控的犯罪事实，愿意接受处罚的，可以依法从宽处理"。并在相关章节对侦查程序、审查起诉程序、提起公诉程序、审判程序、执行程序中应遵守的规定作出了具体规定。

---

[*] 作者：戚进松，北京市海淀区人民检察院；胡莲芳，三峡大学法学与公共管理学院。本文原载于《检察日报》2019年1月10日。

同时，认罪认罚从宽规定在"任务和基本原则"一章，意味着它是一项具有原则性指导意义的规则，在所有刑事诉讼活动中都可以依法适用。

其三，认罪认罚从宽是刑事诉讼活动中追究行为人刑事责任的一种法律适用方法。修改后刑事诉讼法关于认罪认罚从宽处理规定的一个重要目标就是程序分流，通过科学的分流机制将案件分为认罪和不认罪两种类型，将有限的司法资源更多地投入重大、疑难、复杂案件，以提升司法效能，并为实现庭审实质化创造条件，最终推进以审判为中心的诉讼制度改革。

在处理具体案件时，也应从理念、制度、方法三个层面，准确理解和适用认罪认罚从宽。

第一，审查起诉程序如何更好地适用认罪认罚从宽制度？认罪认罚从宽作为一种先进的刑事司法理念，其中一条条文被规定在修改后的刑事诉讼法第一章"任务和基本原则"部分，意味着该理念可以适用于刑事诉讼的所有程序。如何更好地在审查起诉阶段适用认罪认罚从宽制度，需要检察机关发挥审前主导作用，立足于法律监督职能做更多的探索。比如在认罪认罚从宽理念的指导下，科学行使起诉裁量权，实现审前程序的分流，将认罪认罚从宽制度和不起诉制度叠加使用，最大限度发挥审前程序分流的功能。

第二，审前程序适用认罪认罚从宽处理时如何考虑被害人的有效参与？修改后刑事诉讼法规定，在审查起诉阶段，对于犯罪嫌疑人认罪认罚的，人民检察院应当听取被害人及其诉讼代理人的意见。同时，人权保障是刑事诉讼的重要目标之一，不仅包括对犯罪嫌疑人的保障，也包括对被害人合法权益的保护。认罪认罚从宽处理程序体现了协商性司法的理念，不论是从制度设计的目标还是从被害人权益保障角度分析，在审查起诉环节，都应该最大限度保障被害人的有效参与。

第三，被追诉人在不同诉讼阶段的认罪认罚行为对其量刑建议是否有影响？认罪认罚从宽制度鼓励犯罪嫌疑人和侦查机关及司法机关的合作，以节省司法资源。一般而言，被追诉人越早认罪认罚，产生的司法效益越大。比如犯罪嫌疑人在侦查阶段认罪，将节省大量投入破获案件的资源，审查起诉程序和审判程序也会相应减少司法资源，但是犯罪嫌疑人如果仅仅在审判阶段认罪，能节省的司法资源却极其有限，因而对于被追诉人在侦查阶段、审查起诉阶段、刑事审判阶段的认罪认罚行为，可以结合其他情节予以不同的量刑从宽幅度。

四、刑事速裁程序立法兼顾现实性与正当性[*]

2018年10月26日，全国人大常委会通过了《关于修改〈中华人民共和国刑事诉讼法〉的决定》（以下简称《决定》），将认罪认罚从宽制度和刑事速裁程序一并纳入刑诉法，认罪认罚从宽作为我国刑事诉讼的一项基本原则予以确立，同时修改后的刑诉法规定"基层人民法院管辖的可能判处三年有期徒刑以下刑罚的案件，案件事实清楚，证据确实、充分，被告人认罪认罚并同意适用速裁程序的，可以适用速裁程序"，即对于认罪认罚案件中的轻微、简单案件，可以适用速裁程序进行审理。这里将轻微案件的标准限定为"可能判处三年有期徒刑以下刑罚的案件"，呼应了刑法中的相关规定；而简单案件则可以理解为"案件事实清楚，证据确实、充分"并且"被告人认罪认罚并同意适用速裁程序"的案件，此类案件控辩双方对于案件中的事实问题和法律问题往往均无争议，司法机关处理难度较小，因而被视为"简单案件"。刑诉法对于轻微、简单案件和重大、复杂、疑难案件，遵循"简案快审、繁案精审"的原则进行分流处理，以追求公正与效率之间的平衡。

刑事速裁程序入法是对刑事速裁程序试点和认罪认罚从宽制度试点工作经验的总结，反映了我国刑事司法实践的现实需求。为了应对醉驾、扒窃等入刑后所带来的轻微刑事案件数量迅速增长，2014年6月，全国人大常委会授权最高人民法院、最高人民检察院在部分地区开展刑事案件速裁程序试点工作，开创了在司法领域进行立法授权改革试点的先河。在两年的试点期限届满之后，2016年9月，全国人大常委会授权最高人民法院、最高人民检察院在18个城市开展刑事案件认罪认罚从宽制度试点工作，刑事速裁程序被纳入认罪认罚从宽制度中继续进行试点。试点情况表明，刑事速裁程序的适用，大大缩短了办案时间，降低了审前羁押率，提高了当庭宣判率，并且上诉、抗诉率明显低于适用简易程序或普通程序的案件。中国政法大学课题组曾对参与试点的法官、检察官、警察、律师、被告人进行问卷调查，结果显示，绝大多数被调查对象对刑事速裁程序的运行效果表示满意，其中被告人满意度达到了97.69%。在对试点经验进行总结的基础上，立法机关通过修改刑事诉讼法正

---

[*] 作者：熊秋红，中国社会科学院法学研究所研究员、博士生导师。本文原载于《检察日报》2018年11月9日。

式确立了刑事速裁程序。

"刑事速裁程序",顾名思义,是一种"迅速裁判"程序。与刑诉法规定的简易程序相比,速裁程序属于"简上加简"的程序,这种进一步的简化主要体现在:第一,从审判组织上看,适用简易程序审理案件,对可能判处3年有期徒刑以下刑罚的,可以组成合议庭进行审判,也可以由审判员一人独任审判;而适用速裁程序审理案件,统一由审判员一人独任审判。第二,从审理程序上看,适用简易程序审理案件,不受刑诉法关于讯问被告人、询问证人、鉴定人、出示证据、法庭辩论程序规定的限制;而适用速裁程序审理案件,一般不进行法庭调查、法庭辩论,即基本上省略了法庭调查和法庭辩论程序。第三,从审理期限上看,适用简易程序审理案件,人民法院应当在受理后20日以内审结。适用速裁程序审理案件,在审理期限上进一步缩短,人民法院应当在受理后10日以内审结;对可能判处的有期徒刑超过1年的,可以延长至15日。

与刑诉法规定的普通程序相比,简易、速裁程序同属简化后的程序,也有一些带有共性的规定,比如,人民检察院在提起公诉的时候,可以建议人民法院适用简易、速裁程序;适用简易、速裁程序审理案件,不受刑诉法规定的送达期限的限制;适用简易、速裁程序审理案件,在判决宣告前应当听取被告人的最后陈述意见;人民法院在审理过程中,发现不宜适用简易程序的,应当转普通程序重新审理;人民法院在审理过程中,发现不宜适用速裁程序的,应当转普通程序或者简易程序重新审理。刑事速裁程序入法,使得我国公诉案件的第一审程序形成了由普通程序、简易程序、速裁程序所组成的多元化的程序体系,能够更好地实现司法资源的合理配置,满足被告人的多元化需求。在司法实践中,当案件同时符合速裁程序和简易程序的适用条件时,应当优先适用速裁程序,在案件不符合速裁程序的适用条件时,才可以考虑适用简易程序。

速裁程序是刑事诉讼中的"快车道",它的设置旨在通过进一步简化程序提高诉讼效率,同时保障被告人获得及时审判的权利。为了保障案件办理质量不会因程序简化而下降,有必要严格控制速裁程序的适用范围。第十四届世界刑法学协会代表大会提出了如下建议:"对简单的案件,可能采取,也应该采取简易程序。"案件事实清楚,证据确实、充分,被告人认罪认罚并同意适用速裁程序,是适用速裁程序的基本条件。适用速裁程序的案件,是控辩双方对于定罪量刑无明显争议的"简单案件",由此保障了案件处理结果的可接受性。除了案情简单之外,适用速裁程序还应符合"犯罪轻微"的条件。第十五届世界刑法学协会代表大会通过的《关于刑事诉讼法中的人权问题的决议》第23条指出:"建议简易程序只适用于轻微犯罪,目的是加快刑事诉讼的进行和向被告人提供更多的保护。"在刑事速裁程序试点之初，为了慎重起见，立法机关曾将其适用范围限定为"危险驾驶、交通肇事、盗窃、诈骗、抢夺、伤害、寻衅滋事等情节较轻，依法可能判处一年以下有期徒刑、拘役、管制的案件，或者依法单处罚金的案件"，在试点过程中，司法实务部门强烈要求扩大刑事速裁程序的适用范围，进一步加大刑事案件繁简分流的力度。该主张最终获得了立法机关的采纳，一方面，《决定》取消了对于适用速裁程序案件类型的限制，并将可能判处的有期徒刑的最高刑期从"一年"提高到"三年"；另一方面，《决定》对于不宜适用速裁程序的情形作了规定，包括：被告人是盲、聋、哑人，或者是尚未完全丧失辨认或者控制自己行为能力的精神病人的；被告人是未成年人的；案件有重大社会影响的；共同犯罪案件被告人意见不一致的；当事人未达成民事赔偿协议的等。与刑诉法关于简易程序的规定相比，增加了两种新的情形：一种是被告人为未成年人的案件，此类案件不适用速裁程序，体现了对未成年人的特殊保护；另一种是被告人与被害人或者其法定代理人没有就附带民事诉讼赔偿等事项达成调解或者和解协议的案件，这种情况下客观上会导致刑事案件无法迅速审结。

刑事速裁程序入法是新一轮司法体制改革成果的重要体现。以审判为中心的刑事诉讼制度改革，使得普通程序向正当化、法治化、复杂化方向推进，庭审实质化带来的"繁者更繁"必然要求"简者更简"，对轻微、简单案件适用速裁程序，有利于将更多的司法资源投入重大、复杂、疑难案件的审理之中。一方面，迅速审判被视为被告人权利的组成部分，同时它又涉及国家迅速惩治犯罪的利益，在这种理解之下，诉讼效率问题成为正当程序模式和犯罪控制模式的交叉地带。"提高诉讼效率"本身为刑事速裁程序的设立提供了正当性依据，另一方面，又需要防止"简化的要求达到极限可能会威胁个人自由和强化对个人压制"，进而损害司法公正。在严格限制适用范围以及在保障被告人基本权利的前提下采用速裁程序，是世界上多数国家和地区的共识。要保障适用速裁程序的正当性，被告人认罪认罚的自愿性和获得律师帮助的权利必须得到保障。《决定》肯定了值班律师制度，并且规定：适用速裁程序审理案件，"在判决宣告前应当听取辩护人的意见"。此外，《决定》还要求，适用速裁程序审理案件，应当当庭宣判。当庭宣判，可以基本保证法官的心证形成于法庭，裁判理由产生于法庭，有助于审与判的统一，也有助于减少法外因素影响裁判结果的可能性，保障律师辩护的有效性。当庭宣判从适用速裁程序的案件做起，有望带动适用简易程序审理的案件原则上进行当庭宣判和适用普通程序审理的案件逐步提高当庭宣判率。

第九章 刑事检察

第一节 捕诉一体

思路精解

一、更新理念机制强化存疑案件跟踪监督*

检察机关在办理审查批准逮捕、审查起诉案件时，因一些案件事实不清、证据不足而对其作出存疑不批捕、存疑不起诉处理决定，此类存疑不捕、存疑不诉案件统称为存疑案件。长期以来，侦查机关对存疑案件存在补充侦查不力、补充侦查后重新报捕率低、重新提请起诉率低等问题。为进一步保障人权和落实司法责任制，检察机关应构建常态化的跟踪监督机制，加大对存疑案件的监督力度。

第一，强化存疑案件跟踪监督是检察机关谋发展的需要。《刑事诉讼法》第8条规定："人民检察院依法对刑事诉讼实行法律监督。"检察机关谋发展，就要全面履行宪法法律赋予的法律监督职责，而对存疑案件的跟踪监督是属于刑事诉讼监督的一部分，而且是刑事诉讼监督实践中容易被忽视的部分。当前，存疑案件中暴露出的诸如补充侦查不到位等问题，说明检察机关对存疑案件的监督是刑事诉讼监督短板，如果不采取得力措施加大对存疑案件的监督，势必会影响法律监督的深入开展。只有补齐对存疑案件跟踪监督这块刑事诉讼监督短板，检察机关谋发展才能全面、顺利进行。

---

* 作者：陈长均，山西省太原市人民检察院。本文原载于《检察日报》2019年1月27日。

第二，强化存疑案件跟踪监督是检察机关重自强的需要。重自强，不仅需要加大对检察人员的培训力度，提升检察人员业务素能，更需要通过检察实践破解工作难点，提高办案人员素能。存疑案件跟踪监督，既是目前刑事诉讼监督的短板，也是刑事诉讼监督的难点，检察人员要力求在强化对存疑案件跟踪监督、破解监督难点过程中，能够进一步提升监督智慧、担当意识和法律素养，从而达到重自强的目的。

为强化对存疑案件跟踪监督，应从以下几个方面着手：

首先，树立双赢多赢共赢监督理念。存疑案件是基层检察机关法律监督的短板，检察机关作出存疑不捕、存疑不诉决定后，承办人对此类案件没有紧抓不放，缺乏跟踪监督的精力和决心。检察机关对存疑案件监督阙如，会严重影响检察监督社会公信力。要强化对存疑案件的监督，首先要转变监督理念，注重监督质量和监督效果，达到强化检察机关法律监督、提升侦查机关办案质量、维护社会公平正义的双赢多赢共赢效果。

其次，建立硬性约束制度。对于存疑案件，由于缺乏对侦查机关的硬性约束规定，检察机关即使知晓侦查机关的侦查工作存在不到位的方面，除了沟通协调、提出检察建议外，很多时候也往往是无能为力。为改变这种现状，需要对检察机关的监督内容、方式、程序等作出明确规定，建立长效跟踪监督机制。侦查机关对存疑不捕、存疑不诉案件的最终处理结果，应在规定时间内向检察机关报备。同时，应建立对侦查机关的处罚约束机制，规定侦查机关对存疑案件不予侦查行为需承担的法律后果。

最后，构建动态跟踪监督机制。检察机关捕诉一体工作机制的推行，有利于加强捕诉衔接，为构建存疑案件动态跟踪监督机制提供了良好契机和有利条件。捕诉一体工作机制下，审查批准逮捕、审查起诉工作由同一检察官办理，在办理存疑不捕案件的审查起诉工作时，办案检察官会关注自己在审查批捕时提出的侦查意见落实情况，避免侦查机关补充侦查不到位。同时，应建立存疑案件个案跟踪监督制度，明确个案跟踪的内容及范围，检察机关案件承办人应实时跟进存疑案件进展，必要时介入引导侦查。

二、全程监督推进轻刑案件非羁押诉讼*

轻刑案件非羁押诉讼，是指在刑事诉讼活动中，依据法律规定对罪行较轻的犯罪嫌疑人、被告人，不采取羁押性强制措施而进行的诉讼活动，其有利于体现宽严相济刑事政策，促进贯彻落实尊重和保障人权的基本理念。司法实践中，在推进轻刑案件非羁押诉讼过程中也遇到一些问题，比如犯罪嫌疑人存在脱逃、串供等妨碍诉讼顺利进行的情形，公安机关对于逮捕必要性和社会危险性的说明不够充分，等等。在此，笔者建议从四方面推进轻刑案件非羁押诉讼深入开展。

第一，完善逮捕公开审查案件及参与人范围。明确逮捕公开审查的案件范围，将案件事实清楚、证据确实充分，但是否构罪或适用法律上有争议的案件列为逮捕公开审查的案件范围。该类案件公开审查不会导致侦查秘密的泄露，同时法律适用上有争议存在，确有公开审查的必要。逮捕公开审查的参与人主要包括检察官、书记员、侦查人员、犯罪嫌疑人及其辩护人、被害人及其诉讼代理人。必要时，可扩大参与人范围，将人大代表、政协委员等纳入参与人范围，提升公开审查透明度和公信力。

第二，完善审查起诉阶段办案程序。一是案件集中办理。专门办案组熟悉相关领域法律法规，具有成熟办案经验，由专门办案组办理，有效提升审查效率。二是简化审查报告。审查阶段可生成起诉书和表格式审查报告两份文书，对起诉书中未涵盖的内容在表格式审查报告中补充。三是健全案件流转制度。非羁押诉讼案件中发现翻供、定罪证据严重缺失的案件，可以移交其他办案组办理。

第三，完善审判阶段办案程序。轻刑非羁押诉讼案件，可以实行独任审判，集中审理，在案件事实清楚、证据确实充分、被告人自愿认罪、当事人对适用法律没有争议，尊重和保障被告人程序选择权、辩护权的前提下，简化庭审，公诉人宣读起诉书、量刑建议书，被告人不持异议的，可当庭判决。

第四，完善案件的全程法律监督。强化法律监督，从源头上、过程中全方位监督轻刑案件非羁押诉讼的运行状况。首先，把好案件受理审查监督关。案件管理部门应在案件受理时强化对轻刑案件非羁押状态的审查，并定期开展轻

---

* 作者：张斯亮，浙江省海宁市人民检察院。本文原载于《检察日报》2018年9月14日。

刑非羁押诉讼案件诉讼质量和办案情况的督察通报。其次，加强对不捕案件的后续跟踪监督。特别是加强对不捕案件决定后的引导侦查取证，重视加强对社会危险性证据材料的审查及评估工作。再次，加强对移送起诉案件的监督。尤其是移送审查起诉的直诉案件，需要补充侦查、改变定性或建议公安机关撤回起诉的，主动向侦查部门说明理由和要求。最后，加强对审判活动的监督。对于审判机关将检察机关、公安机关已依法决定适用非羁押诉讼的被告人决定逮捕的，注意进行监督。

三、适用逮捕的刑罚条件*

在我国，较高的审前羁押率一直被学界诟病。虽然司法实务中，通过提高逮捕的证据适用标准，即将有证据证明有犯罪事实的逮捕适用证据标准提高到证据确实充分的起诉标准，试图降低逮捕率，但这种做法只能保证捕后无撤案或判无罪的现象发生，不能从根本上改变羁押率过高的现象。笔者认为，必须修改逮捕的刑罚设置条件，提高刑罚标准，将可能判处徒刑以上刑罚提高到三年以上有期徒刑。

第一，有利于降低审前羁押率，保障人权。提高逮捕刑罚标准后，法定刑为三年以下的犯罪嫌疑人就不需要逮捕，很多轻刑案直接起诉即可，大大降低了逮捕适用概率。同时，"三年"也是缓刑和执行刑的刑期分界线，被判处拘役或者三年以下有期徒刑的罪行较轻、社会危害性较小的犯罪分子，根据其犯罪情节和悔罪表现，可以适用缓刑。

第二，有利于适用宽严相济的刑事司法政策。在我国刑罚体系中有期徒刑是适用范围最广泛的一种刑罚方法。它既可作为重刑适用于严重的犯罪行为；也可作为中度刑罚适用于危害居中的犯罪行为；还可以作为轻刑适用于危害较小的犯罪行为。但由于逮捕措施的广泛运用，压缩了拘役、管制等刑罚适用空间，使原本可以适用拘役或管制的，都改为适用有期徒刑。提高逮捕的适用标准，就可以发挥拘役、管制等刑罚的功能，从而避免审前羁押期超过刑期现象的发生。

第三，符合重罪与轻罪的刑法分类。国外依据法定刑，将犯罪分为重罪、轻罪与违警罪。我国刑法未将犯罪分为重罪与轻罪，但从理论上看，仍然可以

---

* 作者：蒋毅，重庆市江津区人民检察院。本文原载于《检察日报》2018年9月12日，原题为《适用逮捕的刑罚条件宜为三年以上有期徒刑》。

将犯罪分为重罪与轻罪。《刑法》第67条规定对犯罪以后自首且"犯罪较轻"的可以免除处罚，也暗示了可以从理论上将犯罪分为重罪与轻罪。区分重罪与轻罪应以法定刑为标准，而不能以现实犯罪的轻重为标准。可以考虑将法定最低刑为三年以上有期徒刑的犯罪称为重罪，其他犯罪称为轻罪。重罪适用拘留、逮捕等剥夺人身自由的强制措施，轻罪则适用取保候审、监视居住等限制人身自由的强制措施。

第四，有利于转变执法观念。长期以来，为保障刑事诉讼活动的顺利进行，提高诉讼效率，逮捕就是不二措施。提高逮捕的刑罚标准，逮捕就不再是执法人员办案措施的首选，促使司法人员转变观念，积极采取取保候审、监视居住等其他强制措施，从而保障犯罪分子的人权。

四、出庭公诉质证策略与方法[*]

（一）庭审实质化场景下如何对口供进行质证[**]

庭审实质化主要适用于不认罪案件，包括被告人自始不认罪的案件和认罪后翻供的案件。在实质化的庭审中，公诉人对不认罪的口供（当庭陈述）进行质证是对抗性最高的一个证据调查环节。通过有效地质证来否定口供辩解的真实性，能够为全面的公诉举证扫清最大障碍，推进法庭调查的顺利进行。传统庭审中，口供的质证包括对被告人发问和出示讯问笔录这两个前后相继的环节。而在各地推进庭审实质化试点的过程中，根据最高法《法庭调查规程》第34条第2款规定的精神，讯问笔录通常不再单独出示，两个环节合而为一，对质证的策略性和技巧性提出了更高要求。

综观诸多庭审实质化试点案件，法庭调查各环节中口供质证遇到一些问题。主要表现在三个方面：一是有的公诉人按照事件发生的时间顺序、逻辑顺序对被告人全面发问，被告人通常对指控的次要事实予以认可，而对主要犯罪事实否认并辩解，公诉人并没有对其予以否认，至多表达"接下来将通过举证证明口供不实"，由于没有及时揭露其谎言，会导致其后的举证、质证困

---

[*] 本文原载于《检察日报》2019年1月28日，原题为《适应庭审实质化要求彰显公诉质证新动能——法学专家与员额检察官共同探讨出庭公诉质证策略与方法》。

[**] 作者：马静华，四川大学法学院教授、博士生导师。

难重重。二是有的公诉人在被告人翻供的情况下，仅仅简单地讯问其侦查阶段的笔录是否属实，或者是否其本人签字确认，而对具体供认的犯罪事实不再涉及，更不反驳其翻供理由的虚假性。三是有的公诉人担心无力揭露被告人说谎而干脆战术性放弃发问，由此造成控辩双方主导的交叉询问变为辩护律师的单方发问，进而使其通过发问构建起一个能够自圆其说的辩护事实体系。

出现上述问题的症结是，有的公诉人习惯于传统的无对抗式庭审，缺乏庭审实质化所要求的交叉询问能力。但追根溯源，则在于对不认罪口供的证据价值的认识不足。口供，不仅是证明案件事实的重要证据，在被告人不认罪的情况下，更是辩方提出合理怀疑的重要途径。在庭审实质化这种对抗式的审理结构中，检察机关应当承担排除合理怀疑的证明责任，以及论证被告人的辩解为不合理怀疑的说明义务。从刑事证明角度看，如果公诉人从逻辑、情理的角度有效论证了被告人的辩解不具有合理性，或者有充分、确实的证据揭露其说谎，即能够通过证明口供的虚假性，反过来增强指控证据体系整体的证明效力。

在此意义上，通过对被告人的技巧性讯问来有效揭露其谎言，就与法庭举证共同构成了法庭证明过程的两个基本环节，即一破一立，所破者为不实之口供，所立者为真实之证据。在这种思路指导下，公诉人在出庭之前，不仅要设计好举证顺序和举证方式，还要做好充分的口供质证准备。对指控而言，如果被告人认罪，理想的法庭调查模式是先讯问、后举证，通过以认罪口供为中心来快速构建指控证据体系，能够提高法庭调查的效率；如果被告人不认罪，理想的法庭调查模式则转变为先举证、后讯问，通过出示指控证据来建立独立于口供之外的证据体系，并以此作为质证手段，使被告人此后的无罪辩解苍白无力。然而，刑事诉讼法并未根据案件争议大小、被告人是否认罪来确立灵活多样的法庭调查模式，而是统一采取先讯问、后举证的法庭调查模式，造成对不认罪案件的公诉指控明显不利，由此增大了口供质证的难度。对此，应如何加以应对？

首先，应做好充分的质证准备，强化对口供真实性的审查，以发现口供的质证点位。这主要包括口供陈述的虚假性表现在哪些方面？认定其虚假性的根据是什么？要解决这两个问题，可以综合运用证据的印证分析与个别分析方法：（1）印证方法的运用。对于被告人所辩解的某个案件情节，如果与某证据相矛盾，而该证据的可靠性又极高，则其辩解很可能不实。运用"可靠性证据"进行检验时，客观性证据的可靠性强于主观性证据，与被告人有共同利益关系的人证的可靠性强于立场相反的人证。（2）个别分析方法的运用。

即从经验、逻辑、情理角度分析被告人的辩解是否具有合理性。不仅指普通人的视角，也包括被告人的视角，有时还包括犯罪人的视角，即犯罪手段的基本规律。

其次，全面、准确地掌握口供的质证点位之后，如何进行有效的法庭讯问是口供质证的关键环节。主要分为以下两步：

第一步：公诉人应根据已梳理出的口供质证要点拟定合理的发问提纲。如果被告人对大部分案件事实都承认，仅对直接影响定性的某个情节予以否定，可以按照案件发生的时间顺序、逻辑顺序拟定发问提纲。但被告人否认的情节才是需要重点发问的情节，因此，当问题转入被告人否认的事实情节时，应将质证点融入问题之中，以质疑、反驳、举证等形式予以表达。如果被告人在庭前全面否认涉案事实，则无须再就前因后果逐一发问，而是直接进行重点发问。

第二步：在实施庭审讯问时，要根据不同弹劾手段的特点技巧性地加以运用。如果公诉人是运用讯问笔录、讯问录音录像（真实证据）来质疑当庭陈述（虚假证据），可以先问侦查人员是否有违法讯问行为、是否认真核对笔录，再宣读与讯问笔录中与当庭陈述不一致问题的内容，或者有针对性地播放讯问录音录像片断，说明其陈述自然、符合记忆规律等来揭示当庭陈述的虚假性。如果公诉人运用客观性证据质疑当庭陈述，那么需要考虑该证据与其他证据之间是否可分，出示该证据是否耗时。一种情况是，这个客观性证据的数量不多，与其他证据（如笔录类证据）的关联性不强，具备单独出示条件的，公诉人可以在被告人说谎之后立即出示。如一起非吸案件中，公诉人讯问其中一名被告人时，被告人否认自己在投资人的交款收据上签字，而该收据上的签名经比对与其常规签名完全相同，那么，公诉人完全可以在其当庭否认签字之时，立即出示该份收据。另一种情况是，如果一个客观性证据与其他证据关联性很难分割，且证明内容较多的，就不适宜全面出示该证据，而是可以口头概括该证据的证明内容，说明将在举证环节全面出示该证据。如交通肇事案发现场的录音录像，可以证明被告人所述的车辆行驶路线、方向、被害人位置等与客观事实不符，但该录音录像又能够全面证明案件事实的发生过程，故应在举证环节全面播放，不宜在口供质证环节出示，以避免庭审讯问过于延迟，影响庭审效率。

口供真实性的审查与质证，是一项系统而复杂的公诉办案技能，将在实质化庭审中扮演日益重要的作用。实务界应提高认知，将口供质证纳入公诉培训，有效地提升公诉人的出庭能力，以真正适应庭审实质化的全面需要。

（二）启动质证询问这个"法律引擎"*

质证，是指一门极具实战性和技巧性的艺术。目前，在我国刑事诉讼中，言词证据质证的基本形式就是由公诉方与辩护方进行调查询问。在国外，被称为交叉询问，又称交互诘问，是指控辩双方对提供言词证据的人当庭进行主询问、反询问、再主询问、再反询问的诉讼活动。交叉询问被证据法大师威格摩尔誉为"迄今为止为发现真相而发明的最伟大的法律引擎"。尽管调查询问与交叉询问并不完全相同，但是，询问的引擎作用是具有相当性的，那么，在法庭上如何使用好这个"引擎"？笔者总结出"两大原则""五大策略"。

1. 两大原则

（1）强化立场，展示证据，建立场景，构建事实，以说服法官。在以审判为中心诉讼制度的背景下，单纯宣读书面笔录的模式将逐步被质证询问所代替，质证询问的过程就是出示证据、展示证据的过程。质证询问的过程，最终目的是为了强化己方的观点，建立有利于己方的事实和场景，从而说服法官。

（2）揭示矛盾、暴露矛盾、削弱可信度。质证询问的目的是为了要揭示和暴露被问话者的矛盾之处，削弱其证言的可信度。比如，在蔡某破坏生产经营案中，被告人基于报复砍毁邻居家的葡萄林。庭审中，辩护人申请一位证人出庭作证，称案发时看到被告人在家门口做家务，没有作案时间。公诉人在反询问时，通过连续多个问题追问证人被告人当时穿的什么样式、颜色的衣服。对话内容如下：

问：你跟蔡某是什么关系？

答：隔壁邻居。

问：你刚才在接受辩护人询问时说被告人案发当天在家做家务，那你看到他做什么家务活？

答：就是家里的一些杂活。

问：是屋里还是屋外的杂活？

答：都有。

问：你经常去他家串门吗？

答：不怎么经常。

问：你那天都在干啥？

答：我也是在家里忙家务活。

---

* 作者：李勇，江苏省南京市建邺区人民检察院副检察长、全国检察业务专家。

问：那你怎么知道他一天都在屋里屋外干家务活，特别是屋里你怎么知道的？

答：嗯，这个嘛，这个……是隔壁邻居嘛。

问：你看到他当时穿什么颜色的衣服？

答：白色吧。

问：是衬衫还是外套？还是其他什么样式？

答：应该是衬衫吧。

通过上述反询问，证人的回答暴露出两个矛盾：一是作为邻居看到被告人一天时间一直在干家务活而没有外出，不合常理；二是本案案发时间在4月份，4月份的当地气候不可能穿衬衫，证人说的衣服特征与案发时的季节和气候明显矛盾。通过这样的矛盾揭示，证言的可信度就降低了，证明力也自然减弱。

2. 五大策略

（1）宏观有层次，微观破常规。庭前要对发问进行规划和设计，制作询问提纲。首先，提纲在宏观上要有层次性。问题设计层次分明，防止偏离焦点，离题跑题。比如在刘某盗窃案中，被告人声称受到刑讯逼供，辩方申请侦查人员出庭作证，公诉人则拟从以下层次进行发问：一是抓获被告人的具体经过；二是讯问的过程中有无刑讯逼供。其次，在每一个层次之下要精心设计一系列微观问题，微观问题的逻辑顺序要打破常规，"形散而神不散"。因为按照常规逻辑发问时，对方证人能够轻而易举地知道发问者的意图。如第二层次下的微观问题设计如果按照常规逻辑设计，就是"你有无刑讯逼供？""你刑讯逼供的时间、地点？""你是如何刑讯逼供的？"当你问第一个问题的时候，被询问者回答说"我没有刑讯逼供"，那接下来的询问根本无法进行下去。

（2）避免单刀直入，运用"跳跃式发问"。反询问时，要将发问意图暂时隐蔽起来，通过"跳跃式发问"迂回包抄，让被询问者不经意间暴露出矛盾，从而实现询问目的。例如，在高某贩卖毒品案中，被告人高某让华某（另案处理）把毒品送到楼下给购毒者孙某。华某否认明知送给孙某的是毒品。如果直接问华某："你送去的东西是毒品吗？"他一定会回答"我不知道"。正确的做法应当是进行跳跃式发问。对话内容如下：

问：你和高某什么关系？

答：朋友，挺要好的朋友。

问：你何时下楼？（没有再接着问人物关系，而是跳跃到问时间）

答：夜里12点左右。

问：你从楼下人手里带多少钱上来？（又跳跃到问钱）

答：我没数，估计两三千元吧。
问：你和孙某认识吗？（没有接着问交易款，而是再跳回到人物关系）
答：不认识，以前没见过。
问：你给了楼下这个人什么东西？（再跳跃到交易过程）
答：就一个香烟盒。
问：什么牌子的香烟盒？
答：红南京。
问：你刚才说拿了两三千元，然后钱怎么处理了？（再跳回到交易款）
答：上楼就给高某了。
问：你刚才说的香烟盒里面有什么？（再跳回到香烟盒）
答：我没看，香烟盒就装香烟的，应该就是香烟吧。
问：你吸毒吗？
答：吸过。（因为有尿检报告，他无法否认）

这种跳跃式发问，让被询问人无法判断询问人的真实意图，毫无防备而说出真实的话。上述问答显示脉络为：华某替好友高某将一盒普通香烟拿给楼下的孙某，却收了3000元费用。这并不符合惯常情形，显示出破绽。

（3）设置封闭问题，避免开放发问。一问一答，一个问题只包含一个事实，要让被问话人习惯于回答"是"或者"不是"，问题设计要具体，避免宏观或宽泛的问题。

（4）冷静看待翻证。面对证人当庭翻证，如果通过几个问题的追问无法让其"改口"，就不宜再纠缠。庭审询问的重点不是要让证人回到最初的证言，而是展示翻证的原因和理由，并揭示这种原因和理由是否符合常理。

（5）理性把握节奏，必要小结。如果通过询问获得一项前后矛盾的证言，谎言已不攻自破，此时要"见好就收"。例如，前述高某贩卖毒品案，公诉人通过连续"跳跃式"发问，从华某回答的内容中已经可以推定其明知是毒品，此时就应该停止发问，不宜再追问。正确的做法是询问结束时向合议庭进行小结，并在后面法庭辩论中进一步论述和阐明。

（三）做好庭前准备，实现有效质证[*]

以审判为中心的刑事诉讼制度改革方兴未艾，庭审实质化是其重要内容。庭审活动主要是围绕着公诉人的指控、举证而展开。在庭审实质化的背景下，

---

[*] 作者：邹利伟，浙江省丽水市人民检察院员额检察官。

公诉人如何有效举证质证、讯问询问，顺利完成指控任务，是公诉工作的重点。笔者认为，应做好以下几方面工作：

1. 做好庭前准备，发挥庭前会议功能

第一，加强证据审查，补正瑕疵证据，排除非法证据，完善证据体系。庭审指控作用的发挥，庭审效果的保证，无捷径可走，其秘诀在于准备、准备、再准备。作为公诉人必须全面熟悉案件事实，仔细审查证据。瑕疵证据就是瑕疵证据，非法证据就是非法证据，一个再出色的公诉人，也无法改变上述事实。因此，该做的工作必须做在前面，该补充的证据应及时补充，瑕疵证据应及时补正，非法证据应当坚决排除，唯有如此才能避免庭审中陷入被动。

第二，发挥庭前会议作用，了解辩方意见，整理争点，有针对性地拟定举证提纲。庭前会议作为审判的准备程序，其目的在于通过准备贯彻集中审理的要求。因此，法院需于准备阶段事前确定证据调查的范围，处理可能导致庭审中断的事项。庭前会议中，公诉人可以听取辩方对案件事实及证据的意见，了解争点是涉及定罪还是量刑，辩方对哪些证据存在异议，对异议证据的哪方面有不同意见，从而有效整理争点。在此基础上，拟定全面的举证提纲，有针对性地编排举证的重点，确定提出证据的顺序、方法。

2. 区分证据资料与证据方法，改变通篇宣读案卷的举证习惯

证据资料是指所有可能与待证事实直接或间接相关的资讯内容或素材，而证据方法是调查证据资料并证明待证事实的手段。不同的证据有着不同的证据方法，如文书可以宣读的方式在审判日期进行调查，物证可以人的感官知觉感知，如眼看、耳听、鼻闻、手触等方式调查，鉴定则是听取有专门知识人才能察觉、判断的内容，而证人是由其讲述看到、听到或以其他感官感知到的事实。

从以审判为中心诉讼制度构建、推进庭审实质化的角度，单一宣读证据的证据调查方式应当予以扬弃。这是不区分证据资料与证据方法的结果。公诉人应针对不同的证据，采取不同的举证方式——物证应予展示、视听资料应予播放、电子数据通过电脑、多媒体展现，推动证人、鉴定人、有专门知识的人、侦查人员出庭作证。

3. 加强控辩协作，推进对抗实质化

庭审实质化，证据调查的实质化，离不开律师的参与，对抗实质化是庭审实质化的重要内容。作为公诉人，应加强控辩协作，推进对抗实质化。

第一，为保障辩方的有效质证，可事前给予辩方证据目录或简要的举证提纲。实践中，公诉人一般会制作举证提纲，在开庭前一般也会提交给法庭，辩护律师能否看到，不得而知。同时，公诉人往往根据自己对证据的编排进行举证。涉及多事实、多证据的案件，辩护律师就难以跟上举证节奏，可能会影响

辩方对证据的有效质证。为此，公诉人可事前给予辩护人证据目录或简要的举证提纲。

第二，以关联性、必要性、可能性为基准理性对待辩方请求调取证据及证人、鉴定人出庭的申请。控辩双方是对抗关系，但这种对抗并不意味着控方应对辩方所有的申请表示反对，应综合考虑辩方申请调取的证据是否与本案有关联、证据的证明价值、调查可能性、经济性作出判断，即以关联性、必要性、可能性作为基准。如果确有调取证据或传唤证人出庭必要的，应当建议法庭准许。

第三，加强控辩沟通，了解辩方掌握的证据情况，防范证据突袭。根据相关司法解释，辩方当庭提交证据并不当然面临"证据失权"的后果，如果法官允许辩方提交，公诉人难免陷入被动。对此，庭前应加强控辩沟通，及时了解辩方掌握证据的情况。

（四）公诉人出庭质证需要艺术表达[*]

庭审实质化要求检察官出庭以言词方式对证据进行当庭质证。出庭的表现对庭审的结果将产生实质性的影响，从而倒逼公诉人更加审慎地审查、更加充分地准备，既要及时回应针对证据的质疑，更要确保指控证据能够经得住庭审的考验。

1. 出庭的根埋在证据的土壤里

如果说出庭是一棵大树的话，那它的根系就埋在证据的土壤里，土质的贫瘠肥沃直接决定了树的生长状况。将根系向下扎得深一点，正是向上生长的基本法则。捕诉一体就是让公诉人在证据的土壤里扎得更深的制度，从侦查初期就开始审查证据，从捕到诉持续跟进一个案件。办案责任将贯穿于整个刑事诉讼的始终，不再是各管一段的阶段性视角而导致的短期行为。借助整合两种审查，逮捕审查向后延伸，起诉审查向前延伸，审查工作成为获取证据认知的持续链条。而审查实质化正是出庭实质化的根基。

审查的实质化也意味着必然会发现一些侦查中的问题，并通过完善证据意见或不捕、不诉的方式体现出来。这也是将以审判为中心的证据标准向侦查前段传递的结果，通过导正以往的侦查惯性，将侦查引入更加合法、规范的轨道上来，形成"审查—引导—反馈—规范"的良性循环。这不是简单的传导压力，而是一种建设性的引导和方向性的指引。通过审查引导侦查，也将对证据土壤产生改良效应，使得出庭的基础更加厚实，通过将证据养分融会贯通，出

---

[*] 作者：刘哲，北京市人民检察院员额检察官。

庭指控的大树才能枝繁叶茂。

2. 出庭的功夫在平时

台上一分钟，台下十年功，往往真功夫就藏在那些看不见的地方。出庭是一种体验性的知识，出庭能力的培养有赖于科学的制度设置。2017年7月，北京市人民检察院上线了一套集出庭信息采集发布、出庭观摩预约、出庭情况网上点评、出庭问题和经验汇总、出庭经验值排名、出庭大数据分析、优公评选分值参考等功能于一体的刑事公诉出庭能力培养平台，通过大数据的方式颠覆了传统的出庭能力培养模式，通过自组织的信息发布、观摩预约、经验分享方式，极大地降低了组织观摩庭以及旁听预约的组织成本和信息交互成本，更重要的是将竞争意识和分享精神注入其中。出庭能力培养平台，在出庭经验分享、能力提升、规范化建设、人才储备、业务评比等方面发挥了基础性作用。

3. 抬起头来说话，正义才被看见

试想诉讼实践中，如果公诉人闷头念稿，宣读完起诉书，再照着讯问提纲进行法庭讯问，然后念证据摘要，继而宣读公诉意见书，需要第二轮答辩的时候，翻找答辩提纲后再宣读相应内容，整个庭审都不抬头。这样效果会好吗？公诉人变得离开稿子就不自信，越是大的庭审，越是须臾不能离开庭前准备的脚本，导致出庭能力的弱化。因此，出庭实质化应当从即席发言开始。即席表达的好处就在于你是耳目全开的，不仅传达你的尊重和自信，更可以抓住重点、即时反馈，并与诉讼参与人进行眼神交流，这是书面宣读无法实现的。而且现场即席表达往往可以产生特别视角和逻辑，让人耳目一新。现场即时反应，无法预判、预演，长期的积累在那一刻激发，产生了一个火花，就像是灵光一现，无法复制。立足那些既定的书面准备，以扎实的庭审准备，自信地娓娓道来，必然能够让法庭信服，让观众折服，在那一刹那，正义就被看见了。

当然，出庭质证也不仅仅是说话的艺术，而是综合的艺术，更是表达、准备、沟通、心理调适等综合能力的检验。

五、公诉精准化需要优化路径[*]

公诉工作既是检察机关履行法律监督职责的基本手段，也是彰显法律监督

---

[*] 作者：吴永河、黄胜，江西省赣州市南康区人民检察院。本文原载于《检察日报》2019年1月15日。

效用的重要途径。对于检察机关服务经济社会发展、自身谋发展而言，笔者认为，新形势下，应优化路径，开展精细化、专业化、现代化、阳光化、精准化公诉工作。

一是用实审查权，推进实质性审查与诉讼监督相统一。提起公诉的目的在于打击犯罪，而审查起诉的核心价值在于保障人权。检察官是法律适用客观公正的守护人；程序正义是防止国家权力滥用的笼子。检察机关是审前程序的主导者，必须立足构建"大控诉"格局，切实用好审查起诉权。一方面，针对重点环节突出问题强化监督，在监督中倒逼规范取证。既要针对侦查机关取证程序违法、选择性移送证据等突出问题，加大监督力度，又要加强对强制性侦查措施和技术侦查措施的决定和执行等重点环节的监督。严格执行好有关加强自行补充侦查、规范强制措施适用、非法证据排除、规范追赃等工作要求，既要用好补充侦查权、强制措施审查权，又要从制度执行以及机制创新上，依法、规范、理性监督，不断增强公诉工作公信力和执法办案权威，防止以捕代侦和"一保了之"怠于取证等行为出现；另一方面，以传导庭审证明标准为导向加强侦查取证的引导，在引导中保障全面客观取证。建立健全介入现场勘查、重大疑难复杂案件邀请侦查人员列席讨论、旁听庭审、侦查人员出庭作证等制度，增强查证犯罪合力，使无罪的人免受追诉，使罪责轻微的人减轻讼累，体现罪责相适应原则，实现精准打击与人权保护。

二是用准不起诉权，实现案件质量与检察公信力相统一。在对案件提起公诉之前，公诉人要以法律的规则、原则或者刑事政策为依据，准确适用是否实施刑事追诉的自由裁量权，不断提升检察办案公信力。在办理不起诉案件时，要从维护社会公平正义、有利于促进社会和谐、有利于化解矛盾修复创伤、有利于教育挽救犯罪嫌疑人等角度出发，正确适用不起诉权。同时，严格按照《人民检察院办理不起诉案件质量标准》等规章制度，落实请示审查批复和备案审查要求，实现不起诉案件法律效果、政治效果和社会效果的有机统一。

三是用活公开听证宣告制度，实现阳光办案与释法释理相统一。作为检察机关的"移动窗口"，公诉工作应与社会公众形成良好互动，保障人民群众的知情权、参与权和监督权，使群众在参与案件过程中感受到公平正义。为此，检察机关应大力倡导"开放式"办案理念，对存疑案件或不捕、拟不起诉案件，可以积极探索适用公开听证和宣告制度，认真听取采纳参与各方正确意见。通过公开听证和宣告，推进构建良好检察公共关系。此外，对于受理的审查起诉案件，还可推行"案件三级同步访"工作机制全覆盖，通过逐级适用邮路巡访、办案人员回访、检察官带案入户下访等方式，第一时间向涉案人员及其家属等利害关系人，告知案件办理人员、办案期限及权利义务等，有针对性地做好释疑解惑、心灵抚慰、交心解难等工作,推进阳光办案和以案释法工作,提升工作满意度。

四是用好量刑建议权,充分体现宽严相济刑事司法政策与实现司法资源优化配置相统一。认罪认罚从宽制度是落实宽严相济刑事司法政策的法治路径。审查起诉是认罪认罚从宽制度的核心环节,认罪认罚从宽在审查起诉阶段得以具体化和实现。按照改革精神,犯罪嫌疑人在审查起诉阶段认罪认罚的,检察人员要提出量刑建议;如果犯罪嫌疑人同意检察机关的量刑建议,检察机关就应当要求犯罪嫌疑人签署认罪认罚具结书,即在审查起诉环节首先完成认罪认罚从宽。而且,犯罪嫌疑人认罪认罚必须在检察机关指控犯罪的范围内认罪,既不能超出指控犯罪进行认罪,也不允许对罪名讨价还价,更不允许对罪数讨价还价。认罪认罚是检察机关根据案件情况提出的一个具体的量刑建议,犯罪嫌疑人同意就继续适用认罪认罚从宽程序,不同意就停止适用。这既体现了宽严相济刑事司法政策,又节约了司法资源,优化了司法资源配置。

六、优化过滤机制发挥诉前主导作用[*]

根据宪法与刑事诉讼法的规定,我国检察机关在刑事诉讼诉前阶段主要有追诉、监督、审查三项职能,具有"承上启下""把关调控"等重要作用。作为诉前中枢机关,检察机关主导诉前阶段本是应有之义,但实践中诉前主导作用发挥有限。针对这些问题,结合实践,其中一项措施就是,应当扩充不起诉的适用范围并完善其程序机制。

1. 检察机关诉前工作现状

(1)侦查引导功能有待深入发挥。受长期以来的侦查中心主义影响,检察机关倾向于对侦查机关移送的案件进行形式审查,而对侦查机关办案的监督及引导力度不足,正如相关学者所述,"在我国语境下,侦查权缺失司法控制,对于检察机关与公安机关的关系,仅仅依靠制约不行,强化检察机关对侦查权的监督显得十分迫切和重要"。

(2)不起诉裁量权适用有待深化。审查起诉阶段是承接侦查与审判的中间环节,具有"承上启下""把关调控"等重要作用。2008年至2015年全国

---

[*] 作者:林锡铭、廖望,浙江省温州市鹿城区人民检察院。本文原载于《检察日报》2018年12月16日。

法院判处"轻缓刑"人数及比例逐年上升，今年已经接近50%。可见，我国检察机关起诉至法院的刑事案件，实际上有相当比例都被判处"轻缓刑"，尤其是一些免予刑事处罚或者单处附加刑的罪犯。而检察机关对部分判处"轻缓刑"的罪犯，若能提前过滤在诉前阶段，或可达到"减少嫌疑人诉累，节约司法资源"的双赢局面。不起诉裁量权未得到充分运用成为诉前过滤不足的主要原因。

2. 诉前过滤工作机制之优化

（1）拓宽附条件不起诉的适用范围。当前附条件不起诉仅适用于未成年人特定类型的犯罪案件，严格限定为"可能判处一年有期徒刑以下刑罚"，限缩了附条件不起诉的适用范围。实际上，附条件不起诉与认罪认罚从宽制度的内涵更为契合，不起诉考验期的设置，能够检验嫌疑人的认罪悔罪是否足够真诚，有效避免认罪认罚从宽制度沦为"有经验的"嫌疑人逃避刑罚的"避风港"。而且，附条件不起诉指向的教育、改造功能不会因未成年人或成年人有所差别，也不因案件类型不同而有所差别，故不应受到过多的限制。需要注意的是，附条件不起诉的适用被酌定不起诉制度部分覆盖。后者的适用条件是"不需要判处刑罚或者免除刑罚"，实践中，符合附条件不起诉的嫌疑人可能因为自首、立功等情节而被归入"可以免除刑罚"的酌定不起诉中，由此形成了从附条件不起诉到酌定不起诉的"跳跃"，从而导致附条件不起诉的适用率大大降低。综上，应当适当拓展附条件不起诉的适用范围。

（2）改善附条件不起诉考察机制。为了防止监督考察期限影响附条件不起诉的适用率，可以考虑将该项监督的权力从承办案件的员额检察官转移至检察机关的特定部门或相关行政机关、社区组织。在此基础上，构建"严进宽出"的考察模式，即适当缩短考察期限以缓解程序负担，同时加强不起诉前的评价机制建设，保证适格的嫌疑人进入该程序。

（3）科学设定程序限制。程序制约是保证检察机关不起诉裁量权走上正轨的必要措施。当前，检察机关办案方式的司法化改造成为了理论热点，对于理论界的诉求，我们应当立足检察实践，不应机械地追求全盘化的司法化改造，而应就案件的终局性处理决定、重大且有争议的程序决定、容易滋生腐败的领域进行完善。现阶段应着重就认罪认罚从宽协商过程、不起诉决策过程进行司法化改造，具体可采取以下几项措施：一是设置办案中心，让认罪认罚从宽协商、不起诉决定及评价在"阳光下进行"。在办案中心设置同步录音录像，除检察官与犯罪嫌疑人及其辩护律师到场外，还可邀请本院纪检组成员、人民监督员、人大代表、政协委员或被害人参与监督，同时要求有专门的辅助人员记录全过程，并随案存档。二是制定并公开认罪认罚从宽不起诉条件及程序标准，减少检察人员、辩护人的"寻租空间"。三是创设不起诉案件法律援助全覆盖机制。当前认罪认罚从宽制度已在实施值班律师帮助制度，对于作出不起诉决定等终结诉讼程序处理的，更应强调律师的"有效辩护"，因此应当加强法律援助，更好地维护犯罪嫌疑人的合法权益。

七、创建多元机制提升公诉社会效果[*]

近年来，山东省枣庄市市中区检察院公诉工作围绕社会矛盾纠纷化解，根据诉求特点的差异，有针对性地探索建立了以"四不一抗诉"释法说理为主体，以检察宣告、律师代理等协调引导为补充的"一体两翼"处置工作机制，妥善化解各类诉求矛盾，收到了较好的法律效果和社会效果。

第一，明晰诉求矛盾特点，以"四不一抗诉"释法说理机制为主体为当事人解疑释惑。该院将应对和防范公诉办案风险前置，制定《公诉工作诉讼风险评估预警方案》，每案一研判，从案前预警防范、案中处置化解、案后修复警示等处置模式入手，实施防控风险逐级联动，有效防范诉求矛盾发生。同时，通过梳理诉求疑点，推行"四不一抗诉"释法说理常态机制。针对审查起诉环节中不起诉、不上呈、不支持抗诉、因证据不足建议不再重新移送审查起诉，以及依法抗诉等易引起当事人因惑缠诉缠访的五类风险案件，采取认真听取意见与合理引导诉求相结合的方式，按照不同类别诉求疑点，将释法说理常态化，妥善处置诉求矛盾。2018年3月，被告人魏某故意杀人一案，被害人以量刑畸轻为由申请抗诉和缠访，公诉部门及时审查论证，认定抗诉理由不充分，依法决定不予抗诉。答复时，办案人员重点围绕被告人犯罪动机、目的及法律适用，并结合相关判例进行释法说理，同时建议其就民事赔偿方面单独提出抗诉。最终，被害人对处理结果表示接受和理解。近年来，公诉部门通过说理机制，先后实现30余名当事人息诉罢访。

第二，构建新型检律关系，借助律师援助、调解机制安抚引导当事人化解诉求矛盾。充分发挥律师代理协调作用，为化解诉求矛盾提供帮助，减少公诉环节缠诉缠访压力。2018年初，在办理被告人姜某索债型非法拘禁一案中，该院公诉部门针对双方当事人情绪激动、多次就赔偿争执不下而缠访的问题，

---

[*] 作者：武兴才、韩邦昊，山东省枣庄市市中区人民检察院。本文原载于《检察日报》2019年1月13日。

主动与辩护人及代理人联系沟通,建议律师就民事赔偿问题代为协调办理,最终促使双方达成谅解协议,保证了案件的顺利办结。该院还充分发挥律师在案件代理中的说理引导和安抚解释作用,缓解当事人抵触情绪,促其服从案件处理决定,维护司法公信力。2018年5月,被告人梁某交通肇事致一人死亡后逃逸,被害人近亲属多次来访怀疑他杀,在历经两次退查排除故意杀人可能,且多次与被害人近亲属沟通解释仍不能接受的情况下,办案人员及时与诉讼代理人沟通交流。经代理律师反复解释安抚,事件最终平息,保证了诉讼顺利进行。该院还充分发挥律师法律援助作用,为维护当事人合法权益奠定基础。据统计,2018年以来,共发出法律援助函8件8人,使部分经济生活困难以及盲、聋、哑、未成年人等弱势群体及时得到有效的法律援助,维护了当事人的合法权益。

第三,依托检察宣告平台公开说理教育,实现法理、事理、情理相融化解当事人诉求矛盾。该院通过检察宣告、阳光公诉,适时邀请部分人大代表、政协委员、人民监督员、村居或单位负责人、群众代表参加,公布处理意见及理由,公开听取当事人的意见建议,全面保障当事人的知情权,减少因不了解案情和办案程序而引发的涉检上访现象。2018年以来,利用该办法先后对16名案件当事人通过"面对面检察宣告、一对一答疑析惑"形式公开宣告教育,从源头上消除了误解和质疑,减少了涉检上访发生。有15名被不起诉人在检察宣告中受到感化教育,当场表达了悔罪决心,取得了较好的教育挽救效果。

八、诉讼环节变更不宜一律重新办理取保候审[*]

司法实践中,检察机关对于公安机关移送审查起诉的取保候审案件是否重新办理取保候审手续一直存在不同的理解。比如,有人认为检察机关在受理案件后,对于已经取保候审的犯罪嫌疑人需要继续采取取保候审强制措施的,不是必须重新办理取保候审手续,而是根据"需要"视情况而定。根据《人民检察院刑事诉讼规则(试行)》第102条规定:"公安机关决定对犯罪嫌疑人取保候审,案件移送人民检察院审查起诉后,对于需要继续取保候审的,人民检察院应当依法重新作出取保候审决定,并对犯罪嫌疑人办理取保候审手续。"最高

---

[*] 作者:张文刚、姜培,河北省沧州市运河区人民检察院。本文原载于《检察日报》2019年2月19日。

人民法院、最高人民检察院、公安部、国家安全部《关于取保候审若干问题的规定》（以下简称《规定》）第22条第1款、第2款规定，"在侦查或者审查起诉阶段已经采取取保候审的，案件移送至审查起诉或者审判阶段时，如果需要继续取保候审，或者需要变更保证方式或强制措施的，受案机关应当在七日内作出决定，并通知执行机关和移送案件的机关。受案机关决定继续取保候审的，应当重新作出取保候审决定。"据此，检察机关在受理案件后七日内，经审查认为需要继续取保候审的，应当重新作出取保候审决定，并且重新办理取保候审手续。但在司法实践中，笔者发现，根据《规定》第22条第3款规定："取保候审期限即将届满，受案机关仍未作出继续取保候审、变更保证方式或者变更强制措施决定的，执行机关应当在期限届满十五日前书面通知受案机关。受案机关应当在原取保候审期限届满前作出决定，并通知执行机关和移送案件的机关。"根据该规定，在受案机关没有重新办理取保候审的情况下，公安机关一直在执行取保候审，并没有解除该强制措施。此规定表明，受案机关可以根据"需要"有选择地重新办理取保候审强制措施。因为如果受案机关在七日内必须审查完毕作出决定，那么执行机关就根本没有在取保候审期限届满十五日前进行提醒的必要，只有受案机关没有按照上述规定在七日内审查决定，执行机关才需要在取保候审期限届满十五日前进行提醒。此外，根据刑事诉讼法规定，人民检察院可以将案件退回公安机关补充侦查，补充侦查以两次为限。那么依据《规定》，检察机关将案件退回公安机关补充侦查，公安机关是否要重新办理取保候审手续？补充侦查完毕重新移送审查起诉后，检察机关是否仍然需要在七日内重新审查办理取保候审手续？如果按照《规定》，很可能会出现取保候审强制措施在补充侦查和审查起诉阶段反复办理的现象。

并且，对于一些复杂案件，在原取保候审期限内不能审结的，重新决定取保候审有利于保证诉讼的顺利进行。而对于一些事实清楚的简单刑事案件，如危险驾驶案，从检察机关审查起诉到法院判决一般可以在七日内完成，而反复重新办理取保候审手续不仅加重办案人员工作量及犯罪嫌疑人负担，也造成司法资源的浪费。对于被取保候审人而言，从公安机关侦查、检察机关审查起诉到法院开庭判决，每一次都要到受案机关、执行机关办理手续，有时刚办理完手续案件就审结了，就要解除取保候审强制措施。反复重新办理手续的过程不仅加重了犯罪嫌疑人的负担，造成司法资源浪费，也损害了法律的权威性。并且，一律要求重新办理取保候审强制措施手续，势必会降低办案效率，影响办案效果。

笔者认为，取保候审的目的是保证犯罪嫌疑人、被告人在被传唤时能及时到案，促进诉讼活动的正常进行；并且，执行机关都是公安机关，在没有变更或解除之前始终有效,如果犯罪嫌疑人能遵守取保候审规定,在被取保候审人及保证方式均没有发生变化的情况下,重新办理取保候审手续并无太大意义。对此,笔者建议,对于检察机关受理公安机关移送审查起诉的案件后,需要继续采取取保候审强制措施的,可从以下几个方面予以完善:一是原取保候审符合法律规定,审查起诉或者审判均能在原取保候审期限内办结,且不需要重新更换保证人或者缴纳保证金的,受案机关可以不再重新办理取保候审手续。二是案件复杂,不能在原取保候审期限内审结的,受案机关应当在期限届满前重新作出取保候审决定,并对犯罪嫌疑人重新办理取保候审手续,取保候审期限重新计算。三是需要更换原取保候审保证人或者重新缴纳保证金的,受案机关应当根据情况重新作出取保候审决定,要求犯罪嫌疑人提供符合条件的保证人或者缴纳相应保证金,取保候审期限重新计算。四是公安机关补充侦查完毕重新移送审查起诉的案件,符合取保候审规定的,在不需要更换保证人或重新缴纳保证金的情况下,检察机关在取保候审期限内不再重新办理取保候审手续。此外,还可简化强制措施审查程序,如规定公安机关在将案件移送检察机关审查起诉的同时,告知犯罪嫌疑人及其居住地派出所;在案件审查起诉期间,不变更强制措施或者重新办理取保候审的情况下,执行机关和犯罪嫌疑人须向检察机关反映和汇报情况,不再另行通知。检察机关在对强制措施进行审查时可以采取书面与交谈相结合的方式,如书面审查保证方式是否合法,电话核实犯罪嫌疑人在取保候审期间的表现、保证人是否自愿等。

九、存疑不诉后再起诉应否撤销原不诉决定[*]

《人民检察院刑事诉讼规则(试行)》(以下简称《规则》)第405条规定:"人民检察院根据刑事诉讼法第一百七十一条[①]第四款规定决定不起诉的,在发现新的证据,符合起诉条件时,可以提起公诉。"这为检察机关因证据不足、事实不清而存疑不诉之后,因补充新证据而再行起诉的情况作出了明确规定。但实践中,对这种存疑不诉后再决定起诉的案件是否需要撤销原来的不起诉决定,存在两种不同的观点:

一种观点认为,不应当撤销原来的不起诉决定。理由有:一是根据《规

---

[*] 作者:陶维俊,重庆市渝中区人民检察院。本文原载于《检察日报》2018年12月2日。
[①] 现行刑事诉讼法第175条。——编者注

则》第 424 条规定，检察院只有在原不起诉决定确有错误时才能撤销原不起诉决定，而存疑不诉的不起诉决定是基于对原有案件证据不足的现状而依法作出，并非错误的决定；二是参照最高人民法院《关于适用〈中华人民共和国刑事诉讼法〉的解释》第 244 条规定，不需要撤销，只需要在新的起诉决定中表述原不起诉决定的情况及理由即可。

另一种观点认为，应当撤销原不起诉决定。理由有：一是从法理上讲，对于同一案件，不允许有两种对立的同时又都具有生效效力的决定或者判决存在。按照"疑罪从无"原则，存疑不起诉决定兼有实体处分（宣告当事人无罪）和程序处分（终止刑事诉讼）两项权能，故不管是重新追诉犯罪嫌疑人还是恢复刑事诉讼，都不应当在同一案件中出现两种对立的决定，故应当撤销原不起诉决定；二是虽然《规则》第 424 条规定，只有在原不起诉决定确有错误时才能撤销原不起诉决定，但刑事诉讼法中的"确有错误"含义较为丰富，《刑事诉讼法》第 242 条[①]规定了五种情形，其中第一项即是："有新的证据证明原判决、裁定认定的事实确有错误，可能影响定罪量刑的。"可见，只要原不起诉决定认定的事实与真实的案件情况不符并影响了定罪量刑的，均属于"确有错误"的决定，应当予以撤销。

对此，笔者比较赞同后者意见，理由如下：

第一，符合刑事诉讼法的基本法理。《刑事诉讼法》以及《规则》均没有对存疑不诉后补充新证据再起诉是否应当撤销原不起诉决定作出明确规定，故首先应当依照刑事诉讼法的基本原理作出基本的价值判断。刑事诉讼程序应严格遵循"一事不再理"原则，生效的裁判或决定一经作出即具有既定力，除为被告人之利益或特殊情形外，不能因同一事实对被告人再次起诉或审理。其中"一事"是指，同一诉讼案件或者说同一被告人被指控的同一犯罪事实，不能因为发现新证据就否定系"一事"。既然基于"一事"已经有发生效力的不起诉决定，意味着针对同一案件的刑事诉讼已经终止。故要想重新恢复刑事诉讼，就应当将原来的不起诉决定撤销，将被不起诉人的身份转变为被告人。

第二，有助于刑事诉讼公正价值的实现。刑事诉讼程序的基本价值是公正和效率。公正与效率的刑事诉讼价值要求检察机关忠实履行刑事案件的举证义务，监督公安机关全面、合法、有效行使侦查权，最大程度接近事实真相。如果在法定期限内经过必要的退回补充侦查程序，案件仍无法达到起诉条件的，就应当作出存疑不诉决定，让被不起诉人从刑事诉讼的负累中脱离，恢复正常生活。所以，重新恢复刑事诉讼程序的条件应当更加严格，即发现的新证据必

---

① 现行刑事诉讼法第 253 条。——编者注

须证明原不起诉决定"确有错误",而所谓的"确有错误"必须是原不起诉决定认定的事实相较于案件真相确有错误,如此,便可适用《规则》第424条规定,撤销不起诉决定。

第三,有利于规范重新起诉的审查程序。刑事诉讼法虽然规定存疑不诉后发现新证据,符合起诉条件时可以重新提起公诉,但是对重新提起公诉案件的办理程序、审查时间、逮捕措施适用等均未作出明文规定,存在立法空白。就目前来看,我国采取的是通过限制"新证据"的范围、发现时间、是否严重影响了定罪量刑等方式实现,但鉴于"新证据"范围的模糊性以及判断是否严重影响定罪量刑的主观性,效果并不理想。实践中,为保证发现新证据重新起诉案件的依法办理,有的会采取撤销原不起诉决定后按照新的一审公诉案件进行受案的方式作为新案件受理,但是这样是否意味着仍然可以三次延期、两次退回补充侦查。而将原来的存疑不起诉决定撤销,一方面可以在原案件的基础上审查起诉,受同一案件两次退回补充侦查的限制而不能再次退回补充侦查,这更符合《规则》的立法精神;另一方面可以保证公安机关的复议复核权和被害人的申诉权,至于检察机关自行撤销原不起诉决定的监督模式,可以上提一级将不起诉自行撤销权交由上级检察机关行使,通过检察机关的内部监督实现权力行使的正当性。

十、二审刑事裁判应送达原提起公诉检察机关[*]

我国刑事诉讼法对二审判决、裁定是否送达原提起公诉的检察院未作出明确规定。司法实践中,二审判决、裁定一般都是送达当事人及同级人民检察院,送达原提起公诉检察院的比较少。笔者认为,二审判决、裁定应同时送达原提起公诉的检察院。具体理由如下:

首先,按照我国刑事诉讼法相关规定,刑事案件一审判决宣告以后,相关当事人在法定期限内提出上诉的,一审判决不生效,对于原提起公诉的检察院来说,检察机关的指控尚未得到法院生效裁判的支持,仍处于不确定状态。二审法院对相关当事人提起上诉案件进行审查之后,一般有两种处理方式:一是需要开庭审理的案件,会通知同级检察院审查案件,出庭支持公诉。作出相关判决、裁定后,二审法院会将判决、裁定送达同级检察院,一般不会送达原提起

---

[*] 作者:李贺军、石蕾,河北省邯郸市肥乡区人民检察院。本文原载于《检察日报》2018年9月5日。

公诉的检察院,而原提起公诉的检察院的上级检察院收到二审判决、裁定之后也不会送达原提起公诉的检察院。这是因为:第一,上级检察院送达原提起公诉的检察院于法无据;第二,上级检察院不是二审判决、裁定的送达义务机关。二是不需要开庭审理的案件,二审法院作出判决、裁定之后,委托原审法院向相关当事人送达判决、裁定,也不送达原提起公诉的检察院。

其次,《刑事诉讼法》第220条①规定,被告人、自诉人、附带民事诉讼的原告人和被告人通过原审法院提出上诉的,原审法院应当在三日以内将上诉状连同案卷、证据移送上一级法院,同时将上诉状副本送交同级检察院和对方当事人。可见,当事人提出上诉后,上诉状副本需送达原提起公诉的检察院,而二审法院作出的判决、裁定却不送达原提起公诉的检察院,仅送达同级检察机关。最高人民法院刑事审判第一庭《关于给检察院及时送达二审判决书的通知》对此作出规定,即第二审法院在二审结案后,要及时将判决书(或裁定书)送达给同级检察院一份。该《通知》没有规定二审判决书应当送达原提起公诉的检察院,对于原提起公诉的检察院来说,诉讼程序不完整,只有提起公诉的诉讼开始而没有生效判决的诉讼结束,缺乏相应的诉讼法律文书支持,导致原提起公诉的检察院对其提起公诉的案件的最终生效判决内容无从知晓,不利于整体诉讼监督。

再次,《刑事诉讼法》第231条②规定,第二审法院审判上诉或者抗诉案件的程序,除本章已有规定的以外,参照第一审程序的规定进行。那么除有特别规定之外,第二审诉讼程序应当参照第一审程序规定进行。而对于判决、裁定的送达,第二审程序没有作出特别规定,应当按照第一审程序规定进行,即参照《刑事诉讼法》第196条③第2款规定:判决宣告后应当将判决书送达当事人和提起公诉的检察院,判决书应当送达辩护人和诉讼代理人。因此,二审判决、裁定除送达同级检察院之外,应当同时送达原提起公诉的检察院,这样对于原提起公诉的检察院来说,提起公诉的案件才能形成一个完整的诉讼过程。同时,原提起公诉的检察机关应当对二审判决、裁定进行审查,发现二审判决、裁定存在错误,应当建议上级检察机关按照审判监督程序提出抗诉。

最后,司法责任制改革以来,检察机关为了加强对诉讼过程的监督,防止诉讼程序中出现违法违规现象,采用统一业务应用系统进行网上办案,而统一业务应用系统要求对相关当事人提起上诉的案件,二审法院不开庭审理的,原

---

① 现行刑事诉讼法第231条。——编者注
② 现行刑事诉讼法第242条。——编者注
③ 现行刑事诉讼法第202条。——编者注

提起公诉的检察机关需要对二审判决、裁定进行审查。如果二审法院作出的判决、裁定不送达原提起公诉的检察机关，就会导致原提起公诉的检察机关无法对二审法院作出的判决、裁定进行审查，系统无法结案，办案流程不能结束。而对于办案流程不能结束的案件，在检察机关开展的定期案件质量评查中被认定为瑕疵案件。此类瑕疵案件的产生是源于法律规定的不完善，并非办案人的过错，责任也不应由办案人承担。更重要的是，二审法院的同级检察机关即使收到二审法院的判决、裁定，因为没有出席法庭参与庭审，也没有审查诉讼案卷，对诉讼过程无法监督，对审判活动起不到应有的监督作用，导致二审游离于检察监督之外，程序公正得不到保障。

综上所述，建议刑事诉讼法修改时对有关二审判决、裁定的送达作出明确规定，除送达同级检察机关和相关当事人外，二审判决、裁定还应当同时送达原提起公诉的检察院。

十一、区别情形准确适用追诉时效延长[*]

追诉时效的延长，是指追诉时效进行期间，因发生法律规定的事由，而使追诉时效暂时停止执行。基于惩治犯罪和保障人权两大价值平衡度，追诉时效的延长，既要体现对犯罪分子严厉打击的精神，防止其钻法律的空子，逃避应承担的刑事责任，也要注重保障人权，约束刑事司法权力，避免权力滥用。《刑法》第88条第1款规定，在检察院、公安机关、国家安全机关立案侦查或者在法院受理案件以后，逃避侦查或者审判的，不受追诉期限的限制。

根据上述规定，这种追诉时效的延长必须同时具备两个条件，缺一不可：一是检察院、公安机关、国家安全机关已经立案侦查或者法院已受理案件。二是行为人实施了逃避侦查或者审判的行为。对于条件一的理解，一般争议不大，就公诉案件而言，只要检察院、公安机关、国家安全机关按照各自管辖范围，发现有犯罪事实，需要追究刑事责任的予以立案侦查；对于自诉案件，法院经审查被害人诉求认为符合受案条件的决定受案。但对逃避侦查或者审判的认定，理论界和实务界理解不一，争议较大。"客观说"认为，只要妨碍司法行为发生在检察院、公安机关、国家安全机关立案侦查或者法院受理案件以后的，无论行为人主观上是否认识到已经立案或受理案件，均属于逃避侦查或者

---

[*] 作者：孙广坤。本文原载于《检察日报》2018年12月30日。

审判。"主观说"认为,只有行为人认识到检察院、公安机关、国家安全机关立案侦查或者人民法院受理案件的情况下逃避的,才属于逃避侦查或者审判。

笔者认为,应坚持主客观一致原则,从行为人主观和客观方面综合考量。主观上,行为人须出于"逃避侦查或者审判"的故意,即明知自己的行为会妨碍司法机关对犯罪事实的侦查或审判,希望或者放任这种结果的发生。明知包括确定明知和推定明知。确定明知是指,行为人事实上知道,如行为人自认等。推定明知是指,根据行为人作案的具体情况,运用逻辑和经验法则,推定其应当知道侦查机关已对其立案侦查或者法院已受理对其犯罪行为的控诉。客观上,行为人须在主观明知的犯罪意图支配下,积极实施逃跑、藏匿等妨害侦查或审判的行为。据此,认定逃避侦查或者审判,应具体问题具体分析,在主客观一致原则下,区别对待,以准确适用法律。

第一,在以事立案(以已经发现的犯罪事实为依据,启动侦查程序的立案模式)的情况下,侦查机关并没有锁定具体的犯罪嫌疑人,如果该犯罪嫌疑人没有实施逃跑、隐瞒身份、伪造证据等妨碍侦查、审判的行为,仍在社区、原单位正常的生活工作,就不应认定为其具有逃避侦查或者审判行为,不能适用追诉时效延长的规定。在追诉时效内立案侦查开始追诉并不意味着必然打破追诉时效制度,其还受是否有逃避侦查、审判行为的限制。行为人主观上没有逃避刑事追责的故意,客观上也没有实施逃跑等妨害侦查、审判的行为,而仅仅由于某种原因,如侦查机关司法资源有限或怠于侦查等原因,致使案件超过追诉期限。在此情况下,不能将侦查机关追诉不力的责任转移到行为人身上,否则不利于保障人权,也违背追诉时效立法目的,有损刑法的公正性和权威性。显然,未主动投案,不属于逃避侦查行为情形。虽然刑事政策和刑事法律鼓励行为人积极投案自首,但自首只是法定从宽处罚情节,并不是公民的法定义务,不自首也不是从重处罚情节。

第二,侦查机关已对行为人立案侦查,并对其采取讯问、拘留等强制措施,因证据不足释放后,在以后时间段,没有实施逃跑、隐匿等妨害侦查行为的,仍应受追诉期限限制,不适用追诉时效的延长。理由如下:从刑罚目的考量,如果行为人在较长时间内,没有再实施犯罪,表明其主观恶性有所降低,人身危险性减少,特殊预防的必要性消失;从刑事政策考量,侦查机关应将有限人力、物力投入打击现在发生的社会危害性大的行为。行为人承受随时被追诉的精神压力,对该类行为人追诉应受到追诉时效限制,也体现了从宽的刑事政策。从刑法效益原则考量,较长时间之前发生的行为,由于时过境迁,书证、物证等证据已经灭失,指控行为人构成犯罪的难度会增大,不利于节约司法资源。

第三,共同犯罪案件中,未被列为具体侦查对象的行为人,受追诉期限约束，不能适用追诉延长规定。如果只是因身份信息不详细，以其绰号、别名等立案侦查的，则应适用追诉时效延长。对于未列为犯罪嫌疑人的，即使其有逃避侦查行为，也不能适用追诉时效延长。因为，不符合追诉时效延长的时间条件，侦查机关并没有对其立案侦查，缺乏事实基础。在共同犯罪中，各行为人须共同对犯罪结果承担刑事责任。但共同承担刑事责任，并不代表承担相同的刑事责任。因此，不能因为其他同案犯被立案侦查不受追诉时效限制，就推出未被列为侦查对象的人也应受到无限追诉。对于因立案侦查初期，侦查机关尚未全面掌握行为人具体身份信息情况时，采用绰号、小名、别名等立案侦查的，此时侦查机关已有明确具体的指向对象，如果行为人有妨碍侦查、审判行为的，应适用追诉时效延长。

第四，违法性认识错误情形下逃避侦查或者审判的认定。违法性认识错误是指行为人对自己的行为在法律上是否构成犯罪有不正确的认识。如果行为事实本身不构成犯罪，而行为人误认为构成犯罪，积极实施逃跑、隐匿等妨碍侦查的行为的，由于没有犯罪基础事实，因此不存在刑法意义上的逃避侦查行为。反之，行为事实上构成犯罪的，基于行为人的法律水平、社会阅历等因素，其误认为不构成犯罪。在一般情况下，行为人对自己行为的违法性有无认识，不是阻却犯罪成立的事由。因此，在这种情况下，鉴于行为人没有自证其罪的义务，在客观上没有实施妨碍侦查活动正常进行的行为，主观上没有逃避侦查的故意，根据主客观一致原则，不应认定其具有逃避侦查行为，所以，也不宜适用追诉时效的延长。

十二、四举措并合发力，打造追诉漏犯新模式[*]

近年来，随着网络科技的快速发展，电信诈骗犯罪逐渐呈高发态势，诈骗手段从"撒网式"向"精细化"演变，给人民群众造成巨大经济损失，严重危害社会诚信和公共秩序。为有效应对日益复杂化的电信诈骗犯罪，浙江省温州市鹿城区检察院坚持办案与调研相结合的工作理念，注重类案对比分析、挖掘犯罪深层规律、打造精准化办案模式，着力实现准确打击、全面打击的办案效果。截至2018年9月，鹿城区检察院在办理的5起电信诈骗案中，成功追诉漏犯9人，其中漏犯龚某、兰某等人诈骗数额特别巨大，均可能被判处10

---

[*] 作者：廖望，浙江省温州市鹿城区人民检察院。本文原载于《检察日报》2018年12月9日。

年以上有期徒刑。

在追诉电信诈骗漏犯工作方面，鹿城区检察院的经验做法主要包括四方面：

1. 采用"指向性疗法"讯问策略，提高追诉精准度

电信诈骗犯罪起源于 20 世纪 90 年代，呈现出"犯罪模式产业化""犯罪团伙层次化""犯罪分子低龄化"等发展趋势。犯罪团伙中，为首者一般同时经营数个窝点；各个窝点的负责人及二三线通常由同乡担任；窝点一线基本瞄准就业不佳、涉世未深的青年群体，且"老乡团、同学团、亲戚团"现象较为普遍。掌握电信诈骗犯罪的上述特点后，鹿城区检察院采取分类讯问策略：一是找准团伙底层犯罪分子、低龄犯罪分子"心理防线较弱、对抗意识不强、团队认同感较低"薄弱点，采用"感化教育为主，利弊分析为辅"讯问技巧，以此寻求突破，并根据犯罪分子之间身份关系或业务联系，由点及面、层层推进；二是结合犯罪分子的性格特征、家庭情况等个体情况，制定针对性讯问方案，"对症下药""因势利导"挖掘追诉线索。例如，在办理季某、丁某等 53 人电信诈骗案时，鹿城区检察院通过安排亲属会见、阐明犯罪危害等感化式讯问策略，促使犯罪分子吕某认罪悔罪，并根据吕某提供的线索成功抓获其所在窝点 1 名主要犯罪分子。

2. 打造多层次检警联动格局，提高追诉效率

2017 年以来，鹿城区检察院通过开展公安派出所刑事侦查活动巡回检察工作、设立驻区公安分局法制大队检察官办公室等措施，不断探索检警合作新模式，打造多层次检警联动格局：一是加强诉前引导。在办理电信诈骗案件中，鹿城区检察院高度重视与公安机关的诉前沟通与引导工作，提前把握案件情况、熟悉侦查思路、引导侦查方向，为后续挖掘追诉线索争取时间。二是注重诉中交流。一旦发现追诉线索，鹿城区检察院第一时间通过电话联系、侦诉联席会议等方式与公安机关沟通，核实漏犯、漏罪线索，会商安排具体追诉工作，提高公安机关重视度和积极性，保障追诉工作顺利开展。三是坚持诉后跟进。在发函追诉后，鹿城区检察院安排专人持续跟进，掌握公安机关追诉工作进展，及时提供指导与帮助，避免追诉函"一发了事"，着力实现追诉函"件件有回应，尽量有成果"。如在办理陈某、高某等 13 人电信诈骗案中，犯罪分子高某向鹿城区检察院反映其还在境外窝点从事过电信诈骗活动，并指认了该窝点内大量同案人员，鹿城区检察院立即向公安机关核实情况并发函追诉，经办案检察官多次主动联系公安机关询问情况，督促公安机关积极查证，后公安机关在一个月内成功侦破案件，并陆续抓获陈某、兰某等 8 名犯罪嫌疑人。

3. 构建类案研判机制，拓宽追诉线索来源

电信诈骗犯罪分子虽不断翻新犯罪手法，如冒充公检法机关诈骗、冒充熟

人诈骗、虚构网络购物诈骗、虚构消费退税诈骗等，但犯罪手段本质均是通过盗取、购买或非法收集公民信息，并以此作为依据，编造剧本对被害人实施"精准诈骗"。这种模式化的诈骗手段使电信诈骗呈产业化发展趋势，经过集中培训的犯罪分子极有可能被犯罪团伙重复雇用或被多个犯罪团伙先后雇用，从事多次电信诈骗活动。发现该项特征后，鹿城区检察院对电信诈骗案件进行逐案登记，并要求各员额检察官办案组在办案时坚持整体性思维，了解其他员额检察官办案组办理电信诈骗案件情况，进行类案研判分析，以查明犯罪分子是否涉嫌在不同窝点从事电信诈骗犯罪。通过类案分析和整体性思维，有效破除因电信诈骗犯罪团伙内部实行"代号式管理"造成的犯罪打击黑洞难题，明显拓宽追诉线索来源。

4. 成立专业团队，夯实追诉工作基础

电信诈骗犯罪属于新式网络犯罪，其办案模式、审查思路、证据认定等与传统犯罪均存在较大不同，特别是在司法体制改革、以审判为中心的刑事诉讼制度改革、内设机构改革等多重改革叠加背景下，对检察机关的办案专业水准提出了更高的要求，而基层检察机关既要处理大量传统犯罪案件，又要研究、办理新型疑难复杂案件，通常会因为办案专业能力不足、案件量过大等原因无法达到精准化办案要求。针对该情况，鹿城区检察院采取"建立专业办案团队与提高全部办案人员专业素养"双项措施并举的策略，将重大疑难复杂电信诈骗案件交由分管副检察长及科室负责人领衔、业务骨干及具有互联网领域知识背景的人员参与的专业团队办理，将一些案情相对简单、法律适用争议不大的电信诈骗案件分派至各员额检察官办案组办理，并定期组织开展网络犯罪精品案例分享、争议问题分析、追诉经验介绍等方面的学习交流会，全面提升干警业务能力，夯实追诉工作专业基础。

十三、刑事案件立案后又撤案追诉时效应继续计算[*]

根据法律规定，司法机关只要在《刑法》第87条规定的追诉时效期限内立案，就可以对案件行使追诉权。但是，笔者在办案中发现，对于刑事案件立案后又撤销的，追诉时效如何计算，目前有不同看法。

有人认为，立案后撤案不能产生追诉时效中断。因为，侦查机关立案之后

---

[*] 作者：丰建平、丁彩彩，山东省胶州市人民检察院。本文原载于《检察日报》2019年2月19日。

因各种原因撤销案件,在法律后果上等同于自始未立案,行为人仍处于未被追诉的状态,因此追诉时效不能因立案行为中断,而应连续计算,即依然以犯罪成立时作为计算起点。也有人认为,立案即意味着司法部门对行为人开始行使追诉权,当然产生追诉时效中断的法律后果,应该重新计算追诉时效,即从撤案之日起追诉时效重新计算。

对此,笔者认为,立案后无论作撤案或者存疑不起诉等其他处理均能产生追诉时效中止计算的法律后果。原因在于:侦查机关的立案行为实际上代表了追诉权的行使,即便案件后期因证据不足、办案期限届满或者其他原因未能移送审查起诉,都意味着行为人已被纳入追诉对象,产生追诉时效暂停计算的后果。追诉时效应从撤案后继续计算,即原来立案之前已经经过的时间和撤案后的追诉时效合算在一起,超过法律规定的时效期限的,追诉权消灭。

首先,"追诉"应以刑事立案为起点,追诉时效于立案时停止计算。"追诉"和"追究刑事责任"的内涵不同。"追诉"是一个程序性概念,而"追究刑事责任"偏重实体价值,其最终实现要依靠立案、侦查、审查起诉以及审判的顺利进行。有观点认为,立案侦查、起诉等都不能停止追诉时效的计算,只有审判结束才能停止时效进行,因此在追诉时效届满之前必须完成所有的追诉程序直至审判为止。笔者认为,如果将"追诉"理解为完成追诉活动,即等同于完成追究刑事责任,则意味着追诉时效制度不仅要解决追诉权行使时间问题,还要兼顾解决司法机关的办案期限,这种跨界解决刑事实体法和刑事程序法两个领域的问题显然不妥。因此,侦查机关一旦对刑事案件立案进行侦查,实体法上的追诉时效应停止计算,而让位于刑事诉讼法中的办案期限的起算。

其次,侦查机关的撤案行为并非意味着追诉权的彻底放弃。司法实务中,侦查机关对某些刑事案件经过调查出于办案期限届满但证据依旧不足等各种原因可能会撤销案件,同理检察机关也可能在审查起诉阶段作出存疑不起诉决定,其均意味着本次刑事办案流程的结束以及诉讼活动的终结。但事实上我国法律体系并未完全确立"一事不再审"原则,如根据《人民检察院刑事诉讼规则(试行)》第405条规定,对于人民检察院作出存疑不起诉决定的,在发现新的证据符合起诉条件时,可以再提起公诉。因此,侦查机关撤销案件、检察机关作出不起诉决定甚至于法院作出无罪判决等终止诉讼程序后,在一定条件时仍可以再行立案侦查或者再次提起公诉,即司法机关可以就同一案件再次启动追诉程序。根据追诉时效制度的设计初衷,在撤案后重启追诉程序之前,侦查机关追诉权的行使仍然应再次受到追诉时效的限制。也就是说,侦查机关立案启动追诉活动,并不意味着追诉时效无限期延长,只是追诉时效暂停计算,本质上等同于民事诉讼时效的"中止";侦查机关撤案后,追诉时效期限应该继续计算,新经过的时间与原来已经经过的时效合算在一起,超过追诉时效期限的,则追诉权消灭,侦查机关不得就该案再行立案启动追诉程序。

最后,撤案后追诉时效是继续计算,与先前立案前经过的时间累计计算,而非追诉时效"中断"后的重新计算。一方面,追诉时效中断的事由是新的犯罪行为发生中断的法律后果;另一方面,在司法实践中,刑事诉讼程序反复运行的情况比较普遍,特别是在侦查机关撤案后重新立案、检察机关撤诉或者作出存疑不起诉后重新起诉、无期限和次数限制的审判监督程序的启动等案件中表现得尤为典型。而时效的本质价值在于限制权力与权利,其目的之一在于促使公权力与私权利及时行使。若撤案亦产生追诉时效重新计算的法律后果,极可能为刑事诉讼程序的反复运行提供了制度空间,助长了超期办案、久拖不决等侵犯人权现象的发生。因此,笔者认为,刑事案件立案后又撤案的,追诉时效应继续计算。

第二节 刑事执行检察

一、转变监督理念提升监狱检察质效[*]

监狱教育改造活动检察监督,是检察机关开展刑事执行监督的重要内容,主要是指刑事执行检察部门关于监狱对罪犯所开展的教育改造活动等是否符合法律规定而进行的法律监督。

监狱教育改造活动检察面临两个问题:第一,监督抓手难以精准掌握。对监狱教育改造活动的监督,不同于出入监检察、刑罚变更执行检察等常见刑事执行检察工作,后者法律规定明确、监督点清晰且工作流程规范,而监狱教育

---

[*] 作者:王磊,北京市人民检察院。本文原载于《检察日报》2018年11月25日。

改造活动检察则存在着相关法律规定不明确、监督着力点不易确定、监督实践经验较少的问题。第二，监狱教育改造活动的监督效果考量尤难把握。何为"改造罪犯为守法公民"，一般以重新犯罪率为衡量标准，但是重新犯罪罪犯并不是都在刑满释放之后就立即犯罪，而是要经历或长或短的时间，统计周期过长导致数据难以反馈到检察监督工作中。鉴于此，应从以下几个方面完善监狱教育改造活动检察监督：

一是转变监督理念，树立"治本监督观"。从思想上转变监狱教育改造活动并非刑事执行检察重点的落后观念，真正将监狱教育改造活动检察监督放在与刑罚变更执行、安全防范检察、刑事被执行人合法权益维护等同等重要的地位上，重点关注监狱是否存在教育改造硬件设置配备不足、教育改造活动未依法开展、教育改造工作流于形式、罪犯改造效果不佳等问题，促进监狱提升对罪犯的教育改造效果。

二是找准着力点，提高监督实效。通过现场巡查、查看监控录像，加强与监狱部门沟通等多种形式，查找监狱执行过程中的薄弱环节，进行分析总结，强化检察监督，提升监督效果。在入监教育方面，监督新收罪犯认罪悔罪教育是否到位、罪犯评估的准确性如何；在思想、文化、技术教育方面，监督教学时间是否符合要求，是否存在以集体班内自学时间代替教学时间的情形，是否存在人为限制接受教育罪犯范围等情形；在激励措施方面，监督改造积极分子的评选是否公平公正；在出监教育方面，监督就业指导和职业技能培训是否开展，改造效果评估是否客观；等等。

三是完善监狱教育改造检察监督机制。第一，积极应对监狱检察方式改革，将罪犯教育改造活动检察作为巡回检察工作中专项检察的一项重要内容，改变以往对教育改造活动的浅层次监督，将工作向深、细、实方向推进。通过分析罪犯的特点、教育改造活动侧重点等内容，找准存在的问题和薄弱环节，针对性地开展监督。第二，落实"规范监督、加强办案"的要求，制定罪犯教育改造活动检察的监督规程，增强监督过程的亲历性，探索教育改造活动检察转为刑事执行检察案件的途径，建立教育改造活动检察的工作评查和考核机制。第三，加强理论研究，结合检察监督工作实际情况，深入调研，建立科学的教育改造效果评价体系，全面提升检察监督工作水平。

四是积极发挥检察机关在促进罪犯改造过程中的作用。第一，加大谈话教育的针对性，根据是否认罪、犯罪类型、成长经历等不同特征，制定不同的谈话内容，确保谈话教育的实效性，提升罪犯接受教育改造的积极性和主动性。第二，畅通信息沟通渠道，建立完善联席会议、情况通报等工作机制，定期沟通教育改造活动的开展情况。第三，通过检务公开、法治教育课、法律服务宣传等多种形式，扩大刑事执行检察工作的辐射面和影响力。必要时，可邀请人大代表、政协委员等参与活动，提升刑事执行检察监督工作知晓度和认知度。

二、社区矫正中需构建"矫正中止"制度*

根据我国《刑法》《社区矫正实施办法》的有关规定，对宣告缓刑、假释的犯罪分子，在缓刑、假释考验期限内，依法实行社区矫正。司法行政机关接收管理适用社区矫正的犯罪分子后，对于缓刑、假释考验期合格的犯罪分子，在社区矫正期限届满时，组织解除社区矫正宣告；对于死亡、被决定收监执行或者因重新犯罪被判处监禁刑罚的犯罪分子，终止社区矫正。

司法实践中，出现缓刑、假释考验期内犯新罪或者发现判决宣告以前还有其他罪没有判决的罪犯，在被重新判决前社区矫正期限届满的情形，因该种情况存在刑事处理结果的不确定性，不论是组织解除社区矫正宣告，还是终止社区矫正都显属不当。笔者认为，该种情况下，需要构建"矫正中止"制度，在社区矫正期限内，一旦出现犯罪分子涉嫌重新犯罪或者发现判决宣告前还有其他罪没有判决的情况，立即中止社区矫正，待处理结果确定后，再恢复、解除或者终止社区矫正，理由如下：

其一，可以避免解除和终止社区矫正的不当使用。我国《刑法》第77条、第86条规定，被宣告缓刑、假释的犯罪分子，在缓刑、假释考验期限内犯新罪或者发现判决宣告以前还有其他罪没有判决的，应当撤销缓刑、假释，对新犯的罪或者新发现的罪作出判决，把前罪和后罪所判处的刑罚，依照数罪并罚的规定，决定执行的刑罚。构建"矫正中止"制度，即出现犯罪分子涉嫌重新犯罪或者发现判决宣告前还有其他罪没有判决的情况，立即中止社区矫正，根据不同的处理结果，司法行政机关相应地恢复、解除或者终止社区矫正：一种情况是，在社区矫正期限内处理结果确定的，若是不构成犯罪的，司法行政机关恢复社区矫正，若是构成犯罪的，司法行政机关终止社区矫正；另一种情况是，在社区矫正期限届满后处理结果确定的，若是不构成犯罪的，司法行政机关解除社区矫正，若是构成犯罪的，司法行政机关终止社区矫正。

---

* 作者：沈琳梅、项丽贤，上海市青浦区人民检察院。本文原载于《检察日报》2018年11月5日。

"矫正中止"制度的构建可以避免解除和终止社区矫正的不当使用,在司法实践中更具有可操作性。

其二,便于刑罚执行的统一性。我国《刑法》第76条、第85条规定了缓刑考验期、假释考验期合格的处理,缓刑考验期满,原判的刑罚就不再执行,假释考验期满,就认为原判刑罚执行已经完毕。根据现有法律法规,司法行政机关只能采取解除或者终止社区矫正的措施,当出现缓刑、假释考验期内罪犯犯新罪或者发现判决宣告以前还有其他罪没有判决,在被重新判决前社区矫正期限届满的情形时,司法行政机关通常会先行组织解除社区矫正宣告,对罪犯宣告缓刑、假释考验期满,待法院在判决时,再撤销前罪的缓刑、假释,与新罪一同判决。这种实践操作存在一个问题,考验期满即认为原判的刑罚不再执行或者已经执行完毕,刑罚执行的程序已经结束,法院在判决时再进行撤销,会导致司法行为的往复,不利于树立司法权威。

其三,明确监管主体及相应的主体责任。被宣告缓刑、假释的犯罪分子,在缓刑、假释考验期限内犯新罪或者发现判决宣告以前还有其他罪没有判决的,公安机关往往会采取一定的刑事强制措施,在此情况下公安机关成为了被宣告缓刑、假释犯罪分子的监管主体,而该罪犯仍在缓刑、假释考验期内,没有被"矫正中止",司法行政机关也仍是犯罪分子的监管主体。罪犯被公安机关采取刑事拘留、逮捕等强制措施的情况下,司法行政机关无法进行监管,而罪犯被公安机关采取取保候审等措施的情况,司法行政机关该进行如何程度的监管,如是否要求罪犯如常地进行报到、学习、公益劳动、佩戴电子监管设备、外出报备等,这些问题在实践中都存在疑问。"矫正中止"制度可以明确罪犯在被采取强制措施阶段公安机关的主体责任,而司法行政机关只需配合公安机关做好监管工作,如提供罪犯的个人情况、家庭信息、社区矫正表现等。

综上所述,建议在社区矫正立法中构建"矫正中止"制度,同时明确"矫正中止"的适用条件、适用范围、操作流程和恢复、解除、终止社区矫正的条件等内容。"矫正中止"制度的构建有利于规范社区矫正工作的开展,明确司法行政机关与公安等单位的职能分工和衔接配合,同时也为检察机关开展刑事执行检察监督工作提供有力抓手。

三、财产刑执行现状与完善机制分析[*]

财产刑，按照通说是指国家对犯罪人适用的以剥夺犯罪人部分或者全部财产权益为内容的各种刑罚的总称，其目的是通过经济制裁方式，给犯罪分子一定的惩戒和教育。基于财产刑在抑制贪利型犯罪、填补公共利益损失等方面具有独特功能，其在司法实践中受到重视，成为刑罚体系中不可或缺的重要组成部分。但目前财产刑执行现状不容乐观，背后的原因值得探讨。笔者认为，对财产刑执行制度以及与之有关的配套制度进行改革十分必要。

1. 财产刑执行的现状

在刑罚执行活动中，作为非监禁刑、附加刑，财产刑执行与有期徒刑、无期徒刑等监禁刑执行和死刑执行相比，存在许多更为薄弱的环节。主要表现在以下几个方面：

（1）财产刑适用率较高，执结率较低。我国现行刑法在刑罚规定方面的一个重大改变，就是大幅度地增加了财产刑的适用。在现行刑法及修正案规定的424个有效罪名当中，适用财产刑的共有203个罪名，占所有罪名总数的47.88%，法院判处的财产刑适用率也大大提高。据统计，某直辖市2013年1月至2016年6月法院判处的刑事案件有60000多件，其中判处财产刑的案件有46900多件，但是罚金刑执结率仅为36.5%，没收财产刑执结率仅为29%。

（2）申请执行主体和实施主体存在竞合。我国财产刑执行法律关系中，仅存在法院和被执行人两个程序主体，呈现只有两方主体的二元构造特征。根据最高人民法院《关于刑事裁判涉财产部分执行的若干规定》第7条规定，财产刑由法院依职权主动执行，其执行程序以刑事审判庭移送执行的方式开启，没有申请执行的程序环节，也不存在民事、行政执行中的申请执行人，不具备申请执行人、被执行人和法院三方程序构造。可见，法院作为财产刑执行实施主体，与形式意义上的申请执行主体存在竞合。

（3）财产刑执行主体内生动力不足，外力介入有限。民事案件中败诉方的判决履行和强制执行问题是判决生效后最受关注的问题，基本不存在被忽略的现象。在刑事案件中，财产刑的执行，不像民事执行一样存在胜诉一方作为申请执行主体，反而常常存在利益主体与执行动力缺位的问题。如前所述，由

---

[*] 作者：李嗣胤，北京市人民检察院。本文原载于《检察日报》2018年11月7日。

于财产刑执行程序呈现执行主体直接对接被执行人的二元构造特征，不论在程序的启动上，还是在程序运行过程中，都以法院与被执行人之间的关系为主要执行法律关系，缺少第三方对执行程序的制约，显然，财产执行程序外在压力和内生动力不足。

（4）财产刑执行程序不规范。一是预缴罚金现象突出。在梳理财产刑执行案件过程中不难发现，法院部分裁判文书中载明"罚金已缴纳"字样，这是法院为破解"执行难"问题，鼓励罪犯在判决前预先履行财产刑，并将其视为认罪悔罪从而从轻处罚的条件，但该做法容易产生以钱买刑的误导。二是判而不移、不执不立问题突出。在现有考评机制下，执结率仍然是法院执行部门重要的考核依据，在这种情况下，法院立案部门存在对于刑事审判庭移送立案的财产刑执行案件，在立案前先提交执行部门审核是否有执结可能，对于有执结可能的才决定是否予以立案的问题。三是执行期限、执行程序缺乏制约。最高人民法院《关于刑事裁判涉财产部分执行的若干规定》第3条对"特殊情况"具体指哪些特殊情况、法院院长批准后的延长时间为多长都没有明确规定。

（5）财产刑执行替代和变更执行制度匮乏。目前，我国刑法中设计了死刑、有期徒刑、拘役、管制的缓刑和减刑制度，而没有罚金刑缓刑、减刑的制度。笔者认为，从刑罚执行体系的科学构建逻辑来说，刑法中对性质较重的自由刑和生命刑都有缓刑、减刑适用的规定，而对性质较轻的罚金刑却不可以适用缓刑和减刑，这不符合"举重以明轻"的法理。对于确实执行不能的罚金刑执行案件，立法规定可随时追缴，但对合理变更和执行不能退出机制没有规定，难免造成实践中财产刑执行工作被虚置。

2. 财产刑执行现状的原因分析

分析财产刑执行现状背后的原因，是探讨如何完善财产刑执行程序问题的关键。

（1）财产刑执行程序封闭。在目前的财产刑执行案件中，被给付方为国家，这与民商事执行案件由当事人一方作为权利主体积极向法院提出申请、保全等督促执行不同，因而，财产刑执行的进展缺乏外在压力。此外，根据现行法律和司法解释规定，财产刑执行属于法院内部工作程序，外部机关没有法定介入程序和手段。

（2）以证据保全代替财产保全的制度设计，不能解决执行阶段无财物可供执行问题。在我国，涉案财物具有证据作用，根据刑事诉讼法与司法解释的规定，侦查机关、检察机关与法院均可对之采取保全措施。但是这种保全大多是以证据保全的形式出现，以单纯财产保全形式出现的只有两种情形：一是法院在附带民事诉讼中可查封、扣押、冻结被告人的财产。二是侦查机关、检察机关与法院在犯罪嫌疑人、被告人逃匿、死亡没收案件中，可查封、扣押、冻结需要没收的财产，且以财产保全形式保全的财产只能针对被告人的合法财产。很显然，这并非是为保障有关涉案财物裁判的可执行性而采取的财产保全措施。当然，这一部分财产的确是后续程序中执行罚金、没收财产最为需要采取保全的财产对象。在刑事诉讼过程中，犯罪嫌疑人、被告人以及其他与涉案财物存在利害关系的人，往往会以转移、隐藏、处分、毁损等方式处理涉案财物，从而导致法院作出的涉案财物裁判无法得以执行。

（3）刑事诉讼程序重追诉轻执行的制度安排是财产刑执行不畅的重要原因。我国刑事诉讼法在设计财产刑执行制度时，忽视了侦查机关侦查、检察机关指控等环节与财产刑执行阶段的衔接。如在侦查程序上，没有明确规定侦查部门对可能判处财产刑的犯罪人的财产状况进行查明的职能，导致侦查机关只关注于查封、扣押犯罪人的作案工具及非法所得，缺乏对犯罪人责任财产的必要控制；在起诉程序上，没有明确检察机关对指控犯罪人的罪名可能涉及财产刑时，应提供犯罪人的财产状况，并提出财产刑量刑建议。法院判处被告人财产刑时，对被告人的财产状况缺乏必要的了解，造成判决缺乏针对性。

（4）财产刑变更执行的程序单一。从现行法律及司法解释中不难看出，从财产刑的判决到财产刑的立案、执行、中止执行、终结执行、罚金刑的延期缴纳和减免等，都是由法院依职权对被执行人作出决定，缺少第三方有效参与和制约。

3. 完善财产刑执行程序的设想

针对上述原因，笔者结合实际，对完善财产刑执行程序提出以下建议：

（1）构建财产刑执行的适度公开程序，由检察机关适度介入财产刑执行。为提高财产刑的执行效果，可以考虑引入民事执行程序中执行申请主体和实施主体相分离的原理，设计完善检察机关财产刑执行监督机制。理由是：一方面，由检察机关作为财产刑执行监督主体，能够较好地解决现有财产刑执行程序中执行申请主体和执行实施主体合而为一的难题。因为，检察机关是国家法律监督机关和公共利益的代表，其具有独特的相对客观的法律地位。检察机关的法定职权中就含有对法院财产刑执行进行法律监督的职责。与之相适应，还可以赋予检察机关代表国家行使财产刑执行前的诉讼保全等类似民事执行申请人权利在内的相关权利。另一方面，在刑事诉讼活动中，检察机关代表国家对触犯刑事法律的被告人提起公诉，请求法院对被告人定罪量刑，这是检察机关公诉职能的最主要体现。具体来说，检察机关可以从法院审判部门导入财产刑裁判案件明细，经过汇总分析后，以批量或单独案件为单位，以检察建议的形式督促法院执行财产刑，并在对被执行人进行必要调查，确认其履行能力的基础上，向法院提供其财产刑履行能力的相关证据，从而适度有限参与财产刑执行程序。

（2）建立对财产刑执行前的调查评估和财产保全机制。针对可能判处财产刑的被告人，检察机关可以要求公安机关对个人财产状况进行详细调查，并列举清单，遇有可能转移、隐匿、变卖甚至毁损财产的情况，可先行查封、扣押，或责令财产保管人妥善保管，记录在案；在财产刑执行前，如果发现被执行人及其家属有隐匿、转移、变卖等可能妨碍财产执行的行为，检察机关可以建议法院采取财产保全措施，并将财产状况随案移送，便于法院在判决时考虑确定财产刑的数额，保障判决顺利执行。对于可能被判处财产刑的被告人，除查封、扣押、冻结与犯罪有关的一切涉案财产外，还应该按一定比例对其合法财产予以保全，从而确保在财产刑执行阶段有财产可供执行。执行完毕后，解除保全程序，对于剩余的合法财产，应及时予以返还。在刑事案件审判环节，应将财产刑量刑纳入法庭辩论和法庭调查，从而使财产刑得到依法适用。

（3）建立并完善财产刑变更执行程序。在构建检察机关适度介入财产刑执行程序的基础上，财产刑执行变更程序尤其需要检察机关积极参与。其一，在财产刑执行过程中，当被执行人向执行部门提出延期执行、申请减少或免除缴纳罚金的，执行部门应当将被执行人申请转交检察机关并告知被执行人，被执行人应向检察机关提交书面证明材料，检察机关在合理期限内审查完毕后，将有关证据材料移送法院，并提出被执行人"符合法定减免条件应当减免"或"不符合法定减免条件不应当减免"的书面意见，由法院依法作出准予减免或不予减免的裁定。其二，在财产刑执行过程中，法院执行部门拟对财产刑中止执行或终结执行的，法院应将有关证据材料转交检察机关进行审查，检察机关审查完毕将有关证据材料移送法院，并提出中止执行、终结执行或继续执行的书面意见，由法院依法作出中止执行、终结执行或继续执行的裁定。

（4）建立罚金刑执行缓刑制度和执行替代制度，确保财产刑执行不被虚置。一是建立罚金刑缓刑制度。罚金刑缓刑是指对被判处罚金刑的犯罪人，根据其犯罪情节和悔改表现，宣告罚金刑在一定期限内暂缓执行。如果在此期限内没有再犯新罪，原判罚金刑就不再执行，如果在此期限内又犯新罪，则将前后罪实行数罪并罚。从预防犯罪人再次犯罪来看，罚金刑的缓期执行与现行刑法上的缓刑，可以起到相同作用，也能避免罚金刑的不能执行，不致影响法院判决的权威性。二是建立财产刑易科制度。笔者建议，在犯罪人财产刑执行不能的情况下，实行财产刑易科制度，以其他刑罚或强制措施来代替财产刑。罚金刑易科，是指对于不能缴纳罚金的犯罪人，按照规定改为执行其他刑罚或强制措施，其他刑罚或强制措施可以是自由刑、管制、拘役，也可以是义务劳动、公益活动、有偿劳动。这种易科制度既可以解决财产刑执行的问题，也可以对隐瞒财产状况不愿缴纳的犯罪人给予制裁，促使财产刑得到公正执行。

四、暂予监外执行征求意见宜采用书面形式[*]

最高法、最高检、公安部、司法部、国家卫生计生委联合制定印发的《暂予监外执行规定》第18条第4款规定，法院在作出暂予监外执行决定前，应当征求检察院的意见。实践中征求意见通常有口头形式和书面形式。笔者认为，法院在作出暂予监外执行决定前向检察院征求意见，不宜采取口头形式，而应采用书面形式。主要理由是：

首先，使检察机关刑事执行检察部门有可靠、具体的依据进行审查并提出意见。最高人民检察院《关于贯彻执行〈暂予监外执行规定〉的通知》（以下简称《通知》）第7条规定，法院在作出暂予监外执行决定前征求意见的，检察机关应当及时审查并依法提出意见。在实际中，刑事执行检察部门对法院拟决定暂予监外执行的案件进行审查时，将通过检察机关统一业务应用系统执检子系统办理暂予监外执行提请审查案件，在线上形成对法院暂予监外执行征求意见审查意见书或审查报告书，并制作暂予监外执行征求意见回复函向法院送达，因此，法院在作出暂予监外执行决定前并向检察院征求意见时，应当事先送交书面的征求意见函和附病情诊断、妊娠检查或者生活不能自理的鉴定意见等有关材料，使刑事执行检察部门有可靠、具体的依据进行审查并提出意见，从而体现法院的征求意见函、检察院的征求意见回复函两者先后的对应性，促进刑事诉讼环节司法办案规范化。

其次，能避免产生检察人员对法院拟决定暂予监外执行案件的审查主体错位问题。根据《通知》第7条规定的精神，法院在作出暂予监外执行决定前向检察机关征求意见，刑事执行检察部门应承担主要的审查工作任务。而在实际工作中，如果法院刑事审判庭采取口头征求意见形式，第一时间获得征求意

---

[*] 作者：赵维民，内蒙古自治区库伦旗人民检察院。本文原载于《检察日报》2018年9月5日。

见信息的往往是公诉部门,公诉部门的相关办案人员因在前期的提起公诉活动中已了解涉案罪犯的身体症状及案件情况,基于思维惯性,有的可能会以口头形式或简要的书面形式向法院回复检察意见,从而造成检察人员对法院拟决定暂予监外执行案件审查的主体错位问题;同时,刑事执行检察部门因未能按时审查法院的拟决定暂予监外执行案件,将无法通过统一业务应用系统执检子系统办理暂予监外执行提请审查案件。法院刑事审判庭以书面征求意见函向检察院业务部门征求意见,将会促使由检察院案管部门受理登记,并转办到刑事执行检察部门,确保刑事执行检察部门依照程序对法院的拟决定暂予监外执行案件进行审查,并提出检察意见。

综上所述,法院在决定暂予监外执行前向检察院征求意见,应采取书面的征求意见函形式,相关规定应对此予以明确。在实际工作中,检察院向法院送达的暂予监外执行征求意见回复函是具有统一格式、固定结构的法律文书,所以,法院向检察院发送的暂予监外执行征求意见函也应当具有统一的格式、固定的结构。

五、禁止从业资格刑宜由公安机关监督执行[*]

按照《刑法修正案(九)》规定,因利用职业便利实施犯罪,或者实施违背职业要求的特定义务的犯罪被判处刑罚的,人民法院可以根据犯罪情况和预防再犯罪的需要,禁止其自刑罚执行完毕之日或者假释之日起从事相关职业,期限为三年至五年。被禁止从事相关职业的人违反人民法院依照前款规定作出的决定的,由公安机关依法给予处罚;情节严重的,依照《刑法》第313条的规定定罪处罚。可见,对于违反禁止从业行为的一般由公安机关处罚,但谁监督管理禁止从业行为,刑法没有明确规定。既然是资格刑,就应有执行主体,明确禁止从业资格刑执行主体,有利于维护司法权威,促进社会的和谐稳定。

在我国,刑罚执行主体有人民法院、公安机关和司法行政机关。根据法律规定,财产刑由法院执行,资格刑由公安机关执行,其他刑种由司法行政机关执行。虽然禁止令和禁止从业资格都属附加刑范畴,但两者有本质区别:第一,刑罚执行时间不同,禁止令与主刑同步进行,禁止从业通常是主刑已执行

---

[*] 作者:谢增益、蒋毅,重庆市江津区人民检察院。本文原载于《检察日报》2018年9月10日。

完毕。第二，对象不同。禁止令是针对判处缓刑、管制的罪犯，禁止从业针对的虽有社区矫正人员，但更多的是主刑执行完毕的罪犯。第三，内容不同。禁止令是禁止行为人的具体行为，禁止从业是禁止行为人获取的职业身份。第四，效果不同。禁止令不会影响行为人的生活，禁止从业资格就可能影响到行为人的生产生活。笔者认为，两者的执行主体也有所不同。禁止令的对象是社区矫正人员，所以司法行政机关负责执行，而禁止从业属资格刑，所以公安机关执行更为妥当。理由如下：

首先，禁止从业类似于剥夺政治权利。在禁止从业资格刑出台以前，不少法律法规已规定剥夺政治权利的从业资格，如公司法规定，因犯罪被剥夺政治权利，执行期满未逾五年的，不得担任公司的董事、监事和高级管理人员。为进一步保障经济活动安全，法律需要规制参加经济活动的主体的资格，《刑法修正案（九）》规定禁止从业资格刑，既是对资格刑适用的完善和补充，也与经济法规相衔接。既然剥夺政治权利由公安机关执行，那么禁止从业也应由公安机关执行。

其次，是公安机关承担的职责所决定的。在我国，很多法律法规都赋予公安机关相应的安全管理职责，如道路交通安全、消防安全、网络安全。某些特定行业，如爆破物、警械装备、开锁刻公章等，还需申请公安机关许可，如行为人曾因伪造公章被判刑，法院判决禁止从业，行为人刑满后，想重操旧业，就要申请公安机关许可，如果公安机关执行禁止从业资格刑，就直接否决该申请；假若其他行政执法机关执行，由于行为人并不向其他行政执法机关申请，所以从事该行业后，其他行政执法机关可能也不清楚，从而影响执法公信力。

再次，公安机关有健全的数据和完善的网络。公安机关拥有个人基本信息和资料，便于相关信息的输录、修改、查询、统计。工商、税务、质监、海关、社会保障等机关往往要借助公安机关的数据平台，进行信息链接、数据共享。行为人出狱后，如从甲地搬迁乙地，改变个人资料信息，以虚假身份骗取注册登记，公安机关就可直接通过个人基本信息数据查询到是否违反禁止从业规定，而其他行政执法机关没有这样完善的数据库，管理职能要弱于公安机关。

最后，便于公安机关统一执法。无论是禁止令，还是禁止从业资格，对违反禁止规定的，公安机关都有权处罚，行政处罚对违法行为有一定的威慑力和震慑效果，而其他行政执法机关却没有相应的处罚权限，对违法行为，还要商请公安机关处理，会影响执法效率。

六、建立健全审批机制落实拘役罪犯回家权利[*]

我国《刑法》第43条明确规定，被判处拘役的犯罪分子，在执行期间每月可以回家一天至两天，然而在司法实践中，拘役罪犯回家的权利仍旧有待落实，主要原因在于，执行机关担心拘役罪犯回家期间难以监管，甚至发生风险事故。对此，笔者认为，可通过构建事前的过滤机制和事中的担保机制，确保留在看守所服刑的拘役罪犯享有回家的权利。

1. 明确拘役罪犯回家条件

在落实拘役罪犯回家规定的执行过程中，可以设置一定的限制性条件：一方面，在看守所服刑期间，遵守看守所监规且表现较好的拘役罪犯，原则上每月可以回家一天至两天，这在客观上能够激励拘役罪犯，有助于看守所的日常管理，也有助于拘役罪犯的教育改造；另一方面，出于对拘役罪犯回家期间的风险管控，有必要设置可供操作的限制性条件，对拘役罪犯回家申请进行一定的限制。

拘役罪犯在服刑期间的具体表现，看守所已具备相对成熟的量化考核机制，可以根据看守所对拘役罪犯开展的认罪服法、遵守监规、接受教育等日常考核情况进行评价。关于拘役罪犯申请回家的限制性条件，可以围绕拘役罪犯的社会危险性进行设置。

围绕拘役罪犯的社会危险性设置限制性条件，目的是防止风险事故发生。拘役罪犯的社会危险性主要体现在三个方面：一是拘役罪犯在家期间逃跑、自杀、自残等，导致无法按时返回看守所，影响剩余刑罚执行；二是拘役罪犯在家期间串供、隐匿、毁灭证据、妨碍证人作证等，影响其他刑事诉讼活动顺利进行；三是拘役罪犯在家期间实施违法犯罪行为，影响社会安全稳定。基于此，可明确规定具有下列情形之一的拘役罪犯不得申请回家：（1）系共同犯罪、关联犯罪，尚有涉案人员未到案或者处于侦查阶段的；（2）有犯罪前科，且有迹象表明可能实施新的犯罪的；（3）系涉毒犯罪或者入看守所前系吸毒人员的；（4）有自杀、自残倾向或者逃跑危险的；（5）具有社会危险性不适宜回家的其他情形。

---

[*] 作者：罗发全、张长久，重庆市荣昌区人民检察院。本文原载于《检察日报》2018年12月9日。

2. 完善拘役罪犯回家审批流程

目前，关于有效落实拘役罪犯回家权利缺乏成熟的审批流程，现有规定仅仅是针对审批程序的规范。根据《看守所留所执行刑罚罪犯管理办法》规定，拘役罪犯回家，由罪犯本人提出申请，管教民警签署意见，经看守所所长审核后，报所属公安机关批准。

笔者认为，对此应制定公开透明的拘役罪犯回家审批流程，包括申请、调查、评估、公示、批准等环节。作为拘役罪犯的一项权利，应由拘役罪犯本人主动向看守所提出回家申请。看守所受理拘役罪犯的申请后，即应启动相关的调查程序，查明拘役罪犯是否存在不适宜回家的情形，并结合拘役罪犯在服刑期间的日常量化考核情况，进行综合评估，征求相关刑事执行检察人员意见后，在五日内作出是否批准回家的决定，并将相关材料报驻所检察室备案。对于符合准许回家条件的，均应批准其回家一天至两天。对于拟准许回家的拘役罪犯，应及时将名单在其所在监室予以公示，接受全体拘役罪犯的监督。对于不批准回家的，应当将不批准理由通知申请人。申请人对于决定有异议的，可以向刑事执行检察人员申请监督。拘役罪犯经准许回家且在辖区内有固定住所的，可允许其回固定住所。没有固定住所的，由看守所为其指定居所与其家人团聚一天至两天。对获得批准回家的拘役罪犯，由看守所制发准许回家决定书，并发放回家证明。

3. 强化拘役罪犯回家期间监管

实践中，妨碍落实拘役罪犯回家权利的重要原因在于担心拘役罪犯回家后发生风险事故。笔者认为，可以借鉴有关取保候审执行过程中的规定，引入担保机制，对获准回家的拘役罪犯实行保证人担保或者保证金担保，从而在较大程度上降低风险事故发生的概率。同时，明确拘役罪犯回家期间应当遵守的强制性规定，比如未经看守所批准不得离开所居住的市、区或者指定的居所，禁止进入夜总会、酒吧、网吧等娱乐场所，禁止参与赌博等违法犯罪活动，回家期限届满必须准时返回看守所继续服刑等。同时，看守所应书面告知获准回家的拘役罪犯回家期间应遵守的强制性规定，以及违反强制性规定应当承担的后果。

获准回家的拘役罪犯提供保证人担保的，其回家与返回看守所均应由保证人领出、送回。保证人必须符合一定的条件，诸如有能力履行保证义务，享有政治权利且人身自由未受到限制，有固定的住处和收入等。而且，必须明确保证人应当履行的监督和报告义务，监督拘役罪犯在家期间遵守看守所告知的强制性规定，并在发现拘役罪犯违反强制性规定时，及时向看守所报告。拘役罪犯在家期间有违反强制性规定的行为，保证人未及时报告且没有采取有效制止措施的，经查证属实后，对保证人处以一定数额的罚款。

拘役罪犯采取保证金形式担保的,应当对保证金数额予以明确,并由看守所统一收取和管理。保证金数额的确定,应当以保证获准回家的拘役罪犯不违反强制性规定为原则,综合考虑拘役罪犯的犯罪情节、性质,服刑表现,剩余刑期,经济状况,当地的经济发展水平等情况。拘役罪犯在家期间违反强制性规定,由看守所没收部分或者全部保证金。拘役罪犯在家期间没有违反强制性规定,在其准时返回看守所服刑时,应当全额退还保证金。

4. 强化检察机关同步监督

对于拘役罪犯回家权利的落实执行,检察机关应该主动作为,切实强化对拘役罪犯回家权利落实的监督。实践证明,检察机关的监督能够有力促进拘役罪犯回家权利的落实。2016年10月以来,重庆市荣昌区检察院共监督保障留看守所服刑的拘役罪犯56人次获准回家一天至两天,拘役罪犯回家比例达40%左右,拘役罪犯回家后全部按时返回看守所,总体实施效果良好。

为促进拘役罪犯回家权利的有效落实,相关刑事执行检察人员应对看守所执行拘役罪犯回家权利的具体规定的情况实施同步监督,重点监督拘役罪犯申请回家时限是否符合规定、是否提供担保、是否准时返回看守所;同时监督看守所民警是否存在有申请不予受理、申请符合条件而不予批准或者申请不符合条件而予以批准等情况。看守所应将拘役罪犯申请回家的申请书、调查评估报告、回家审批表、准许拘役罪犯回家决定书、担保书、回家期间应遵守规定告知书等材料提交一份给刑事执行检察部门或人员,同步审查拘役罪犯回家的相关资料后,由承办检察官签署意见。

刑事执行检察部门应建立拘役罪犯回家台账,对拘役罪犯回家情况实行逐次登记,对拘役罪犯获批回家天数、离所时间、回所时间做到"底数清、情况明"。驻所检察官定期列席看守所召开的监管情况分析会,并借助看守所监管系统数据对拘役罪犯回家实行动态跟踪监督,通过数据、录像联网实时监督拘役罪犯日常表现、是否按时回所等情况。拘役罪犯返回看守所当日,看守所应当将拘役罪犯返回看守所情况书面告知刑事执行检察部门。拘役罪犯在回家期间逃跑的,看守所应及时向刑事执行检察部门通报并按相关规定对其实行上网追逃,并以脱逃罪追究其刑事责任。

第三节 未成年人检察

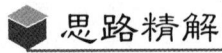思路精解

一、分级干预：未成年人罪错行为处置的优化选择

（一）尊重未成年人司法规律建立分级干预体系[*]

自上世纪80年代中后期起，我国一些地方开始探索未成年人司法建设，积累了一些符合国情的做法与经验，同时也遇到一些问题。其中，如何处置未成年人罪错行为是焦点问题，实务界和理论界有着不同的认识：一种观点认为，对未成年人罪错行为同样应当坚决打击，坚持惩罚和制裁的思路；另一种观点则认为，未成年人身心状况特殊，犯罪原因有别，应当坚持教育、感化、挽救。这种分歧归根到底，根源于对未成年人司法的特殊性和未成年人罪错行为处置规律缺乏深入的认识。

从历史发展、科学依据、司法实践三个角度总结与提炼处置未成年人罪错行为的规律，可以总结为注重保护、强调恢复、积极预防。第一，注重保护。未成年人司法制度产生后，始终保持了一定的独立性，目的是避免未成年人进入成人司法系统，因为成人司法的一些制度、程序和措施会给身心特殊的未成年人造成难以弥补的负面影响。第二，强调恢复。未成年人身心特殊，简单地惩罚很难发挥预期作用，甚至有可能形成惯犯。未成年人犯罪后，根据情况采取适当的分级干预措施，包括一些带有惩戒性质的措施，矫治其心理行为问题，帮助其顺利回归家庭和社区，继续完成社会化。如此处置犯罪的未成年人，既有利于实现未成年人最佳利益，也能真正防卫社会。第三，积极预防。成人司法背后的逻辑是评价行为人的"行为"，根据罪责刑相适应的原则，做到重罪重罚，轻罪轻罚，罚当其罪。由于强调恢复，未成年人司法关注"行

---

[*] 作者：宋英辉，北京师范大学法学院教授；苑宁宁，中国政法大学讲师。本文原载于《检察日报》2019年2月11日。

为人"，根据个别化处遇的原理，预防其实施犯罪行为。因此，未成年人司法突破了传统刑法的一些基本原则。对于未成年人非犯罪的问题行为进行干预，预防发展为犯罪；对于未成年人犯罪后进行专业矫治和帮教，预防其继续犯罪。

注重保护、强调恢复、积极预防，具有内在递进性，构成未成年人司法规律的本质内容，也是处置未成年人罪错行为的规律。观察域外法治发达国家和地区未成年人司法制度，宏观上都朝着上述这一趋同的方向发展，体现着未成年人罪错行为处置规律，微观上都建立了一套符合未成年人罪错行为处置规律、轻重有别、逐渐递进的措施体系，对未成年人的罪错行为进行分级干预。而且，这一分级干预体系有着共同的特征：第一，贯彻教育保护理念。未成年人心理具有易感性、易变性，对未成年人的不良行为和危害社会的行为，应当坚持教育、感化、挽救的方针，针对性解决未成年人存在的问题。第二，坚持早发现、早干预原则。涉罪未成年人之前的不良行为或违法行为，大多都经历了一个由轻到重逐渐演变的过程，应早发现、早干预。第三，坚持专业干预原则。对心理行为偏常的未成年人简单进行惩罚，与社会隔离，极易导致重新犯罪，因此应引入专业人员参与干预，避免对其融入社会带来不利影响，注重干预的针对性和有效性。同时，未成年人出现心理行为偏常，往往是由于青春期发育的冲动及受到外部不良因素影响而形成的，对其干预应当持续一定时间。第四，强化综合治理导向。落实家庭责任，保障学校教育的正确引导，创造有利于其健康成长的社区和社会环境。第五，明确司法保留原则。采取限制人身自由等强制性的措施，应经过司法机关裁决，防止滥用。由上可见，规律是"里"，分级干预是"表"，建立符合规律的分级干预体系，是未成年人司法建设的正确方向。

未成年人罪错行为具体处置措施类型。就我国对未成年人罪错行为的处置而言，梳理相关的法律法规，可以适用的主要措施有：一是违反治安管理法律时，不满14周岁的不予处罚，已满14周岁不满16周岁的行政拘留不予执行，但均可以责令监护人严加管教。二是12周岁至17周岁有违法或轻微犯罪行为，不适宜留在原校学习，但又不够收容教养或刑事处罚条件的（包括被学校开除或自动退学、流浪在社会上的17周岁以下的青少年），经本人及其监护人同意，转入专门（工读）学校。三是有犯罪行为，但没有达到刑事责任年龄的，不予追究刑事责任，予以训诫，责令监护人严加管教。在必要时由政府收容教养。四是有犯罪行为，且已达刑事责任年龄、需要承担刑事责任的，可能被判处缓刑，接受社区矫正，也有可能被判处实刑，在未管所服刑。通过观察大量案例、收集相关数据进行研判，可以看出，实践中上述这些措施实施起来仍有亟待完善之处，集中表现是无法有效解决未成年人存在的心理行为偏常，导致有的问题越来越严重和反复再犯，根源就在于没有充分体现和尊重未成年人罪错行为处置规律。

独具特色的未成年人罪错行为分级干预体系具体设置。对此，应当借鉴域外有益经验，吸取其他国家和地区的教训，立足我国现有的法律框架与国情，通过修改法律建立一套中国特色的未成年人罪错行为分级干预体系。所谓分级，可以从多个维度界定。一是适用对象分级。适用对象为未成年人，区分为不满12周岁、已满12周岁两类未成年人。由于不满12周岁的未成年人尚未进入青春期，对家庭的人身依附性很强，原则上不应当脱离家庭环境，在家庭的配合下接受一系列的干预。二是适用范围分级。适用范围是未成年人的罪错行为，由轻到重分别为不良行为、治安违法行为、触犯刑法行为。针对程度不同的行为，采取的干预措施应当有差异。三是干预措施分级。第一类为福利类措施，即未满12周岁的未成年人实施了罪错行为，原则上由公安部门交由监护人严加管教，同时根据风险评估结果为其提供一系列服务措施，包括对未成年人本人及其家庭提供社工服务以及心理行为矫治服务等。第二类为教育矫治类措施，即12周岁以上、不满18周岁的未成年人实施了罪错行为，原则上根据行为的性质及心理行为偏常严重程度等评估结果，适用学校帮教告诫、警察帮教训诫、法官诫令（宵禁令、行为规范令、禁止令、戒瘾治疗令、社会服务令、观护令等）、转入专门学校、收容教养等。第三类为刑事类措施，即已达刑事责任年龄的未成年人犯罪的，根据行为的性质及心理行为偏常严重程度等评估结果，情况严重且必要的，可以判处徒刑，接受社区矫正或者在未管所服刑接受系统的教育矫治。

（二）以衡平及恢复性司法为导向构建未成年人司法分级应对体系[*]

在日益强调归责性的今天，未成年人违法犯罪防治宜探索构建起非刑事化处分与刑事化处分并行其道的二元化未成年人司法分级应对体系。

对未成年不法及轻微犯罪行为人而言，原则上或应首先适用非刑罚性的未成年人司法，以"国家亲权"理念来审视、甄别和处置。参照国际惯例及现行立法特别是未成年人保护法、预防未成年人犯罪法、治安管理处罚法、禁毒法等，大体可涵盖离家出走、夜不归宿、逃学旷课、打架斗殴、酗酒吸毒、参

---

[*] 作者：张鸿巍，暨南大学少年及家事法研究中心教授。本文原载于《检察日报》2019年2月11日，原题为《以衡平及恢复性司法为导向》。

加帮派等问题少年。对这些未成年人的司法处分，可采取口头训诫、转介民政/福利部门处分、强制戒毒、强制入学（国民教育及工读教育）等措施。不过，若经过初步筛选发现未成年行为人的主观恶性与社会危害性较大，且未得到被害人及社区的谅解，若其达到刑事责任年龄，则应予以刑事化司法处分。显然，该行为人此时于其中所享有的特殊保护将比其于未成年人司法的待遇显著减少，以此突出和彰显刑事司法对被害人保护及防卫社会的关切。相应地，对于犯罪结果比较轻微、行为人有明显悔过且得到被害人及社区谅解的少数未成年犯罪人，亦可依一定条件由刑事化司法"逆转"至非刑事化司法酌轻处置。

未成年人刑事责任年龄的调整。在应对未成年人触法的众多法律责任中，刑事责任通常被视为最严厉的法律责任。未成年人刑事责任年龄调整有着亟待反思、颇为迫切的现实需要。正因为刑事责任年龄对于划分未成年人刑事责任及未成年人司法与刑事（成人）司法管辖权等问题来说重要性无以复加，因而大多数国家与地区均在其刑法典或相应未成年人法中明文规定了未成年人刑事责任年龄的最低起算点。刑事责任年龄的调整亦牵涉到几个关联责任年龄的相应调整，包括完全责任年龄、相对无责任年龄、绝对无责任年龄及减轻责任年龄。因而，调整刑事责任年龄绝非仅仅只是降低完全刑事责任年龄那样简单，而应对此有着更为全面统筹的认知。未来需要通盘考量国际趋势、案件性质及变化着的未成年人心智发展，以实证、理性及务实的态度研判完全刑事责任年龄、相对无责任年龄、绝对无责任年龄及减轻责任年龄调整的可能性及其调整的幅度。

未成年人衡平及恢复性司法的倡导。未成年人司法之目的在于增进未成年犯罪人福祉，注重个别处分措施，从而避免对未成年人只采用惩罚性处分，以有效区别于刑事（成人）司法制度，使问题未成年人得到更多的关心和爱护，促其顺利回归社会。不过，这并不意味着未成年人司法只以实现未成年人之特殊处分为唯一目标而不顾其余。未成年人司法不但需要以制度性推动未成年人的自新，还要使得个案中每个受其影响的当事人、参与方都能合乎比例地感受到正义的现实存在。因而，恢复性司法或衡平及恢复性司法之倡导，将传统个别化戒治与社区被害人参与机制有机结合起来，有助于实现公共安全、个人对被害人和社区之责任以及发展技能以帮助犯罪人过上守法和富有作为之生活。

一些研究表明，未成年人再犯及累犯率仍不容轻视。造成这种窘况之原因甚多，但未成年人是否全然悔过并据此自我革新显然是绕不过去的逻辑起点。未成年人司法的正义实现，亦特别需要于个案中就案件不同具体情形结合风险/需求评估来作出务实判断。以美国为例，2012 年年底，联邦司法部未成年人司法与预防违法犯罪署在爱达荷州、特拉华州和威斯康星州三个示范点启动了"未成年人司法改革和再投入倡议"示范方案，旨在通过开发安置矩阵以提供关于安置选择和基于"标准化计划评估议定评级系统"实施的循证建议，来提高未成年人司法资源使用的效度和效率，从而减少未成年人再犯。安置矩阵通常将由经风险/需求评估验证的累犯风险信息与当前案件信息予以组合在一起，以此提出安置建议。例如，暴力重罪指控以及累犯中等风险可能引发对未成年人家外安置的建议；而轻罪指控和低风险可能引发提出司法分流的建议。

（三）结合区域特点深化未成年人分级干预体系建设[*]

近年来，上海市青浦区检察院在开展未成年人检察工作中发现，未达刑事责任年龄未成年人（以下简称"罪错未成年人"）违法犯罪现象尤为突出，但相应的处遇措施却极为缺乏。以2015年为例，青浦区检察院在审查起诉的16起案件中，即发现罪错未成年人52人，而刑法、预防未成年人犯罪法规定的处遇措施，则因过于笼统，难以操作。为应对这些罪错未成年人游离于惩罚之外、脱管于矫正之情形，给社会治安防控、犯罪预防等带来的挑战，青浦区检察院延伸工作触角、整合多方力量、创新工作方法，探索构建了符合区域实际的罪错未成年人分级干预体系。

1. 加强协作联动，全面提升案件发现能力

发现是干预的开端与前提。为使罪错未成年人都能得到教育，进而改变其不良行为倾向，青浦区检察院着力构建多方参与的协作联动机制。一是加强与公安机关的协作，构建公安通报、检察监督的信息共享格局。公安机关相关业务部门采取定期汇总通报一般案件，及时通报重大案件的方式，向未检部门传递未进入刑事诉讼程序的罪错未成年人案件。2017年，推动区综治委召集公安、检察院、团区委共同签署《青浦区关于未达刑责未成年人工作备忘录》，对各单位在该项工作中的责任、配合办法进行了详细规定。二是争取区教育局配合，多渠道发现罪错未成年人案件，构建罪错未成年人多发领域重点监控格局。2017年，青浦区检察院借助法治进校园契机，争取区教育局支持，由其在案发后直接向检察机关通报，并配合做好跟踪帮教工作。该机制建立后，区教育局共向区检察院通报相关案件十余起，通过联合社工介入干预后，在保障在读学生正常学习及隐私的情况下，矫治效果初步显现。三是密切关注诉讼过

---

[*] 作者：高冰，上海市青浦区人民检察院。本文原载于《检察日报》2019年2月11日，原题为《结合区域特点深化体系建设》。

程中发现的罪错未成年人。以密切关注审查起诉案件中的罪错未成年人为主要立足点,要求未检承办人重点关注该事项,并填写罪错未成年人情况登记表。通过上述途径的协力作用,近三年来青浦区检察院共发现并干预罪错未成年人近百人。

2. 完善操作流程,规范开展处遇程序

为使该项工作能够长期稳定开展,近年来青浦区检察院从规范操作流程着手,着力推动实施了以下工作:一是积极推动区综治委督促相关单位签署综合处遇方面的文件,从而明确各方信息通报流程及责任主体、公安机关对未进入诉讼程序案件的训诫责任及训诫程序、公安机关训诫与社工帮教的衔接程序。二是完善内部操作流程,规范文书制作。先后制定了《未达刑事责任年龄未成年人教育工作操作规范》、《检察警醒书》参考文本、《责令严加管教书》参考文本、《帮教考察协议》示范文本,对训诫的参与人、会场设置、训诫流程予以规范。三是探索开展诉讼程序外处遇的转介机制建设。利用检察社会服务中心承担的社会化工作转介职能,探索开展了检察社会服务中心联系、协调公安机关训诫模式。

3. 丰富处遇措施,提升完善处遇能力

在探索之初,青浦区检察院即针对罪错未成年人行为违法轻重的不同,构建了包括训诫、跟踪矫治、专门机构矫正在内的多层次处遇体系。其中,训诫针对的是违法犯罪较轻的罪错未成年人,由检察官以制发并向其当面宣读《检察警醒书》的形式进行,同时向其监护人制发并当面宣读《责令严加管教书》;跟踪矫治针对的是违法犯罪行为较重或者多次违法犯罪的罪错未成年人,由社工机构指派专人对其进行定期矫治;专门机构矫正针对的是有犯罪恶习或者涉及严重犯罪的罪错未成年人,由办案机关送工读学校或者专门学校教育矫正。此外,青浦区检察院还积极探索以开设短期集中教育班的形式,对部分罪错未成年人进行专项矫治。为在此框架内达成处置有力、教育有效、责处(责任与处遇)适应的目标,着力推动了以下工作:

一是全面推行"训诫+帮教"的工作模式。在总结该项工作经验的基础上,于2017年全面开展了罪错未成年人帮教,无论对诉讼程序外还是对诉讼程序中发现的罪错未成年人均委托社工进行帮教。

二是探索完善送专门学校教育。对父母无力管教、自身自控能力较差、社会交往复杂、涉罪较深的罪错未成年人,社工帮教已无力矫治其严重不良行为,对此类罪错未成年人,探索完善送专门学校教育模式。

三是探索短期集中教育。鉴于罪错未成年人的严重不良行为,多系法治观念淡薄、严重心理偏差引发,区检察院在帮教罪错未成年人过程中,注重引入心理、法治教育内容，并适时开设集中教育班，引导罪错未成年人反省自己行为、正确规划人生。如组织心理专家、社工，由心理专家通过问卷调查、面谈、OH卡故事接龙等方式开展的心理辅导班。

四是将训诫与全流程亲职教育相结合，将对罪错未成年人的教育与对家长的教育相结合，注重从家庭环境、个人认知等多个维度改善罪错未成年人生活、学习情境，从而促使罪错未成年人弃恶从善。

（四）分层次构建罪错未成年人分级处遇制度[*]

按照党中央确定的全面深化改革和全面依法治国的总目标，最高人民检察院为全面落实十八大、十九大部署的司法体制改革任务，在其制定、下发的《2018—2022年检察改革工作规划》（以下简称《改革规划》）中提出："探索建立罪错未成年人临界预防、家庭教育、分级处遇和保护处分制度。"该项制度将现有的罪错未成年人处遇措施加以整合，并对具体处遇措施进行效果优化，这无疑是在未成年人权益保护方面的一大举措。在司法机关设计罪错未成年人分级处遇制度的具体内容之时，首先应考虑的问题是，如何细化制度"分级性"这一性质定位，这将决定着制度涵盖具体内容的选择范围和对罪错未成年人的保护力度。罪错未成年人分级处遇制度的"分级性"，应当包括制度功能、适用主体、措施类型整合以及措施改革方向上的分级。

1. 制度功能构建的兼顾性

制度构建功能的兼顾性，揭示出《改革规划》中所提出的"罪错未成年人临界预防、家庭教育、分级处遇和保护处分制度"四者之间，实则是一种包容与被包容关系。其中，"分级处遇"是一种制度价值中立性的规范表达，其可以包容罪错未成年人"临界预防""家庭教育""保护处分"三种制度。按照现代汉语的字义解释，"处遇"涵盖了"吸入、处理、对待、治疗"等行为措施，其并非如同责令管教、收容教养、社区矫正一样，后者实则仅是对罪错未成年人行为的一种处分。"分级处遇"不同于"分级处分"，虽然在措施启动的功能上，罪错未成年人分级处遇制度和处分制度的启动，都基于未成年人特殊犯罪主体行为的刑事违法性。但"分级处遇"制度兼具有促使行为改善功能和分级处分的行为制裁功能。基于《改革规划》明确的制度区分，在构建罪错未成年人分级处遇制度之时，"分级处遇"制度涵盖的基本措施所发挥的功能应当是双层次性、中立性的，兼顾着两方面内容：一是犯罪行为预防

---

* 作者：熊波，西南政法大学青少年犯罪研究中心。本文原载于《检察日报》2019年2月24日。

措施；二是犯罪行为的制裁措施。如此构建罪错未成年人分级处遇制度，无疑与对罪错未成年人"宽容而不纵容"的精神相契合。

2. 制度适用主体的相对性

毋庸置疑，罪错未成年人分级处遇制度的构建，最为关键性的问题必然是罪错未成年人适用主体的认识问题。罪错未成年人的主体性问题的理解，应当符合"分级处遇措施"体系的"层次性"。按照我国《刑法》第 17 条、《人民检察院刑事诉讼规则（试行）》第 508 条的规定，未成年人刑事案件是指犯罪嫌疑人实施涉嫌犯罪行为时已满 14 周岁、未满 18 周岁的刑事案件。同时，《治安管理处罚法》第 12 条也对未成年人一般违法行为的年龄问题进行了界定。由于《改革规划》探索建立的罪错未成年人分级处遇制度，包含了"临界预防、家庭教育和保护处分"等制度，因此，在构建罪错未成年人分级处遇制度之际，不可将"罪错未成年人"直接理解为"犯罪主体的未成年人"。对此，在构建制度的具体措施上，不可将制度包含的所有处遇措施，笼统化适用于罪错未成年人。

按照《改革规划》对"分级处遇制度"构建的明确要求，罪错未成年人应当包括四类主体：第一，未满 14 周岁的未成年人进行一般违法行为的，应当适用全方位预防效果为主的措施。例如，在责令监护人加强监管效果不佳之后，可考虑将未成年人放置于封闭或半封闭管理的工读学校，进行专门化的法治教育，并分阶段予以测评。第二，已满 14 周岁、未满 16 周岁的未成年人进行一般违法行为的，应当适用最大化预防效果的处遇措施，削弱处遇措施体系中的"制裁处分"效果。例如，采取社区或者公益团体的义务劳动措施，以强化未成年人危害行为的责任承担意识，亦可锻炼自身的社会操作能力。第三，已满 14 周岁、未满 16 周岁进行《刑法》第 17 条第 2 款规定的严重暴力等犯罪行为的，应当弱化刑罚的适用效果，同时侧重相应犯罪行为的心理矫治、行为认知的偏差分析以及行为的人身危险性评估。第四，已满 16 周岁的未成年人进行犯罪行为、应负刑事责任的，依法适用轻刑，并考虑采取有别于成年人犯罪的减刑制度，侧重未成年人心理、行为等方面矫治的评估值。

3. 分级处遇措施的层次性

《改革规划》表明要探索建立罪错未成年人临界预防、家庭教育、分级处遇和保护处分制度，这就需要理清分级处遇制度中，临界预防、家庭教育、保护处分等具体处遇措施之间的关系。前文强调分级处遇包括了临界预防、家庭教育、保护处分，并不意味着罪错未成年人分级处遇制度"分级性"仅限于包容关系。临界预防、家庭教育与保护处分原则上具有一定层次性。譬如，家庭教育的制裁效果肯定低于强制处分的制裁效果。依据《刑法》第 17 条规定，在未达刑事责任年龄的罪错未成年人主体层面，我国立法采取的是"责令管教、收容教养"两种处遇手段。除此之外，最高人民检察院《关于进一步加强未成年人刑事检察工作的决定》《关于进一步建立和完善办理未成年人刑事案件配套工作体系的若干意见》等相关规定，还将社会观护、工读教育、心理矫治作为未成年人犯罪预防措施。因此，探索建立罪错未成年人分级处遇措施，应当将现有法律、法规以及相应政策性文件所规定的措施加以整合，在分级处遇制度规范层面上，体现出措施的分级性。例如，按照罪错未成年人行为时的年龄、行为矫正的难易程度、行为人心理测评结果等标准，适用不同级别的处遇措施。鉴于此，可以考虑在"社会观护、工读教育、心理矫治、责令管教、收容教养"等诸多处遇措施之中，划分出"福利类—矫治类—刑罚类"措施的层次效果。在层级性的基础上，各个措施之间可相辅相成，并不互相排斥。

4. 处遇措施改革的渐进性

面对时有发生的未成年人恶性犯罪事件，是否需要在现有的分级处遇措施的基础上进行改革，备受学者和司法实务者关注。有学者提出要引入英美法系"恶意补足年龄规则"，以扩大未成年人刑罚适用的对象范围；还有学者提出借鉴我国台湾地区"假日生活辅导措施"的建议；按照《改革规划》提出的罪错未成年人分级处遇制度的初步构想，分级处遇制度重在突出处遇措施的"分级性"，换言之，制度的构建并非要将现有所有的学理建议容纳其中，而是强调在现有的处遇措施基础上进行整合，以强化并提升具体措施的针对性、适用性和最终效果。由此可见，当前分级处遇措施的改革呈现出一种渐进式的发展，而并非一蹴而就。对于改革性较强、突破性较大的处遇措施，要么考虑能否在现有处遇措施中涵盖其要义，对现有措施的体系内容进行调整，如"假日生活辅导措施"可以为我国的"未成年人心理矫正""社会观护"等措施所涵盖；要么依赖基本法律规范进行更深层次的改革，如在刑法规范层面上对未成年人刑事责任年龄进行调整，以适配"恶意补足年龄规则"。

（五）全方位构建罪错未成年人处遇体系[*]

近年来，我国未达刑事责任年龄未成年人实施违法犯罪的恶性案件时有见诸报端，引起社会各界广泛关注。由于未达刑事责任年龄，这部分未成年人无论实施何种危害社会的行为均不负刑事责任，但是，未达刑事责任年龄未成年

---

[*] 作者：张颖鸿，华东政法大学青少年犯罪研究所。本文原载于《检察日报》2019年2月17日。

人实施的恶性案件严重危害着社会安宁，折射出当前未成年人健康成长存在不容乐观之处。如何矫正其不良行为和心理问题，避免其行为和心理偏差进一步发展而再次实施危害社会的行为，已经成为当前社会治理和未成年人身心健康发展的重要问题。

针对未达刑事责任年龄未成年人的违法犯罪行为，我国目前主要确立了训诫、责令家长严加管教、治安处罚等非机构性处遇措施和工读教育等机构性处遇措施。但是，从实践层面看，训诫、责令家长严加管教、警告、罚款有的流于形式，难以达到应有效果；工读教育并非强制性，由于工读学校实际所具有的标签效应及自身所具有的特点，除非极为特殊情况，监护人一般不会主动申请将孩子送入工读学校；随着劳教所变更为强制戒毒隔离所，收容教养这一措施实际上名存实亡。从措施本身来看，其一，除了责令家长严加管教和工读教育外，其他措施均非专为这部分未成年人所设计，而是把适用于违法成人的措施适用于未成年人。其二，基本上都属于强制性教育改造措施或者行政处罚措施。其三，基本以限制或部分限制人身自由的措施为主，一般都是在封闭或者半封闭的机构中执行。

可见，目前我国不受刑事处罚未成年人违法者的处遇与管教措施无论是制度设计抑或实践运行效果，皆不尽如人意。究其原因，制度具体设计和制度架构的不科学是目前不受刑事处罚未成年违法者矫正困境的最主要原因，我国在对待未成年人犯罪上强调"教育为主，惩罚为辅"原则和"教育、感化、挽救"方针，但切实贯彻这一原则、方针的处遇与管教机制却显得不足。所以，笔者认为，应全方位构建不受刑事处罚未成年违法者的处遇与管教体系，以适应少年司法发展的客观需求。具体而言，包括以下几个方面：

1. 贯彻"以教代刑"理念，构建强制性适当的矫正措施

强制性过强的措施，充满浓厚的报应主义意味，与对涉罪未成年人的惩处原则与方针并非完全相符。此外，过于强烈的标签效应有碍未成年人的生活、学习和身心健康，极易因"交叉感染"而成为滋生犯罪的"土壤"。

2. 构建"宽容而不纵容"的保护处分措施体系

所谓保护处分，是指在未成年人犯罪处置上由"处罚"演进为"保护"，避免动之以刑，代之以教育方法加以矫正。世界范围内少年刑法的共同特点在于在刑罚之外另行规定完善的保护处分措施，以替代和避免刑罚施加于罪错少年。保护处分措施的设计，以社区性保护处分为主、收容性保护处分为辅，注重摆脱传统刑罚和保安处分的影子。笔者认为，在完善我国现有社区性保护处分措施的基础上，可以考虑借鉴其他国家或地区先进经验，丰富并构建我国体系化的保护处分措施体系：

其一，扩大训诫、警告、罚款等软性措施的适用，除了单独适用，亦可作为以下其他措施的辅助性措施，用于修复不受刑事处罚未成年违法者与被害人之间被破坏的社会关系，从而维护社区内的和谐与稳定。

其二，完善责令家长管教措施，可考虑在父母或者其他监护人具有相应的管教能力的情况下，让父母或其他监护人缴纳一定的保证金，并设定一定的管教期限。如俄罗斯对此种措施（俄罗斯《联邦刑法典》表述为"交付监管"）设置了两档期限：实施轻罪的为1个月以上2年以下，实施中等严重犯罪的为6个月以上3年以下。每隔一定期限或期限届满由处分机关对管教效果进行评估。

其三，引入假日生活辅导措施。假日生活辅导措施可以在不耽误不受刑事处罚未成年违法者正常生活、学习生活的同时，对其品德、守法精神进行培养。比如，我国台湾地区"少年事件处理法"所规定的假日生活辅导措施可以为大陆所借鉴，并可参照台湾地区的做法，附加适用训诫、警告、罚款等软性措施。假日生活辅导的次数、执行方式等均可参考台湾地区"少年事件处理法"的规定拟定。

其四，引入社区服务令。社区服务令即责令违法犯罪少年从事公益劳动或者到某一指定场所，完成一定时数且为无偿的社会服务劳动。通过社区服务令，不仅可以给予不受刑事处罚未成年违法者适当的处遇与管教，更可以通过社区服务培养其社会责任感，是以教代刑的一种有效措施。

其五，可考虑将不受刑事处罚未成年违法者纳入社区矫正的适用范围。目前除了设置社区服务令、假日生活辅导等保护处分措施外，有的也将保护观察作为一种重要的保护处分措施，将未成年人的学业、生活、就业、就医等置于少年观护机构的监督、辅导援助之下，通常以下几种情况下适用：一是有严重不良行为的少年；二是作为刑罚替代措施；三是与普通刑罚配合适用；四是对采用缓处、缓诉、缓判和缓刑的少年采用；五是对假释少年采用；六是对提前解除拘禁性保护处分的少年采用。由此可见，保护观察其实与我国目前进行的社区矫正制度有异曲同工之妙。

其六，改革工读（专门）学校教育措施，将其性质定位为与社区性保护处分措施相对应的收容性保护处分措施。其他国家或地区的实践证明，相比于拘禁性措施，学校式的感化性教育更有利于罪错未成年人的矫治和挽救。工读（专门）教育早期主要采取半工半读的办学方式，既致力于对少年文化知识、法律知识的教育，又培养其自食其力的观念和热爱劳动的习惯，帮助他们回归社会，回归正常的生活，取得了不俗的效果。但就目前而言，有的工读（专门）教育采取封闭或半封闭管理方式，教育管理模式有待改进，生源、师资紧张，举步维艰，应当进一步淡化工读痕迹，优化教育管理体制，探索改革招生方式，完成向"专门学校"的真正转变，使工读教育成为行之有效的教育挽救措施。

3. 引入"恶意补足年龄规则"，应对未达刑事责任年龄未成年人恶性案件多发态势

所谓"恶意补足年龄规则"，是英美法系国家判断未成年人刑事责任能力的方式之一，根据该规则，处于一定年龄段的未成年人被推定为不具有刑事责任能力，但若控方提出相关证据证明该未成年人在行为实施时具有恶意，能够辨别是非、善恶，则对其不具有刑事责任能力的推定可以推翻，该未成年人需要对其实施的行为承担刑事责任。时至今日，"恶意补足年龄规则"已为印度、马来西亚、新加坡等国家所引入。在我国当前未达刑事责任年龄未成年人恶性案件的多发态势下，对于某些性质特别恶劣的未成年人刑事案件，确有必要通过"恶意补足年龄规则"将这部分"恶意"未成年人予以入罪，以刑事惩戒手段达矫治预防之目的。

二、一体化工作模式下未成年人品格证据运用*

未成年人品格证据，是指证明未成年犯罪嫌疑人的性格倾向、行为方式、名声等反映其品格或品格特征的证据。未检司法实践中，社会调查报告、未成年人心理测试结论、羁押必要性审查报告以及前科劣迹的证明等材料均具有品格证据的属性，可以说，未成年人刑事案件中的品格证据贯穿了案件的审查批捕、起诉、庭审、执行的各个阶段，与"捕诉监防"一体化的工作模式高度契合。笔者认为，一体化工作模式下未成年人品格证据运用主要包括以下几方面：

1. 在逮捕条件审查中辩证运用

检察机关在办理审查逮捕案件的过程中，在考虑罪责条件时，需要注意品格证据与待证事实的关联性问题。证明犯罪嫌疑人曾有不良经历的品格证据并不必然证明其在本次案件中实施了犯罪行为，两者缺乏法律意义上的关联性，容易引发偏见，影响办案人员的内心确信，因此在未检案件的审查过程中，一

---

* 作者：谭新宇，天津市滨海新区汉沽人民检察院；谭庆德，青岛大学法学院。本文原载于《检察日报》2018年11月12日。

般采用不良品格证据排除规则。而在考虑社会危险性条件时，依照《人民检察院刑事诉讼规则（试行）》和 2015 年最高人民检察院、公安部《关于逮捕社会危险性条件若干问题的规定（试行）》的规定，关于社会危险性的情形中，相当一部分以品格证据为基础。例如，应予逮捕的情形中，累犯、惯犯、有前科、有吸毒、赌博恶习，违反取保候审监视居住的情形；以及可以不予逮捕情形中，自首立功表现、悔罪表现等。可见，品格证据在社会危险性分析方面具有很重要的作用。检察机关通过对未成年人品格证据的辩证运用，对案件准确定性的基础上，充分考量其品格个性，作出对社会危险性的科学评估，体现检察机关实现未成年人审查逮捕案件"少捕、慎捕"的刑事司法理念，也为日后的审查起诉等工作的开展奠定基础。

2. 在审查起诉阶段宽缓处理中审慎运用

作为品格证据的重要载体，社会调查报告是检察机关审查起诉阶段获得犯罪嫌疑人品格证据的重要来源。它有三项核心内容：一是考察被调查人是否具备有效帮教条件，二是在综合各项信息基础之上对未成年犯罪嫌疑人的再犯可能性的综合评价，三是对其人身危险性的综合评价。在决定是否对未成年人适用附条件不起诉以及考验期限届满是否对其进行起诉时，犯罪嫌疑人的品格证据始终是重要的考量因素。社会调查制度不仅为未成年人个性化帮教工作开辟了一条路径，而且成为是否对未成年人适用附条件不起诉等制度的重要依据。笔者认为，在审查起诉阶段，社会调查报告是办理案件的一种参考，其中记载的被调查人的基本情况，例如成长经历、犯罪原因、监护教育等情形，在办案过程中有时可以作为品格证据加以运用。然而，调查者在社会调查报告的制作过程中不可避免地存在主观性的分析与总结，带有一定的主观色彩，无法保证社会调查报告中的结论总是科学并贴合实际。所以，对于其中的综合评定意见，仅对办案具有参考作用，而不应该具有证据的属性，对于其中可以被认定的品格证据，检察机关需要按照法定证据类型的标准进行提取和固定。

3. 在羁押必要性审查中灵活运用

在未成年人羁押必要性审查工作中，检察机关应立足检察职能，发挥法律监督主导作用。检察机关在提起公诉之前，应当就涉嫌犯罪的事实、主观恶性、有无监护与社会帮教条件等作为是否继续适用羁押措施的条件。审前羁押替代性措施的适用从本质上是一种风险管理，其前提条件就是充分了解和掌握各种影响诉讼风险存在的情况和因素。反映被羁押未成年人个性特点的品格证据为诉讼风险的评估提供了依据。在羁押必要性审查工作中对未成年人品格证据的灵活运用主要体现在对于对被羁押人持续进行跟踪调查，及时收集新的品格证据，变更已无存在意义的羁押措施。检察机关应当以社会调查报告为基础，跟踪了解涉案未成年人认罪悔罪表现，及时掌握监护条件的变化情况。对于缺乏监护条件而被羁押的未成年人，应在积极开展未成年人亲情会见工作的基础之上，加强与监护人等家人的沟通交流，积极促成未成年人监护条件的有力转变，恢复家庭教育的基础功能，让未成年人在健全的家庭环境中实现改造和蜕变。

三、被不起诉后相关记录应排除查询[*]

我国建立了未成年人犯罪记录封存制度，对犯罪时不满18周岁、被判处5年以下有期徒刑刑罚的犯罪记录予以封存。检察机关将封存范围扩大至被不起诉未成年犯罪嫌疑人的相关记录，目的在于织密未成年人信息保护网，促进涉罪未成年人"零负担"复归社会。然而，在实践中，存在因被不起诉未成年人的相关记录被封存，就将其等同于犯罪记录的认识误区，进而使得有关单位能够查询到被不起诉未成年人的案件事实、被刑拘被逮捕记录等相关信息，导致未成年人即便被不起诉，在就学、就业、入伍等方面也会遭受歧视。因此，应当将被不起诉未成年人的相关记录排除在查询范围外，接受查询时应统一出具"无犯罪记录证明"。

将被不起诉未成年人的相关记录纳入封存范围，旨在促进其"零负担"复归社会。刑事诉讼法建立的犯罪记录封存制度，封存的对象仅为犯罪记录，并未包含被不起诉未成年人的相关记录。检察机关通过《人民检察院刑事诉讼规则（试行）》等规范文件，将被不起诉未成年人的相关记录纳入封存范围，并规定了与犯罪记录封存相同的实施程序。检察机关这样做的目的在于，通过封存，实现对被不起诉涉罪未成年人更周密的保护，促进其"零负担"复归社会。

不能因被不起诉未成年人的相关记录被封存，就将其等同于犯罪记录。检察机关作出不起诉决定共有三种情形：一是"绝对不诉"，如情节显著轻微、危害不大、不认为是犯罪的；二是"相对不诉"，即情节轻微不需要判处刑罚或者免除处罚的；三是"证据不足不诉"，即证据不足不符合起诉条件的。检察机关作出的不起诉决定生效后，在刑事诉讼程序中具有终局性。被不起诉的人，其在侦查机关和检察机关的相关记录不应被认定为犯罪记录。

---

[*] 作者：王亮，四川省成都市人民检察院。本文原载于《检察日报》2018年9月17日。

综上所述，应当将被不起诉未成年人的案件事实、被刑拘被逮捕信息等相关记录排除在查询范围外，侦查机关在接到检察机关的不起诉决定书后应当通过技术手段立即将相关记录予以封存，在接受查询时应当统一出具"无犯罪记录证明"。

四、适用从业禁止全方位规制对未成年人性侵者[*]

性侵未成年人案件包括对儿童实施的强奸、猥亵等犯罪，从犯罪主体来看，呈现出与特定职业相关的犯罪多发、再犯率高的特点。《刑法修正案（九）》规定，在《刑法》第三十七条后增加一条，作为第三十七条之一：因利用职业便利实施犯罪，或者实施违背职业要求的特定义务的犯罪被判处刑罚的，人民法院可以根据犯罪情况和预防再犯罪的需要，禁止其自刑罚执行完毕之日或者假释之日起从事相关职业，期限为三年至五年。该规定明确规定了从业禁止制度。笔者认为，在适用过程中，对于性侵者应当优先考虑适用从业禁止，但亦应注意对性侵者的人身危险性进行科学考量，同时配合犯罪矫治，以实现对性侵者的全方位规制。

1. 积极适用从业禁止制度

由于特定职业人所从事的职业，赋予了从业者更多的责任和义务，但个别人不但没有履行义务，反而利用职业便利实施犯罪行为。以个别利用从事教育培训职业便利实施性侵害的犯罪人为例，性侵者将教育培训职业作为自己违法犯罪的工具，不但没有尽到教育培训者应尽的义务，反而利用职业便利，实施性侵害未成年人的行为。对此，完全可以适用从业禁止，从而实现对少年儿童合法权益的保护。

2. 对性侵者的人身危险性进行充分考量

根据刑法的规定，对利用职业便利实施犯罪的人员适用从业禁止的依据在于惩治犯罪和预防再犯罪的需要。在这里，责任刑和预防刑都是重要的考量因素。对性侵害未成年人案件来说，预防刑的理念应当是最需要贯彻和执行的。因此，对于性侵者的人身危险性，应当进行充分考量。对此，我国学者也大多认为人身危险性是应当进行评估的，但至于评估的方法，却五花八门。因此，对性侵者的人身危险性考量，应当具有一套更为健全、科学的机制。对于行为

---

[*] 作者：张晨、纪康，上海市闵行区人民检察院。本文原载于《检察日报》2018年9月17日。

人人身危险性的考量阶段,既应当包括犯罪前阶段,还应包括犯罪后阶段。前者是对行为人犯罪行为所表现出的人身危险性,考量范围应当主要包括行为人的基本特征、犯罪动机、犯罪目的、犯罪实施过程的相关情况,并借助这些情况综合考量行为的法益侵害程度以及对法秩序的违反程度,从而为量刑提供依据。后者则是对行为人悔罪态度的度量,包括是否采取道歉、赔偿损失等补救措施,有无自首、立功、坦白、配合调查等行为。在对于上述两个阶段进行综合考量后,才能对性侵者的从业禁止适用提供正确的参照。

3. 从业禁止应当与犯罪矫治并举

由于从业禁止适用时间有限,性侵者很可能再次回到教育培训机构,因而应当通过犯罪矫治弥补从业禁止制度适用上的缺陷。但是在我国当前司法实践中,对于性侵罪犯的社区矫治几乎处于空白状态,有待采取有效措施,适时推进。

将从业禁止制度与犯罪矫治加以结合具有相当大的优越性。对于性侵罪犯来说,心理、生理方面的缺陷严重影响了他们的自由意志,很多罪犯自己也无法原谅自己的恶行,却因为自身缺陷而再次走上犯罪道路,而必要的矫正措施也有助于帮助他们恢复人格。因此,从业禁止还应当与社区矫治相结合,以更好实现预防与改造的综合效果。

第四节 控告申诉检察

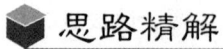 思路精解

一、涉检信访事项案件化办理实践[*]

当前,坚持以人民为中心,将人民群众提出控告申诉的信访事项解决好,必须转变涉检信访工作行政化观念,把握规律,坚持法治化、案件化在维护群众合法权益和社会公平正义中的权威作用。2018年初,上海市人民检察院出台《关于规范办理控告自办案件的实施办法》(以下简称《实施办法》)《关于规范控告申诉自办案件终结工作的意见》(以下简称《意见》),依照法律规定,细化办案程序,及时就地处置涉检信访事项,初信初访化解率和积案化解率都有较大幅度提升,涉众型经济犯罪集体访来访批次和重复访明显降低,在推动相关机关补正瑕疵和依法纠错方面取得良好效果。

1. 涉检信访事项案件化办理的上海实践

新时代的控告申诉检察工作要全面充分履行法律监督职责,核心是运用检察权办理好人民群众提出的控告申诉事项。上海市人民检察院相继用《实施办法》和《意见》规范控告自办工作,明确现阶段的自办案件种类,推进"案结事了"终结标准的适用。发布涉检信访事项办案流程指南和法律文书模式,统一了接访、评估、受理、调查核实、检察官研判、报请审批或提交院检察委员会审议、答复、归档等办案流程。建立《控告申诉事项处置案件化清单》(以下简称"正面清单"),严格诉访分离,对公民、法人或者其他单位通过信访渠道反映的属于检察机关管辖的涉检信访事项,除依照办案规范导入刑事、民事、行政等诉讼监督程序的外,对反映人民检察院违法行使职权的、阻碍律师依法行使诉讼权利的、息访息诉化解案件、信访评查督办案件以及其他普通信访案件,统一纳入控告自办审查受理案件"正面清单"。引导信访当事

---

[*] 作者:殷勇忠,上海市人民检察院。本文原载于《检察日报》2019年2月12日,原题为《涉检信访事项案件化办理的实践探索》。

人自觉依法按程序表达诉求，通过倾听诉求、受理告知、审查答复等方式，完善告知内容，增强人民群众对程序与实体的接受度。

积极服务打好防范化解重大风险攻坚战，审慎发挥控告检察权在稳控涉众型经济犯罪集体访案件中的作用。贴近上海作为全国性金融中心的实际，深入排查正在刑事立案、侦查、批捕、起诉和审判环节的涉众金融犯罪集体访风险，剖析此类信访因涉案人员多、分批办理、办案时限跨度大，信访人员多、诉求不统一，信访人"抱团走访"给办案部门施压的特点，主动补位，配合刑事检察部门做好风险评估预警化解工作；加大信访积案办理力度，建立突出信访案件台账，一案一方案，落实好挂牌督办、带案下访、质量评查和信访督查等措施，在将持续访案件实行案件化办理方面作出新探索，增发了第二批"正面清单"，包括重大、复杂的集体访，信访当事人诉讼救济权利已充分行使、放弃行使或者已经丧失的"无理访"，当事人诉求具有一定合理性，但依照现行规定无法处理的反复、越级访等三大类情形。

与人民法院适用简易程序和普通程序审理刑事犯罪案件相类似，第二批"正面清单"规定的三大类案件在办案模式上比第一批"正面清单"载明的案件更详实、完备，更加注重适用"当事人＋检察官＋公信人士"三方参与的诉讼化办案模式，落实"宜公开、尽公开"的公开审查原则。全市检察机关从有法律、医学、心理学等专业背景的人大代表、政协委员、知名企业家、公益律师和人民调解员中，选聘280名"公信人士"。"公信人士"独有的中立立场，保证其履行职责时客观公正地对检察处理决定和诉讼监督结论等作出评判，其特有的专业知识，能够通过咨询、答疑等方式把释法明理工作渗透到控告案件办理过程中，消解了信访当事人对检察机关的抵触情绪，促进息诉息访。

2. 涉检信访事项案件化办理存在的问题

一是信访无序化、诉求多元化问题仍待破解。"正面清单"基于检察机关涉检信访工作实践的需要，对控告检察部门可自行办理的案件进行了大致规定，但是分类列举的方式无法满足当事人对信访救济的依赖，信访人主体和诉求的多元化，以及信访人在自身利益驱动下表达诉求方式的非正常和无序化，使控告办案程序无法得到有效保障。以涉众型金融犯罪案件为例，由于犯罪侵害范围广，不同地区推出了不同的信访人代表，出现一个案件多名信访当事人在先后不同时段提出控告，其各自提出的信访诉求和理由依据又不完全一致，导致在检察办案环节司法资源重复投入。

二是办案模式和流程化设计仍待完善。控告检察部门依法处置涉检信访事项有其法律渊源。宪法赋予公民检举、控告、申诉等基本权利，检察机关法律监督工作是辅助公民行使权利的保障。但信访工作对象的特殊性，使现行办案模式无法从"行政化处置方式"中脱胎换骨。探索阶段出台的办案规范对涉检信访案件化的流程规定稍显抽象，因此，信访案件由"访"到"诉"，还需强化法治宣传。涉检信访事项案件化办理的救济途径需要完善。

3. 涉检信访事项案件化办理的优化途径

一是坚持司法最终解决原则。在建设法治化社会的背景下，涉及法律问题的矛盾纠纷要靠法律手段解决，否则，社会秩序就会受侵扰，人民群众的权益保障也成为空话。非规范性、非制度性结果的或然性是信访所固有的特点，因此，信访注定不能成为公民权利救济的主渠道。推进新时代检察服务供给侧结构性改革，为人民群众提供更多、更优质的检察产品，必须从检察机关自身做起。立足控告检察的职能特点，应当在工作思路和方法上强化法治化自觉，加大案件化力度，通过扎实具体的办案活动和实实在在的办案成效赢得信访当事人对法律的尊重，对检察信访工作的认可。

二是遵循诉讼案件的办案模式。涉检信访不同于一般信访，它是检察处理决定和法律监督意见与信访结合的特殊产物。要走出"终而不结"的困境，既要认真贯彻新时代"枫桥经验"，加强源头治理，尽最大可能把合理合法诉求解决在检察处理决定作出前，又要严格区分"案结事不了"的各类情形，适用不同的办案程式。就案件受理环节而言，检察机关在接到当事人的信访材料时，应对材料进行初步审查，可以通过司法救济程序解决的，应当建议信访当事人首选法定的司法途径；案件已穷尽法律程序，当事人反复信访控告的，可以导入控告自办程序。是否立案，则须承办人初核、集体评估或分管检察长审批等程序，防范和杜绝"立而不结"的问题。调阅案卷材料、接访谈话、询问核实、查询咨询应当成为办案的一般途径，对在事实、证据和法律适用上与检察机关存在重大分歧的或因案件外缘由而缠闹访的，特邀"公信人士"参与案件审查。案件承办人针对信访事项完成调查、审查工作，认为案件符合终结标准的，应当在规定期限届满前制作《控告自办案件报告》，拿出处理意见提交审批或审议，制作相应的法律文书送达控告人。

三是建立信访终结说明理由机制。信访当事人依据一定的理由启动了控告自办程序，检察机关作出审查决定时也应充分说明理由。笔者认为，科学合理的理由须符合真实性，即作出决定的依据是经过调查核实的，杜绝主观臆断和猜测。此外，还须符合明确性，即针对信访人的诉求，审查决定须有充分的事实依据，适用法律法规须逐一释明；好说易懂，用信访当事人可以理解和接受的语言，按程序答复或宣告审查处理决定。涉检信访案件的结案文书应当逐步统一，对重大、复杂涉检信访案件不宜用"答复笔录""答复函"等制式文书。

四是建立涉检信访案件救济程序。兼顾实体与程序，提升办案效益，实现

"案情事明、案结事了"的目标，是涉检信访案件化的应然目标。司法实践中，不排除将"诉"和"访"相对分离，出于"止访息诉"考虑，可先行解决"诉"的问题，而信访人其他的诉求在当前情况下无从解决的，可以有序导入所属基层组织，落实属地责任。

二、刑事申诉检察调查机制完善[*]

作为法律监督机关，检察机关在监督纠正法院生效裁判、平反冤假错案等方面发挥着十分重要的作用。检察机关通过调查复核，查明原案事实及证据，推动刑事申诉案件进入再审程序，维护司法公正。然而，由于刑事申诉阶段的调查取证制度尚不完善，证据调查复核成为制约刑事申诉案件再审启动的重要原因。为更好地发挥检察机关的刑事审判监督实效，有必要从以下方面完善刑事申诉检察调查机制。

1. 完善刑事申诉检察调查权

证据调查是刑事申诉案件办理尤其是错案纠正的核心工作，是实现检察监督不可或缺的配套措施。2014 年，最高检制定出台了《人民检察院复查刑事申诉案件规定》（以下简称《复查规定》），《复查规定》虽然肯定了检察机关的刑事申诉调查权，但是缺乏必要的细化，没有明确规定调查取证的程序和时限。而且，作为检察业务条线的工作规定，对检察系统以外的调查对象约束力不足。实践中，有时调查取证工作得不到法院、公安及其他单位的有力配合，有的地区甚至连调阅案卷都有难度。从长远来看，应当以细化的制度形式完善检察机关办理刑事申诉案件过程中调查取证、查明事实的权力，对刑事申诉案件调查取证工作中的常见问题，包括调阅案卷、调取原案物证及其他证据、询问证人等作出具体的程序性规定，同时明确调查取证的法律后果及调查对象的配合义务，使刑事申诉检察调查工作有法可依。

2. 明确刑事申诉环节非法证据排除机制

非法证据是导致刑事错案的重要原因。如果在刑事诉讼过程中因缺少证据等各种原因没有对非法证据进行排除，为保证被告人的合法权益，判决生效后的刑事申诉环节应当仍然可以启动非法证据调查机制，同样适用非法证据排除

---

[*] 作者：卢维。本文原载于《检察日报》2019 年 1 月 27 日，原题为《完善调查机制提升刑事申诉检察质效》。

规则。建议完善非法证据排除规定，明确刑事申诉阶段的非法证据排除制度。同时，应当赋予刑事申诉检察部门对非法证据进行调查核实的权力，规定在刑事申诉案件复查中，人民检察院发现原案证据系侦查人员以非法方法收集的，应当报经检察长批准，及时进行调查核实。对非法证据的调查方式可参照适用《人民检察院刑事诉讼规则（试行）》第70条规定，包括讯问原案被告人、询问原办案人员及相关知情人员、听取原辩护人意见、调取原讯问录音录像、调取原案被告人出入看守所体检记录及相关资料等。刑事申诉检察部门认为存在以非法方法收集证据情形的，可以要求原侦查机关对证据收集的合法性进行说明。经调查证实原判采信的证据系以刑事诉讼法第54条①所规定的非法行为取得的，且对该证据依法排除后，其他证据不能证明原案被告人实施犯罪行为的，检察机关应当按照审判监督程序提出抗诉。

3. 建立刑事申诉调查一体化机制

刑事申诉案件的调查复核工作耗时费力，取证难度大，加之法律关于刑事申诉调查权的规定不明确，仅靠单一的刑事申诉检察部门力量，是很难通过调查取证查实"原案确有错误"这一抗诉条件的。因此，需要建立刑事申诉一体化办案机制，实现优势互补，提高复查工作效率。上级院刑事申诉检察部门可以将自己管辖的案件交由下级检察院刑事申诉检察部门进行阅卷审查和初步调查，如果下级院经审查认为存在错误可能，需要进一步调查取证，经上报后，由上级院开展复查调查工作。下级院在办理自己管辖的刑事申诉案件过程中，调查取证存在困难的，可以提请上级院调取证据。既可以减轻地方检察院的办案压力，又能缓解刑事申诉案件上行压力，最终有利于检察机关集中力量办理错案，提升监督纠错率。同时，还应当建立地区检察院之间的横向协作机制，对于复查案件中需要异地调查取证的，证据所在地检察院刑事申诉检察部门应当积极配合，代为或者帮助调查取证。

4. 建立完善物证保管及重新鉴定的相关制度

由于刑事案件申诉距离案发时久远，加之调查取证权不足，证据复核面临的最大问题就是证据的灭失和隐匿。有必要通过立法赋予原案被告人在申诉阶段必要的权利，包括申请DNA检测的权利、申请重新鉴定的权利等。如果申诉人提出申请，原侦查机关必须提供相关的物证，以便进行DNA检测。当然，基于维护判决的终局性和节约司法资源的考虑，应当对原案被告人申请DNA检测的条件作出一定限制。此外，还应完善物证管理方面的法律规范。在美国，按照《无辜者保护法案》的规定，对于判处监禁刑的罪犯，犯罪侦查和

---

① 现行刑事诉讼法第56条。——编者注

公诉中收集到的生物物证应当予以保存；除非是被告人主动放弃或者在接到销毁通知后依法没有提起动议，或者由于体积、属性不便保存（如尸体），政府已经采取部分取样的有效措施后，证据才能销毁。我国没有关于刑事物证保管的统一规定，仅在《关于人民法院诉讼档案保管期限的规定》中提到：刑事案件中的赃、证物，除按国家规定上缴国库或退还受害人以外，凡需附卷保存的，其保管时间与案卷规定的保管期限相同。不宜长期保管的（如血衣、凶器等）至少保存15年。实践中，各部门保管水平参差不齐，管理制度不健全。应当加强刑事物证管理立法，使物证管理步入法治化轨道，明确各部门执行相对统一的保管标准，并规定严格的责任追究制度，确保刑事物证保管责任到人，监管到位。

三、更新理念统一规范推进司法救助[*]

国家司法救助是中国特色社会主义司法制度的内在要求，是保障民生、健全社会保障体系的重要组成部分，但在现实中存在认识不一、保障不力等问题。

1. 司法救助工作开展过程中遇到的主要问题

（1）对救助条件存在认识分歧。一是不当附加救助条件。譬如，有人认为，对于因与他人通奸而被杀害的被害人的父母，即使其情况符合司法救助条件，也不应该给予司法救助，因为被害人主动与他人通奸，属于道德败坏，如果对其父母进行救助，就是在纵容社会不良风气。二是不当限制救助环节。实践中，各地都在积极落实救助申请告知义务，如江苏省《关于建立完善国家司法救助制度的实施意见（试行）》规定，"人民法院、人民检察院、公安机关、司法行政机关在办理案件、处理涉法涉诉信访问题过程中，对符合救助条件的当事人，应当告知其有权提出救助申请。"据此，公安机关、检察院在办案时对当事人是否符合救助条件进行评估，如果申请人符合条件，就可以启动司法救助程序。但是，有人认为，只有在救助申请人穷尽所有救济手段而得不到赔偿的情况下才能进行救助，由此导致相关环节的司法救助很难通过审批。

（2）相关规定对"被救助人的经济状况"的界定不统一。2005年修订的

---

[*] 作者：华为民，江苏省泰州市人民检察院；金秋桦，泰州市高港区人民检察院。本文原载于《检察日报》2018年12月16日。

最高人民法院《关于对经济确有困难的当事人提供司法救助的规定》（以下简称《救助规定》）规定了当事人可向人民法院申请司法救助的14种情形，但并未规定经济确有困难如何界定。最高检出台的《人民检察院国家司法救助工作细则（试行）》（以下简称《救助工作细则》）也未明确规定申请人的生活经济状况的具体内涵，只规定出具"生活困难"证明的单位和载明的内容。实践中，申请人经济状况界定的标准如何？以城镇还是农村居民人均可支配收入来衡量？由于规范性文件规定不明确，实践中缺乏操作标准，常由经办人自行判断，具有较大的主观性。

（3）审批耗时较长，有违救助时效性。司法救助应当遵循"及时性原则"，才能充分发挥司法扶贫、及时化解社会矛盾的作用。根据《救助工作细则》规定，检察机关应当在10个工作日内决定是否救助，有关机关应在10个工作日审批，财政部门及时拨付救助金。由于上述规范性文件对财政部门"及时"拨付并未规定时间限制，导致实践中有些救助申请人长达几个月才能收到救助金，有违救助时效性。

（4）工作机制单一。国家司法救助应当以支付救助金为主要方式，同时与宣传教育、法律援助、诉讼救济和其他社会救助相配套。作为贫困弱势群体的司法救助对象一般也是民政部门的救助对象，符合司法救助条件的刑事被害人往往也需要法律援助。但实践中，并未有效建立司法救助与其他救助途径之间的衔接机制，也未形成牵头部门引导、多种救助方式共存的工作局面，导致司法救助工作没有更好发挥制度实效。

2. 司法救助工作推进不力的原因

（1）制度与资金保障不足。一是制度保障方面。关于司法救助的规定，原先只在民事诉讼法、行政诉讼法中规定了关于诉讼费用的缓、减、免。针对司法救助的专门规范性文件，只有《救助规定》等，并无实施细则的补充。规范性文件规定的不完备导致实践中各单位无法统一认识、形成合力。二是资金保障方面。目前，司法救助的资金来源均是财政拨款，其是根据上一年度的救助金发放情况进行预算，审批手续烦琐、拨付时间不受限制。而救助对象的困难程度、救助金额是无法预估的，财政预算不能完全契合司法救助的实际需要，不利于司法救助常态化、长效化的发展。

（2）没有树立对司法救助工作的正确认知。应当认识到，司法救助工作是政法单位直接联系群众、直接服务群众的桥梁和平台。开展国家司法救助工作，既是司法职责，更是政治责任。实践中，部分同志或认为该项工作不是主责主业，增加了办案人员的工作负担；或不重视司法救助工作，不能及时发现、移送、办理司法救助案件。这种现象限制了司法救助功能发挥，没有达到司法救助制度设置的初衷，也有违国家保障民生福祉的本意。

（3）对司法救助标准存在宽严分歧。司法救助的规定大多是原则性规定，没有具体实施细则。各地在"摸着石头过河"的实践探索中，形成了两极化的观点：有的认为，司法救助是一项民生工程，应侧重于"能救则救"的原则，但凡因案致伤、致贫而不能及时得到补偿、赔偿的，均可以视情况给予救助；有的则认为，司法救助是司法办案的一部分，应对照救助条件严把证据关，对尚未穷尽所有诉讼途径的，或生活没有达到规定贫困程度的，不能给予救助。上述分歧容易造成司法救助工作"过泛"或"过严"，影响制度功能发挥。

3. 解决问题的建议和对策

（1）统一规范司法救助规定，建立健全司法救助体系。实践中，可由具体办案单位和负责审批的机关之间通过联席会议协商后统一认识，避免因为对政策精神的理解不一导致各单位之间司法救助案件衔接不畅。更重要的是，应当加快司法救助制度化、法律化进程，出台程序规范、条件清晰、责任明确、方式全面的细化规定，便于政法机关和财政部门操作执行。

（2）拓宽救助金来源渠道，建立司法救助专项资金库。可结合公益基金账户，吸纳社会捐助、公益赔偿金等，调动社会力量，拓宽救助资金渠道。对于急等、急用的司法救助案件，开辟"绿色通道"，由检察机关自行救助后将相关资料报送审批，再通过财政拨款补充司法救助资金库。当然，对于该类案件，应该完善案件登记、检察长审批、财务报备、救助金追偿等一系列制度，避免发生违法违纪事件。

（3）强化沟通协作意识，共同推动救助案件办理。在现行条件下，各政法单位对于司法救助案件要争取党委政法委支持以及在案件办理中取得最大社会效果，一方面要注意与党委政法委的沟通协调，受理当事人救助申请后，及时与党委政法委联系，听取意见，有针对性地补充完善救助申请人生活困难、因案致贫、损害程度等各方面的证据材料，争取党委政法委的支持；另一方面要加强与法院、行政部门的沟通协调，完善案件衔接机制，在法律援助、社会救助等方面争取其他单位的配合，扩大救助案件的影响力。

（4）更新司法救助办案理念，同步解决内生动力不足和随意性问题。要深刻认识到司法救助既是司法办案的组成部分，也是社会民生保障体系的重要内容；司法救助既是司法职责，也是政治责任。因此，各政法单位在办案过程中，要积极转变工作理念，主动挖掘司法救助案件线索、及时告知权利、强化服务意识；同时，严格对照救助条件把好证据关，认真审查，全面综合各方面因素确定合法、合理、合适的救助金额，实现司法救助扶危济困的社会功能，彰显司法机关的公平正义。

第十章 民事、行政检察

思路精解

一、民事诉讼法要件事实同样需要分配证明责任[*]

迄今为止，理论界和实务界对证明责任问题的关注集中于民商事实体法，而鲜有成果研究证明责任在民事诉讼法适用中的作用、民事诉讼法要件的证明责任及其分配。与实体法中证明责任相比，诉讼法中的证明责任有哪些特殊性？当事人是否也需要对其主张的程序法要件事实承担主观的和客观的证明责任？证明责任适用一般会针对哪些类型的诉讼行为？如果诉讼法要件事实也需要分配证明责任，应当依据什么原则对证明责任作出分配？最高人民法院《关于适用〈中华人民共和国民事诉讼法〉的解释》（以下简称《解释》）第91条设定的证明责任分配原则是否也可以适用于民事诉讼法的要件事实？笔者试对以上问题作详细分析。

1. 诉讼法适用中也存在证明责任

诉讼是实体法和诉讼法共同发挥作用的场所，不仅如此，法官往往需要首先适用民事诉讼法解决程序方面的问题，有时还会单独适用民事诉讼法来处理程序问题。既然需要适用民事诉讼法是确切无疑的，那么接下来的问题便是，诉讼法的要件事实，或者说作为适用某一诉讼法规范的前提条件是否也会出现真伪不明呢？如果同样存在真伪不明情形，那么是否也需要借助证明责任制度来处理、来解决？

关于是否会存在真伪不明问题，只要想一想双方当事人在管辖问题上发生

---

[*] 作者：李浩，南京师范大学法学院教授。本文原载于《检察日报》2018年10月8日。

的争议即可明白。例如：甲与乙订立了买卖合同，甲住在 A 地，乙住在 B 地，该合同的履行地也在 B 地，发生纠纷后，甲向 A 地法院提起诉讼，理由是根据双方订立的补充协议，因该合同发生的纠纷应当向 A 地的法院提起诉讼。A 地法院受理该诉讼后，乙提出管辖权异议，主张甲提交给法院的所谓的补充协议根本就不存在，是甲伪造的。法院决定对该补充协议进行鉴定，但由于协议书本身的原因，鉴定机构无法对补充协议上被告的签名是否真实作出判断。此时，法院应当如何处理被告提出的管辖权异议呢？

上述例子提出的问题就属于诉讼法要件事实真伪不明时法官如何裁判的问题。

2. 民事诉讼法适用中证明责任的特点

民事诉讼法适用中的证明责任与民事实体法适用中的证明责任尽管在本质与功能上具有一致性，但两者在许多方面仍然呈现出不同之处。只有充分认识两者之间的差异性，才能把握民事诉讼法证明责任的特殊性，才能正确理解与适用这一证明责任。

第一，诉讼法中的证明责任性质上属于公法。明确此点具有重要的实践意义。对于实体法上的证明责任来说，由于它所具有的私法属性，所以允许当事人通过订立证据契约对证明责任的承担作出与实体法上不同的约定。但如果涉及的是程序法上的证明责任，民事诉讼法所具有的公法属性，是不允许当事人通过协商来改变诉讼法问题的证明责任的。

第二，诉讼法上的证明责任，针对的是民事诉讼法中的要件事实。例如，原告提起第三人撤销之诉，需满足因不能归责于本人的事由未参加诉讼；有证据证明发生法律效力的判决、裁定、调解书的部分或者全部内容错误；存在错误的司法文书损害其民事权益等要件。在《解释》中，最高人民法院特别强调原告提起这类诉讼应当提供证明符合上述要件的证据材料。对于这些要件，原告既要承担主观的证明责任，也要承担客观的证明责任。如果原告就这些要件不能提供证据，或者根据原告提供的证据要件事实的存在处于真伪不明状态，法院就将作出不予受理的裁定，将不利的程序法后果确定由原告承担。

第三，诉讼法中证明责任的适用不一定针对争议事实。造成这一差别的原因一方面在于下文分析的仅有"两主体"参与的程序结构，另一方面在于民事诉讼法在性质上属于公法，法院要对程序的合法性负责，所以即使对方当事人已经参与了程序，且未对程序的合法性提出异议，法院也需要依职权对程序的合法性进行审查。

第四，诉讼法证明责任的适用多数是在"两主体"的程序结构中进行。

即在这一程序构造中,只有一方当事人与法院两个主体。与实体法中证明责任的适用环境不同,程序法上的证明过程,往往与对方当事人无关,甚至是在没有对方当事人参与的情况下进行的。

第五,诉讼法中部分证明责任的适用与当事人的主张无关,当事人承担的主观证明责任也比较轻。在诉讼法规范的适用中,法官具有主动性和职权性,有的诉讼法规范,即使没有任何一方当事人提出主张,法官也有权主动予以适用。在无须当事人主张的情况下,当事人也就无须承担主观的证明责任,即提供证据意义上的证明责任。

第六,诉讼法事实出现真伪不明的概率更小。其原因在于:首先,在实体问题上,法官面对的是发生在过去的争议事实,而在程序问题上,需要解决的却是当下的事实问题;其次,法官依职权调查收集证据减少了出现真伪不明的概率;最后,在部分程序问题的证明上,所适用的证明标准比较低。

第七,诉讼法规定的内容多数与证明责任无关。与实体法规范的适用与要件事实的证明紧密相关不同,民事诉讼法以诉讼程序为其规制对象,规定的是法院、当事人、其他诉讼参与人为诉讼行为的方式、时间、顺序。这些内容大多数不涉及证明责任问题。

上述特点解释了理论和实务界对民事诉讼法适用中证明责任的关注度远不如民事实体法的原因。

3. 民事诉讼法中证明责任的主要类型

(1) 起诉、上诉、申请再审的证明责任。一般而言,当事人在起诉与受理阶段不会感受到证明责任的压力,但如果原告提起的是某些特殊类型的诉讼,情况就会有所不同。特殊类型的诉讼主要有:①确认之诉。理论界普遍认可原告有诉的利益才能提起确认之诉这一原则。所以,如果原告向法院提起的是确认之诉,就需要对存在确认利益负证明责任。对于确认不侵犯专利权的消极确认之诉,根据相关司法解释,原告在提起诉讼的时候需提供在收到专利权人的警告后,向专利权人发出催告其行使诉权的书面通知。如原告不能证明已经发出书面通知,其提起诉讼就不符合起诉条件,法院将不予受理。②将来给付之诉。此类诉讼需要把"确有必要"作为允许提起诉讼的必要条件。因此对于原告而言,在起诉时需对"确有必要"这一条件承担证明责任。③公益诉讼。如原告需要就专门从事环境保护公益活动连续5年以上且无违法记录、有社会公共利益受到损害进行证明。④第三人撤销之诉。⑤无独立请求权第三人参加之诉(如前述)。第三人须对参加诉讼的前提条件,即第三人与被参加的诉之间存在法律上的利益进行证明。

在上诉的诸要件中,需要适用证明责任的只是上诉期限这一要件。在提出上诉已超过了法律规定的期限，而上诉人又主张存在耽搁期限的正当事由时，应当对其主张的正当事由负证明责任。

在申请再审的诸要件中，申请人需对在法律规定的期限内提出申请和原审裁判存在法定的再审事由这两个要件承担证明责任，尤其是后一个要件。

（2）申请行为的证明责任。诉前的财产保全、证据保全、先予执行、司法救助、确认调解协议、实现担保物权等以当事人或利害关系人的申请为前提条件。民事诉讼法对上述程序的启动，都规定了一定的条件。当事人的申请只有在符合民事诉讼法规定的条件时，法院才会作出满足申请人要求的裁定或决定。对于法律规定的作为构成要件的程序法事实，提出申请的当事人须承担证明责任。

（3）异议行为的证明责任。如果异议人仅仅是否认对方主张的程序法要件事实，异议人不承担证明责任；如果异议人提出新的要件事实，要求法院依据该事实适用对其有利的诉讼法规范，异议人就提出了一项诉讼上的抗辩，就应当对该要件事实承担证明责任。

4. 民事诉讼法要件事实证明责任的分配

民事诉讼法要件事实证明责任的分配按照以下两种方式进行：

一是法律和司法解释作出明确规定的，依照规定确定证明责任承担。在民事诉讼法的有些规定中，对证明和证据有明确的要求，在法律已经作出明文规定的情况下，如民事诉讼法第 237 条、第 274 条等，无疑应当按照法律的规定承担证明责任。《解释》第 91 条关于举证证明责任分配的规定是针对实体法要件事实的，无法适用于程序法事实，但其他司法解释中若有针对程序法事实的证明作出的规定，就应当依照司法解释的规定确定证明责任的承担。

二是根据当事人均须主张和证明对自己有利法规范的条件原则进行分配。法律和司法解释未作出规定的，可依据德国学者罗森贝克提出的证明责任分配原则处置。该原则是：每一方当事人均必须主张和证明对自己有利的法规范的条件。该原则具有通用性，不仅可适用于实体问题，而且也可以适用于程序问题。

对于民事诉讼法适用中证明责任的分配，还应当注意以下四个问题：第一，民事诉讼法中原则规定与例外规定对证明责任分配的意义；第二，关于诉讼法消极事实证明责任的分配；第三，关于异议行为的证明责任分配；第四，披着程序外衣的实体法问题的证明责任分配。

二、银行卡被盗刷，三种情形可索赔[*]

银行卡莫名其妙被盗刷，自己又无法举证，银行应否赔偿？现实生活中，面对银行卡被盗刷，很多人感觉迷惘。其实，在三种情况下，客户有权要求银行赔偿。

1. 银行违规泄密导致金融诈骗，应当赔偿损失

项某所在公司在某银行为职工开设了银行卡作为发放工资之用。2018年1月11日，项某突然接到自称是银行客服的电话，称其银行卡出现问题，要求项某按照提示进行操作并完善数据。项某见对方能准确说出自己的姓名、身份证号、银行卡号，便照办了，谁知造成银行卡内工资被骗。经查，不法分子之所以能够知道项某的详细信息，系银行工作人员违规泄密所致。

评析：银行应当承担赔偿责任。《侵权责任法》第34条规定，用人单位的工作人员因执行工作任务造成他人损害的，由用人单位承担侵权责任。银行作为办理金融业务的专业机构，在办理工资卡等储蓄业务时，居于明显的、支配的优势地位，客户则处于相对的、被支配的弱势地位，故银行工作人员在办理相关业务时，理应严格遵守工作流程、业务操作规范及保密义务。银行内部管理出现漏洞，工作人员严重泄密，致使不法分子有机可乘，虽然客户有未尽相应的合理注意义务之处，银行也难辞其咎。

2. 银行卡被盗刷未能及时通知，应当赔偿损失

2018年2月5日，廖某某突然收到4条手机短信提示，称其银行卡内存款于前一日被分4次提取共计1.99万元。原来，由于第三方支付平台的账号和支付密码外泄，导致其银行卡被盗刷。廖某某认为，自己与银行约定了短信提醒服务，如果银行能及时对其卡内资金变动情况通过短信告知，至少不会让不法分子在前后3小时的时间里连续作案，其要求银行赔偿，却被拒绝，理由是账号和支付密码外泄与银行无关。

评析：银行应承担赔偿责任。中国银监会、中国人民银行《关于加强商业银行与第三方支付机构合作业务管理的通知》中要求：＂对预留手机号码且设定短信通知的客户，商业银行应在客户进行支付时对第三方支付机构提供的手机号码和银行预留的手机号码进行一致性检验，通过后方可进行支付。＂客

---

[*] 作者：颜梅生，江西省兴国县人民法院。本文原载于《检察日报》2018年9月1日。

户因第三方支付平台的账号和支付密码外泄导致被盗刷,一般与银行无关。但鉴于银行与廖某某约定了短信提醒,银行理当对其卡内资金变动情况及时履行告知义务,以便于客户及时采取补救措施,银行未尽提醒义务致使损失扩大必须担责。

3. 银行卡异地遭盗刷不能举证,应当赔偿损失

2018年3月7日上午,刚通过银行卡取款的肖某某突然又收到一条手机短信提示,称自己的银行卡被转账提现1万余元。肖某某意识到被他人非法提现后,立即去银行网点打印了交易明细并报案。经查,该案提现地点竟然是在千里之外的B市。对此,银行认为,虽然银行卡在肖某某手上,但其无法举证证明银行卡被盗刷,责任在于肖某某,因而拒绝赔偿。双方成讼后,法院支持了肖某某的索赔请求。

评析:根据最高人民法院《关于适用〈中华人民共和国民事诉讼法〉的解释》第90条规定:"当事人对自己提出的诉讼请求所依据的事实或者反驳对方诉讼请求所依据的事实,应当提供证据加以证明,但法律另有规定的除外。在作出判决前,当事人未能提供证据或者证据不足以证明其事实主张的,由负有举证证明责任的当事人承担不利的后果。"与之对应,鉴于肖某某不存在人卡分离的事实,涉案银行卡被异地转账、提现,明显属于伪卡交易,故该案举证责任在银行一方,由于银行不能举证证明银行卡信息和密码泄露系肖某某所为,加之银行对他人使用伪卡交易未能从技术上识别,银行存在过错,应当承担赔偿责任。

三、如何把握票据法中的"恶意抗辩"[*]

票据作为一种流通证券,主要功能在于促进资金融通和在某种程度上代替货币使用。票据抗辩是指票据债务人针对持票人的付款请求,提出一定的拒绝付款理由,从法律上排除自己的付款责任。民法上的债务抗辩,抗辩理由可以来自法律关系的各个方面,但票据抗辩则受到较大的限制,主要限于恶意抗辩,即票据债务人可以对恶意持票人行使票据抗辩,拒绝履行其票据义务。

恶意抗辩的抗辩事由,是指法律规定票据债务人对持票人的请求可以拒绝的原因。我国《票据法》第13条第1款规定:"票据债务人不得以自己与出

---

[*] 作者:彭肃华,澳门大学法学院。本文原载于《检察日报》2019年3月3日。

票人或者与持票人的前手之间的抗辩事由，对抗持票人。但是持票人明知存在抗辩事由而取得票据的除外。"该款的前半部分规定了对人的抗辩限制，而后半部分的但书内容则是对恶意抗辩作出了规定。

根据我国票据法、合同法等法律法规的规定，恶意抗辩事由具体包括：（1）原因关系不合法。例如，甲为偿还乙的赌债而向乙签发了一张票据，乙将该票据转让给丙。丙若知晓甲乙之间的原因关系非法，甲可以对丙行使抗辩。（2）原因关系自始不存在或消灭。例如，甲向乙出售货物，以乙为付款人签发汇票交与收款人丙，汇票经乙承兑，此时乙作为承兑人即有付款义务。而实际上甲乙间的买卖合同是无效合同。如丙在取得汇票时就知道甲乙之间的买卖合同无效，乙就可以甲乙之间的买卖合同无效作为对丙的抗辩。（3）基于当事人之间的特别约定。在交易实践中，授受票据的直接当事人之间特别约定的事项只要合法有效，当事人就应当遵守，否则构成合同法上的违约。在票据法上，直接后手如果没有履行约定的义务，而又持票向直接前手主张票据权利时，直接前手就得以其未履行约定义务为由主张抗辩。（4）超出补充权的范围。在空白支票中，特定的持票人在经出票人授权后享有一定的补充权，这种补充权的行使可以认为是票据债权人与出票人的一种特别约定，如果持票人的补充超出了出票人的授权，该票据债务人即可以双方之间的特别约定进行抗辩。

我国《票据法》第13条第1款规定的"抗辩事由"是否包括"以欺诈、偷盗或胁迫等手段取得票据"的情形？法律对此并没有作出明确的区分和解释。一般认为，《票据法》第12条规定的"欺诈、胁迫、偷盗"等抗辩事由，一切票据债务人均可以主张，恶意持票人不享有任何票据权利。而《票据法》第13条规定的抗辩事由，仅限于特定当事人可以主张，其他人不得主张；而且此抗辩结果，仅使持票人权利的行使受到阻碍，但是并不因此完全丧失票据权利，其可以通过主张追索权或其他救济途径实现票据权利。

而从法律条文来看，虽然票据法并未明确二者之间的关系，但是最高人民法院《关于审理票据纠纷案件若干问题的规定》第15条将《票据法》第12条规定的"欺诈、偷盗或者胁迫"与第13条规定的抗辩事由并列，可见二者不是包含关系。

抗辩事由的存在是恶意抗辩的前提，抗辩事由存在的主张不是立足于一种可能性之上，而是建立在确实无疑的认知基础上，应当是现实的、明确的、具体的。例如，为了支付所购商品的款项，买方以供货方为收款人签发本票，事后供货方所提供的商品存在明显的质量瑕疵，买方以此为由可以提出抗辩。在这种情况下，即使受让人明知这一抗辩事实存在，并以背书转让方式取得了票据，也不能肯定地说恶意抗辩必然成立。因为受让人在取得票据时，债务人尚未行使解除买卖合同的权利，原因关系上的瑕疵抗辩权尚未发生，那么持票人所取得的票据就不应该附有抗辩权。

从恶意抗辩中恶意的认定来看，应用票据抗辩事由，还应当考虑持票人的主观状态是否为"恶意"。我国票据法未明确规定"恶意"的定义，根据《票据法》第13条的但书规定，应把"明知抗辩事由的存在"解释为"恶意"的同义语。

我国《票据法》第12条第2款明文规定：持票人因重大过失取得票据时，不得享有票据权利。重大过失应理解为显而易见的，一般人稍作注意即可预见和避免，而专业人士却未预见和避免的不可原谅的疏忽或懈怠行为。票据法意义上的重大过失，应是侧重于票据本身真实性、记载事项的完整性、背书的连续性和文义规范性注意义务的违反。在票据流转过程中，后手未参与前手的实际交易，其对前手的交易关系和债权债务关系的审查应该也只能是形式审查，而非实质审查。因此，重大过失的范围仅限于以非法手段取得票据的情形，不包括明知存在抗辩事由的情形。

恶意抗辩中"恶意"的有无，应以票据取得时为基准确定。只要在受让票据时无恶意，恶意抗辩即不能成立。即使在其后发生恶意的情形，票据债务人也不得主张恶意抗辩。持票人是否有恶意虽然是以票据取得时为认定基准，但恶意抗辩本身是否存在，则并不是以票据取得时为基准，而是以到期日或票据权利行使时为认定基准。因此，票据取得时虽有恶意，但在到期日或票据权利行使时，若抗辩事由并不存在（已消灭），则谈不上恶意抗辩。

民事诉讼举证责任的一般原则为"谁主张谁举证"，如果票据债务人欲对抗权利人的权利主张，则需举证证明符合票据法规定的抗辩事由，票据债务人若以持票人明知前手有恶意情形为由进行抗辩的，主张抗辩的一方应对持票人的"明知"负举证责任。

第十一章 公益诉讼检察

◼ 思路精解

一、细化行政公益诉讼调查核实机制[*]

应当在区分民事调查核实权、民事公益诉讼调查核实权和行政公益诉讼调查核实权的前提下,赋予检察机关行政公益诉讼调查核实权强制性措施,进一步细化行政公益诉讼中调查核实权的适用对象、具体措施、程序性规则等相关制度。

目前,检察机关提起公益诉讼已成为维护国家利益和社会公共利益的重要保障。在推进行政机关依法执政,建设法治政府的进程中,应当在区分民事调查核实权、民事公益诉讼调查核实权和行政公益诉讼调查核实权的前提下,赋予检察机关行政公益诉讼调查核实权强制性措施,进一步细化行政公益诉讼中调查核实权的适用对象、具体措施、程序性规则等相关制度。

在行使行政公益诉讼调查核实权时,应遵循合法原则、公益原则、谦抑、适度原则。同时,构建行政公益诉讼调查核实机制,应从适用对象、措施、程序等方面予以明确规定,同时要强化对调查核实权的监督,防止权力被滥用。

1. 调查核实的对象

调查核实的对象包括"行政机关及其负责人,损害国家利益或公共利益的当事人,案外人"。

2. 调查核实的措施

与行政诉讼不同的是,行政公益诉讼不实行"举证责任倒置"原则,举

---

[*] 作者:任剑炜,兰州铁路运输检察分院检察长;张源,兰州铁路运输检察分院检察官助理。本文原载于《检察日报》2019年1月21日。

证责任依然在检察机关。其不仅要完成大量的取证工作，还要承担对证据合法性、真实性和关联性的证成。在证据存在灭失风险或以后难以取得的情况下且相关机关或者个人阻挠检察机关调查取证的，应该赋予检察机关一定的查封、扣押、冻结的强制措施，才符合检察机关提起公益诉讼的设立初衷。但调查核实权的范围不是没有边界的，检察机关不得采取限制人身自由的强制措施；涉嫌犯罪的，移交相关部门处理。

3. 调查核实的程序

（1）调查核实权的启动。行政公益诉讼调查核实权的启动，现行法律并无明确依据，但依据相关程序法所规定的启动方式，理应包括依职权启动和依申请启动两种。"两高"《关于检察公益诉讼案件适用法律若干问题的解释》第21条将检察机关的线索发现严格限定在"履行职责过程中"，因而调查核实权的启动大多数情况下都是检察机关积极、主动实施的，但也存在根据行政机关的申请，检察机关经审核认为需要调查取证的，可以启动调查核实程序。

（2）调查核实权的审批。行政公益诉讼立案要经检察长批准决定。现阶段，需要对案件采取调查核实措施的，建议由主办检察官提出，报请检察长批准。待条件成熟之后，可以根据调查核实的具体措施、强度而加以区分。一般措施由主办检察官决定，但如果调查核实的证据涉及国家秘密和商业秘密的，应当由检察长批准；适用强制性措施的，也应当由检察长批准。

（3）委托调查。检察院在办理行政公益诉讼的过程中，如果证据在异地且易于获取，可以委托当地同级的检察机关调查核实。委托时，应载明调查核实的对象、事项及要求。在收到委托书后，当地检察院应当在七日内完成，如果存在特殊情况的，被委托检察机关可以延长调查取证时间，并告知委托机关。

4. 调查核实权的保障

笔者认为，行政公益诉讼调查核实权的保障机制构建应从三方面着手：一是检察机关在公益诉讼案件调查取证过程中，出现行政机关工作人员或者领导干部阻挠、不积极配合的情况，检察机关可以向其上级机关或公务员主管部门发送检察建议，并对后续的处理情况进行监督；如果构成犯罪的，由检察机关将案件线索移交相关机关处理。对部门、干部的考核，应将其是否支持检察机关开展公益诉讼工作作为一项指标。二是行政机关阻挠、导致证据灭失的，检察机关应当留存相关部门阻挠的过程以及实施调查取证行为的证据。在法院开庭时，将有关的证据提交法庭。三是建立检察机关公益诉讼证据保全特别规则。

5. 对检察调查核实权的监督

建立检察机关调查核实的制约机制，最重要的是完善行政公益诉讼证据排除规则，法院对于检察机关提供证据的真实性、程序正当性存疑时，可以要求检察机关书面说明或者重新调查取证，检察机关在法定期限内无法作出合理解释的，应当对该证据予以排除。这一系列连锁式制约关系的形成，是防止公权力滥用的最佳模式。

二、借鉴行政调查制度完善公益诉讼调查方式[*]

目前规定的行政公益诉讼调查核实方式与我国现行行政法规规定的行政调查方式相比，存在调查手段较少、缺乏强制调查措施等问题。因此，应该立法赋予检察机关更加全面的调查手段。

行政公益诉讼调查权，是指在办理行政公益诉讼案件的过程中，作为调查主体的检察机关为查明公益受侵害以及行政机关不依法履职的事实，而依法进行相关证据材料收集的措施。当前，行政公益诉讼调查权在实践中存在立法规定比较原则、保障性措施缺乏、调查核实手段单一等问题，不利于检察机关法律监督职能展开。笔者认为，有必要借鉴行政调查制度的特色经验，完善行政公益诉讼调查的方式，更好地监督行政机关依法行政，保障法律的正确实施，维护国家利益和社会公共利益。

行政调查，是指行政主体在行政程序开启之后、行政决定作出之前，为了查明案件事实依据职权所进行的资料收集、证据调取的活动。行政调查需遵循比例原则、诚实信用原则、正当程序原则。在此，选取与行政公益诉讼相关的食品安全、水污染调查，简要介绍其调查内容和方式。食品安全调查涉及的内容广泛，按照分类主要有：食品安全风险监测、食品安全风险评估、生产经营许可核准调查、食品添加剂生产许可核准调查、食品生产企业认证调查、食品安全事故调查等。食品安全调查部门可以根据具体涉及食品安全的生产、经营、销售等环节，选择合适的调查方式，主要有：现场检查，抽样检验，查阅、复制有关资料，查封、扣押相关产品，查封生产经营活动场所等。水污染调查事项主要有：建设项目环境影响评价和水污染防治设施调查，对水环境质量和水污染物排放的日常监测，对排污单位的监测、监管调查，对城镇污水集中处理设施的出水水质和水量进行调查，对水污染事故的调查。水污染调查的主要方式是监测和现场检查。监测分为水污染调查部门依法履职进行监测，以

---

[*] 作者：沈冰川，福建省诏安县人民检察院。本文原载于《检察日报》2019年1月21日。

及排污单位按照规定主动进行监测。水污染调查部门进行现场检查时,可以根据需要要求被检查单位提供相关情况和资料。

我国现行行政调查制度已经具备较为完整的关于行政调查的法定调查方式、强制调查方式以及被调查人的义务等方面的规定,形成了一定的制度体系。笔者认为,检察机关行政公益诉讼调查核实制度可以从以下四方面进行借鉴:

一是确立行使行政公益诉讼调查权的原则。为了防止权力的任性,任何权力的行使,都必须规定其行使的边界和原则,才能防止调查主体滥用调查权。检察机关作为公益损害调查主体,同样只有在遵循行政公益诉讼调查权行使原则的基础上开展调查核实,才能确保公益的有效保护。

二是丰富行政公益诉讼调查的方式。通过借鉴目前行政调查的常用方式,例如检查、询问、查阅复制资料、鉴定、监测等程序规则,检察机关在开展行政公益诉讼调查的过程中,以及今后行政公益诉讼立法中,可以适当参照行政机关较为丰富和规范的调查方式,对公益损害的事实以及行政机关违法履职或怠于履职的行为进行调查取证。

三是赋予行政公益诉讼强制调查措施。目前行政调查有如封存、冻结、扣留、扣押、证据保全等强制性措施,检察机关基于国家利益和社会公共利益的保护,更应赋予其一定的强制调查措施。当然,这些强制措施的实施必须要有统一的程序规则。

四是明确被调查人的义务。建议立法明确,不配合检察机关开展行政公益诉讼调查的行为人应承担相应的法律责任。

三、推动环境公益诉讼深入发展的新进路[*]

在检察机关提起公益诉讼制度下,包括行政机关违法行使职权或不作为致使国家利益和社会公共利益损害以及公民、法人和其他组织造成社会公共利益损害的行为,都被纳入了检察机关的监督范围。作为新时代中国特色社会主义检察制度的主要内容,检察机关提起环境公益诉讼制度在发挥检察机关维护国家和社会公共利益应有价值的同时,在新时代背景下也迎来了发展契机与挑战。

---

[*] 作者:秦天宝,中国法学会环境资源法学研究会副会长、武汉大学环境法研究所所长。本文原载于《检察日报》2019年1月27日。

根据我国民事诉讼法、行政诉讼法以及相关司法解释的规定，除了对公众利益造成重大损害的，检察机关可提起刑事附带民事公益诉讼以外，检察机关提起环境公益诉讼制度还包括民事公益诉讼和行政公益诉讼两种主要的诉讼类型，并在不同的诉讼程序中有着较为明显的区别。

1. 诉前程序在环境公益诉讼中的功能价值

作为检察机关提起环境公益诉讼制度关键部分的诉前程序，不仅是检察机关提起诉讼的前置要件，而且也更能体现检察机关提起环境公益诉讼制度节约司法资源、遵循检察权谦抑原则的重要价值。在检察机关提起民事公益诉讼制度的诉前程序中，检察机关首先应当依法进行公告，在法定期限内，法律规定的机关和有关组织不提起诉讼的，人民检察院才可以提起诉讼。同时，由于公益诉讼中检察机关与其他适格主体都是以诉讼担当的身份来启动程序，其享有的是根据法律授权而获得的诉讼实施权，与诉讼涉及的公共利益之间并不存在直接利害关系。所以，当其他适格主体特别是社会组织在诉讼进程中提出参与的请求时，法院应当予以同意，并且检察机关不必因为其他主体的加入退出诉讼活动，应以公益诉讼人的身份继续进行诉讼，其他主体以原告的身份一并参加诉讼，共同行使诉讼权利，维护公共利益。此种程序的目的在于保障诉讼位序，通过排查是否存在适格主体及其是否具备起诉意愿，保证适格主体的主位优先与检察机关的次位补充。而在检察机关提起的行政公益诉讼制度的诉前程序中，检察机关应当向"违法行使职权或者不作为"的行政机关提出检察建议，行政机关不依法履行职责的，人民检察院依法才可向人民法院提起诉讼。由于行政机关在保护公共利益上具有政策性、专业性、主动性和及时性等特点，在公共利益的救济中也有自身的优势。而诉前程序以检察建议的形式，督促行政机关履职，交由行政机关自我纠错，进而为行政机关发挥自身优势、救济受损的国家利益和社会公共利益提供了契机。

2. 破解环境公益诉讼领域难题的新进路

除了诉前程序以外，检察机关提起民事公益诉讼和提起行政公益诉讼两种诉讼模式还在案件范围、诉讼管辖、起诉材料等方面有着较为明显的区别。比如，根据"两高"《关于检察公益诉讼案件适用法律若干问题的解释》规定，市（分、州）人民检察院提起的第一审民事公益诉讼案件，由侵权行为地或者被告住所地中级人民法院管辖；基层人民检察院提起的第一审行政公益诉讼案件，由被诉行政机关所在地基层人民法院管辖。虽然检察机关提起环境公益诉讼的不同诉讼模式在各个诉讼环节有着不同的特征，但维护国家利益和社会公共利益始终是检察机关在该制度下从事各项司法活动的准则，这也是破解新时代检察机关提起公益诉讼制度各种发展难题的逻辑起点。

第一，检察权与行政权的合理衔接问题。在环境行政权扩张背景下，检察机关提起环境公益诉讼的职能定位也出现新的趋势：一方面，检察机关行使法律监督职能的重心由行政机关的"不作为"向兼顾"违法行使职权"转变；另一方面，检察机关开始强化对环境行政机关的合理性进行监督，主要包括对环境行政机关在环境决策、环境执法等活动中行政过程的正当性、合理性展开事前监督。在此背景下，公益诉讼制度的立法目的及意义在于，当检察机关发现环境行政机关执法中存在问题时，发出检察建议或者提起诉讼，督促行政机关及时正确地履行法定职责或者纠正不法行为。也就是说，环境公益诉讼制度只是维护国家利益和社会公共利益的手段，如果行政机关在其职权范围内可以通过行政权实现诉讼目的，那么司法权就只能补充环境行政执法不足而不能取代行政机关的职责。所以，在环境行政公益诉讼中，充分认识行政权与检察权的角色定位，尊重彼此的职能定位，在各自权限范围内按程序分别做好工作职能，不宜以司法裁判的数量等单一要素来衡量检察机关提起公益诉讼的价值，以免造成司法资源和行政资源的浪费。

第二，检察机关在刑事附带民事公益诉讼中的职能定位问题。刑事附带民事公益诉讼作为一项创新性诉讼制度具有节约司法资源、保护公益高效及时等独特优势，但同时也存在着诸多问题，特别是刑事诉讼中检察机关和被告人在诉讼能力方面的差别极易延伸到民事公益诉讼中，造成被告人最后实际承担的民事责任超出法定范围的隐性风险。为避免此种差别影响民事公益诉讼，有学者建议考虑确立检察机关在刑事附带民事公益诉讼中的客观公正义务。在坚持检察机关的法律监督属性前提下，可从证据收集和公示、诉讼请求确定和保障被告诉讼权利等程序性规定来平衡双方诉讼能力。

第三，检察机关提起环境民事公益诉讼与生态环境损害赔偿诉讼的协调问题。根据《生态环境损害赔偿制度改革方案》规定，国务院授权省级、地市级政府（包括直辖市所辖的区县级政府）作为本行政区域内的生态环境损害赔偿权利人，赔偿权利人可依法提起生态环境损害赔偿诉讼。结合最高人民法院《关于审理环境民事公益诉讼案件适用法律若干问题的解释》赋予法律规定的机关和有关组织提起环境民事公益诉讼权利的规定，对于同一主体污染环境、破坏生态、损害社会公共利益的行为，省、市人民政府（及其指定的部门和机构）和检察机关应明晰各自的功能定位，如没有其他适格主体提起诉讼，检察机关可以提起环境公益诉讼，以体现司法公正性和效率性。

四、环境公益诉讼有赖建立惩罚性赔偿机制*

对于生态环境和资源保护领域建立环境侵权惩罚性赔偿机制的研究在理论界已达成共识,相关环境侵权特殊性、惩罚性赔偿机制的比较等研究亦相对成熟,但实践中环境侵权惩罚性赔偿机制并未纳入法律规定,而检察机关提起环境民事公益诉讼具有滞后性,行政执法与公安机关收集的证据成为环境公益诉讼中重要的证据,但环境公益诉讼与环境行政执法、环境刑事犯罪侦查程序衔接不畅。再加上司法鉴定中,惩罚性赔偿诉讼请求的前提是确定环境损害数额,其后在此基础上要求污染者承担加倍的赔偿责任,但我国环境侵权司法鉴定普遍存在鉴定机构少、鉴定难度大、鉴定费用高等问题,导致鉴定存在难点。

对此,笔者建议,当前应完善司法鉴定以及专家辅助人制度,规范惩罚性赔偿资金的使用与管理,以具体实践推动惩罚性赔偿机制的立法完善。

一是构建环境民事公益诉讼与行政执法、刑事司法的衔接机制。可通过赋予检察机关同步介入权、明确公安机关刑事侦查取证标准、建立环境侵权"黑名单"和案件移送机制等予以保障,并以提出诉前检察建议或提起行政公益诉讼追究行政执法机关责任为刚性手段,有力促进依法行政和提升衔接的质效。

二是推进环境损害鉴定机构培育和引入专家辅助人制度。科学培育符合条件的鉴定机构,并建立常态化、动态化的监管机制,其鉴定能力要与知识水平和实际经验、质量相挂钩。对于一些不需要专业鉴定设备、难度不大的案件可以聘请专家辅助人出具咨询意见,必要时专家辅助人可以出庭提供技术支持。

三是规范环境保护专项资金账户的管理和使用。司法实践中,一些地方成立了环境保护专项资金账户以收支公益诉讼赔偿款项,因此还需联合多家单位(环保、财政、审计、司法)制定出惩罚性赔偿资金管理办法,详细规范该账户的管理、监督等,合理分配环境的修复与治理,以及日常维护和预防等工作。

四是以实践积极探索和总结环境民事公益诉讼惩罚性赔偿机制,为理论研究和立法获取现实支持。对于惩罚性赔偿的数额,一般由相关部门合理确定,但对于如何进行"合理确定",法律并没有专门的程序性规定,有一定的随意

---

* 作者:马宇飞,江苏省徐州市鼓楼区人民检察院。本文原载于《检察日报》2019年2月19日。

性。由此，检察机关可依据相关规定提出惩罚性赔偿的诉讼请求，以更多实践范本加快机制完善。

五、完善公益诉讼专家辅助人制度[*]

我国公益诉讼涉及领域专业性强、技术要求高，而检察机关无法同时具备各类专业人才，在办案过程中面临着取证难、认定难、鉴定难等问题。因此，应尽快建立公益诉讼专家辅助人制度，弥补检察人员专业知识短板，为检察机关提起公益诉讼提供有力技术支持。

一是明确专家辅助人选任标准。专家辅助人资格认定标准应从知识学历和实践经验两方面确定，诸如科研单位研究人员、高校学者、行政机关工作人员以及企业技术人员等，在生态环境和资源保护、食品药品安全、国有财产保护、国有土地使用权出让等领域具备丰富专业理论知识和实践经验的人员，且没有相关违法犯罪及学术造假等不良记录者。专家辅助人员可以凭借其专业知识，针对专门性问题提出意见，辅助检察人员解决相关难题。建议由省级院牵头建立专业种类齐全的公益诉讼专家库，任期确定为三年至五年，届满后更换。

二是规范专家辅助人参与办案程序。依据案件所涉及的专门性问题，从专家库中筛选出匹配度较高的专家，通过申请审核等程序，综合考量后予以指派、聘请。在具体办案中，应检察官的邀请，专家辅助人可以参与公益诉讼案件线索摸排、立案调查、审查办理、提起诉讼等环节。在线索摸排环节，专家辅助人以接受专业知识咨询为主；在立案调查环节，可以介入调查过程中，通过对相关问题提供专业意见，辅助检察机关确定调查取证的方向；在审查办理环节，可以就案件涉及的专门性问题形成客观、公正、科学的专家意见；在诉讼环节，可以就专业问题参与庭审质证。

三是赋予专家辅助人意见证据效力。当前，对于专家辅助人提出专家意见的效力问题，法律未予明确规定。鉴于专家辅助人对案件事实所涉及的专业问题提出意见属性与鉴定意见基本相似，应当赋予专家辅助人意见证据资格，可以将其作为公益诉讼案件证据纳入庭审质证。庭审过程中，专家辅助人应为检

---

[*] 作者：林舒婷、丁叶山，江苏省盐城经济技术开发区人民检察院。本文原载于《检察日报》2018年9月14日，原题为《明确选任标准规范参与程序，完善公益诉讼专家辅助人制度》。

察人员提供涉及专门知识、专门性问题的相关证据材料等,配合检察人员做好庭审应对工作。

四是明确专家辅助人的权利和义务。应赋予专家辅助人相应权利,如可以查阅、摘抄、复制技术性证据材料或与专业问题相关的材料;在检察人员的主持下参与案件的调查取证,对案件中出现的专门性问题进行勘验、检查、检验等等。同时,应明确相应义务,包括就案件所涉专业问题或技术性证据,客观、公正地发表专业意见;遵守检察机关办案纪律和相关法律规定,保守在参与办案中知悉的国家秘密、商业秘密、个人隐私或其他不宜公开的内容等。

五是为专家辅助人提供履职保障。应明确专家辅助人享有职务豁免权和保障权。专家辅助人在履职中以科学技术方法形成的判断,属于行使法定职权,应当受到法律保护;人身、财产和住所受法律保护;办案中产生的交通、住宿、就餐等费用,根据案件具体情况给予相应办案补贴。

六是健全专家辅助人履职考核机制。完善专家辅助人制度的综合评价考核,如对专家辅助人参与办案中发表的意见进行实时记录,对发表意见情况、案件办理效果定期进行披露,建立专家信用记录档案、每年度进行综合评定等,有效防止专家辅助人作出意见的任意性和随意性,切实发挥专家辅助人在公益诉讼中的积极作用,有效维护司法权威,提升司法公信。

第十二章 其他检察工作

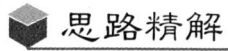

一、关于重大监督事项案件化办理[*]

监督事项案件化办理,是指检察机关相关业务部门将重大监督事项作为案件办理,建立从监督线索受理、立案、调查核实、实施监督、跟踪反馈、复查复核到结案归档的完整流程以及配套的工作制度。监督事项案件化办理,实质上是将内部的流程管理与外部的监督程序结合为一体,在传统的监督工作中融入规范、效率、参与和公开等价值因素。

构建监督事项案件化办理制度对完善检察机关法律监督具有重要意义:一是体现规范价值。监督事项案件化就是要把监督工作纳入法定程序,统一监督的范围、步骤、方法和质量标准,要求监督事项建立案卡、卷宗、归档,使得监督工作具有明确"路线图",真正实现有规范可依、有制度可循、有标准可评。二是体现效率价值。探索重大监督事项案件化改变原有的被动、静态工作模式,推行主动监督、动态监督,提高监督效能。三是体现参与价值。将监督事项按照正式的案件办理的模式,设置接受投诉、立案调查、充分听取公安机关、被调查人、诉讼参与人意见、接受当事人异议等工作流程,有效保障公安机关、被调查人和诉讼参与人参与程序的权利,使得监督结果更具权威性和可接受性。

在以审判为中心的刑事诉讼制度改革、司法责任制等改革深入推进的背景下,建立重大监督事项案件化制度具有重要的现实意义,笔者认为,可以从以下方面构建重大监督事项案件化办理,加大监督力度,提升监督实效。

---

[*] 作者:羊忠民、曹丹丹,江西省南昌市人民检察院。本文原载于《检察日报》2018 年 10 月 29 日。

第一，合理确定重大监督事项案件化办理的范围。重大监督事项社会关注度高，影响较大，是法律监督的重点。建议将"重大监督事项"范围限定为：一是对公安机关的立案监督活动，包括督促行政执法单位向公安机关移送涉嫌犯罪的"两法衔接"工作；二是纠正漏捕、漏诉等实体性侦查活动监督；三是对有关人员故意实施《人民检察院刑事诉讼规则（试行）》第565条规定的违法行为且违法手段恶劣、情节严重的，属于应当制发书面纠正违法通知书的侦查活动监督、羁押和办案期限监督、刑事执行监督。

第二，建立重大监督事项案件化的规范制度。重大监督事项案件化须建立符合监督程序运行和证据收集的案件管理流程，每个节点的决定和实施过程要留痕，实现监督信息全程化、动态化。具体而言：一是受理和立案。明确重大监督事项案件化的启动标准，制定受理和立案标准，确保程序的严肃性和有效性。二是调查和核实。通过调查核实获取证据，进而确认违法事实的成立与否，是诉讼监督运行的关键。需要注意的是，调查核实不宜采取限制或剥夺他人人身、财产权利的强制性手段。三是审查决定和监督纠正。审查判断环节是监督的核心环节，要求对违法行为性质的判断要准确，监督纠正方式要适当。四是复议复核。被监督机关认为检察机关监督意见错误要求复议的，检察机关另行指派人员重新审查，对复议结果不服的，可以向上一级检察机关提请复核。五是跟踪反馈和复查。强化对监督案件的跟踪问效，优化监督效果。六是结案和归档。监督文书送达后，收到被监督机关的反馈意见后，监督工作终结的，可以结案归档。

第三，建立诉讼监督事项案件化办理的配套制度。一是建立差异化的证据规则。坚持以证据为核心的原则，针对不同监督事项建立一套差异化证据规则，包括证据种类和范围、证明力大小、取证方式、证明标准等内容。二是改造监督案件的流转平台。建议对统一业务应用系统软件进行升级改造，实现监督程序和要求细化到每个节点，打造契合诉讼监督事项案件化办理模式的业务平台。

二、多维度完善检察监督公开宣告机制[*]

检察监督公开宣告是对司法公开原则的具体实践，主要是指检察机关立足

---

[*] 作者：李继征，北京市怀柔区人民检察院检察长。本文原载于《检察日报》2019年1月20日。

法律监督职能，将检察监督决定以法律文书为载体，通过公开宣告的方式送达被监督者的过程。纵观检察实践，检察监督公开宣告主要存在制度设计不足、未形成以公开宣告为主的检察监督文书送达方式、群众参与度不高、宣传不到位等问题。在此，提出对公开宣告的完善建议，以期增强检察透明度和社会参与度，促进检察监督效果最大化。

1. 立法层面

加强立法顶层设计，为检察实践提供指南。目前，修改后的刑事诉讼法、人民检察院组织法均未明确规定检察监督公开宣告机制。在日后修订过程中，可以考虑检察实践需要，在顶层设计中从公开宣告的原则、内容、程序、方式、参与人员、文书要求等各方面，系统全面规定检察监督决定公开宣告内容，为检察监督工作提供指引。如在刑事诉讼法中规定对公安机关立案监督案件的公开宣告或在人民检察院组织法中增加公开宣告的内容。通过立法上对公开宣告机制的明确，有利于检察机关对该项工作的统一部署。

2. 操作层面

明确公开宣告具体内容。主要包括以下六个方面：

一是明确公告前置程序。宣告前公告可以让公众了解检察机关工作情况、案件情况，更利于公众参与到检察监督工作之中。

二是明确宣告适用范围。对于涉及国家秘密、商业秘密和个人隐私的监督案件不予公开宣告，其余监督案件根据"公开是原则，不公开是例外"可以公开宣告，而对于重大、复杂或者有一定影响力的监督案件，应当公开宣告。

三是明确公开宣告内容。宣告内容主要依托监督决定书内容，可以包括监督案件线索来源、被监督者基本情况、检察机关调查核实过程、审查认定的案件事实、证据材料、案件处理意见、法律依据、落实反馈期限等内容，并将释法说理贯穿始终。也可在监督决定文书中明确救济渠道。

四是明确公开宣告程序。第一步，做好宣告前准备工作。第二步，由宣告人宣布开始公开宣告。第三步，由宣告人宣读监督决定书，并就需要说明的问题进行说明，释法说理。第四步，听取被监督者意见或整改措施。第五步，案件答疑，做好政策解读、法律宣传和思想疏导。第六步，现场送达监督决定书，办理签收手续，并进行宣告反馈。

五是明确公开宣告场所。采用"主场宣告为主，多种方式并用"的公开宣告模式。就检察机关而言，要配备专门的公开宣告室，突出检察机关"主场、主导、主角"作用。例如，在检察服务大厅设置专门的公开宣告室，该宣告室内区分宣告区、旁听区和签收区，配备齐全宣告所需设备，如宣告台、座椅、文书签收办公用品以及多媒体设备等，提高宣告的仪式感和信息化水平。

六是明确公开宣告参与人员。就监督主体即宣告主体而言，包括宣告人即承办检察官、检察官助理、书记员和法警。其中，宣告人一般由案件承办检察官担任，重大、复杂或者有一定影响力的监督案件则由检察长担任；检察官助理协助宣告人公开宣告和释法说理；书记员负责程序性工作，如会务准备、文件送达及签收等；法警负责公开宣告现场治安维持，保障公开宣告顺利进行。就监督对象而言，一般为监督对象本人，涉及单位的可以由"一把手"出席，并将公开宣告参与率纳入政府绩效考核。

3. 效果层面

充分利用互联网延伸公开宣告效果。一是打造智慧直播。通过检务公开对将要宣告的检察监督案件进行公示公告，在科技强检的要求下，适时开展宣告直播，打破与群众的物理间隔，提高群众认知度、了解度、参与度。二是打造智慧宣传。及时通过"两微一端"等新闻媒体，以文字、图像、音频、视频等丰富的宣传形式，宣传检察监督工作"新产品"。对于一些重大、复杂或者有一定影响力的监督案件，也可采用新闻发布会、法治公开课的形式。同时，树立一批业绩突出的检察干警，多视角、全方位展示检察监督工作新举措新成效、检察干警新形象新作为。三是打造智慧监督。这里的监督指的是人民群众对检察监督工作的监督。通过"互联网+监督"的模式，收集群众对被监督者未及时、未按要求履行监督决定或是可能存在的违法违规行为的线索，征求群众对检察监督案件、公开宣告工作的意见建议，通过监督进一步推进公开宣告工作、提升检察公信力。

4. 能力层面

着力提升四种能力，培养过硬宣告队伍。检察人员在办理需要公开宣告的监督案件时，需要与被监督者和群众面对面，当场释法说理、答疑解惑，因此，需要着力培养检察人员四方面的能力。一是宣告能力。在公开宣告时，宣告人的仪态、姿态、语态均体现出宣告能力，这要求宣告人着检察制服，端庄得体，语音规范，语速恰当，声音洪亮，表达自然流畅，具有感染力和仪式感。二是监督决定书撰写能力。宣告的内容依附于监督决定书，这则要求在撰写文书时，注重文书结构、措辞，注重案件的事实认定和证据判断是否准确、法律适用是否正确。三是释法说理能力。要阐明事理，说明事实认定理由；要释明法理，说明依据和适用法律规范的理由；要讲明情理，采用能被接受的语言及方式进行说理，将事理、法理和情理有机结合。四是跟踪督促能力。检察监督决定公开宣告送达后，被监督者还须在规定的时间内对采纳和整改情况进行回复，这要求检察人员在宣告后，运用好语言沟通技巧，及时通过电话、短信、微信、邮件或当面督促的形式进行跟踪回访。以上四点是检察监督案件承办检察人员应当具备的能力，可以通过列入检察官责任清单、纳入案件质量评查指标、与检察官绩效考核挂钩的形式传达给检察官，推动检察官着力办理精品案件，实现精品宣告。

三、检察建议的刚性提升与范围控制[*]

检察建议是检察机关在依法履行法律监督职能的过程中，结合司法办案，建议有关单位完善制度，加强内部制约、监督，正确实施法律法规，完善社会治理、服务，预防和减少违法犯罪的重要方式。尽管民事诉讼法和行政诉讼法对于检察建议已经有所规定，但内容相对粗疏，在法律性质、适用范围、适用程序、适用效力等方面规定尚不明确。在司法体制改革的大背景下，有必要深入审视检察建议的性质和作用。

1. 检察建议功能凸显

在以往检察实践中，检察建议的适用比例相对较低，而且存在一定的随意性，规范性不足，检察建议的作用没有得到应有重视，很难保障其实效性的发挥。

对于检察建议的性质定位，目前尚存在认识上的分歧：第一种思路是将所有的检察建议都当作一种公权力来行使；第二种思路是将所有的检察建议定位为一种服务性的职能；第三种思路是将履行法律监督职能的检察建议定位为法律监督权；第四种思路认为履行法律监督职能的检察建议属于公权力范畴。笔者认为，检察建议不同于一般意义上的"建议"，是对检察机关拥有的抗诉、纠正违法通知等法律监督方式的重要补充，具有权力属性，应当能够产生相应的法律效力。当前，为了更好地发挥检察机关的法律监督职能，有必要在合理范围内提升检察建议的刚性，使其从过去的"柔性监督"逐步转变为检察机关的"监督重器"。

2. 检察建议的刚性提升

对于如何提升检察建议的刚性，各地检察机关已经在实践中进行了多方面探索，积累了一定的经验。具体而言，主要有以下基本路径：

---

[*] 作者：周长军、杨丹，山东大学法学院。本文原载于《检察日报》2018年9月21日，原题为《强化检察建议效能，合理确定适用范围》。

其一，借力支持，提升检察建议的刚性。在借力政法委方面，有的地方检察机关定期向政法委汇报检察建议落实情况，推动政法委组织相关部门组成专项执法巡查组，对该地区检察建议工作情况进行执法巡查。在借力人大方面，有的地方检察机关积极推动当地人大常委会通过关于加强检察建议工作的规范性文件。在借力纪委监察委方面，有的地方检察机关制发检察建议后，向纪委监察委移送相关违法犯罪线索，推动检察建议落到实处、发挥实效。

其二，通过提起行政公益诉讼，提升检察建议的刚性。最高法、最高检《关于检察公益诉讼案件适用法律若干问题的解释》第21条规定，人民检察院在履行职责中发现生态环境和资源保护、食品药品安全、国有财产保护、国有土地使用权出让等领域负有监督管理职责的行政机关违法行使职权或者不作为，致使国家利益或者社会公共利益受到侵害的，应当向行政机关提出检察建议，督促其依法履行职责。可见，制发诉前检察建议是提起行政公益诉讼的前置程序。实践中，检察机关将检察建议与抗诉、提起公益诉讼相衔接，对被建议单位无正当理由拒不采纳或者回应检察建议的，依法跟进抗诉、提起公益诉讼等后续监督措施，可以提升检察建议的刚性。

其三，通过公开，提升检察建议的刚性。被建议单位在限定期间内置之不理或者随意处理的，检察机关可以将检察建议信息发布在本院网站或者其他公共网站上，加大舆论的压力，督促被建议单位认真对待检察建议，并将有关处理情况回复检察机关。实践中，有的检察机关结合检务公开和案件信息公开工作规定，以社会公众为对象，搭建检察公告平台，拓展检察建议的影响范围。

可见，在检察建议的刚性提升路径方面，共同之处是将被建议单位消极对待检察建议的行为与一定的不利后果挂钩。当然，对于检察建议的刚性提升而言，单靠外部支持是不够的，必须同时在检察建议的制发方面强化"内功"，让检察建议本身具有足够的可接受性。由此即要求检察建议所指出的问题明确精准，解决建议具有很强的针对性和可行性，法律依据正确，说理充分；形式方面规范、统一，经过了内部的严格审核；原则上公开宣告，三方在场，程序正当，最关键的是，建立被建议单位的异议机制或者申辩机制，保障其对于不认同的检察建议能自主提出异议，维护其合法权益。

3. 检察建议的范围确定

在当前大力强化检察建议刚性的背景下，伴随着检察机关与政法委、人大、纪委监察委配合机制的构建，检察建议的影响力会显著增强，因此，在强调增强刚性的同时，也必须注意制发规范性，不得随意制发，以保障被建议单位的合法权益。

鉴于此，当前检察建议制度的构建应当坚持以下原则：强化检察建议的刚性和效力，同时，合理控制检察建议的制发对象和适用案件范围；突出重点，强调质量，尽快提升法律从业人员和社会公众对检察建议的正当性、重要性的认知和认同。在合理控制检察建议的范围方面，至少应当注意以下两点：

第一，检察建议的适用对象需要进行合理控制。比如，检察建议的发送对象应重点是公权力行使机关，比如行政机关、刑罚执行机关等。这些机关掌握着重要的行政管理权力或刑罚执行权力，一旦缺乏合理的约束，出现权力的滥用，就会对公民的自由、财产、隐私乃至生命等权利造成较大的侵害，因而应当纳入检察建议的主要适用对象范围。

第二，检察建议适用的案件范围需要进行合理控制。一方面，适应当前民行检察监督、检察公益诉讼加快发展的需要，加强对民事、行政方面的检察建议以及公益诉讼领域中检察建议的适用。另一方面，对于刑事诉讼活动中的检察建议，现阶段检察机关应当注重类案检察建议的发送，重点围绕法律实施中影响社会和谐稳定、妨碍公正执法司法、容易滋生违法犯罪的普遍性、倾向性问题，制发检察建议，以促进法律的统一正确实施和社会治理体制机制的完善，取得良好的法律效果和社会效果。

四、法律文书：遵循逻辑才有公信力[*]

法律文书是司法公信的重要载体。作为司法办案人员逻辑思考的产物，法律文书必须遵循逻辑基本规律。只有遵循逻辑基本规律，才能使法律文书逻辑清晰、表达准确、语言规范，发挥法律文书的说服功能，最大限度实现法律效果、社会效果与政治效果的有机统一。在司法实践中，法律文书存在违背逻辑基本规律的现象，造成混淆概念、自相矛盾、含糊其词、循环论证等逻辑谬误，影响事实认定和法律适用，甚至造成冤假错案，在不同程度上削弱法律文书公信力。为了促进法律文书规范化，进一步增强法律文书公信力，法律文书应当遵循同一律、不矛盾律、排中律和充足理由律等逻辑基本规律。

1.遵循同一律，保证法律文书所用概念、判断具有同一性，实现法律文书的确定性

同一律是指，在同一思维过程中保持概念、命题与其自身具有同一性。违

---

[*] 作者：姚树举，中国人民大学诉讼案例研究中心。本文原载于《检察日报》2019年1月29日。

背同一律会导致法律文书表述混乱、语义模糊，损害法律文书公信力。为了保证法律文书的确定性，法律文书应当在同一意义上使用概念和判断。一方面，法律文书所用概念必须保持自身同一性，确保每一概念都具有确定的内涵和外延，不得混淆概念或者偷换概念。譬如，被告人犯罪前曾在单位荣立一等功，如果适用刑法第68条，对其可以从轻、减轻或者免除处罚，就自觉或者不自觉地改变"立功"的内涵和外延，犯了偷换概念或者混淆概念的逻辑谬误，导致法律适用错误。因此，法律文书制作主体必须准确使用概念，不得扩大、缩小或者混同所用概念的内涵和外延；注意区分使用相近概念，避免使用同一语词表述不同概念，避免使用不同语词表述同一概念。另一方面，法律文书所用命题、判断必须保持自身的同一性。例如，审理集资诈骗案件，对于被告人是否具有非法占有目的，刑事裁判文书应当紧密围绕控辩双方这一争议焦点分析论证，不能转移论题或者偷换论题。

2. 遵循不矛盾律，确保法律文书表述前后一致，不得自相矛盾

不矛盾律是指，在同一思维过程中两个互为矛盾关系或者反对关系的概念、命题不能同时为真，其中必有一假。不矛盾律的作用在于保证逻辑思维的前后一致性，避免自相矛盾。法律文书如果自相矛盾，其说服力、可接受性和公信力势必受到严重削弱。譬如，有的鉴定意见书一方面认为被鉴定人属于中度智力，同时又称"目前无法对其真实的智力水平作出科学的评估"，却得出"目前其智力损害未达到中度智力损害程度"的鉴定结论。为了避免法律文书自相矛盾，提高其公信力，法律文书制作主体应当遵循不矛盾律，保证法律文书各部分具有一致性，而且要确保各部分之间不能自相矛盾。以裁判文书为例，既要保证事实、理由、裁判依据、裁判主文等部分自身的一致性，还要确保事实、理由、裁判依据、裁判主文之间不得自相矛盾。

3. 遵循排中律，保证和提高法律文书的明确性，避免模棱两可、含糊其词

排中律的基本内容是，在同一逻辑思维中两种相互矛盾的思想不能同假，必须肯定其一。排中律的作用在于保证思想表达的明确性。违背排中律的典型谬误是模棱两可，即同时否定两种相互矛盾的观点，貌似有所断定，实则在两种思想之间游移不定。明确性是法律文书的基本要求。违背排中律，就会导致法律文书缺乏明确性，直接制约其公信力的实现。为了保证和提高法律文书的明确性，法律文书应当遵循排中律。对于两种相互矛盾的意见、诉求，比如不起诉决定书认定被不起诉人的行为与伤害结果之间没有因果关系，而申诉人认为两者之间具有因果关系，刑事申诉复查决定书应当明确肯定其一，不能既否定两者之间不具有因果关系的不起诉决定，又否定两者之间具有因果关系的申

诉理由。

4.遵循充足理由律，阐述意见应当给出充分、真实、相关理由，增强法律文书的论证性

充足理由律的基本内容是，在论证中论题成立必须具有充足理由，确保理由真实并能依据理由逻辑地推出结论。首先，法律文书阐述意见、结论时应当具有充分理由，否则，如果有论无据，只讲意见不说理由，就违背充足理由律，势必弱化说理效果，损害法律文书公信力。以洗钱刑事案件为例，刑事裁判文书在认定被告人是"明知"时，应当根据查明的案件事实，依据法律、司法解释规定的法律适用规则进行论证，不能只讲认定结论而不阐释理由，也要避免陷入"因为'明知'，所以'明知'"式的"循环论证"。再如，对于以"犯罪情节轻微""事实不清、证据不足"为由不予起诉的，不起诉决定书应当阐述犯罪情节为何轻微、主要事实为何不清、关键证据为何不足。其次，法律文书应当保证案件事实清楚，法律适用正确，避免虚假理由。最后，法律文书应当确保理由与意见、结论之间具有强相关性，拒斥不相干理由。

司法办案人员应当准确把握逻辑基本规律的内涵和要求，深刻认识违背逻辑基本规律所引起的逻辑谬误，从而在制作法律文书时自觉避免此类逻辑谬误。同时，司法办案人员还要通过法律监督，及时发现、纠正相关部门法律文书由于违背逻辑基本规律而造成的逻辑谬误。例如，抗诉书指出一审判决书混淆概念，因而造成事实认定错误。无论二审法院是否采纳抗诉意见，都应当予以审查，并在裁判文书中阐释和说理。需要说明的是，逻辑基本规律概括地反映了各种思维形式的普遍特征，是人类正确思考应当遵守的一般规则；此外，司法办案人员还需要遵守特殊思维形式的逻辑规则，如定义规则、三段论推理规则，从而排除各种逻辑谬误，促进法律文书规范化，增强法律文书说理性，提升法律文书公信力。

司法工作是理性的职业。逻辑方法是通往理性之路的工具论，是司法工作人员应当熟练掌握的重要分析工具，建议列入司法职业培训内容。司法工作人员通过学习、掌握和运用逻辑方法，不断提高办案能力，为人民群众提供更优质法治产品，为新时代法治中国建设贡献更大力量。

五、办案流程监控完善[*]

近年来,基层检察机关依托统一业务应用系统,设置专职流程监控员,对网上信息填录、文书制作、流程操作等网上业务办理活动履行监督、管理、指导职责。通过制作案件监控台账,围绕案件运行情况,抓住司法办案关键节点,从案件受理到案件归档,对案件流程完整性、办案程序合法性、法律文书规范性等进行全方位流程监控。案件流程监控对案件受理、办理、结案等办案流程节点进行跟踪监控,对办案期限、强制措施期限进行预警,其目的是通过流程监控将办案活动的事后监督转变为事前监督、事中监督,有效防止司法不规范行为的发生,确保监督动态化、科学化,但是,笔者发现,在实践中,案件流程监控因系统配置不完善、没有统一的标准导致其存在如下问题:

其一,统一业务系统配置不够完善。现有统一业务系统在案件流程监控的设计中存在一些问题,如案管部门在向业务部门发出书面流程监控通知书后,案件承办人在业务系统上对流程监控不作处理、也不回复纠正的情况下,仍然能够进行正常办案操作,案件管理部门的流程监控作用不能得到有效发挥。

其二,案件流程监控没有统一的标准。现有统一业务系统对案件流程监控没有制定统一规范的操作标准,往往依赖流程监控员的专业知识和工作经验去发现问题,导致有些问题可能被疏漏,需要多次排查才能发现问题,既加大了流程监控员的工作量,也降低了纠错改错的效率。

其三,没有实现统计职能与监控职能的有机融合。现有统一业务系统没有借助宏观数据倒逼发现个案中存在的不规范操作,也没有通过合格文书数量统计和案件数量统计进行比较,找出检察文书操作不规范的个案,导致依托大数据对案件质量进行统计分析的作用没有充分发挥,未能实现统计职能与监控职能的有机融合。

对此,笔者建议,通过以下四个方面改进完善检察机关办案流程监控系统:

第一,定期维护业务系统,及时解决问题。由于办案流程监控是依托统一业务应用系统而存在的,系统中存在的任何瑕疵和不足都会影响到流程监控工作的正常进行。因此,建议上级院对统一业务应用系统定期进行维护,及时解

---

[*] 作者:赵明应,陕西省镇安县人民检察院。本文原载于《检察日报》2018年9月9日,原题为《加强规范建设完善办案流程监控》。

决基层检察机关反映的系统存在问题，配置设计相关流程监控职能，如办案人不及时回复流程监控内容，系统可以自动开启锁止功能，办案人员不能进行任何操作，倒逼案件承办检察官重视流程监控。

第二，建立巡查通报制度，促进整改提升。案件管理部门应建立巡查通报制度，实行清单式预警提示机制，定期向各业务部门反映巡查发现的问题，具体到每一起案件、每一本卷宗、每一个事项。案件管理部门汇总问题后应向被查部门进行详细通报，要求被查部门对工作中存在的问题和不足，认真制定整改措施，限期整改落实，推进办案工作规范科学管理。

第三，建立流程监控整改台账，逐一比对落实。案件管理部门应联合纪监部门，成立专门的司法办案督查组，定期开展案件质量评查，对业务部门流程监控通报中指出的问题，跟踪问效，全程留痕，督促业务部门举一反三、自我巡查、严查细纠、立查立改，严格规范办案程序，切实提高办案质量，提升流程监控精细化管理水平。

第四，加强流程监控规范建设，梳理流程指引。检察机关应制定各类案件的司法办案流程监控指引，将该类案件法定办理程序所涉及的法律规定都以排列的方式呈现出来，流程监控工作人员仅需对照检察内卷和诉讼卷宗，按照指引逐案逐项审查。对于办案程序违反流程规定的，案件管理部门及时向办案部门提出纠正意见并报告院领导，切实发挥案件管理部门对司法办案全程监督职能，提高案件办理流程监控能力和水平。

六、基层案管工作优化[*]

2016年7月，《人民检察院案件流程监控工作规定（试行）》（以下简称《规定》）出台实施，明确和完善了流程监控的工作机制和操作规程，对进一步规范司法办案行为，促进公正、高效司法具有十分重要的意义。但由于当前案管工作还处于探索发展阶段，尚有人员配备不足、案管功能定位不准等原因掣肘，导致目前流程监控工作与案管部门成立的价值追求和目的不尽一致，难以适应司法体制改革的需要。为此，笔者结合岗位工作实际，以基层检察院案管流程监控为视角，通过剖析职能异位的表现和原因，提出解决对策，以期进

---

[*] 作者：魏俊丽，浙江省宁波市江北区人民检察院。本文原载于《检察日报》2019年1月27日，原题为《围绕公正高效司法优化基层案管工作》。

一步推动流程监控工作有序、健康发展。

1. 案管流程监控错位表现

第一，案管职能异位。实践中，除对办案程序性问题进行监督、管理外，有些基层院将文书质量等案件实体内容也纳入流程监控范围，案件管理部门的关注点变成了罪状、法定情节表述是否规范，引用法条是否准确等。《规定》明确将流程监控的对象确定为案件程序性内容，对属于办案人员自由裁量范围内的事项，如涉及事实认定、证据采信、法律适用等，不作为案件管理部门的流程监控内容。将文书质量等实体内容纳入流程监控范围的做法实际上混淆了流程监控和质量评查的职能。

第二，案管监督缺位。一是对办案程序的监督缺位。《规定》第5条至第15条明确了需要重点监控的主要环节和具体内容，包括案件受理、强制措施、涉案财物、办案期限、诉讼权利保障和信息公开等11个方面。实际工作中，大多局限于对办案时限的监督，对办案程序等方面的监督力度明显不够。即便是对办案时限进行监控，也主要以审查是否存在超期未结案件为主，是否依法告知变更办案期限、是否依规办理延长办案期限审批手续等问题均未纳入日常监控范围。二是对边缘案件的监督缺位。案件流程监控对象应是人民检察院正在受理或者办理的所有案件。但由于民行、控申案件类别多且每类案件数量少，办案周期不固定，流程监控员对这两类案件办案流程相对生疏，造成监督缺位。三是对办案效率的监督缺位。根据法律规定，人民检察院对于公安机关移送起诉的案件，应当在一个月以内作出决定，重大、复杂的案件，可以延长半个月。但实践中，超出移送审查期限的情况时有发生，流程监控在诉讼效率方面的监督仍然存在缺位。

第三，监督机制错位。根据规定，流程监控对象为人民检察院正在受理或办理案件，已审结案件并未列入监控范围。《规定》有效契合了流程监控功能定位，重点在于事前、事中监督。但在基层实践中，存在要求将诉判不一、捕后不诉、撤回起诉、上诉改判等类案作为重点监控对象的做法，事实上，这类案件的监控需在案件办结并出具终结性法律文书时才能确定，如将其列为监控对象，属事后监督，与流程监控设计初衷并不相符，存在监督机制错位的问题。

2. 案管流程监控职能归位

第一，提升意识，树立正确法治观念。案管部门应充分认识到流程监控职能的重要作用，打消监督顾虑，敢于、善于向业务部门提出监督意见。为有效发挥案件流程监控作用、增强内部监督实效，基层检察院应建立科学、合理的奖惩机制，将案件流程监控的结果作为检察官依法办案的重要内容，纳入检察官绩效考核机制，实现流程环节考核与奖惩机制相挂钩，并有效落实责任追究制度，不让流程管理流于形式。同时，办案部门承办人应当转变意识，严格树立程序与实体并重的理念，积极配合案管部门开展流程监控，在办案中严格遵守相关法律法规以及相关制度，提高严格依法办案意识，避免出现程序违法，共同推进办案水平的提高。

第二，提高认识，强化专业队伍建设。司法体制改革背景下，对检察官的司法权监督显得尤为重要，对作为强化内部监督的主要部门的案管部门来说，是机遇也是挑战。这对案管人员的综合业务能力提出了较高的要求，强化案件管理队伍建设、配备合格专业人员，已经成为当务之急。首先，基层院领导要打破案管部门属于大内勤的原有看法，善用案管职能，强化流程监控和质量评查两个拳头职能。其次，应该配齐配强案管队伍，提高员额检察官比例，让经验丰富、理论功底扎实、综合能力强的资深检察业务人员充实案管队伍，给年轻案管人员带来职业信心。

第三，有的放矢，找准监督重点难点。据统计，基层院年平均办案数量大，案管部门依托统一业务应用系统对所有案件进行全程、同步、及时监控的现实条件达不到。因此，流程监控工作应坚持以程序性问题为内容，突出事前、事中监督作用，分清主次，有所为有所不为，除期限预警依托统一业务应用系统可全部监控外，应选择那些可能出现程序或者形式违法的案件类型和环节进行重点监控。专项行动期间查处的案件，由于案件量突增以及公安机关对快捕、快诉的考核追求，带病移送的概率就可能大一些，检察机关相关案件承办人往往也会面临比较大的压力，这些案件更容易形成流程问题高发区域，流程监控工作应当加强对这类案件的监控力度。另外，对退回补充侦查案件、取保候审案件应该加强对办案效率的监督，防止拖沓办案，切实保障当事人的合法权益。

第四，分解任务，确保工作规范有序。公诉案件存在办理周期较长、程序较复杂的问题，由流程监控员专人紧盯办案节点实现全程动态监督难度较大。因此，案管部门应充分调动内部力量，建立"一人负责，多人协助"的工作模式，除流程监控员借助系统中个案监控与重点案件监控两个模块监控流程外，其他工作人员应善于利用受案、送案、赃证物出入库、律师接待等事务性工作，分流流程监控任务。要做好工作任务的分解落实，送案审核人员应对统一业务应用系统内文书制作不规范、案卡填写不完整，流程节点操作不正确等情况进行审查，同时统计人员也可充分运用统计功能，对系统中信息填录情况进行审查监督，并及时将情况反馈给流程监控员，尽量做到全面抓与重点抓相结合，实现检察办案程序合法、办案流程规范的目的。

七、保护非公经济，立法选择至关重要[*]

习近平总书记在庆祝改革开放40周年大会上的讲话指出，"前进道路上，我们必须毫不动摇巩固和发展公有制经济，毫不动摇鼓励、支持、引导非公有制经济发展，充分发挥市场在资源配置中的决定性作用，更好发挥政府作用，激发各类市场主体活力。"鼓励、支持、引导非公有制经济发展，离不开法治为其保驾护航。产权保护制度是社会主义市场经济的基石，依法保护产权是建设社会主义法治国家的必然要求。改革开放40年来，我国非公有制经济得以快速发展，已经成为我国经济发展的重要支撑力量，迫切需要刑法在产权保护上有更大作为。

1. 非公有制经济的宪法地位

1982年宪法不仅明确了非公有制经济的宪法地位，而且通过多部宪法修正案把公有制经济与非公有制经济置于平等地位。1988年4月，现行宪法修正案第1条规定："国家允许私营经济在法律规定的范围内存在和发展。私营经济是社会主义公有制经济的补充。国家保护私营经济的合法的权利和利益，对私营经济实行引导、监督和管理。"这从宪法上明确了私营经济的宪法地位和国家对私营经济的基本政策。

1999年3月15日，九届全国人大第二次会议通过的宪法修正案第16条规定："在法律规定范围内的个体经济、私营经济等非公有制经济，是社会主义市场经济的重要组成部分。"2004年3月14日，十届全国人大第二次会议上通过的宪法修正案第21条又将其修改为："国家保护个体经济、私营经济等非公有制经济的合法的权利和利益。国家鼓励、支持和引导非公有制经济的发展，并对非公有制经济依法实行监督和管理。"

我国宪法明确规定"国家实行社会主义市场经济"和"在法律规定范围内的个体经济、私营经济等非公有制经济，是社会主义市场经济的重要组成部分"，当非公有制经济成为我国经济发展的重要力量时，法律必须对此予以体现。这会带来企业产权之刑法保护的新需求，必须通过刑法完善强化对非公有制企业之财产权的保护力度，这是一个长期为我国刑法所忽视，但又迫切需要

---

[*] 作者：姜涛，南京师范大学中国法治现代化研究院法治发展战略研究所所长、教授。本文原载于《检察日报》2019年1月29日。

改变的刑法领域。

2. 从刑法视角界分公有制经济与非公有制经济

当前，呼吁对非公有制经济实行平等保护的声音很强，更多学者主张对公有制经济与非公有制经济实行完全对等的刑法保护。其实，公有制经济与非公有制经济只是一种类型划分，两者的财产属性在刑法评价上是完全一样的，主张对非公有制经济的刑法平等保护，是一种财产权之保护范围上的等同保护，而不是所涉相关罪名采取完全相同的入罪标准及法定刑幅度。

公有制经济与非公有制经济的区分，从刑法视角看存在于两方面：一是以财产权区分，公有制经济以国有公司、企业所经营、管理的财产为体现，这些财产属于《刑法》第 91 条规定的"公共财产"。分则部分体现在我国《刑法》第 165 条至第 169 条的规定当中，涉及"非法经营同类营业罪""为亲友非法牟利罪""签订、履行合同失职被骗罪""国有公司、企业、事业单位人员失职罪""徇私舞弊低价折股、出售国有资产罪"等罪，均只限于"国有公司、企业"或"国有公司、企业工作人员"才能成立犯罪，因此刑法保护的是公有制经济，对非公有制经济则没有保护。二是以身份属性区分，即管理、经营国有公司、企业的人员被《刑法》第 93 条规定为"国家工作人员"，"国家工作人员"构成贪污罪、受贿罪主体，而非国家工作人员只能构成职务侵占罪、非国家工作人员受贿罪主体，入罪门槛与量刑标准不同，其间包含着对"国家工作人员"加重处罚的政策考量。

法律上的平等权只限于本质上相同的主体之间，就国有公司、企业的财产权与非国有公司、企业的财产权而言，并无差异保护的必要，刑法分则对贪污罪与职务侵占罪、挪用公款罪与挪用资金罪等采取不同的入罪标准及法定刑，并不是基于财产法益的公私属性，而是根据行为人的身份属性，国有公司、企业人员的身份则涉及一般民众与国家之间的信赖关系，这就具有加重处罚的刑事政策根据。就理论根据而言，这是由职务犯罪特殊的不法内涵所决定的。职务犯罪的不法内涵不仅包括侵犯财产权益等，而且会伤害到一般民众对国家的信赖关系。其中，对财产的保护并不是职务犯罪重点保护的法益，以权谋私、权钱交易这才是腐蚀国家政权根基的源头，为民众所不能容忍，就此而言，现行刑法有关贪污罪与职务侵占罪、受贿罪与非国家工作人员受贿罪采取不同的入罪标准与法定刑并非不具有正当性，国家工作人员与非国家工作人员具有完全不同的不法内涵，其责任程度上也有区别，现代国家往往对国家工作人员犯罪采取加重处罚的刑事政策。

3. 刑法平等保护非公有制经济的立法选择

我国刑法目前在财产权的保护范围上对公有制经济与非公有制经济区别对

待，不符合社会主义市场经济本身所要求的现代产权保护制度，公有制经济与非公有制经济只有经济类型之分，而无经济性质之别，它们都是社会主义市场经济的重要组成部分。财产权不仅是市场经济自发秩序的前提，而且也是社会自律的条件，同时也是法治国家的基石。财产权属于国家、集体或个人所有，这是现代市场经济的本质要求，市场经济发展需要以保护产权、维护契约、统一市场、平等交换、公平竞争、有效监管为基本导向的市场秩序，强调对非公有制经济之财产权的保护十分必要。故有必要通过刑法的修改完善，实现非公有财产的平等保护。

这大致包括：（1）通过刑法修正案，扩大我国《刑法》第165条至第169条规定的"非法经营同类营业罪""为亲友非法牟利罪""签订、履行合同失职被骗罪""国有公司、企业、事业单位人员失职罪""徇私舞弊低价折股、出售国有资产罪"的犯罪主体，把这些条文中"国有公司、企业"修改为"公司、企业"，从而将非国有公司、企业高管也纳入进来。这既有助于实现刑法与公司法的协调，又能更好地保护非公有财产，加大对非公有制经济刑法保护力度。（2）增加私分单位财产罪，即非国有公司、企业的员工私分单位的财产，严重损害公司、企业利益的，构成本罪，以加强对私有财产权的保护，早日结束公有制经济、非公有制经济的不平等保护状态。

在全面依法治国的时代背景下，非公有制经济的刑法保护必须纳入法治化轨道。我国刑法目前在财产权的保护范围上对公有制经济与非公有制经济区别对待，并且因经济刑法与民事侵权等边界不明，私营企业家的人身权与财产权往往处于"文明的火山上"，这不符合社会主义市场经济本身所要求的现代产权保护制度，使非公有制经济的创造力无法得到充分发挥，也违背了宪法所确立的全面保护、平等保护原则，应当在刑法的后续修正中予以纠正。

八、探索"套餐"服务模式，维护企业合法权益[*]

近年来，检察机关通过发挥法律监督职能，加大对侵犯企业权益的犯罪打击力度，一定程度上保护了企业的合法权益。但笔者在司法实践中发现，基层检察院在履行保障企业权益相关职能方面存在单一保护为主、全面保护不够和

---

[*] 作者：董史统，浙江省温州市鹿城区人民检察院。本文原载于《检察日报》2019年1月22日。

着重短期保护、忽略持续保障的问题。就此,笔者认为,当前,应当立足开发"软法",从四方面提高检察职能保护企业权益的实效。

1. 搭建服务企业互动平台

一是落实日常联络机制。联合辖区工商联成立服务保障非公经济健康发展工作领导小组,确定双方的具体对口联系科室。落实"服务非公经济、提升营商环境"联系机制,通过信息共享、通报反馈等形式,实现重大事项双方共商。确立"区检察院——区工商联及其所属基层商会"的"双向双层"联系互动机制。由基层检察院、辖区工商联及其所属基层商会分别指定专人担任信息联络员。二是探索"套餐"服务模式。基层检察院确定由院领导班子成员分别挂钩联系有代表性的重点企业,如50强企业、功勋企业和拟上市企业等,并牵头组建服务非公企业小组,负责提供包含专题讲座、教育轮训、检企共建、旁观庭审等内容的"套餐"式服务。选派检察官与企业进行"一对一"常态化联系,了解企业法律需求,把服务触角延伸到企业"家门口"。三是建立定点联系企业机制。主动与当地工商联、税务部门、市场监督管理部门共同定点联系企业,制定涉企工作经济影响评估、重大疑难案件会商、案件协作办理等机制,以法治方式助力企业防范化解风险。建立涉民营经济案件回访制度,安排承办检察官对涉案企业进行回访,听取企业的意见和建议。

2. 用好各种检察工作杠杆

一是构建绿色司法机制。检察机关在办理涉及非公企业的案件时,要有时效意识,要在保证办案质量的前提下,及时阻止侵犯非公企业合法权益的行为,及时为非公企业挽损止损。建立涉企案件专项办理机制,受理案件后开启绿色通道,专人加快办理,在最快的时间内清除妨碍企业发展的不利因素。指定资深检察官专人办理非公企业及其经营者涉嫌非法集资、骗取贷款、危害税收征管、非法经营、侵犯知识产权、污染环境、恶意欠薪等常见涉企案件,对涉企案件的法定代表人、技术骨干、高层管理等重要岗位人员慎用羁押性强制措施,对企业账册、经营账户以及用于科技创新、产品研发的设备、资金和技术资料等慎用强制性措施。二是加强理论调研与个案研讨,严格区分涉企案件罪与非罪、此罪与彼罪界限。完善轻微刑事案件"不捕不诉"标准。例如,在办理一起信用卡诈骗案时,涉案企业整体状况和诚信度较好,因偶发的资金链断裂未能按期还贷,透支款项都用于企业生产。检察机关进一步查明案件事实,正确认定企业融资过程中的行为是违约而非犯罪,认定企业对未还资金没有非法占有意图,依法作出不起诉决定。不诉之后,检察官继续跟踪回访,为企业转型升级和健康发展提供法律服务。办理涉企案件,检察机关要十分慎重,最大限度维护企业合法权益,力求"办一案、助一企、促一片"的效果。

三是助力推进企业融资。针对民营企业融资难、融资贵等难题,强调依法慎重处理民营企业融资类刑事案件,落实接地气、切合实际、有操作性的措施。严格区分企业正当融资与非法集资的界限、金融创新与金融犯罪的界限、借贷纠纷与诈骗犯罪的界限,特别是要防止将因政策调整、市场风险等客观情况发生变化,出现资金链断裂等经营困难导致无法履行合同的情形认定为犯罪。

3. 开展企业家刑法教育

一是健全以案释法制度。把刑法教育活动与"以案说法"相结合,将近年来企业管理人员和关键岗位人员触犯刑法的事件及受到的处罚情况向企业家进行全面传达,加大法治教育的学习、传导和警示频次,力促企业家做到"合规履职,远离犯罪",增强不想、不敢违法犯罪的自觉性。二是构建企业家"检察官门诊"机制。通过设立检察官办公室、服务企业热线或专门接待日的形式,专题接待前来咨询问诊的企业家,根据企业家所要咨询的刑法问题类型,指定检察官当面解答,为企业家提供司法服务和保障,帮助企业家防范经营风险,解决涉法难题,维护合法权益。三是试行企业管理检察官建议制度。以个案办理、日常走访为契机,通过制发检察官建议等非强制性文书,帮助企业查漏补缺、建章立制,增强法治意识,加强风险防范,引导企业依法办事、守法经营。比如,就涉企案件办理中反映出来的企业突出问题,列明可能触犯刑法的风险,及时为企业提供有针对性的防范和改善性意见。引导企业家自觉依法合规经营,促进企业家用法律思维改进和加强企业管理。

4. 做好涉企专项法治宣传

一是拓展宣传方式内容。广泛利用"两微一端"等新媒体,拓展与企业的沟通渠道。坚持履职服务"走出去",依托基层检察室,对接企业法律需求,开展个性化、常态化法律宣传、咨询、化解矛盾等服务。同时,大力宣传党和国家依法平等保护企业家权益、弘扬优秀企业家精神的方针政策和法律法规,如对创业创新的司法保护,对企业家在生产、经营、融资、管理等经营管理活动中的创业创新行为,除法律、行政法规明确禁止外,不得以违法犯罪处理;对法律和司法解释规定不明确、法律界限不明、罪与非罪界限不清的,不作为犯罪处理。二是邀请参加庭审观摩。不定期邀请企业代表旁听非国家工作人员受贿、职务侵占、挪用资金、逃税、侵犯知识产权等涉企案件的庭审活动,并在庭后组织座谈,听取企业家意见和建议。当然,办理涉企案件不能止步于判决,在办案中深入分析犯罪原因,帮助企业整章建制防止类案的发生,是检察机关服务企业的关键所在。案件办结后要进行回访,开展专题法治讲座,针对办理的侵害企业权益案件,通过以案释法、警示教育等"软"手段让核心技术岗位人员知法懂法不敢违法。三是开展法治基地教学。基层检察院可以通过梳理近年来的典型案例,全面拓展法治教育基地服务非公经济板块内容,组建"服务民营经济法治宣讲团",为民营企业提供专业化法治宣讲咨询服务,明确法律红线和法律风险,进一步提高企业及员工的法治意识,帮助和促进企业依法经营。

九、助力互联网金融信息服务企业防范法律风险[*]

为践行绿色司法,深入服务非公经济,检察机关应了解以 P2P 金融公司为代表的互联网金融信息服务公司行业性法律问题,从而为其提供风险防范对策,稳定市场经济秩序。

1. 互联网金融信息服务行业的法律风险

(1) 民事法律风险。民事法律风险是影响企业是否能够创造经济效益、提升品牌价值的最直接因素。民事法律风险主要存在于平台公司的运作过程中,主要有抵押担保风险、虚假诉讼及执行法律风险。

一是抵押担保风险。作为信息中介服务机构,在将抵押借款的标的信息发布上网之前,金融信息服务公司需要对借款人所提供的动产进行尽职审查。尽管平台公司会要求借款人提供贷款用途和还款来源证明,且要求借款人提供抵押物,如汽车等动产,但现实生活中借款人往往存在二次抵押的问题。以动产作二次抵押借款,作为接受财物抵押的平台公司位于清偿的第二顺位,不利于全额覆盖贷款人的资金,产生风险。

二是虚假诉讼问题。平台公司与借贷双方签订居间合同,在居间合同中平台公司有如实报告义务,且一旦发生借款人违约情况,根据现有司法倾向,平台公司须承担法律责任。在这种情况下,一旦贷款人捏造抵押物已作合法抵押的事实向法院提起民事诉讼,则平台公司和借款人的合法权益将受到影响。因此,在民事法律关系中,无论是一般民间民事行为还是商业法律行为,都需要警惕虚假诉讼问题。

三是执行法律风险。民事执行法律问题是行业的基本问题,更是司法实践的难题。如借款人在无法还款的情况下,平台公司一般通过抵押诉讼解决争议,清偿债务,但即使权利义务关系经过法院生效判决确权,在付诸执行时也存在抵押物灭失、借款人无财产可供执行、借款人隐匿、转移财产等执行难问

---

* 作者:孙勇、周浩,浙江省杭州市上城区人民检察院。本文原载于《检察日报》2019 年 1 月 14 日。

题。此外，在运营过程中，为实现"零风险"的品牌承诺，平台公司设置风险备付金，在借款人无法还款的情况下，从平台公司的风险备付金中先行垫付给贷款人本金，将诉讼和执行风险转嫁给平台公司，故诉讼程序和执行程序的诉讼效率也成为平台公司高效清账的重要影响因素。

（2）刑事法律风险。主要表现为：

一是针对平台公司的犯罪行为。互联网金融信息服务公司作为新兴产物，容易成为侵财型犯罪的目标，而在侵财型犯罪中，诈骗罪为高发犯罪。实践中，由于互联网金融的便利性，诈骗犯罪行为人在明知无清偿能力的情况下，仍恶意多次抵押财物从平台公司处骗得钱款并将钱款用于灭失性用途。尽管平台公司一般会建立风险评估和控制机制，但因缺乏相应的信息支持，无法判断行为人是否具有还款能力。

二是平台公司可能触及的犯罪行为。一般情况下，P2P金融信息服务公司为信息中介服务公司。信息中介服务公司仅能提供金融投资咨询服务，超越经营范围的经营行为有可能涉及破坏社会主义市场经济秩序犯罪，包含但不限于非法吸收公众存款罪、集资诈骗罪、非法经营罪。如近年来全国各地发生多起P2P金融信息服务公司资金链断裂事件，最终经审查此类案件多被定性为非法吸收公众存款罪或者集资诈骗罪；如企业为规避国家税收征管制度而虚开发票，此类行为被定性为虚开增值税专用发票罪、虚开发票罪等。

2. 检察环节的法律风险控制建议和举措

从检察环节出发，服务非公经济的主要途径是提供风险防范对策，严厉打击侵害非公经济的犯罪，严格把握平台公司门槛红线，加强金融犯罪预防宣传。

（1）完善信息交换，构建良性互动桥梁。作为新生事物，P2P金融信息服务行业有着与生俱来的经营风险，民事法律风险就存在于实现特定经营目的的过程中。检察机关可从以下几个方面入手助力P2P网贷平台防范民事法律风险：第一，建议平台公司建成完备的风险控制团队，健全风险管控体系，在事前精准控制民事法律风险。除招募法律专业的人员作为法务人员之外，还应当搭配金融专业人员，实地审核担保财物，进行尽职调查。第二，以检察机关的民行检察监督部门为窗口，对接法院、公安、检察和企业，提供获知信息的畅通渠道。由于无法通过合规查询得知借款人是否对抵押物签订多份抵押协议，但可以对借款人进行个人征信查询。检察机关牵头打通信息交换渠道，将法院、公安等系统纳入查询畅通渠道，提高企业筛选借款人的能力。通过公安、检察系统查询借款人是否有金融犯罪前科，通过法院的不良执行人员名单查询借款人是否有不良记录，将犯罪人员、不良信用人员排除在借款人之外。

（2）加大打击力度，实现精准犯罪预防。一方面，针对他人对平台公司实施的犯罪行为，检察机关应当立足检察职能，从严打击。第一，严格把握刑事强制措施适用标准，对于可能进一步危害平台公司利益，阻碍刑事诉讼进程的犯罪嫌疑人，加大逮捕的力度。第二，在刑事案件办理过程中，与涉案平台公司构建双向沟通渠道。积极引导平台公司配合侦查、提交证据，提升刑事诉讼效率。检察机关还应将办案过程中需要向平台公司反馈的信息及时传递，促进矛盾化解，实现办案法律效果优化提升。第三，加强与公安机关的联系，要求公安机关重点关注案件的赃款退缴情况。对于被害平台公司而言，能否追回赃款是被害平台公司关注的重点，因此检察机关除了把握案件事实、证据本身，还应当重点关注公安机关在侦查过程中对财产的查询和查封情况，在保障扣押合法性的前提下，最大化追回赃款。另一方面，针对平台公司自身实施的犯罪行为，检察机关应当在保持打击的高压态势下，做到精准预防。第一，严厉打击平台公司的犯罪行为，净化行业环境，倒逼平台公司规范经营、保障公民资金安全。第二，检察机关在打击犯罪的前提下，应当加大犯罪预防的宣传力度，精准实现互联网金融信息服务行业的犯罪预防。检察机关应当延伸法律宣传触角，归纳总结P2P金融信息服务公司所可能触及的犯罪类目，并制作违法犯罪白皮书和宣传稿件，定时向平台公司发放。如对于P2P金融信息服务公司可能涉及的高危罪名，非法吸收公众存款罪和集资诈骗罪，制作犯罪构成要件宣传册，并附录案例，使平台公司直观了解何种行为是法所不许的；定期开展专项犯罪预防讲座，提升平台公司警惕性，防止超越红线经营；邀请平台公司法务人员或者风控人员观摩庭审，加深对犯罪的理解，加强视觉和认知的冲击力。第三，检察机关应当提出建议，促进平台公司建章补漏。